高等职业教育新形态一体化教材

体育与健康

（第三版）

主　编　王　颖

副主编　左利亚　胡　松　黄亚歌

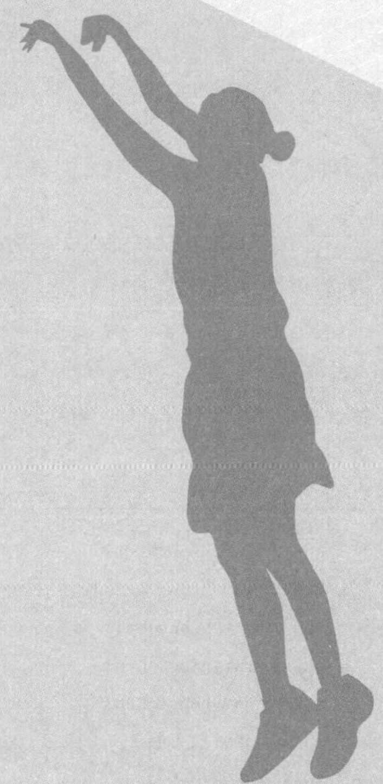

中国教育出版传媒集团

高等教育出版社·北京

内容提要

本书为高等职业教育新形态一体化教材，配以二维码为载体的数字化学习资源，将文字、图片、视频有机结合，使运动技术教学内容更加生动、形象，以增强学生的学习体验。全书分为体育与健康基本知识、基础体能、职业体能和运动心智能、运动技能四篇，包括体育概述、体育健身与健康生活常识、身体基本活动能力、体适能、职业体能、运动心智能、大球类运动、小球类运动、操舞类运动、格斗类运动、健体类运动、武术与民间传统体育、游泳运动、时尚户外运动十四章。

本书既可作为高职院校公共体育课程教材，也可作为体育类职业培训和体育爱好者进行体育锻炼时的参考用书。

图书在版编目（CIP）数据

体育与健康 / 王颖主编. -- 3版. -- 北京 ：高等教育出版社，2023.9（2024.8重印）
ISBN 978-7-04-060746-8

Ⅰ. ①体… Ⅱ. ①王… Ⅲ. ①体育-高等职业教育-教材②健康教育-高等职业教育-教材 Ⅳ. ①G807.4 ②G717.9

中国国家版本馆CIP数据核字(2023)第123561号

TIYU YU JIANKANG

策划编辑 李伟楠　责任编辑 李伟楠　封面设计 王 琰　版式设计 杨 树
责任绘图 于 博　责任校对 刘娟娟　责任印制 刁 毅

出版发行 高等教育出版社
社 址 北京市西城区德外大街4号
邮政编码 100120
印 刷 三河市华润印刷有限公司
开 本 787mm × 1092mm 1/16
印 张 21.25
字 数 480千字
购书热线 010-58581118
咨询电话 400-810-0598
网 址 http://www.hep.edu.cn
http://www.hep.com.cn
网上订购 http://www.hepmall.com.cn
http://www.hepmall.com
http://www.hepmall.cn
版 次 2015年9月第1版
2023年9月第3版
印 次 2024年8月第3次印刷
定 价 47.80元

物 料 号 60746-00

第三版前言

学校体育工作的重点是增进学生身心健康，提高学生综合素质，促进学生全面发展。广大学校体育工作者应坚定不移地在习近平新时代中国特色社会主义思想的指导下，全面学习贯彻党的二十大精神，认真落实习近平总书记关于体育工作的重要论述，统一思想、凝聚共识，深化体育改革，努力开创体育强国建设新局面，坚持学思用贯通、知信行统一，做好体教融合、“三教”改革，以《国家学生体质健康标准》为依据，帮助学生养成终身体育锻炼的习惯和行为模式。本书结合当前高校体育课程教学的需要和体育改革的现状，以学生为本，从实际出发，为学校体育课程的开展和校园体育环境的构建提供全方位的教学资源支持。

本次修订根据高校公共体育课程的最新要求，着力体现职业教育特色，在保持上一版优点的基础上，增加了提升学生职业素养、心理素质、保健意识等方面的知识，丰富了公共体育课的教学内容，体现了体育在推动职业教育高质量发展，提高劳动者素质和技术技能水平方面的独特作用。

本次修订由王颖担任主编并统稿。黄冈职业技术学院左利亚、陈亮宇、于卜一、付田、鲁浩文、林智明、严巍、蔡腊香、袁九宗、刘六五、占明、童丽珍、刘家乐，湖北艺术职业学院黄亚歌，湖北黄冈应急管理职业技术学院胡松、戴林烽等教师参与了编写工作。

本书在编写过程中得到了高等教育出版社和黄冈职业技术学院领导以及兄弟院校的大力支持与帮助，在此一并向他们表示衷心感谢。

本书中存在的不足之处，恳请广大专家、同行、读者批评指正。

编　者

2023 年 5 月

目 录

第一篇 体育与健康基本知识

第一章 体育概述 …… 3
第一节 体育文化 …… 4
第二节 体育赛事的组织 …… 7
第三节 职场保健 …… 11

第二章 体育健身与健康生活常识 …… 17
第一节 科学健身 …… 18
第二节 运动安全 …… 21
第三节 健康生活 …… 23

第二篇 基 础 体 能

第三章 身体基本活动能力 …… 29
第一节 走的基本能力 …… 30
第二节 跑的基本能力 …… 32
第三节 跳的基本能力 …… 39
第四节 投的基本能力 …… 42
第五节 支撑与悬垂的基本能力 …… 44
第六节 其他运动能力 …… 46

第四章 体适能 …… 47
第一节 体适能概述 …… 48
第二节 健康体适能与健康的关系 …… 50
第三节 体适能的测量与评价 …… 52
第四节 体适能训练方法 …… 57

第三篇　职业体能和运动心智能

第五章　职业体能 …… 65

第一节　职业体能的概念与分类 …… 66

第二节　职业体能的训练 …… 67

第三节　职业体能训练原则 …… 73

第六章　运动心智能 …… 75

第一节　运动心智能的定义与内涵 …… 76

第二节　运动心智能的训练方法 …… 77

第四篇　运动技能

第七章　大球类运动 …… 87

第一节　足球运动 …… 88

第二节　篮球运动 …… 102

第三节　排球运动 …… 121

第四节　气排球运动 …… 130

第八章　小球类运动 …… 141

第一节　乒乓球运动 …… 142

第二节　羽毛球运动 …… 161

第三节　网球运动 …… 170

第四节　毽球运动 …… 179

第五节　柔力球运动 …… 184

第九章　操舞类运动 …… 195

第一节　健美操运动 …… 196

第二节　街舞运动 …… 202

第三节　形体训练 …… 204

第十章　格斗类运动 …… 215

第一节　散打运动 …… 216

第二节　跆拳道运动 …… 225

第十一章　健体类运动 …… 233
第一节　健美运动 …… 234
第二节　瑜伽 …… 239
第三节　普拉提 …… 243

第十二章　武术与民间传统体育 …… 249
第一节　武术的基础知识 …… 250
第二节　武术基本功与练习方法 …… 252
第三节　初级长拳第三路 …… 254
第四节　24 式太极拳 …… 265

第十三章　游泳运动 …… 283
第一节　游泳运动简介及基础练习 …… 284
第二节　蛙泳 …… 288
第三节　爬泳 …… 296
第四节　仰泳 …… 303
第五节　水上救生常识 …… 308

第十四章　时尚户外运动 …… 313
第一节　定向运动 …… 314
第二节　攀岩运动 …… 318
第三节　轮滑 …… 321
第四节　登山运动 …… 324

参考文献 …… 329

第一篇 体育与健康基本知识

导言

许海峰,1957年出生于福建漳州,前中国男子射击队运动员,世界冠军,奥运冠军,中国奥运金牌第一人,也是中国体育射击史上第一个集奥运会冠军、世锦赛冠军、亚运会冠军、亚锦赛冠军等多项荣誉于一身的运动员。出生于军人家庭的许海峰,从小便对射击有着超乎常人的执着。25岁时,许海峰成了一名供销社化肥销售员,意外地在教练的发掘下加入省射击队,虽然年龄不占优势且未经过专业训练,但他不服输、不放弃,就像他自己说的那样,“就算失败了,也不想像个懦夫一样放弃机会。”艰难困苦,玉汝于成。1984年7月29日,许海峰在洛杉矶奥运会上夺得50米手枪射击冠军,为中国夺得了奥运会历史上第一枚金牌。

第一章
体育概述

阅读提示：

大学体育属于我国学校体育的范畴，狭义的大学体育主要包括非体育专业大学生在大学期间所接受的体育通识教育。依据“健康第一”的指导思想和“终身体育”的要求，以及《国家学生体质健康标准》，大学体育是指传授体育文化与体育运动技能，增强学生体质，提高学生身心健康水平和适应能力的有目的、有计划、有组织的教育过程。

本章主要包括体育文化、体育赛事的组织、职场保健等内容。通过本章的学习，可以引导学生加深对体育的理解，主动参与体育活动。同时提高运动技术水平和体育锻炼的科学化程度，以适应日益发展的对于人才在身体和精神方面的全方位要求。

第一节　体育文化

一、中华优秀传统体育文化

（一）中华优秀传统体育文化的内涵

中华民族的传统体育文化是经数千年积淀的属于全民族的重要文化财富。中华民族的子孙应该做好传统体育文化的传承工作。我国的传统体育文化内容丰富，形式多样，并且具有强大的生命力。传统体育文化的传承是一个国家体育文化发展的内在动力，也是民族发展的重要保证。

（二）中国优秀传统体育文化的特点

中国优秀传统体育文化的主要特点是：在人与自然的关系上重视人与自然的统一，在人与人的关系上重视人与人的和谐。中国优秀传统体育文化承袭了中国文化中的“以和为贵”的思想，并受中国传统文化的影响形成了贵和持中、和谐统一的体育精神。“天人合一”的传统伦理道德所体现的人与自然、人与人和人与社会和谐共处的思想以及重人格的观念，形成了中国人独特的体育价值观。

（三）中华优秀传统体育文化的传承

中华优秀传统体育文化是中国体育事业的重要组成部分，是中华民族宝贵的文化遗产。许多优秀的传统体育项目，不仅具有很强的健身价值，而且还有很高的艺术价值和丰富的娱乐、教育功能。中华人民共和国成立后，政府特别重视少数民族传统体育的开展，已挖掘整理出了 1 000 多个少数民族传统体育项目。而龙舟竞渡、风筝、围棋、武术、太极拳等，则是各族人民共同喜爱的传统体育项目。

仿龙造型，以龙取名的龙舟，是中国各族人民在长期的生产实践和社会活动中产生的独具民族特色的创造。龙舟竞渡具有丰富的娱乐性和激烈的竞争性，在南方的水乡地区，更有广泛的群众基础。

风筝是中国古代的重要发明之一，是世界上最早的人造飞行器。其制作工艺在中国传播极为广泛，北京、天津、潍坊和南通四地的风筝自成一派，别具特色，闻名世界。每逢4月，在山东潍坊会举行一年一度的风筝节，来自世界各地的风筝爱好者在此交流技艺，传播友谊。

武术是以拳术、器械、套路和实战形式为主的，既能健身自卫，又可养生保健的体育项目，几千年来一直在民众中广泛传播。

以保健为主的太极拳是从中国武术中演化而来的，已有三四百年的历史。它融合古代道家养生修炼术，并结合阴阳与经络学说创编而成。太极拳一般认为发源于河南温县陈家沟，有陈式、杨式、武式、孙式、吴式等多种流派，动作舒缓连贯，要求以意导体，意、气、体三者协调配合，以静制动，以柔克刚。

二、当代中国体育精神

（一）当代中国体育精神的内涵

2013 年 8 月 31 日，习近平总书记在会见全国体育先进单位和先进个人代表时强调广大体育工作者在长期实践中总结出的以“为国争光、无私奉献、科学求实、遵纪守法、团结协作、顽强拼搏”为主要内容的中华体育精神来之不易，弥足珍贵，要继承创新，发扬光大。

中华人民共和国成立以来，中国体育工作者以国家和集体荣誉为己任，从无到有，由弱到强，不断涌现出中国女排、中国女足、中国乒乓球队、中国短道速滑队等在国际赛场上屡创佳绩、作风优良的团队和运动员，当代中国体育精神无论在过去还是未来，都是中国体育砥砺前行的不竭动力。

（二）当代中国体育精神的传承

体育精神并不是一种固定的理念，而是在不同的环境下，会有不同的表现。只有深刻研究不同环境下的体育精神，才能更好地建设体育精神。对于国家而言，体育精神应当与体育强国的口号相契合，鼓励运动员努力训练，为国争光。同时国家要发展体育行业，激发民族自豪感，让更多的民族体育企业走向世界。对于社会而言，应倡导公正平等的体育文化，鼓励在体育行业的从业者秉持这样的原则，做好本职工作，让体育行业规范运行，构建和谐的体育发展环境。对于个人而言，应发挥坚持不懈，拼搏不息的斗争精神，不断提升自身素质，超越自己。

三、奥林匹克文化

（一）奥林匹克文化的内涵

奥林匹克文化是以体育运动为主要载体，以奥林匹克主义为核心，并结合多种文化形式的一种世界文化，它也有广义和狭义之分。广义的奥林匹克文化，包括奥林匹克运动的全部思想体系和活动内容，是奥林匹克运动在实践过程中所创造的物质与精神财富的总和。物质财富即物质文化，主要指奥林匹克运动对人体技能的改造、发展，以及奥运会所采用的各类场馆、器材等物质文化设施和由此产生的文化形态。精神财富即精神文化，主要指奥林匹克运动对人的内心世界、社会行为的影响，以及与之相关的各项文化艺术活动。

狭义的奥林匹克文化，主要指与奥林匹克运动相关的各项文化艺术活动和各种视觉形象。

（二）奥林匹克文化的特征

1. 人文性

顾拜旦复兴奥林匹克运动的根本目的，不仅仅是推动竞技运动的普及，而是将它纳入教育范畴，即旨在通过科学的锻炼和平等的竞争去实现教育的目标。

2. 象征性

奥林匹克文化象征着“全面发展的一种人生哲学”和“一种在努力中求欢乐、发挥良好榜样的教育价值并以尊重基本公德原则为基础的生活方式”。

3. 艺术性

在与奥林匹克运动有关的各种活动中，特别是奥运会中，人们运用了各种艺术手段，使这些活动达到极高的审美意境，洋溢着浓郁的艺术气息。

4. 多元性

在奥林匹克这个全球文化体系中，古代与现代、东方与西方的体育汇聚、碰撞后融为一体，这就是奥林匹克运动带来的文化多元性。

（三）奥林匹克文化的传承

我们现在提倡学习奥林匹克运动精神，是构建新时期体育人才知识结构的需要，是体育科学发展的需要，是中国体育实践与理论的需要。奥林匹克文化促进人的生理、心理和社会道德全面发展，沟通各国人民之间的相互了解。

总的来说，奥林匹克运动将体育运动的多种功能发挥得淋漓尽致，影响力远远超出了体育的范畴，在当代世界的政治、经济、哲学、文化、艺术和新闻媒介等诸多方面产生了一系列不容忽视的影响。奥林匹克运动不仅构成了现代社会所特有的体育文化景观，以其特有的文化魅力愉悦人们的身心，更以其强烈的人文精神催人奋进，生生不息。

四、奥运会、世界杯等经典赛事

奥运会与世界杯是全球体育两大顶级赛事。

（一）奥运会

奥林匹克运动会（简称奥运会）是国际奥林匹克委员会（简称国际奥委会）主办的包含多种体育运动项目的国际性运动会，每四年举行一次。奥林匹克运动会最早起源于古希腊，因举办地在奥林匹亚而得名。奥林匹克运动会现已成为和平与友谊的象征。

奥林匹克运动有一系列独特而鲜明的象征性标志，如奥运会会旗、会歌、格言、吉祥物等，这些标志有着丰富的文化含义。奥林匹克会旗上面是蓝黑红三环，下面是黄绿两环，五环代表五大洲的团结和全世界的运动员在奥林匹克运动会上相聚一堂。1958 年国际奥委会于东京举行的第 55 次全会上确定使用《奥林匹克圣歌》作为奥林匹克会歌，从此以后，在每届奥运会的开、闭幕式上都能听到这首悠扬的古希腊乐曲。奥运会格言是“更快、更高、更强—更团结”。

（二）世界杯

国际足联世界杯，简称世界杯，是世界上最高荣誉、最高规格、最高竞技水平、最高知名度的足球比赛。

足球是世界第一大运动，世界杯体现了世界足球运动的最高水平 ，因而具有巨大的影响力。

世界杯是各国国家队之间的比赛，可以激发各国人民的民族自豪感。

世界杯每四年举办一次，任何国际足联会员国都可以派出代表队报名参加这项赛事。

第二节　体育赛事的组织

运动竞赛的方法很多，淘汰比赛法和循环比赛法是其基本的比赛组织形式，还可根据需要采用先循环后淘汰的混合比赛方法。

一、淘汰比赛法

淘汰比赛法是通过比赛逐步淘汰失败者的一种简单的比赛方法，在参赛队（人）多而时间少的情况下采用。

淘汰比赛法分为单淘汰法和双淘汰法两种。

单淘汰法是参赛队（人）失败一次即失去继续比赛机会的方法，最后只取一名冠军，因此也称“冠军比赛法”；而双淘汰法，即第一次失败的队（人），还可在失败队（人）中再进行比赛，当第二次失败时才被淘汰（也称两败淘汰）。

单淘汰法的编排步骤：

（一）确定参赛队（人）号码位置数

应根据参赛队（人）数，选择 2 的乘方数为号码位置数。如果参赛队（人）数不是 2 的乘方数时，有两种选择办法。

（1）选择接近并较大于参赛队（人）数的 2 的乘方数，在这种情况下会出现轮空。

轮空数 = 号码位置数 - 参赛队（人）数

（2）选择接近并较小于参赛队（人）数的 2 的乘方数，在这种情况下会出现抢号，即有两个队排在同一号码位置上先进行比赛，胜者进入该号。

常用的号码位置数有：$2^2=4$，$2^3=8$，$2^4=16$，$2^5=32$ 等。

（二）计算比赛场数和轮数

（1）场数参赛队（人）数减 1。

例如，6 队（人）参赛，需赛：$6-1=5$（场）；

16 队（人）参赛，需赛：$16-1=15$（场）。

（2）轮数：所确定号码位置数（2 的乘方数）其指数（自乘的次数）即为轮数。

例如，6 队（人）参加比赛 $=2^3$ 为 3 轮；

16 队（人）参加比赛 $=2^4$ 为 4 轮。

（三）编排比赛秩序（图 1-2-1）

如果 6 队（人）参加比赛，2 号和 7 号应为轮空号码，有时也可以选 6 个号码位置，将轮空队直接排入第二轮。如果 8 队（人）参加比赛，则没有轮空队。秩序表排法如下：

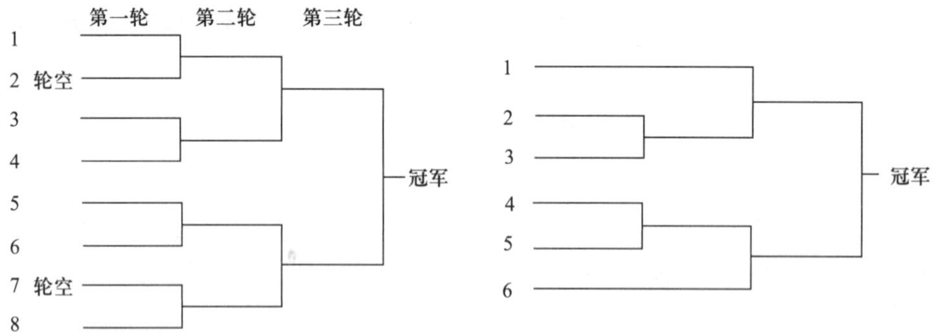

图 1-2-1　单淘汰赛比赛秩序(6 个队)

（四）计算轮空数

淘汰赛第一轮合适的位置数目应为 2 的乘方数。如果参赛队(人)不为 2 的乘方数(如 5、6、7、9、10、12 等),则在第一轮比赛中设置必要数量的轮空。

例如,6 队(人)参加比赛,轮空队数:

$$8(\text{即 } 2^3) - 6 = 2 \text{ 队(人)}$$

编排秩序表时,应将事先计算好的轮空数平均分布在上下半区,并靠近于种子的号码,目的是使种子队(人)优先轮空。

（五）安排“种子”

为避免强队(或强手)过早相遇而被淘汰,一般先把强队(或强手)确定为“种子”,将其均匀地安排在若干相对等的区内,使他们在最后几轮中相遇。

“种子”数应为 2 的乘方数。“种子”的位置有规定的排法,一般按实力顺序安排,1 号“种子”通常排在上半区的顶部,2 号“种子”排在下半区底部;3、4 号“种子”排在上半区的底部和下半区顶部;5、6 号“种子”排在第二和第三四分之一区的顶部和底部;第 7、8 号“种子”排在第四和第一四分之一区的顶部和底部,以使同一区内“种子”相隔最远(图 1-2-2)。

（六）抽签

1. 先抽种子运动员

1、2 号种子有固定的号码位置,不用抽签,其他种子应分批抽签进入相应的位置,3、4 号种子为一批,5、6、7、8 号种子为一批。抽种子队时可直接进入号码位置“定位”。

2. 抽非种子运动员

非种子运动员的抽签,先分区后定位,即先抽应进的区,然后再抽入各区的号码位置。分区的目的是将同一单位的运动员分别抽到各个不同的区内,避免过早相遇。

3. 附加赛

单淘汰赛只能确定冠、亚军,因此,只有用附加赛的办法才可进一步排出前 8 名的顺序。进入前 8 名的队(人),胜者与胜者比赛,负者与负者比赛,胜者进入下一轮,负者再进行一场相应的名次赛。附加赛比赛秩序的排法如图 1-2-3。

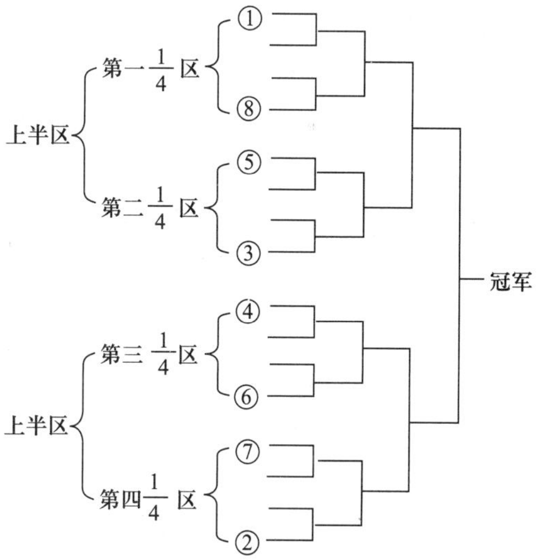

图 1-2-2　种子选手分区

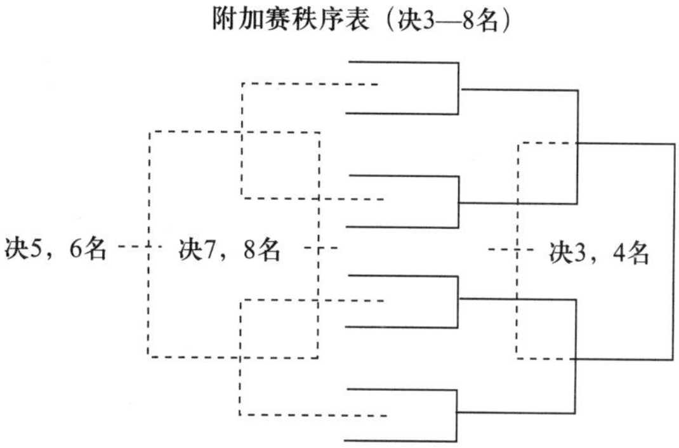

图 1-2-3　附加赛比赛秩序

二、循环比赛法

循环比赛法分为单循环、双循环和分组循环等形式。下面介绍常用的两种编排方法。

（一）单循环法

所有参赛队（人）之间都要轮流比赛一次叫单循环法。参赛队（人）各赛一场（包括轮空）为“一轮”，循环比赛法每轮比赛场数是相等的。

单循环法的编排步骤：

1. 计算比赛场数和轮数

（1）场数：

$$\frac{\text{队数}\times(\text{队数}-1)}{2}$$

例如，8 队参赛，需赛：$\frac{8\times(8-1)}{2}=28$（场）。

（2）轮数：

参赛队（人）数为双数时，则：轮数 = 队（人）数 - 1。

例如，8 队参赛，则轮数为：8 - 1 = 7（轮）。

参赛队（人）数为单数时，则：轮数 = 队（人）数。

2. 编排比赛秩序

单循环比赛顺序的确定方法通常采用的是“逆时针轮转法”。

第一轮排法：把参赛队（人）平分为左右两部分，前一半队的号数由 1 号自上而下写在左边，后一半号数自下而上写在右边。然后用横线把相对的号数连接起来，即是各队第一轮的比赛秩序。

第二轮排法：1 号位固定不变，其他每个号数按逆时针方向依次轮转一个位置，再用横线连接起来。依次类推，即可排出其余各轮比赛的顺序。

不论参赛队（人）数是双数还是单数，一律按照双数排表。如果是单数，则应在最后一个数的后面加“0”，使之成为双数。遇到0的队即是轮空（表1-2-1～表1-2-3）。

表1-2-1　双数队比赛排法（以6队参赛为例）

第一轮	第二轮	第三轮	第四轮	第五轮
1—6	1—5	1—4	1—3	1—2
2—5	6—4	5—3	4—2	3—6
3—4	2—3	6—2	5—6	4—5

表1-2-2　单数队比赛排法（以5队参赛为例）

第一轮	第二轮	第三轮	第四轮	第五轮
1—0	1—5	1—4	1—3	1—2
2—5	0—4	5—3	4—2	3—0
3—4	2—3	0—2	5—0	4—5

轮次排完后进行抽签，按签号填写队（人）名，然后把比赛秩序编成比赛日程表。

表1-2-3　比赛日程表（以6队参赛为例）

轮次	日期	时间	比赛队	比赛场地	裁判员
第一轮	四月八日	16:00	0701—0702	①	×××
			0703—0704	②	×××
			0705—0706	③	×××
第二轮	四月九日	16:00	0701—0704	③	×××
			0702—0706	②	×××
			0703—0705	①	×××
⋮	⋮	⋮	⋮	⋮	⋮

（二）分组循环法

在参赛队（人）较多的情况下，为了不过多增加比赛次数和延长比赛日期，又能正确排定各队的名次，一般采用分组循环赛的方法。在分组时多是采用“蛇形排列方法”，即以上届比赛的成绩名次进行分组，如16队（人）参赛可按下列方法分成4组，每组4队（人）（表1-2-4）。

表 1-2-4　分组循环分组法(以 4 个组为例)

第一组	第二组	第三组	第四组
1	2	3	4
8	7	6	5
9	10	11	12
16	15	14	13

分组后,各组分别进行单循环赛,排出小组名次后,再按规程规定的办法进行下一阶段的比赛。通常是把比赛分为两个阶段:第一阶段为单循环赛;第二阶段是把第一阶段各小组相同名次(或几至几名)重新编排,进行决定名次的比赛。

分组循环排出名次的方法如下:

(1) 各组同名次进行单循环比赛决出各队名次。如第一阶段分为 4 组,第二阶段比赛时,4 个组第 1 名分为 1 组进行单循环赛决出 1~4 名;4 个组第 2 名分为 1 组决出 5~8 名,以此类推。

(2) 同名次交叉赛决出名次。如第一阶段分 4 组循环,决赛时,第一组的第 1 名与第三组的第 1 名、第二组的第 1 名与第四组的第 1 名分别比赛,然后胜队与胜队决第一、二名,负队与负队决第三、四名,以此类推。

第三节　职场保健

现在城市中生活、学习、工作节奏快,计算机、手机普及率也很高,导致人们长期坐在计算机或办公桌前。由于坐姿不正确,肌肉、软组织产生疲劳,导致颈椎超负荷地承重,长期的、反复的劳损、刺激,产生疼痛感。除了颈椎疼痛外,如果出现骨质增生、韧带肥厚,可导致椎孔狭窄、椎间盘突出,那就不仅仅是一个劳损的问题,还会出现肩周炎、腰肌劳损、下肢静脉曲张等伤病。掌握职业工作中常发职业性伤病的预防与运动康复方法就变得尤为重要。

一、颈椎病

颈椎病又称颈椎综合征,是颈椎骨关节炎,增生性颈椎炎、颈神经根综合征、颈椎间盘脱出症的总称,是一种以退行性病理改变为基础的疾患,主要由于颈椎长期劳损、骨质增生或椎间盘脱出,韧带增厚,致使颈椎脊髓、神经根或椎动脉受压,出现一系列功能障碍的临床综合征。主要表现为颈肩痛、头晕头痛、上肢麻木、肌肉萎缩、严重者双下肢痉挛、行走困难,甚至四肢麻痹,大小便障碍,出现瘫痪。多发在中老年人群中,且男性发病率高于女性。

(一) 发病原因

1. 长时间低头看书的人群或办公室人员

长期保持头颈部处于单一姿势位置,导致该类人员颈椎局部过度活动,损伤局部椎间盘、韧带等，易发生颈椎病。

2. 头颈部外伤人员

头颈部外伤并不能直接引起颈椎病，但却往往是颈椎病产生症状的加重因素，一些病人因颈椎骨质增生，颈椎间盘膨出，椎管内软组织病变等造成颈椎管处于狭窄临界状态中，外加颈部外伤常诱发其他症状的产生，甚至可能导致瘫痪。在不适当的颈部按摩也常有引发瘫痪的可能。

3. 不良姿势

如躺在床上看电视、看书，高枕、坐位睡觉等；在行驶的车上睡觉，睡着时肌肉保护作用差，遇刹车易出现颈部损伤。

4. 颈椎结构的发育不良

先天性小椎管也是发病诱因。颈椎中央椎管、神经根管狭小者颈椎病的发病率比正常人高 1 倍。

（二）主要症状

（1）颈肩酸痛并扩散至头枕部和上肢。

（2）一侧肩背部沉重感，上肢无力，手指发麻，肢体皮肤感觉减退，手握物无力，有时不自觉地使握物落地。

（3）颈椎病严重的典型表现：下肢无力，步态不稳，双脚麻木，行走时如踏棉花的感觉。最严重者甚至出现大、小便失控，性功能障碍，甚至四肢瘫痪。

（4）常伴有头颈肩背手臂酸痛，颈脖子僵硬，活动受限。

（5）有时伴有头晕，感到房屋旋转，重者伴有恶心呕吐，卧床不起，少数可有眩晕，猝倒。

（6）当颈椎病累及交感神经时可出现头晕、头痛、视力模糊，双眼发胀、发干，双眼睁不开、耳鸣、耳堵、平衡失调、心动过速、心慌，胸部有紧束感，有时甚至出现胃肠胀气等症状。也有吞咽困难，发音困难等症状。

（三）治疗方法

适当做些颈后部肌肉等长收缩抗阻训练，如双手五指交叉放于枕后部、头后仰对抗，可以明显增强颈后部肌肉力量，纠正颈椎不稳定。

二、肩周炎

肩关节周围炎，简称肩周炎，是肩周肌肉、肌腱、滑囊和关节囊等软组织退行性改变所引起的广泛的炎症反应。肩周炎是以肩关节疼痛、活动受限为主要特征的慢性疾患。早期表现，仅以疼痛为主或仅有轻微隐痛或肩关节不适和束缚感，继而疼痛逐渐加重，夜间尤甚，常影响睡眠，肩关节活动也逐渐完全受限，最后形成“冻结状态”。

（一）发病原因

中医认为，人过中年阳气虚弱，正气渐损，肝肾不足，气血虚弱，以致筋脉肌肉失去濡养，遇有风湿寒邪外侵，易使气血凝滞，阳气不足，脉络不通故发肩周炎。

（二）主要症状

以肩周疼痛、酸痛为主，夜间为甚，常因天气变化以及劳累而诱发或加重，并且肩前、肩后、肩外侧压痛，主动运动和被动运动时的外展、后伸、上举等功能明显受限，后期可能出现肌肉萎缩。肩周炎根据疼痛的部位以及性质可以分为手阳明经型、手少阳经型、手太阳经型、手太阴经型四类。

（1）手阳明经型。疼痛以肩前外部为主且压痛明显，肩髃穴处疼痛或压痛感明显，手臂外展时疼痛加重。

（2）手少阳经型。疼痛以肩外部为主且压痛明显，肩髎穴处疼痛或压痛感明显，手臂外展时疼痛加重。

（3）手太阳经型。疼痛以肩后部为主且压痛感明显，肩贞穴、臑俞穴处疼痛或压痛感明显，肩内收时疼痛加重。

（4）手太阴经型。疼痛以肩前部为主且压痛感明显，中府穴处疼痛或压痛感明显，手臂后伸时疼痛加重。

（三）治疗方法

肩周炎的治疗原则：通经活络，舒筋止痛。取局部穴位为主，配合远端取穴。

肩周炎在恢复期间要配合肩关节的锻炼，例如爬墙、拉绳等动作；在肩周炎发作期间要忌劳累，避免提重物，缓解疼痛；注意防寒，避免空调、风扇直吹，注意冬季时肩部的保暖；饮食方面要注意少食生冷的食物，特别注意少喝凉茶。

三、腰肌劳损

腰肌劳损是指腰骶部肌肉、筋膜、韧带等软组织的慢性损伤，导致局部产生无菌性炎症，从而引起腰背部一侧或两侧的弥漫性疼痛，又称为“功能性腰痛”“腰背筋膜炎”等。

（一）发病原因

慢性劳损、急性损伤、先天性畸形、外感风寒湿邪。

（二）主要症状

（1）腰背部疼痛，呈钝性胀痛或酸痛不适，时轻时重，缠绵不愈，休息、适当活动或改变体位后可使症状减轻，劳累、天气变化、感受风寒湿邪则症状加重。

（2）腰部活动基本正常，但偶尔有牵掣不适感，不耐久坐久站，弯腰稍久，则直腰困难。

（3）急性发作时，诸症明显加重，下肢牵掣作痛，可有明显的肌肉痉挛，甚至出现脊柱侧弯。

（三）治疗方法

（1）手法治疗。

（2）针灸治疗：以针刺肾俞、腰阳关、委中、三阴交及局部阿是穴为主。

（3）封闭治疗。

（4）小针刀治疗。

（5）中药治疗。

（6）功能锻炼。

（7）理疗：红外线、超短波等。

四、腰椎间盘突出

腰椎间盘突出症是由于腰椎间盘变性，纤维环破裂，髓核突出刺激或压迫神经根、马尾神经所表现出来的一系列临床症状和体征，俗称“腰突症”，是临床的常见病和引起腰腿痛最主要的原因，常给患者的生活和工作带来诸多痛苦，甚至造成残疾，丧失劳动能力。

（一）发病原因

1. 退行性改变

即由于椎间盘受体重的压迫，加上腰部又经常进行屈曲、后伸等活动，易造成椎间盘的挤压和磨损，尤其是下腰部的椎间盘，从而产生退行性改变。腰椎间盘退行性改变是本病发生的基础。

2. 外力作用

在日常生活和工作中，部分人往往存在长期腰部用力不当、成过度用力姿势或体位不正确等情况。例如长期从事弯腰工作的工人和建筑工人需经常弯腰提举重物。

（二）主要症状

1. 腰部疼痛

腰痛是大多数本症患者最先出现的症状，发生率约 91%。少数病人只有腿痛而无腰痛，所以说并不是每一个患者一定会发生腰痛。还有一些患者先出现腰痛，一段时间后出现腿痛，同时腰痛自行减轻或消失，来就诊时仅主诉腿痛，且痛多为刺痛，常伴有腿脚麻木、酸胀的感觉。

2. 下肢放射痛

腰腿痛在外伤、劳累和受寒后容易发作，每次持续 2~3 周，之后可以逐渐缓解。在发作时如卧床休息，疼痛往往会减轻。从事重体力劳动尤其是反复弯腰活动者发生腰腿痛概率高。还有缺乏锻炼的人，腰背部肌力差，即使偶尔弯腰抬重物或腰部扭伤，也易诱发腰腿痛。任何使腹压增加的因素如咳嗽、用力排便、大笑、喷嚏、抬举重物、慢性咳嗽等，都容易诱发腰腿痛，或使已发生的腰腿痛加重。

3. 腰部活动受限

腰椎间盘突出症患者腰椎的前屈后伸活动与腰椎间盘突出的程度密切相关。如纤维环未完全破裂，腰椎取前屈位置，后伸受限。原因在于腰椎前屈时，椎板间的黄韧带紧张，增加了椎管容积和椎间隙后方空间，相应的后纵韧带紧张度增加使突出的髓核部分还纳，从而减轻了神经根压迫的症状。

4. 脊柱侧凸

这是腰椎间盘突出症患者为减轻疼痛所采取的姿势性代偿畸形。表现是腰椎在向左侧或右侧弯曲，触摸背部正中位置的棘突可以发现棘突偏歪，但这并不是腰椎间盘突出症的特有体征，约 50%的正常人也有脊柱棘突偏歪。

5. 间歇性跛行

腰椎间盘突出症发生的跛行多为间歇性，即行走一段距离路程后出现下肢疼痛，无力，弯腰或蹲下休息后症状可缓解，仍能继续行走。随着时间的推移，症状逐渐缓慢加重，出现上述症状之前的站立时间或者行走距离逐渐缩短。

6. 感觉麻木

患腰椎间盘突出症的病人中，有一部分不会出现下肢的疼痛感，而仅出现肢体的麻木感，这多数是由椎间盘组织压迫神经的本体感觉和触觉纤维引起的。大腿外侧是常见的麻木区域，当与衣裤接触时可有烧灼感，长时间站立可加重麻木感。大腿外侧感觉障碍的原因多为纤维环膨出或关节退变，而并非由于椎间盘突出。

（三）治疗方法

（1）卧床休息。

（2）牵引治疗。

（3）推拿治疗。

（4）物理治疗。

（5）中医外敷法。

（6）药物治疗（中药、消炎镇痛）。

（7）微创治疗。

（8）手术治疗。

五、下肢静脉曲张

下肢静脉曲张是指下肢浅表静脉因血流回流障碍而引起的以静脉扩张、迂曲为主要表现的一种疾病，晚期常合并小腿慢性溃疡。

（一）发病原因

1. 先天性发育异常

先天性静脉壁薄弱、静脉瓣膜缺陷。

2. 后天性致病因素

如长期站立、重体力劳动、妊娠、习惯性便秘等因素使腹腔内压力增高，影响下肢静脉血回流。

（二）主要症状

（1）早期。下肢酸胀、沉重、乏力，久站后足踝部肿胀。小腿处浅静脉扩张、迂曲成团、隆起，直立时更明显。

（2）晚期。小腿和踝部皮肤发生营养性改变，出现皮肤萎缩、脱屑、瘙痒、色素沉着。由于营养缺乏，轻微损伤就会造成长久不愈的慢性溃疡，并可出现血栓性静脉炎，甚至皮肤破溃时大量出血。

（三）治疗方法

1. 非手术治疗

非手术治疗只能改善症状。适用于病变较轻，症状较轻或症状虽然明显，但不能耐受

手术的情况。

（1）由足背至大腿缚扎上弹性绷带或穿弹力袜。

（2）维持良好坐姿。

（3）避免腹内压增高：保持大便通畅，肥胖者应有计划地减轻体重。

（4）患肢有水肿者，嘱其卧床，患肢抬高 30°～40°，有利于静脉、淋巴血液回流，以减轻患肢水肿。

2. 手术治疗

适用于深静脉通畅、无手术禁忌者，是治疗下肢静脉曲张的根本方法。

复习与思考

1. 试简述体育文化的概念。
2. 根据对体育运动的理解，请介绍体育的功能有哪些。
3. 奥运会的格言是什么？
4. 如何预防职业病的出现？
5. 请绘制 10 队（人）比赛秩序表。

第二章
体育健身与健康生活常识

阅读提示：

随着生活水平的提高，业余时间的增多，人们越来越意识到参加体育锻炼的重要性。体育锻炼可以增强体质、提高人体的健康水平。但是，怎样进行体育锻炼，才能达到事半功倍的效果呢？通过本章的学习基本上可以掌握体育锻炼的一般生理卫生知识，并且科学地进行体育锻炼。

第一节　科学健身

一、机能评价

（一）健康的概念

健康是人类生存和发展最基本的条件，也是创造社会物质文明和精神文明的基础。世界卫生组织前总干事马勒博士指出："健康并不代表一切，但丧失了健康就丧失了一切。"这充分说明了健康对于人的价值和重要性。既然健康是人类最大的财富，那么，到底什么是真正的健康呢？长期以来，由于受传统观念的影响，人们往往把健康单纯理解为"无病、无残、无伤"，而随着人类社会文明的进步，人们对自身的认识不断深入，对健康的认识和理解已超出了单一的生物机体"疾病"的界限。1948 年世界卫生组织（WHO）在宪章中指出："健康不仅是免于疾病和虚弱，而且是保持身体上、精神上和社会适应方面的完美状态。"1989 年，WHO 又进一步深化了健康的概念，指出一个人只有在躯体健康、心理健康、社会适应良好和道德健康四个方面都健全，才算是完全健康的人。

（二）世界卫生组织提出的健康标准

（1）有充沛的精力，能从容不迫地负担日常生活和繁重的工作而不感到过分的紧张。

（2）处事乐观，态度积极，勇于承担责任，事无巨细。

（3）应变能力强，能较快地适应外界环境的条件变化。

（4）善于休息，睡眠良好。

（5）能抵抗一般感冒和传染病。

（6）体重适当，身体匀称，站立时，头、肩、臀位置协调。

（7）头发有光泽，头皮屑少。

（8）眼睛明亮，反应敏捷，眼睑不发炎。

（9）牙齿清洁，无龋齿，无疼痛，牙龈无出血而颜色正常。

（10）肌肉丰满，皮肤富于弹性。

健康标准——"五快三良好"

"五快"——生理健康标准

① 吃得快

② 便得快

③ 睡得快

④ 说得快

⑤ 走得快

"三良好"——心理健康标准

① 良好的个性

② 良好的处事能力

③ 良好的人际关系

（三）亚健康状态

亚健康是近年来提出的新概念。亚健康状态是介于健康与疾病之间的一种状态，又叫"第三状态"或"灰色健康状态"。是指人体在内外环境不良刺激下引起心理、生理异常变化，但尚未达到明显病理反应的程度。从生理学角度来讲，就是人体各器官及功能稳定性失调尚未引起器质性损伤，医学检查所得各项生理、生化指标均无明显异常，医生无法

做明确诊断的状态。在此状态下如能及时调控，可恢复健康状态，否则就会发生疾病。亚健康状态基本是由于机体组织结构的退化（老化）及生理功能减退所致，因而目前将人体衰老的表现也列入亚健康状态的一种类型。

亚健康形成的原因有以下几种。

（1）过度疲劳，身心透支。

（2）不科学的生活方式引起营养不良而使机体功能失调。

（3）环境污染、接触过多有害物质。

（4）伴随人体生物钟周期低潮或人体自然老化也可能出现亚健康状态。

在此状态下如任其发展，最终难免导致疾病的发生，若采取科学的生活方式，通过饮食、心理的调养和环境的改善，祛除病因，再通过适当的体育锻炼可改善和消除亚健康状态，恢复健康。

二、运动计划的设计

（一）运动时间

每次运动的持续时间一般要求达到有效强度后，至少持续 15 分钟才能见效，但运动时间的长短与运动强度成反比。最短持续时间限度是 5 分钟，最长为 1 小时。

（二）运动强度

在单位时间内完成的运动量，可用最大吸氧量、心率、速度等表示，由于运动强度对锻炼者机体影响最大，因此，它的安排恰当与否是影响运动处方效果的关键。

（三）运动强度的确定

1. 用耗氧量确定强度

健康人、青年人用运动负荷实验中所得的最大吸氧量的百分比控制运动强度。如 80% 的最大吸氧量的强度为较大强度；50%～60% 为中等强度；40% 以下为较小强度。如果为了减肥就必须用中等强度。若为了提高心脏功能，可用 50%～80% 的吸氧量强度。小强度效果不突出。

2. 用最高心率确定强度

因病或年老体弱者不能测定最大吸氧量时，只好用最大心率确定强度。最高心率的测定也要通过运动负荷实验。例如：一位 60 岁的老人，安静时的心率为 70 次/分钟，按公式计算目标心率 $=0.9\times(160-70)+70=151$ 次/分钟。当运动负荷实验中，心率达到 151 次/分钟时就可以终止实验了。151 次为目标心率值，即为上限，不可超越，如果超越就有危险。目标心率的均值 $=0.7\times(160-70)=133$ 次/分钟。有效强度的下限不能低于 133 次/分钟，否则就不会获得锻炼效果。此人在运动中的心率必须控制 133～151 次/分钟。在无条件进行运动负荷实验时，只能用 170 或 180 减年龄这个公式去估计适宜强度。

（四）运动频度

运动频度是单位时间内的运动次数，一般来说每周 3～4 次或隔日 1 次比较适宜。因为，每周运动 2 次以下，不足以使最大吸氧量得到足够的提高，偶尔参加几次运动也只能增加软组织损伤的可能性。另外，还要考虑体力的好坏、运动能力的强弱。体力好、运动能力强的人运动次数可以多一些，否则反之。

（五）脉搏频率

脉搏频率是评价心血管系统功能状况的重要指标。对脉搏频率的评价可以在以下几种状态下进行：安静时、运动时和运动后的恢复时期。

（1）安静时的脉搏，一般人为 75 次/分钟，而运动员，特别是长期从事耐力项目训练的运动员为 40~50 次/分钟或更慢些。

（2）运动时或运动后的即时脉搏，一般人可达到 160~170 次/分钟，运动员可达到 200 次/分钟以上。

（3）运动后的恢复脉搏，由运动停止的即时脉搏降低到运动前的脉搏，其恢复时间应不超过 6 分钟，运动后的次日晨脉，每分钟的波动次数应不超过通常晨脉的 2 次。在正常情况下，通过一段时间的身体锻炼，安静时的脉搏频率会出现递减的趋势，剧烈运动后的即时脉搏频率出现递增趋势，运动后，由即时脉搏到正常时脉搏恢复时间出现缩短的趋势。

运动负荷强度的大小，可采用运动时每分钟的平均脉搏，除以安静时每分钟的脉搏，以其所得指数进行评价（表 2-1-1）。

表 2-1-1　强度指数评价表

强度	大	较大	中等	小	较小
指数	2.0 以上	1.8~2.0	1.5~1.8	1.2~1.5	1.2 以下

三、女性经期体育卫生

月经是女性正常的生理现象，在月经期间，人体一般不出现明显的生理机能变化。因此，月经正常的女性，一般没有明显的异常，可以参加适当的体育活动，如做广播体操、乒乓球、羽毛球或排球等活动。通过这些活动，不仅可以改善盆腔的血液循环，减轻盆腔的充血现象，而且腹肌与盆底肌的收缩与放松活动对子宫起到柔和的按摩作用，还有助于经血的排除。此外，丰富多彩的体育活动，可以调节大脑皮层的兴奋和抑制过程，从而减轻全身的不适反应。

一般在月经期间，身体的反应能力、适应能力、肌肉力量、神经调节的精确性及灵活性等可能下降。因此，运动量要适当减小，活动时间不宜过长，一般不要参加激烈的对抗性较强的体育比赛。因为比赛强度大，精神过分紧张，体能消耗较大，易导致卵巢功能失调，引起经血过多或月经紊乱。

月经期间不宜游泳。由于经期子宫内膜脱落后，子宫内形成较大创面，宫颈开口大，易使病菌侵入内生殖器官而引起炎症。此外，月经期应避免寒冷刺激，尤其下腹部应注意保暖，避免着凉。

月经期应避免做剧烈的、大强度的、震动较大的跑跳动作（如疾跑、跨跳、跳高、跳远等）以及使腹内压明显增高的憋气和静力性动作（如推铅球、后倒成桥、倒立等），否则，易使子宫受压造成经血过多或引起子宫移位。

对月经紊乱(经血量过多、过少、经期不准)以及经期下腹部疼痛和患有内生殖器炎症的女性,月经期应暂停体育活动。

对于身体健康、月经正常、又有一定训练水平的青少年女性运动员,经期仍可进行一定量的运动训练,但开始阶段应减小运动量,待其适应后再加运动量,并要循序渐进,加强医务监督。

四、体育运动与减肥、塑型

脂肪是运动时被利用的能源,脂类为运动提供的能量主要来自脂肪酸的氧化。在一次长时间低强度的运动中,脂肪的氧化可提供总耗能量的 50%~60%。长期进行体育活动可降低脂肪细胞平均体积,提高脂肪代谢的活性。

脂肪代谢对运动能力的重要性在于它能“节约”组织中糖原的消耗。在进行长时间大强度的运动时,糖原贮备可以通过脂肪氧化的方式保存或“节省”下来,这就使运动进行到最后阶段,运动强度超过身体的有氧代谢能力时,能有更多的糖原可以利用,因此,脂肪可提高机体耐力。

运动时脂肪供能的另一好处是,长期进行有氧运动,促使脂肪的氧化,降低血胆固醇和甘油三酯,使高密度脂蛋白(HDL)增高,从而减少冠状动脉疾病的发生,降低导致心脏病的危险。

体内脂肪贮备过多,容易导致肥胖,而肥胖不仅使体态臃肿、行动缓慢,而且是高血压、冠心病、高血脂病、糖尿病、痛风等疾病的诱因。

第二节　运动安全

一、运动性痉挛

肌肉痉挛俗称抽筋,是肌肉因不自主地强直收缩,变得坚硬。运动中最容易发生痉挛的肌肉是小腿腓肠肌,其次是足底的屈拇肌、屈趾肌。

在体育锻炼时,肌肉受到寒冷的强烈刺激时,即可发生肌肉痉挛。如在游泳和冬季户外锻炼时易发生;有时活动不充分,或肌肉强力收缩,或收缩与放松不协调,均可发生肌肉痉挛;也有的是因情绪过分紧张所致。

(1) 处置。对痉挛部位的肌肉做牵引。例如,腓肠肌痉挛时,即伸直膝关节,并配合按摩、揉捏、叩打以及点压委中、承山、涌泉等穴位,以促使痉挛缓解或消失。

(2) 预防。运动前做好准备活动,对容易发生痉挛的部位事先应适当按摩。夏季进行长时间运动时,要注意补充盐分;冬季锻炼时,要注意保暖;游泳下水前,应先用冷水淋浴;疲劳和饥饿时,不要进行剧烈运动。

运动性猝死

运动性猝死是指在运动中或运动后24小时内的非创伤性意外死亡。在大部分运动猝死的病例中,多数有器质性疾病存在,其中又以心血管病(冠心病、冠状动脉先天异常、肥厚型心肌病、心肌炎、心脏瓣膜病、主动脉破裂等)占首位,其次是脑血管意外破裂。这就需要运动前做健康评估,根据需要选择合适的运动量,进行科学的运动。专家建议锻炼身体时一定要量力而行。如果感冒或工作劳累,应暂时停止进行体育活动。

二、软组织损伤

这类运动损伤可分为开放性损伤和闭合性损伤两类。前者有擦伤、撕裂伤、刺伤等;后者有挫伤,肌肉拉伤、肌腱鞘炎等。

小面积擦伤,可用红药水涂抹伤口即可;大面积擦伤,先用生理盐水洗净,后涂抹红药水,再用消毒布覆盖,最后用纱布包扎(天气炎热时,要注意化脓感染)。

轻度开放伤,用红药水涂抹伤口即可;裂口大时,则需止血和缝合伤口,必要时注射破伤风抗毒血清,以防破伤风症。如肌腱断裂,则需手术缝合。

挫伤、肌肉拉伤、韧带扭伤等闭合性损伤,在24小时内冷敷或加压包扎,抬高患肢或患处敷中药。24小时后,可按摩或理疗。进入恢复期可进行一些功能性锻炼。

三、溺水急救

(1) 立即采取各种措施将淹溺者带离水域,但要注意施救者的自身平安。

(2) 去除口鼻淤泥、杂草、呕吐物等,翻开气道。

(3) 要进行控水处理,将患者腹部置于抢救者的大腿上,患者头部下垂,按压其背部,使其口咽部气管内水分迅速倒出,动作要迅速,时间不宜过长。

(4) 如患者呼吸心跳已停止,要立刻在现场实施徒手心肺复苏,因淹溺后肺泡张力减低,气体进行肺内阻力较大,故人工呼吸时吹气量要大。

四、心肺复苏

心肺的操作过程有以下步骤。

(1) 首先判断昏倒的患者有无意识。

(2) 如无反应,立即呼救。

(3) 迅速将患者放置于仰卧位,并放在地上或硬板上。

(4) 开放气道,仰头举颌;清除口、鼻腔异物。

(5) 判断患者有无呼吸,通过看、听和感觉来进行。

(6) 如无呼吸,立即口对口吹气两口。

(7) 保持患者头后仰,检查颈动脉有无搏动。

(8) 如有搏动,表明心脏尚未停跳,可仅做人工呼吸,每分钟 12~16 次。

(9) 如无脉搏,立即进行心前区叩击 1~2 次。

(10) 叩击后再次判断有无脉搏,如有脉搏即表明心跳已经恢复,仅做人工呼吸即可。

(11) 如无脉搏,立即在正确的位置进行胸外按压。

(12) 每作 30 次按压,需作 2 次人工呼吸,然后再在胸部重新定位,再做胸外按压,如此反复进行,直到协助抢救者或专业医务人员赶来。按压频率每分钟 100 次。

(13) 开始 2 分钟后,检查一次脉搏、呼吸、瞳孔,以后 4~5 分钟检查 1 次,检查不超过 5 秒,最好由协助抢救者检查。

(14) 如利用担架搬运患者,应该持续做心肺复苏,中断时间不超过 5 秒。

第三节　健康生活

一、规律作息

睡眠是生理活动中重要的新陈代谢过程。没有睡眠就没有健康,睡眠不足,不但身体消耗得不到补充,而且由于激素合成不足,会造成体内环境失调。因此规律的作息尤为重要,应培养早睡早起的生活习惯,一般以每天 23 点入睡、7 点起床为宜。

二、健康饮食

1. 每天喝 1.5 升水

根据相关研究,人体每天至少要补充 1.5 升水才可以保证身体机能的正常运行,所以每天都要保证饮水量。

2. 多吃蔬菜,避免过量食用水果

蔬菜含有丰富的维生素、纤维素和矿物质,有疏通血管和肠道的特殊功能,蔬菜能帮助肝脏尽快实现蛋白质、糖类、脂肪代谢。而水果多数为生冷食物,吃太多容易损伤脾胃。

3. 多吃乳制品,少吃肉类

牛奶等乳制品中含有丰富的营养物质,是我们补充营养的首选。而一般肉类中的胆固醇都是非常高的,因此,春季吃过多的肉类则容易发胖。

4. 多喝水,少吃油腻食物

季节更替带来多风、干燥的气候,加剧了身体水分的流失。春季其实也容易导致上火,进而引发头痛、便秘、体重增加等症状。建议每天清晨起来,喝点蜂蜜水,将有助于清洗肠道,排毒祛火。

三、心理调适

任何事物，包括人类，想要生存，就非得适应环境不可，"适应环境"也是万物的一种本能。人类在面对环境压力时，通过各种反应形式，以对个体或群体有利的变化来应对这种压力，使得个体或群体有更好的生存的能力，称为心理调适能力。

（一）增强对人际关系的适应能力

世界卫生组织认为，人的健康受人的适应能力影响。人的适应能力最主要的就是对人际关系的适应能力。每个人有不同的角色，在领导者面前是被领导者；在被领导者面前，可能还会是一个领导者；在父母面前是儿女；在儿女面前是父母，人际关系是影响身心健康的非常重要的方面。

（二）应该对压力有所认识，有所准备

有的时候，人之所以觉得受到打击、挫折，是因为对问题缺乏一些必要的认识和准备。有的人说我努力工作就应该得到表扬；有的人认为努力学习就应该有好的结果。如果我们只站在自己的角度，或只给自己一种答案，当事情的结果与我们的预期相反时，就会产生挫折感，因此在面对压力时，应从多个角度考虑问题，做好各种心理准备。

（三）排除负性情绪的手段

（1）应该善于转移，适当地宣泄。

（2）不能总生活在回忆里面。

（3）应多读书。

（4）培养幽默感。

（5）要学会宽容。

（6）要能够放弃没有意义的事情。

四、传染病预防

传染病是由病原体引起的，如细菌、病毒、真菌、寄生虫等。预防和治疗传染病需要采取多方面的措施，包括以下几个方面。

（1）个人卫生。保持个人卫生，经常洗手，特别是在接触公共设施、动物和垃圾等情况下。咳嗽和打喷嚏时应用纸巾遮住口鼻，避免在人群密集场所停留太久，穿戴好个人防护用品。

（2）疫苗接种。接种疫苗可以有效预防某些传染病，如麻疹、流感、破伤风等。

（3）环境卫生。保持家庭和公共环境的卫生，定期进行清洁和消毒，减少室内空气污染和交叉感染的可能性。

（4）隔离措施。对于疑似或确诊传染病的患者，应采取隔离措施，以减少传播的可能性。

（5）医学治疗。对于已经感染的患者，应及早就医，遵从医生的指导进行治疗，减少病原体扩散。

以上是常见的防治传染病的措施，每种传染病都有不同的防治方法，应根据具体情况采取相应的预防和治疗措施。

复习与思考

1. 健康的真实含义是什么？你能说出健康的主要标志吗？
2. 如何培养健康的生活方式？
3. 减肥有什么好的运动方式？

第二篇　基础体能

导言

在田径运动中，接力跑是唯一的集体项目。它是以“队”为单位进行比赛，每队4人，每人都跑相同距离。接力跑要求其成员实力相当，配合默契，任何一点差错都会功亏一篑。

4×100米接力跑分道进行。参与比赛的4个队员除了默契配合外，对每个人还有明确的要求：一棒，要求反应快起跑好；二棒，可运用接力区跑距短的特点安排相对较弱的队员；三棒，要求弯道技术突出；四棒，安排信心及冲刺能力最强的队员。

2015年8月29日，在国家体育场“鸟巢”举行的国际田联世界田径锦标赛男子4×100米接力决赛中，4位中国小伙子苏炳添、张培萌、谢震业、莫有雪，以惊人的速度创造了历史，他们在男子4×100米的决赛中跑出38秒01的成绩，首次夺得世锦赛银牌，同时也刷新了亚洲接力队在世锦赛的最好战绩，2020年东京奥运会田径男子4×100米决赛，由苏炳添、谢震业、汤星强、吴智强组成的中国队以37秒79的成绩获得第四名，平了中国田径队在奥运会上该项目的最好成绩。

第三章

身体基本活动能力

阅读提示：

人体基本活动能力是指维持人体生存所必需的基本活动技能，主要包括走、跑、跳、投、攀登、爬越、支撑、负重、搬运、涉水等。由于这些技能与人们的日常生活息息相关，故被视为人类赖以生存的基础能力。大量资料表明：古人出于最基本的生存需要，在与千变万化的自然界的斗争中，形成和发展了多种基本活动能力。如为了寻找食物、追捕野兽而发展了奔跑、跳跃能力；为摘取树上的果物发展了攀爬和投掷能力；为抵御野兽侵袭发展了泅渡和涉水能力；为移动猎物、搭建竹（木）棚而发展了负重搬运能力等。在原始社会里古人正是依靠这些能力，才得以艰难地生存下来，并在追求生存与发展的过程中，逐步地认识到这些基本活动能力的重要性。

第一节　走的基本能力

一、快走

（一）定义

快走是一种有氧运动，主要是通过走步训练来改善身体的健康状况，所谓快走是在12分钟内走完1英里（约1 600米）的距离，如果每天快走45分钟到1个小时。养成“快步走”的习惯，可强力消脂，加快新陈代谢，防止动脉硬化，提高机体运动功效、预防骨质疏松。每天快走30分钟预防中风的效果与慢跑、打网球、骑脚踏车等较激烈的快节奏运动是相同的，对预防其他疾病都具有良好的效果。

（二）训练方法

快走分两种，一种是运动者借助两根轻质手杖，像滑雪那样走路；另一种就是大力甩手，这是国内比较常见的健走方式。但不管是借助拐杖还是大力甩手，健走对姿势、频率、环境和持续时间都有一定的要求。最流行的有3种徒步健走步态——弯臂走：上臂弯曲90°，手半握拳，双臂双脚左右交替，腹部微扭；直臂走：大小臂伸直，前摆平肩，开拳甩掌，后摆握拳；摆臂走：大臂、小臂，向上时夹紧，向下时伸直，后甩臂，开拳甩掌。

在频率上，健走者应该达到每小时超过5千米的行进速度，20～50岁的健康人在健走过程中心率要比平时增加80%左右，达到这个心率后再持续3～5分钟，再慢慢减缓。健走的时间要持续半小时以上，但不要超过3小时。健走的姿势非常重要，两只胳膊要甩起来，幅度在120°～150°之间，步伐一定要保持轻快，膝关节和下肢关节一定要放松，不一定非要采取大步走的姿势，频率和持续时间才更重要。

二、竞走

（一）定义

竞走是两腿交互迈步前进，与地面保持不间断的接触，在任何时间都不得两脚同时离地的田径运动项目。

（二）训练方法

竞走的训练方法与跑的训练方法非常相似，并且竞走的技术非常重要，因此本部分内容的重点放在竞走技术上。

（1）竞走是运动员与地面保持接触、连续向前迈进的过程，双腿没有（人眼）可见的腾空。这就意味着在运动员抬起后面的脚离开地面之前，前面的脚必须接触地面，出现前脚跟和后脚趾与地面同时接触的短暂时间。

（2）前腿从着地的瞬间开始应该伸直（即膝关节不得弯曲）。当第一次听到这条规则时初学者可能想在他们走的每一时刻腿都必须伸直，实际上并不是。规则仅是要求当运动员的前脚着地时，腿应该伸直，并必须保持伸直的状态通过身体的下方，然后才能弯曲向前摆动。

正确的竞走技术必须是有效和合规的。最初的目标是保持重心的恒速，而没有过分的上下或左右的移动。优秀的竞走运动员给人的视觉印象是平稳地向前运动而身体不能有过分的上下起伏和左右摇摆。

（三）技术

1. 竞走技术训练的步骤

（1）初学竞走技术阶段应多观看国内外竞走比赛视频，体会和模仿优秀竞走技术，体会和模仿时行进速度要慢。

（2）初步掌握竞走各部分的技术动作要点阶段。

学习竞走的基本动作，学习小腿的前摆，着地点由脚跟滚动至脚前掌，前摆腿时膝关节自然伸直，骨盆围绕着垂直轴前后放松转动，同时进行基本摆臂练习。脚跟着地后着地点迅速滚动由全脚掌过渡至脚前掌；前摆腿自然伸直，膝关节要放松。

（3）基本掌握竞走技术阶段。

通过多种训练方法，让学生掌握竞走完整的技术动作，在初步建立正确的技术的基础上通过跑步机来对学生的技术加以改进和提高。

（4）巩固提高竞走技术阶段。

利用匀速走，匀加速走，快速走，变速走，上下坡走，“S”或“8”字走来加强技术的稳定性。

2. 竞走专门性练习

（1）原地摆臂练习。手臂在肘部弯曲大于或等于90°，沿身体的两侧做前后摆动。要求前摆时不要超过身体中线，左右臂摆动要一致，前摆手摆到与肩平行，后摆时肘关节用力，肘部略微向外，上臂接近水平。

（2）原地转髋练习。可以徒手做，也可以扶着一些物体做，主要体会骨盆绕垂直轴做前后放松转动。

（3）原地摆臂转髋练习。体会两臂与髋关节的协调，摆臂时肘关节向后用力，向前随惯性摆出，髋关节放松，前后转动。

（4）原地交叉走练习。主要以小腿随大腿的摆动积极摆动带动转髋，以足跟领先着地，膝关节自然伸直。

（5）绕栏架加大髋部的活动范围，增强髋部的灵活性。

（6）足跟走，体会脚跟着地滚动至全脚掌的技术，要求步子小频率快，髋关节放松并前后转动。

（7）大步走。两臂自然放松，伸直前后摆，髋部绕垂直轴做前后转动至最大幅度。

（8）“8”字竞走。身体围绕着“8”字走，体会骨盆前后转动及左右脚蹬地和左右臂摆动的幅度。

（9）上下坡竞走。选择适当的坡度充分利用上坡及下坡来提高步幅和步频，上坡时身体略微前倾，缩小步幅提高频率，下坡身体略微后仰，拉开步幅。

（四）项目历史

竞走起源于英国，在普通徒步的基础上发展起来。19 世纪初，英国人在工作之余，节假日结伴到郊外游玩，逐渐形成了快走比赛。1867 年，英国举办了竞走锦标赛，后来竞走在欧洲被广泛传播开展起来，并且很快传播到北美洲、大洋洲的许多国家。当时对竞走的技术没有严格的要求，比赛项目也不固定。

1893 年，举行了维也纳到柏林的竞走比赛，全程长达 578 千米，1908 年，男子竞走正式成为伦敦奥运会比赛项目，并且分为 3 500 米及 10 000 米两个赛程，后来亦出现过 3 000 米的赛事。

1932 年，洛杉矶奥运会加入 50 千米竞走的公路赛。1956 年起，20 千米及 50 千米竞走正式成为奥运会的比赛项目，并且在公路上进行。1961 年起，每年举行卢迦诺杯竞走比赛，该项赛事日后发展成为世界杯赛，男选手争夺卢迦诺杯，女选手角逐艾思保恩杯。1976 年以后，竞走在世界各地被广泛开展起来。1980 年，国际田径联合会正式将女子竞走列为世界性比赛项目。1992 年，巴塞罗那奥运会设立女子 10 000 米竞走比赛，中国运动员陈跃玲获该项目冠军，她也成为奥运会历史上第一个获得田径项目金牌的中国运动员。2000 年，悉尼奥运会设立女子 20 000 米竞走比赛，中国运动员王丽萍获该项目冠军。

第二节 跑的基本能力

短跑

一、短跑

（一）短跑的定义

短跑也称快速跑，特点是强度大、时间短，是人体处于大量缺氧条件下，以最快的速度跑完所规定的较短距离。快速跑的项目有 50 米、100 米、200 米、400 米，主要是通过较短距离的跑发展速度素质。学习短跑的重点是提高机体无氧代谢耐力，发展下肢力量，发展快速跑能力。

（二）短跑的基本技术

根据跑的过程中的特点和技术要领，短跑的技术可分为：起跑、起跑后的加速跑、途中跑和冲刺跑 4 个技术环节，其中途中跑是主要部分；200 米、400 米跑还有弯道跑起跑、弯道跑等技术。

1. 起跑

（1）起跑的目的是使身体在极短的时间内迅速摆脱静止状态，获得最快速度，为转入途中跑后发挥最高速度创造条件。

（2）快速跑的起跑，一般采用蹲踞式起跑的方法，并采用起跑器。其目的是使两脚有牢固的支撑，形成良好的预备姿势，便于获得较快的起跑速度。

（3）起跑过程包括“各就位”口令、“预备”口令、鸣枪（跑）3 个阶段。

① 听到“各就位”口令后，做 2~3 次深呼吸，从容地走（或慢跑）到起跑器前，双手撑地，双

脚依次踏在前、后起跑器的抵足板上，后膝跪地，双手5指自然分开，大拇指稍前，两臂稍外展，两手撑于起跑线后，两手相距比肩稍宽，两臂伸直，颈部自然放松，注意听“预备”口令。

② 听到“预备”口令后，后膝离地，臀部平稳地抬起，稍高于肩，两肩稍超过起跑线，体重主要落在前脚和双手上，身体保持稳定。此时，两脚贴紧起跑器，集中注意力听枪鸣（跑）的信号。

③ 听到鸣枪（跑）的信号后，两手迅速离地，两臂积极有力地前后摆动，两脚用力蹬离起跑器。后腿迅速向前摆出，同时前腿充分蹬直，身体保持较大的前倾角度，向前冲出。

2. 起跑后的加速跑

蹬离起跑器即进入起跑后的加速跑阶段。起跑后的加速跑的任务，是在最短的距离内尽快发挥速度，转入途中跑。

3. 途中跑

途中跑的任务是继续发挥和保持高速度。途中跑的速度，取决于两腿蹬、摆的效果，上体正确姿势和两臂动作正确配合，以及肌肉用力放松交替的能力。途中跑时，头正对前方，两眼向前平视，上体稍前倾。支撑腿用力后蹬，使髋、膝、踝3处关节充分伸直，摆动腿的大腿迅速前摆，小腿随惯性折叠，前摆时带动同侧髋积极向前上方送出，当摆到快要结束的位置时，积极下压，用前脚掌着地，完成“扒”地动作。两臂弯曲，以肩关节为轴轻松而有力地前后摆动，前摆时高度不超过胸中线和下颌；后摆时，肘关节稍向外，大臂不要超过肩，小臂几乎与躯干平行。

4. 冲刺跑

冲刺跑是指全程跑的最后一段距离，其任务是保持最快的速度冲向终点。冲刺跑的技术与途中跑基本相同，但要求加强两腿蹬地力量和两臂的摆动幅度。在终点前最后一步时，上体迅速前倾，用胸部或肩部撞线，撞线时不要有跳起动作。过线后要逐步减慢速度，而不要立即停止，以免发生伤害事故。

5. 弯道跑

弯道跑时要求身体重心向弯道内侧倾斜，用右脚掌内侧和左脚掌外侧着地，右手臂的摆动幅度稍大于左手臂。

（三）接力跑技术

接力跑技术除短跑技术外还包括传接棒技术。传接棒方法有上挑式、下压式两种。

1. 上挑式传接棒

动作要领：接棒人的手臂自然向后伸出，掌心向后，拇指与其他四指自然张开，虎口朝下，传棒人员将棒由下向前上方送入接棒人的手中。优点：接棒人向后伸手的动作比较自然，容易掌握。缺点：接棒后，手握在接力棒的中部；第三棒传给第四棒时，接棒人只能握住棒的前部，容易造成掉棒和影响持棒快跑。

2. 下压式传接棒

动作要领：接棒人的手臂向后伸出，手腕内旋，掌心向上，拇指与其他四指自然张开，虎口朝后，传棒人将棒的前部由上向下直传到接棒人的手中。优点：每一棒次的接棒，都能握住棒的一端，便于持棒快跑。缺点：接棒时，接棒人的手臂紧张，不自然。

（四）提高短跑成绩的方法

（1）行进间跑。跑时注意保持途中跑技术，其跑进距离约为 20～30 米。

（2）变速跑。在跑中用慢速与快速跑变换形式。

（3）弯道跑。在一个半径为 10～15 米的圆圈上用不同速度跑、直道—弯道—直道跑 150～200 米。

（4）辅助练习。小步跑和小步跑转入加速跑、高抬腿和高抬腿转入加速跑、后蹬跑和后蹬跑过渡到加速跑、车轮跑、交叉步等。

二、耐力跑

耐力跑又称中长跑，是采用较长时间、较长距离的有氧锻炼方法，其项目包括：800 米、1 500 米、3 000 米、5 000 米、10 000 米、马拉松。其技术特点是：既要求有一定的速度，又要求有持久性，运动量较大。通过较长距离跑，发展持久奔跑能力。

（一）耐力跑的基本技术

跑和起跑后的加速跑

耐力跑一般采用站立式起跑，也有采用半蹲踞式起跑的，其动作过程按“各就位”口号、鸣枪（跑）的顺序进行。

1. 站立式起跑

发令前站在起点集合线处，听到“各就位”口令时，可做一两次深呼吸，走到起跑线后两脚前后开立，有力脚在前，脚尖紧靠起跑线后沿，前脚脚跟与后脚脚尖的距离约一脚长，前后脚横向间隔约为半脚；两腿弯曲，上体前倾，身体重心主要落在前脚上，后脚用前脚掌撑地；前脚的异侧臂在体前，同侧臂在体侧，也可以两臂都在体前自然下垂；眼看前面 4～5 米处，身体保持稳定姿势，集中精力听起跑的信号。当听到枪声或跑的信号后，两脚向后用力蹬地，后腿迅速前摆，两臂快速有力地摆动，使身体迅速向前冲出。

2. 半蹲踞式起跑

一手撑于起跑线后，另一臂在体侧，身体重心主要落在前脚上。起跑动作近似蹲踞式起跑。

3. 起跑后加速跑

上体应保持一定的前倾，摆臂、后蹬和摆腿都应加快，随着跑距的延长，上体逐渐抬起。起跑后的加速跑应达到预定的速度，并占据便于发挥自己战术的有利位置，然后转入匀速有节奏的途中跑。

（二）途中跑、弯道跑和呼吸

途中跑是中长跑的主要阶段，它是比赛时发挥训练水平和训练时获得锻炼效果的主要过程。途中跑是全程跑中速度最快、距离最长的跑段，该阶段的主要任务是继续发挥和保持最高跑速。其技术特点可以归纳为高重心、协调性、直线性、向前性和平稳性。

1. 途中跑技术

（1）上肢技术。躯干保持正直或稍前倾、挺胸、收腹、拔腰，头部正直，颈部放松。摆臂动作以肩为轴，两手腕、指自然伸直或半握拳，轻快有力地贴身前后摆动。前摆时，手的

高度略超过下颌;后摆时,摆至上臂约与肩同高。

（2）下肢技术。以髋为轴的高速摆动是途中跑技术的本质特征。为了便于叙述,将途中跑的动作结构分为腾空、着地缓冲、后蹬、前摆 4 个技术阶段。

① 腾空:支撑腿蹬离地面后,人体便进入腾空,即无支撑状态。此时,由于支撑腿蹬地后的惯性作用和大腿的摆动,小腿迅速向大腿靠拢,大、小腿边前摆边折叠时,摆动腿大腿积极下压,膝关节放松,小腿随大腿下压的惯性向前下方摆出,积极地作出下落动作,着地腿前膝关节几乎伸直。

② 着地缓冲:腾空即将结束时,摆动腿积极下落,用前脚掌富有弹性地着地,着地点距身体重心投影点 27~37 厘米。缓冲时主要是着地的支撑腿由于重力的作用而形成膝关节和踝关节的弯曲动作,这不仅有利于身体重心迅速前移并通过支撑点上方,也预先拉长了下肢的伸肌群,为后蹬动作创造了有利条件。

③ 后蹬:当身体重心移过支撑点垂直面时,即进入了支撑腿的后蹬动作,同时,支撑腿在摆动腿前摆动作的配合下,快速有力地伸展髋、膝、踝关节,直至蹬离地面。

④ 前摆:支撑腿后蹬的同时,另一侧的摆动腿膝关节充分折叠并超越支撑腿,快速有力地向前上方摆动,带动同侧骨盆前送。

2. 弯道跑技术

在耐力跑中有一半以上距离是在弯道上进行的。因此,掌握好弯道跑技术,对提高耐力跑成绩起到很大作用。

弯道跑动作要点:整个身体向左倾斜,左脚以脚掌外侧着地,右脚以脚掌内侧着地。

3. 呼吸

呼吸要和跑步的节奏相吻合,一般是两步一呼、两步一吸;也可三步一呼、三步一吸。呼吸时,要用鼻和半张开嘴(舌尖卷起,微微舔上腭)同时进行。对初练跑步者,呼吸的节奏和深度因人而异。

（三）终点跑

终点跑是指在达到终点前的一段加速跑。这时运动员往往已处于疲劳状态,然而这又常是决定胜负的关键时刻。因此,运动员应使用全部的力量,以顽强的意志毫不犹豫地向终点冲刺。终点跑的动作是摆臂快而有力,加强腿的后蹬与前摆。终点跑距离的长短,应根据个人的训练水平而定。

（四）提高耐力跑成绩的方法

（1）匀速跑。定时和定距离跑,如进行 1 000~1 500 米路程慢跑。

（2）变速跑。坚持 20 分钟左右的跑、走跑交替或快慢结合的健身跑以及不等距离的变速跑等。

（3）重复跑。根据情况确定目标、时间和重复次数。

（4）定距离跑。每周练习 1~2 次,每次 15~20 分钟,长度 3 000 米左右。

（5）越野跑。利用自然地形进行,早上坚持 10 分钟公园跑或越野慢跑。

（6）“达标”健身跑。男 1 000 米、女 800 米。

（7）中速跑:500~1 000 米。

三、跨栏跑

（一）跨栏跑的定义

跨栏跑是在快速跑中运用合理的方法依次跨过规定数量、高度、间距的栏架的短跑项目。跨栏跑主要是发展速度、力量、协调和灵敏等身体素质和培养勇敢、顽强、积极的进取精神，是增强学生个人的自尊、自信心最有效的手段之一。跨栏跑正式比赛项目有男子110 米栏、女子 100 米栏、男(女)400 米栏，各个项目的栏架数目均为十个，但栏架高度、栏间距各有不同(表 3-2-1)。

表 3-2-1　跨栏跑的栏架高度、栏间距

项目	栏架数目	栏高/厘米	起跑线至第一栏距离/米	栏间距离/米	最后一栏至终点距离/米
成年男 110 米	10	106.7	13.72	9.14	14.02
男 400 米	10	91.14	45	35	40
女 400 米	10	76.2	45	35	40
少男	10	91.4	13.72	9.14	14.02
少女	10	84	13	8.5	10.5

（二）男子 110 米跨栏跑技术

1. 起跑至第一栏技术

男子 110 米跨栏跑的起跑和起跑器的安装方法与短跑基本相同，但因从起跑处至第一栏的距离固定在 13.72 米，一般用 8 步或 7 步跑至第一栏前起跨，少数身材较小的运动员跑 8 步困难，可有意识地加大步长或改跨 9 步。所以，起跑和起跑后的加速跑与短跑又不完全相同，偶数步数起跑时，把起跨腿放在前起跑器上；奇数步数起跑时，把摆动腿放在前起跑器上。

起跑预备时，臀部位置稍高，起跑后加速跑的各步后蹬角度较大，身体重心位置较高。跑到第 6 步以后，身体姿势已接途中跑的姿势，并准备起跨过栏。起跑后各步步长均匀增大，栏前最后两步积极跑进，最后一步起跨腿积极着地，步长缩短 10～20 厘米，以加快起跨速度。

2. 过栏技术

过栏是指从起跨脚踏上起跨点到过栏后摆动腿的脚接触地面的过程。110 米栏跨栏步步长 3.30～3.50 米，100 米栏跨栏步步长 2.80～3.05 米。跨栏步技术分为起跨攻栏、腾空过栏、下栏着地三个阶段。

(1) 起跨攻栏。是指从起跨脚踏上起跨点到后蹬结束离地时止的准备过栏的动作。当起跨腿踏上起跨点时，摆动腿在体后开始折叠，足跟靠近臀部，膝向下，以髋为轴，大腿带动小腿积极向前摆至膝超过腰部高度。摆腿速度越快，越有利于加大蹬地力量及完成摆动腿过栏动作。

在两腿蹬摆配合完成起跨动作的过程中，上体随之加大前倾角度，摆动腿异侧臂屈肘向前上方摆出，肘关节达到肩的高度，另一臂屈肘摆至体侧，整个身体集中向前用力，平衡舒展，起跨结束时形成一个良好的“攻栏姿势”。

（2）腾空过栏。腾空过栏时，身体重心沿着起跨时形成的抛物线轨迹向前运动。身体重心抛物线轨迹是由腾起角决定的，而腾起角取决于水平速度与垂直速度的比值。

起跨腿蹬离地面后，摆动腿大腿继续向前上方摆动，直到膝关节超过栏板高度，小腿迅速前摆。

在摆动腿前摆的同时，异侧臂和肩伸向栏板上方，使肘超过膝，异侧臂与摆动腿基本平行。同侧臂后摆，上体加大前倾，躯干与摆动腿形成锐角，眼视前方。

在摆动腿脚掌到达栏板之前，起跨腿一侧的髋关节保持伸展，大腿屈肌处于拉紧状态，小腿约与地面平行或膝略高于踝，这样两腿在栏前形成一个120°以上夹角的大幅度劈叉动作，这是两腿快速剪绞过栏的预先条件。

（3）下栏着地。下栏是从摆动腿的脚掌移过栏板、大腿下压开始的。

下栏时，在摆动腿积极下压的同时起跨腿屈膝外展，小腿收紧抬平，脚尖外展上翘，脚跟靠近臀部，以膝领先，迅速向胸前提拉。两腿在空中完成一个协调有力的以髋关节为轴的剪绞动作，同时两臂与躯干协调配合积极摆动，摆动腿异侧臂和向前提拉的起跨腿做相向运动，膝肘几乎相擦而过，以维持身体平衡。

下栏时，上体积极保持一定角度前倾，摆动腿伸直，用前脚掌后扒着地，着地点栏架的距离：110 米栏为 1.40～1.50 米，100 米栏为 1.00～1.20 米。摆动腿着地后髋关节稍有缓冲，膝、踝关节保持伸直，使身体重心处在较高的位置上，起跨腿提拉到身体正前方，大腿高抬积极跑出第一步。

3. 栏间跑技术

栏间跑技术是指从过栏后摆动腿的脚着地点至起跨腿的脚踏上起跨点这段距离中所表现出来的技术动作特征。栏间跑的主要任务是尽可能地加快栏间跑节奏，提高跑速，为顺利跨下一个栏创造有利条件。

栏间跑技术基本上同短跑。栏间跑的动作节奏鲜明，一般有三步、四步和五步栏间跑等形式，为了减少身体重心上下起伏，栏间要保持高重心，大腿高抬，用前脚掌着地。要跑得轻快、有弹性、直线性好，两臂摆动积极有力，幅度较大，上体稍前倾，两眼平视。由于栏间跑距离和跑的步数固定，步长也比较稳定，所以提高栏间跑速度主要靠加快步频和改进跑的节奏来实现。

4. 全程跨栏技术

全程跑的技术是指合理地将跨栏步技术与快速的栏间跑技术紧密联系地结合起来，保持以正确的节奏和最快的速度跨越全部栏架，到达终点。

我们将全程跑看成一个整体，但各个阶段也有所差异。首先要过好第一栏。全程跑的前三栏属于加速阶段，第四栏至第六栏达到最高速度，第七栏至第九栏由于运动员的体力逐渐下降，所以此时运动员应注意在技术上控制动作不变形，在速度上避免下降过快。第十栏是最后一个障碍，过此栏时，要加快下栏动作的速度，过栏后把跨栏节奏调整为短跑节奏，注意用力蹬地和摆臂。

跨栏跑的成绩取决于平跑的速度、跨栏步技术和跑与跨动作结合的能力。在跨栏跑中，从起跨过第一个栏以后，就进入了由跨栏步和栏间跑组成的若干跨栏周期。因此，首先要以跨栏步和栏间跑的技术为重点。

（三）女子 100 米跨栏跑技术

女子 100 米跨栏起跑至第一栏距离为 13 米，栏间距离 8.50 米，栏高 84 厘米，最后一栏至终点的距离为 10.50 米，全程设 10 个栏。全程跑时，整体身体重心波动小，动作自然，更接近于平跑。

1. 起跑至第一栏技术

起跑至第一栏一般跑 8 步（或 7 步），采用蹲踞式起跑，“预备”时臀部抬得不如男子 110 米栏那样高，前 5~6 步身体姿势和蹬地摆腿动作与 100 米起跑一样，跑到第 7 步（约在 9~10 米处）时，上体就要基本直起来准备起跨。

第一栏的起跨点距栏 1.95 米左右，起跨前最后一步比倒数第二步要短 10~15 厘米。由于身高、跑的速度等个人特点的差异，起跑后的步长可能有一些差别，但在加速跑中都应注意调整身体角度，以便准确地踏上起跨点。

2. 跨栏步技术

女子 100 米跨栏的栏高为 84 厘米，对多数运动员来说，这个高度低于腿长，这就决定了女子过栏的技术特点是：跨栏步距离短，动作幅度小，过栏时身体重心轨迹“短平”，跨栏步技术与短跑更接近，过栏较省力、省时。

起跨腿在栏前 1.90~2.10 米处用前脚掌着地准备起跨，着地点距离身体重心投影点较近，着地后髋、膝、踝缓冲不大，起跨时保持较高的身体重心，摆动腿配合起跨腿积极向前屈膝攻摆，膝盖不需要抬得很高，起跨腿同侧臂积极前伸，另一臂屈肘自然后摆，起跨结束时髋、膝、踝基本伸直，起跨腿蹬地角度一般在 65°~70°。

进入腾空后，摆动腿和其异侧臂领先伸向栏板，躯干适当前倾（优秀运动员在攻栏时的身体前倾角为 66°左右，过栏后的角度为 56°左右），头与躯干成直线，当摆动腿的脚移过栏后，大腿加速下压，同时起跨腿小腿向大腿靠拢，逐渐折叠成 90°或小于 90°的角，膝外展领先过栏，起跨腿提拉过栏时，不需要像男子 110 米跨栏那样大的幅度和高度，几乎成水平姿势提拉过栏。

摆动腿用前脚掌落地后，髋、膝关节充分伸展，主要靠踝关节积极缓冲后迅速转入后蹬。起跨腿过栏后虽不像男子 110 米跨栏那样强调大腿高抬，但要求膝关节快速摆到身体中线，积极向前提举，争取栏间第一步的快而大的步长。下栏时的两臂摆动基本同男子 110 米跨栏，但动作幅度不宜过大，应接近于短跑的摆臂。

摆动臂下栏着地的速度是影响栏间跑和过栏速度的重要因素，为了加快摆动腿着地的速度，必须做出快速的“切栏”而下的动作，故下栏点明显比男子 110 米跨栏近，一般为 1.00~1.20 米。整个跨栏步的动作要显得协调、连贯，集中向前，快速过栏。

（四）提高跨栏跑成绩的方法

（1）跨栏跑的起跑练习。定距离和步数，稳定节奏。

（2）跨栏跑的起跑练习。定距离和步数，稳定节奏。

（3）栏间节奏跑练习。变换栏间节奏的跨栏跑，变换栏高的跨栏跑。栏间跑与跨栏

步相结合练习（体会栏间跑与跨栏步结合）。

（4）摆动腿的攻摆练习。原地攻栏，上步摆腿攻栏，摆动腿摆动攻击目标物的技术练习。

（5）起跨腿的提拉练习。利用器械做起跨腿过栏、栏侧起跨腿提拉转的过栏技术练习。

（6）跨栏步练习。大量模仿练习、行进间栏侧摆动腿起跨腿过栏练习，助跑6~8步连续过3个低高度栏架练习。

第三节　跳的基本能力

一、跳远

（一）跳远的定义

跳远是指通过快速有力的助跑和迅速有力的踏跳将所获得的水平速度和垂直速度有机结合起来，从而使人体腾起越过一定的高度。挺身式跳远，是指在跳远过程中空中动作成挺身姿势，简单易学，优势明显，是最常见的跳远方法之一。

（二）挺身式跳远技术

1. 助跑

助跑的开始姿势一般采用站立式和半蹲式。助跑点的确定一般采用两个标记，第一标记是在助跑的起跑处，第二标记是在离起跳板后6~8步的地方，助跑时要用起跳脚踏在第二标记上，这样才能以更好的节奏进行最后几步的助跑和起跳。直线助跑时，全脚掌着地过渡到前脚掌起跳。

2. 起跳

起跳的动作是从助跑最后一步开始的。起跳时大腿积极下压，小腿迅速前伸，从全脚掌着地立即转至前脚掌着地，当身体重心接近起跳腿的支撑点时，起跳腿迅速用力蹬伸，同时摆动腿以膝领先，积极向前下方摆起，两臂配合腿部动作用力上摆，起跳腿的髋、膝、踝关节充分伸直。

3. 腾空

起跳腿腾空后，摆动腿自然下放，以脚跟领先向前、下、后方弧形摆动，髋部前送，上体稍仰，起跳腿与向后摆动的摆动腿逐渐靠拢，呈反弓姿势，落地前迅速收腹举腿，上体前倾，两臂向前、下、后摆动，准备落地。

4. 落地

在完成腾空动作后，收腹举腿，前伸落地。

（三）提高挺身式跳远成绩的方法

1. 挺身式跳远的锻炼益处

（1）发展学生的体能和协调能力（利用各种自然条件和游戏方式）。

（2）提高上肢与下肢、蹬与摆的动作配合，以及全身协调一致用力的技能。

（3）发展速度，提高力量、灵敏、柔软等身体素质（加速跑、各种距离的变速跑等）。

（4）发展弹跳能力（跳深练习、跳绳、多级跳等）。

2. 发展挺身式跳远成绩的方法

（1）原地模仿起跳练习。

（2）行走中连续做三步助跑起跳技术模仿练习。

（3）在一定距离内连续做三步助跑起跳成腾空步练习。

（4）短、中距离助跑起跳成腾空步练习（4～10 步助跑起跳）。

（5）全程助跑跳远（确定助跑距离和步数）。

（6）行进间挺身式空中模仿动作。

（7）从高处跳下，完成挺身式空中模仿动作。

（8）短、中距离助跑，完成挺身式跳远练习。

3. 挺身式跳远常见错误产生原因及纠正方法（表 3-3-1）

表 3-3-1　挺身式跳远常见错误产生原因及纠正方法

常见错误	产生原因	纠正方法
助跑步点不准	姿势不固定或助跑标记不清，助跑节奏不好	确定起跑点和助跑开始姿势，反复练习；稳定助跑步幅，掌握由慢到快的节奏
助跑最后几步减速	助跑前段速度太快，助跑距离过长	掌握由慢到快的助跑节奏，最后几步加速后蹬，加快步频；懂得跳远助跑的作用
起跳腿蹬不直	起跳腿蹬地不充分，争于起跳，腿部力量差，对起跳要积极向上的概念不清	手扶肋木或栏杆等物侧向站立做起跳腿蹬伸送髋动作，多做短距离助跑起跳头触高悬物，发展腿部力量

二、三级跳远

（一）三级跳远的定义

三级跳远是在助跑以后沿直线进行三次不同跳跃的运动，即“单脚跳”“跨步跳”和“跳跃”。它的运动技术较复杂，对身体素质要求高，能有效增强下肢、腰背肌肉力量，发展速度、弹跳、灵敏和协调性。

（二）三级跳远技术

1. 助跑

助跑技术和急行跳远技术基本相同，直线助跑，只是最后几步的助跑，上体前倾比跳远时稍大些，第一跳的起跳角比挺身式跳远小些。

2. 起跳

全脚掌着地过渡到前脚掌起跳，起跳后的顺序是一个单足跳、一个跨步跳和一个

跳跃。

（1）第一跳（单足跳）是有力的脚起跳，腾空后再用起跳腿落地，形成单脚跳。第一跳的蹬地角一般为 60°～65°，腾空角一般为 14°～17°。起跳时，用全脚掌积极、快速、有力地踏板，同时摆动腿屈膝向前上方用力摆动，两臂由下向上摆起，起跳腾空后形成第一个腾空步。这时，上体保持正直，不要前倾并保持一定时间，起跳腿以大腿带动前摆，同时摆动腿呈向下向后摆动，形成交叉步，然后起跳腿大腿积极下压，用全脚掌做向前向下向后的积极“刨地式”落地，两臂积极配合，准备第二次起跳。

（2）第二跳（跨步跳）是起跳腿起跳，摆动腿跨出落地。当第一跳落地缓冲后，起跳腿迅速有力蹬伸，摆动腿和两臂由身体的垂直位置继续向前上方积极摆动，上体稍前倾，在空中形成“腾空步”，然后摆动腿大腿继续向上高抬，两臂由前上方成弧形向下，后侧方摆动，做“刨地状”的积极落地，为最后一跳创造有利条件。

（3）第三跳（跳跃）时，经过前两跳后，水平速度已降低，因此第三跳应在充分利用所余速度的同时，要尽量跳得高一些，以增加垂直速度，弥补水平速度的不足，所以腾起角要大些，在 16°～20°，蹬地角为 62°左右。

3. 落地

第三跳的起跳动作同前两跳。腾空姿势同跳远一样，可用蹲踞式、挺身式、走步式落入沙坑。

（三）提高三级跳远成绩的方法

（1）发展速度素质练习（各种距离的加速跑、行进间跑、接力跑、变速跑等）。

（2）发展力量素质练习（各种徒手或负轻器械的跳跃，快速深蹲、快速蹬跳起等）。

（3）发展专项弹跳力练习（各种跳跃性练习，单足跳、屈膝跳、双腿跳栏架等）。

（4）发展连续跳跃能力（助跑五级和十级的单脚跳、助跑五级和十级跨步跳练习）。

（5）第一跳及第一跳与第二跳相结合练习。

（6）第二跳及第二跳与第三跳相结合练习。

三、背越式跳高

（一）背越式跳高的定义

背越式跳高是指人的身体过竿时成背越形式的跳高技术，其技术应用效果胜于其他形式的跳高动作。

（二）背越式跳高技术

1. 助跑

背越式跳高采用弧线助跑，用离竿较远的脚起跳，助跑数一般为 8～10 步，前段直线助跑，后段斜线助跑，身体向弧心方向倾斜，跑的动作与弯道跑相似。助跑动作要轻松、自然、有弹性，最后一步稍小，速度快。起跳点离横竿一臂左右为宜。

丈量助跑弧线的方法很多，常用的有走步丈量法。先确定起跑点的位置，一般在离近侧跳高架的立柱 1 米（或横竿长的四分之一）处。从起跳点沿横竿的平行方向向前自然走 5 步，再向右（右脚起跑则方向相反）转成直角向前自然地走 6 步做一标记点，再向前走 7

步画起跑点。从标记点向起跑点画一弧线连线，即成最后 4 步的助跑弧线。前段为直线可跑 4 步，全程共 8 步。

2. 起跳

起跑腿沿弧线的切线方向踏上起跳点，起跳腿以脚跟外侧先着地，滚动向前转为全脚掌着地，迅速起跳，摆动腿膝内扣，向起跳腿一侧肩的方向摆动，同时两臂快速有力地向上摆，完成起跳动作。

3. 过竿与落地

起跳腾空后身体绕纵轴成背对横竿，以头、肩、腰、臀的次序过竿。身体在竿上时向上挺髋，成“背桥”姿势。当臀部过竿后，迅速向上甩小腿，使身体全部过竿，同时上体稍前屈，以背部落于海绵垫上。

（三）提高背越式跳高成绩的方法

（1）助跑起跳练习（跑起跳手摸高或头触高练习等）。

（2）发展动作速度练习（各种活动性游戏与各种变换速度和节奏练习）。

（3）发展反应速度练习（徒手或轻器械的各种练习）。

（4）发展速度力量素质（蹬台阶跳、越障碍、半蹬跳等）。

第四节　投的基本能力

铅球

一、推铅球

推铅球是投掷项目之一。现代推铅球技术有侧向、背向滑步推铅球和旋转推铅球。正式比赛中男子铅球的重量为 7.26 千克，直径 11～13 厘米；高中男子铅球的重量为 6 千克，女子铅球的重量为 4 千克，直径为 9.5～11 厘米。比赛时，运动员应在直径 2.135 米的投掷圈内，经过滑步助跑的形式结合最后用力用单手将球从肩上推出，铅球必须落在落地区角度线以内方为有效。

（一）推铅球技术

推铅球从技术上可分为握（或持）球、预备姿势、滑步、最后用力、维持身体平衡 5 个部分。握球时，5 指自然分开，将球放在食指、中指、无名指的指根上，大拇指和小指自然扶住球的两侧。握好球后，手臂放松弯曲，把球放在右侧锁骨窝处，并贴着颈部和下颌，掌心向前，指根顶紧球，持球臂肘关节自然下垂。

1. 侧向

握球后，身体侧对投掷方向，两脚左右开立与肩同宽，上体稍向右侧倾斜，重心落在右脚上，右脚外侧靠近投掷圈后内沿，左脚靠近圆心附近用脚前掌内侧着地，右臂抬起与肩平，掌心向前，左臂自然微屈上举。

2. 背向

（1）高姿势。背对投掷方向，站在圈内靠近后沿处。两脚开立，右脚在前，脚尖贴近投掷圈后沿，左脚稍后，前脚掌或脚尖着地，左臂微屈上举，上体正直，体重落在右腿上，两眼看前下方。

（2）低姿势。同高姿势不同之处就是在圈内站好后，上体前屈，左臂自然下垂并稍向内，两眼看前下方。铅球投影点在右腿的右侧前方。高姿势较自然放松，能协调进入滑步，但对腿部、腰背肌力量和平衡能力要求较高。低姿势容易维持身体平衡，但滑步前全身肌肉较紧张，右腿负荷量大，多数人采用高姿势。

3. 滑步

滑步的目的是使铅球在最后用力之前，获得一定的水平方向的加速度。并为最后用力创造良好条件。

（1）侧向滑步（以右手为例）。预备姿势做好后，左脚向投掷方向先做 1～2 次预摆（有的不做预摆），待身体平衡后，左脚迅速有力地向投掷方向摆动，带动身体，同时右腿用力蹬地，迅速向前滑步，使身体重心向投掷方向移动。当滑到投掷圈中心附近时，左脚迅速落地，完成滑步动作，为最后用力创造条件。

（2）背向滑步（以右手为例）。以高姿势开始，先做 1～2 次预摆（有的不做预摆），预摆时，左腿稍屈，以大腿发力向后上方缓慢摆起，右腿伸直以全脚掌或前脚掌支撑体重，同时上体前屈，左腿前伸稍向内。当左腿摆到一定高度，上体前屈约与地面平行。当左腿回收时，右腿屈膝下蹲；当左腿靠近右腿时，呈团身状态。随后左腿以大腿带动快速向抵趾板方向摆动，同时右腿用前脚掌蹬离地面，并迅速收拉小腿。右腿贴近地面边收边向内转，落地投掷圈中心附近，与投掷方向成 90°～130°角。而左脚积极以前腿掌内侧着地，落在中线左侧靠近抵趾板处，恢复成预备姿势，准备最后用力。

4. 最后用力

在滑步动作左脚落地的瞬间，便开始最后用力。右腿用力蹬地，转髋、送髋、抬体，促使身体向投掷方向移动。这时，左臂和左肩向投掷方向牵引，左腿做好左侧支撑，以防止过早的转体和向左侧倾倒的现象。当身体重心由右腿逐渐移到左腿时，右腿迅速伸直，上体和头部向投掷力方向转动，爆发式地挺胸推球出手，最后用手指快速拨球，出手角度一般为 38°～42°。球出手后，右脚向前换步，降低身体重心，维持身体平衡。

5. 维持身体平衡

由于推铅球时向前上方用力，铅球出手后身体仍然有向前的惯性冲力，可能使身体接触圈外地面而造成犯规。因此，当球推出手后应迅速做右、左脚交换动作，使右脚在前，左脚在后并下压，左臂带动左肩（左侧）向后摆，右腿屈膝降低重心，减缓前冲，使身体维持平衡。

（二）提高推铅球成绩的方法

（1）各种形式不同重量推掷铅球练习。

（2）发展肩部力量练习（卧推、头后推、架上推等）。

（3）发展腿部力量练习（下蹲、蹲跳、提踵、腿推等）。

（4）发展综合肌群力量练习（抓举、高翻、高提等）。

二、其他提高投掷能力的方法

提高投掷能力还可以通过棒垒球、飞盘等对上肢力量要求较高的项目。

第五节　支撑与悬垂的基本能力

一、支撑

支撑是指用手臂或身体某部位支撑器械，肩轴高于器械轴并对支点产生压力的一种动作。只用手或身体某部位来支撑器械或地面的姿势称“单纯支撑”，如双杠上的直角支撑、吊环上的十字支撑和马术、杂技运动中的倒立支撑等；用手和身体其他部分同时支撑在器械或地面上的姿势称“混合支撑”，如双杠的挂臂分腿俯撑、技巧项目的跪撑等。多进行支撑动作的练习，可以增强学生的上肢力量，发展手、臂、肩的韧带和协调能力，以培养学生勇敢、顽强的意志品质。

（一）支撑运动的基本形式

大学生常用的支撑练习包括发展身体素质的练习和支撑运动的专项练习两种。发展身体素质的练习有手倒立、俯卧撑、支撑举腿、支撑摆动等；支撑的专项练习有头手倒立、肩肘倒立、单杠后摆挺身下、单杠骑撑前回环、双杠支撑、后倒挺身、后滚翻等。

（二）支撑项目的特点

1. 发展身体素质的练习

发展身体素质的练习主要训练人体参与支撑的肌肉的工作能力，使学生形成正确的空间感、时间感、运动知觉和对器械的感觉，从而建立正确的支撑运动表象，发展上肢大肌肉群的力量及其韧带、关节的柔韧和协调能力，为支撑运动的专项练习做好准备。

2. 支撑的专项练习

支撑人体重量，维持和控制身体平衡，顺利、准确地完成以支撑姿势开始和以支撑姿势结束的各种身体练习，使动作完整、优美。

（三）进行支撑练习时的注意事项

（1）使学生对支撑动作的练习形成正确、完整的概念。

（2）选择支撑练习的内容要因人而异，一般应从地面或低器械开始逐渐向高器械过渡。

（3）为促进身体的全面发展，支撑练习要与其他身体练习相配合进行。

（4）进行支撑练习要注意保护与帮助。

（四）提高支撑能力的方法

1. 综合支撑

（1）头手倒立。两手与头部支撑点成等边三角形，头部前额着地，脚向上伸直。

(2)桥形撑。双手与双脚支撑成最大限度的背弓形。

2. 单纯支撑

(1) 燕式平衡单脚支撑。上体前倾,另一腿后举,两臂侧举。

(2) 后仰平衡单脚支撑。上体后仰至水平,一腿前举,两臂侧平举。

(3) 倒立支撑双手支撑地面。身体成倒立姿势。

(4) 俯卧撑击掌。在做俯卧撑向上推起时,双手击掌然后再支撑。

3. 低单杠练习法

(1) 跳上成支撑。直臂正握,双脚蹬地上跳成支撑,腹部靠杠,抬头挺胸。

(2) 翻上成支撑。直臂正握,屈臂上体贴杠,单脚向前上方摆踢,倒肩用力使腹部靠杠。

(3) 骑撑前回环。反握,右腿骑撑,两臂伸直,中心前移;同时右腿前跨,上体挺直前倒。让上体环绕至杠后水平部分,左腿继续后摆,上体立腰,两臂伸直压杠,手腕握杠,成骑撑。

二、悬垂

悬垂是指人体肩轴低于器械轴并对握点产生拉力的一种动作。只用手或腿接触器械的悬垂称“单纯悬垂”,如单杠的屈体悬垂、直臂悬垂摆动等;用手和身体其他部位同时悬垂于器械或接触地面的称“混合悬垂”,如单挂膝悬垂、站立悬垂等。加强人体悬垂能力的练习,能发展手臂、肩带、腰腹等部位肌肉和韧带的力量,改善血液循环系统的机能,提高大脑皮层对事物的感知能力,培养学生勇敢、果断的意志品质。

(一) 悬垂运动的基本形式

大学生常进行的悬垂练习包括发展身体素质的练习和悬垂运动的专项练习两种。发展身体素质的练习有引体向上、悬垂举腿(单杠、肋木、吊环上)、悬垂摆动等;悬垂的专项练习有单杠悬垂前摆转体 180°成悬垂、单杠交臂握前摆转体 180°成正反握悬垂、单杠前上向后分腿摆越成悬垂、吊环挺身倒悬垂等。

(二) 提高悬垂能力的方法

(1) 引体向上。引体向上是以自身力量克服自身重量的悬垂力量练习。它对发展上肢悬垂力量、肩带力量和握力有重要作用。要求练习者跳起双手正握杠,两手握距宽于肩宽悬垂;两臂同时用力引体,上拉到下颌超过横杠上缘为完成一次。

(2) 屈臂悬垂。练习者站于凳上,两臂全屈反握横杠,两手与肩同宽,使横杠位于颌下,然后双脚离凳做静止用力的悬垂姿势,但下颌不得挂在杠上,垂悬时间越长越好。练习 2~4 次。

(3) 悬垂举腿。两手正握单杠,身体垂直杠下,用力向上收腹举腿(直腿),至力所能及的最高点后,慢慢放下,连续进行多次。

(4) 屈腿悬垂举腿。正握杠,收腹屈腿前举,大小腿折叠,膝关节尽量靠向胸口,再缓慢放下,重复完成多次。

第六节　其他运动能力

一、攀登的运动能力与练习方式

(一) 攀登的运动能力

攀登的运动能力是指在日常生活中攀爬位于高处的地点的能力，例如利用梯子爬上高处更换灯具，利用手脚的配合登上高处向远处眺望等。

攀登的运动能力与支撑能力、悬垂能力关系密切，因为在攀登的过程中，常常需要手脚并用，对抗自身重力形成的阻力，需要上肢的力量能够独立承担身体的重量，同时下肢要在保持稳定的基础上为身体提供支撑。除此之外，攀登常常会到达一定的高度，可能存在一定的危险性，因此需要较好的平衡感和反应速度。

(二) 提高攀登的运动能力的方法

提高攀登的运动能力除可以使用上一节介绍的提高支撑与悬垂能力的练习方法外，还可以通过参与攀岩、登山等户外运动，在丰富业余生活的同时，达到提高身体运动能力的目的。

二、负重的运动能力与练习方法

(一) 负重的运动能力

负重的运动能力指日常生活和劳动中常常需要搬运或背负一些重物，例如购买质量比较大的物品、搬运家具、携带大量文件和书籍等。负重时的运动对于人上肢和腰腹部的核心力量要求较高，因为上肢力量的大小是所能背负或搬运物体重量的决定性因素，如果需要长时负重前行，则对人体的耐力也有一定的要求。

(二) 提高负重的运动能力的方法

正常人通常具备一定的负重运动的能力，可以应付大部分情况下的负重，如需对负重能力进行锻炼，可以根据自身力量较弱的身体部位，结合哑铃、杠铃等器械进行专门的力量训练。

需要注意的是，负重运动需要循序渐进，量力而行，如果不顾自身条件，强行进行超过自身能力的负重运动，可能会造成严重的肌肉拉伤或腰部挫伤。

复习与思考

1. 身体的基本活动能力包括哪些？
2. 短跑所需要的身体素质与耐力跑有哪些异同？
3. 三级跳远的准备阶段中如何确定起跳点？

第四章
体适能

阅读提示：

体适能是指个人所拥有的适应或完成各种体力活动的能力，是身心健康的必要生理基础。体适能直接关系到人体的健康水平与运动能力，测量与评价体适能状况并制定有针对性的训练方法能够有效提升体适能水平。高职体育既要增强学生体质、提高学生身体素质、培养良好品德与习惯，又要为职业教育提供服务与支持，体育教育与职业教育相互关联，相互作用。拥有良好的体适能，可以更好地发展职业技能，凸显高职体育教育的特色。

第一节　体适能概述

一、体适能简介

起源与发展：体适能从英文“Physical Fitness”翻译而来。体适能的历史可以追溯到第二次世界大战期间，当时的美国军事人员为了应对特殊训练和特殊工作，为有关的兵种设计了不同的身体训练和体能要求，以应对艰巨任务。

体适能在近年来也越发流行，其主要元素有心肺适能、肌肉适能、柔韧性、身体成分、速度、灵敏、协调性、爆发力、平衡性。其中心肺耐力、肌力与肌耐力、柔韧性、身体成分属健康体适能的范畴。运动体适能则包含除健康体适能以外的速度、灵敏性、协调性、爆发力、平衡性等身体素质。

二、体适能概念

体适能可视为身体对生活、活动与环境的综合适应能力，是个人所拥有的适应或完成各种体力活动的能力。

在科技进步的文明社会中，人类身体活动的机会越来越少，营养摄取越来越多，工作与生活压力和休闲时间相对增加，每个人更加感受到良好体适能和规律运动的重要性。体适能较好的人身体健康、有匀称的体型，体姿良好，体态健美，拥有比实际年龄小的生理年龄，勇于接受挑战与压力；能缓解器官老化、身体机能衰退所导致的疾病的发生。他们精力充沛，很少感到力不从心，身体经常处在健康状态，能与人融洽相处；会享受生活、兴趣广泛，有足够的体力进行休闲活动。遇到紧急情况，体适能良好的人反应力敏捷，有理智，能快速应对危急状况而远离危险。

三、体适能分类

体适能一般分为三类：与健康有关的，我们称为健康体适能，包括：心肺适能（心肺耐力）、肌肉适能、柔韧性以及身体成分；而与动作技能有关的，我们称为运动技能体适能，包括：灵敏性、平衡感、协调性、速度、肌肉爆发力、反应时间等。除此之外，还有针对特定人群的功能性体适能。

（一）健康体适能

1. 心肺适能

心肺适能是指身体摄取氧和利用氧的能力。通常心肺适能与有氧工作能力等同。心肺适能越强，学习、工作、走、跑、跳、劳动时就会越轻松，并能够胜任强度较大的工作，而对较为剧烈的运动能够快速适应。

2. 肌肉适能

肌肉适能包括肌肉力量与肌肉耐力。肌肉的力量是竭尽全力从事抵抗阻力活动的能力。肌肉强壮有助于预防关节的扭伤、肌肉的疼痛和身体的疲劳。肌肉耐力是指肌肉在承受某种适当负荷时运动的重复次数的多少和持续运动时间的长短。肌肉适能的重要性在于避免肌肉萎缩、松弛，维持较匀称的身材，有利于防止身体疲劳，减少运动伤害发生，提升身体活动能力，提高生活质量。

3. 柔韧性

柔韧性是指用力做动作时扩大动作幅度的能力，包括身体各个关节的活动幅度以及跨过关节的肌肉、肌腱、韧带、皮肤和其他组织的弹性和伸展能力。柔韧性对于提高身体活动水平，维持正确的体姿，减少运动器官损伤，改善动作效果都有重要意义。

4. 身体成分

身体成分指组成人体各组织器官的总成分，包括含脂肪成分和非脂肪成分。体适能与体内脂肪比例的关系最为密切。脂肪过多，心肺功能的负担就越重，要维持适宜的体内脂肪，就必须注意能量的吸收与消耗的平衡。人的体内脂肪重量占总体重的百分比称体脂百分比，余下的包括骨、水分、肌肉等，称为去脂体重。体内成分适宜是健康的标志，肥胖给健康带来威胁，体重过轻也不利于健康，对脑力、体力均有负面影响，容易出现体质虚弱，骨密质较差的现象。

（二）运动技能体适能

1. 灵敏性

灵敏性指身体或身体某部位迅速发生位移，并快速改变移动方向的能力。

2. 平衡感

平衡感指人体在静止站立或运动时能够维持身体稳定性的能力。

3. 协调性

协调性指肌肉系统表现的正确、和谐优雅的活动动作，这主要反应一个人的视觉、听觉和平衡感觉与熟练的动作技能相结合的能力。

4. 速度

速度指人体进行快速移动的能力或最短时间完成某种运动的能力。

5. 肌肉爆发力

肌肉爆发力指肌肉在最短时间收缩时所产生的最大张力，通常用肌肉单位时间内的做功量来表示。

6. 反应时间

反应时间指对某些外部刺激作出生理反应的时间。体适能较好的人，动作协调、轻巧、灵活、敏捷，在活动中动作准确，变换迅速。

（三）功能性体适能

功能性体适能主要针对老年及体弱人群，这里不做过多介绍。

第二节　健康体适能与健康的关系

一、心肺适能

（一）心肺适能对健康的作用

心肺适能对健康具有以下六个作用：第一，增强心肌，心肺和骨骼肌类似，经由运动的刺激，可以变得较强而有力。所以，心肺适能好的人，心脏的尺寸和收缩力量会增大，在健康上有益。具体的表现是每搏输出量增多，因此每分钟的心跳次数会减少。第二，有益于血管系统的健康，血管系统的责任是使由心脏挤送出来的血沿动脉微血管送至组织，再由组织汇回静脉，并流返心脏。心肺适能好，表现为良好的血管弹性及通畅无阻的血管壁。另外，微血管在组织中的生长分布也较密，有利于血液的供应。血管口径变窄，血管壁逐渐硬化失去弹性，是造成健康威胁的直接因素。第三，强化呼吸系统，心肺适能好，肺呼吸量大，肺泡与微血管间进行气体交换的效率较高。第四，改善血液成分，心肺适能好的人，血液中的血红素含量较高，有利于氧的输送。也可增加血中高密度脂蛋白与低密度脂蛋白之比值，可减少心脏病的发病率。第五，有氧能量的供应较为充足。日常生活中，无论运动时间的长短，都要依赖有氧能量系统供应能源，而有氧能量系统的运作与心肺适能关系密切。因此心肺适能好，在长时间的身体活动时不会提早出现疲劳现象。第六，减少心血管循环系统疾病，由于心脏、血管以及血液成分都因心肺适能的改善而好转，因此，有助于降低心血管循环系统机能退化性疾病的威胁。即使不幸发生此类疾病，心肺适能好的人康复率也较高。

（二）提高心肺适能的有氧运动

有氧运动主要是指有节律的全身主要肌群参与的、恒常的耐力运动。它以增强人体吸入、运输和利用氧气的能力为锻炼目的。有氧运动的特点主要是长时间（一般持续在20~60分钟）的大肌肉群活动、有稳定性的中低强度运动、有节律的肢体活动。这一类运动主要包括：步行、健身跑、中低速游泳、骑自行车、爬楼梯、水中运动等。

通过有氧运动可以提高呼吸系统的功能，表现为肺活量水平明显增加，肺交换效率提高。对心脏功能的影响表现为安静时心率下降或不变，心脏的收缩力量增加，心脏容积增大，可预防并减少心血管疾病的发生。

二、肌肉适能

（一）肌肉适能与健康

肌肉适能主要包括肌肉的两大能力，肌力和肌耐力。肌力表示肌肉一次所能产生的最大力量。而肌耐力则是肌肉承受某种适当的负荷时，运动反复次数的多少或持续运动时间的长短。

肌肉对人体具有以下益处，第一，适当的肌力使肌肉变得比较结实而有张力，避免肌肉萎缩松弛。第二，适当的肌肉有助于维持比较匀称的身材。第三，肌肉适能好，身体的动作效率较佳。肌力、肌耐力较好，肌肉在应对同样的负荷时也较耐久。第四，有降低受伤风险的防护功效。尤其是运动员，肌肉适能是避免运动伤害的重要因素。第五，肌肉适能好有助于提升身体运动能力，减少腹部和背部疼痛，健康的肌肉能够让人充分享受到运动的成就感与乐趣。

（二）提升肌肉力量的因素

（1）肌肉体积。肌肉体积与肌肉力量有着密切的关系，肌肉体积的大小可用肌肉横断面积的大小来表示，肌肉横断面积越大，肌肉的体积就越大，肌肉力量也就越大，而且这种关系不受年龄、性别的影响。体育锻炼或体力劳动在提供肌肉力量的同时，总是伴随着肌肉体积的增加。在日常工作和学习中增加肌肉体积能够有效地提高肌肉力量。

（2）肌纤维类型。影响肌肉力量的因素主要有两个，一是单个肌纤维的直径，二是肌肉中肌纤维的数量。体育锻炼，特别是有针对性的力量练习可以促进体内蛋白质的代谢，增加蛋白质的合成，提高肌肉蛋白质的含量，通过增加单个肌纤维的直径而使肌肉体积增加，也可以通过增加肌纤维的数量，使肌肉体积增加。

（3）神经调节。肌肉收缩力量，除决定于肌肉本身的形状、机能特点外，还与神经系统的调节机能有关。神经系统可以通过两种方式调节肌肉力量：一种是通过释放强而集中的兴奋感，动员尽量多的肌纤维参与收缩，以增大肌肉力量；二是通过增加神经中枢发放神经冲动的频率增加肌肉力量，神经冲动频率越高，肌肉力量越大。

三、柔韧性

（一）柔韧性与健康

柔韧性指的是关节可活动范围。通常，认为专业运动员才需要有好的柔韧性，而一般人则不需要，这是错误的看法。人体关节保持适当的柔韧性具有以下好处：第一，避免关节僵硬及肌肉萎缩，保持适当的柔韧性能减少肌肉紧张所带来的疲劳与疼痛。第二，柔韧性好的人，动作比较优美并充满活力。第三，柔韧性好的人，有助于减少运动伤害。在剧烈运动的状况下，关节活动的范围大，肌肉延展性好的人不易出现危险。

（二）提升柔韧性的方法

根据运动科学理论，具有延展性而且又能使关节活动范围增大的是关节周围肌群。因此，提高柔韧性的主要方法是做牵拉练习，牵拉练习可分为两种，一种是动力性牵拉，动力性牵拉主要是节奏较快并多次重复同一动力的牵拉练习，如连续踢腿、摆腿等。动力性练习可以提高关节在运动中的活动幅度，以适应专项体育活动的需要。另一种则是静力性牵拉，静力性牵拉主要是一些缓慢的牵拉练习，如静力压腿等，静力性牵拉比较安全，一般不容易出现运动损伤，在进行柔韧性练习时，最好两种方法相结合使用。

四、身体成分

（一）身体成分与健康

大量流行病学调查显示：由于膳食结构不合理、运动不足导致脂肪堆积的肥胖对人类健康造成了极大威胁。从健康的角度出发，肥胖不仅是体重超标，也包括体脂百分比超过正常水平，因而身体成分的测量与评价一直是医生和体质专家评价健康的依据。

（二）肥胖产生的原因及改善方式

1. 肥胖产生的原因

肥胖原因主要包括遗传性因素，人类脂肪细胞数量在生命的早期既已确定，脂肪细胞一旦形成，其数量基本不变，它是由遗传因素决定的。除此之外，肥胖的原因还包括膳食结构不合理以及运动不足。

2. 肥胖的改善方式

减肥的注意事项和要点，第一，要持之以恒，持之以恒是减肥成功的重要因素。第二，运动强度和时间要科学。减肥在于进行科学合理的运动，应定期、定量地进行全身性的运动，研究表明中强度的长时间持续运动，可以消耗体内多余的能量，减少脂肪堆积。第三，运动与科学饮食相结合。在日常生活中应尽可能少吃油炸食品，少喝碳酸饮料，也不要过量饮食，可以多吃富含纤维素和蛋白质的食品，但是注意不能盲目节食。

第三节　体适能的测量与评价

一、基础指标

（一）身高、体重测评

体重指数可以用来表示身高和体重的关系，计算方法为体重（千克）除以身高米的平方。通过体重指数来可以来推断因肥胖而导致患高血压、糖尿病、心血管疾病等疾病的风险。

（1）测试仪器。身高、体重测试仪。

（2）测试操作。测试者讲解测试内容相关要求，受试者按规定动作做。测试身高体重时，受试者保持基本站姿：下颌微收、双肩松沉、背部挺直、双脚并步站立，目视前方；不穿戴其他不必要物品。身高体重测试仪上方的卡尺为身高数据，下方仪表盘的数据为体重数据。

（3）测试结果评价：计算出的体重指数，结果可对照中国人体重指数和腰围界限值与相关疾病危险的关系评价表进行健康分析。见表 4-3-1。

表 4-3-1　大学生体重指数(BMI)评分表　　(单位:kg/m²)

等级	单项得分	大学男生	大学女生
正常	100	17.9~23.9	17.9~23.9
低体重	80	≤17.8	≤17.1
超重		24.0~27.9	24.0~27.9
肥胖	60	≥28.0	≥28.0

(二)安静心率测评

运动可导致心率明显增加,其变化受运动时间和运动强度的影响,安静心率的测试适宜在充分休息后的早晨进行。

(1)测试仪器。秒表。

(2)测试操作。测试者讲解测试内容、要求,受试者按规定动作做。手臂放松,用一手的食指和中指放在桡动脉处,测量一分钟脉搏的次数,即安静心率。

(3)测试结果评价。安静心率的正常范围一般为 60~100 次/分钟。

(三)安静血压测评

运动会导致动脉血压显著增高,不同形式的运动对动脉血压的舒张压影响也不同。血压测试可通过不同类型的血压计测试,以臂式血压计为例。

(1)测试仪器。臂式血压计。

(2)测试操作。测试者讲解测试内容与要求,受试者按规定动作做。受试者静坐 5 分钟,双臂与心脏齐平;袖臂在心脏水平高处紧紧包裹上臂,覆盖肱动脉;听诊器置于袖带下肘前的肱动脉处,听到柯氏音第一声时,快速充气,使血压升高 20 毫米汞柱;以平均每秒 2~5 毫米汞柱的速度缓慢放气,听到柯氏音的第一声时的数值为收缩压,柯氏音消失时对应的数值为舒张压;至少测量两次,最少间隔一分钟,第一次检查时应测量双臂血压,双臂间有差异时记录较高的血压值。

(3)测评结果评价:结果对照相关血压水平标准。

(四)围度

围度测量可以用于预测身体成分,通过特定位置测试,计算身体密度,再转换为身体成分,较准确的身体围度准确度与实际身体成分预测相差 2.5%~4%。常用的测试工具有 Gulick 弹性手柄、皮尺等测量工具,以皮尺为例。

(1)测试仪器。皮尺。

(2)测试操作。根据美国运动医学会运动测试与运动处方指南(第九版),测试者讲解要求,受试者按规定动作做。测量使用的皮尺为可弯曲而无弹性的带状尺;测量时尺子置于皮肤表面,不压迫皮下脂肪组织;同一部位进行两次测量,若两次测量相差 5 毫米以上须再次进行测量(表 4-3-2)。

表 4-3-2　标准化围度测量部位与过程

部位	测试过程
腹围	受试者直立、放松、在髂嵴上方水平测量，通常在脐水平高度
上肢	受试者直立，两臂自然下垂于身体两侧，掌心朝向大腿，在肩峰与尺骨鹰嘴连线中点处水平测量
臀围	受试者直立、两脚并拢，水平测量臀部隆起最明显处
小腿围	受试者直立（两脚分开约 20 厘米），水平测量膝与踝之间围度最大处
前臂围	受试者直立，两臂自然下垂稍离开躯干，掌心向前，垂直于纵轴线测量围度最大处
大腿围	受试者站立，两腿稍分开（不超过 10 厘米），水平测量臀部靠近大腿围度最大处，在臀横纹下
大腿中围	受试者直立，一条腿踏在凳子上，膝关节保持 90°角，在腹股沟皱褶处到髌骨上缘连线中点处测量，与纵轴线垂直
腰围	受试者直立，双臂垂于两侧，两脚并拢，腹部放松，水平测量躯干最细处（脐以上剑突以下）

（3）测试结果亦可用于评价超重、肥胖的体重指数和腰围界限值与相关疾病风险的关系。

二、健康体适能测量与评价

健康体适能是指心血管、肺部和肌肉发挥最理想效率的能力，主要元素为：心肺适能、肌肉适能、柔韧性、身体成分。对以上 4 个元素进行测评，可了解受试者的身体状况，以便制定科学化和有针对性的体适能训练方案。

（一）心肺适能测评

心肺耐力测试的方法有场地测试、电动跑台测试、机械负荷功率车测试及台阶试验，每一种方式各有优缺点，以台阶试验为例。

（1）测试仪器。成年人试验台阶（男 30 厘米/女 25 厘米）、秒表、节拍器。

（2）测试操作。测试者讲解要求，受试者按规定动作做。节拍器设置为 120 次/分钟，双脚按照上—上—下—下的节奏运动三分钟，每次踏上台阶时膝关节要保持伸直，完成三分钟蹬踏台阶，受试者即刻静坐，分别记录运动结束后 1 分钟~1 分钟 30 秒、2 分钟~2 分钟 30 秒、3 分钟~3 分钟 30 秒的三次脉搏数。若受试者不能按节拍器发出的节奏坚持运动下去，终止测试，也以同样的方式记录。台阶指数 = 运动持续时间（秒）÷3 次测量脉搏数之和×100。

（3）测试结果评价：参照不同年龄性别人群台阶测试标准进行评价。

（二）肌肉适能

分别选择上肢、下肢、躯干等主要运动环节，对机体肌力与肌耐力进行测试。

肌力可以是静态的，即某一关节或某一组关节无明显肌肉运动和变化；抑或是动态的，即外部负荷或身体某一部分运动使肌肉长度改变。静态肌力测评以上肢握力为例，动态肌力测评以下肢蹬腿为例；肌肉耐力是某肌肉群在一定时间内完成重复收缩至肌肉充分疲劳的能力，以躯干俯卧撑和屈膝抬肩为例。

1. 握力测评（上肢肌力）

（1）测试仪器。握力计。

（2）测试操作。讲解仪器使用方法，调整好仪器。选择力量较大的手握住仪器把柄，调整呼吸，呼气时发力。测试进行三次，取三次测试中的最大值为肌肉力量结果。

（3）测试结果评价。记录并对照成年人握力评价标准进行评价。

2. 蹬腿测评（下肢肌力）

（1）测试仪器。使用通用 DVR 仪器及蹬伸架测试 1-RM（单次完成的最大负荷）。

（2）测试操作。通过完成多次大强度用于测试 1-RM 时的动作进行准备活动；在 4 次以内的测试中获得 1-RM（或多 RM）值，两次测试间休息 3～5 分钟；在受试者预测能力范围内选择最初的重量（50%～70%最大力量值）逐渐增加阻力直至受试者不能完成重复动作为止，所有重复动作要保持相同运动速度和关节活动范围；记录最后成功举起1-RM（或多 RM）总量的绝对值。

（3）测试结果评价：记录最大重复次数及蹬腿力量比重值（蹬力/体重），对照不同年龄、性别个体腿部力量体适能分类标准进行评价。

3. 俯卧撑测评（躯干肌耐力）

（1）测试仪器。受试者徒手，支撑于垫子上。

（2）测试操作。男性以标准俯卧撑姿势，女性以“膝卧撑”姿势进行。做动作时，男性要求耳、肩、髋、踝在一条直线上，女性要求耳、肩、髋、膝在一条直线上；无间歇连续完成俯卧撑次数记为得分数；受试者肌肉僵硬或者连续两次以上出现不能按规范动作完成的情况则终止测试。

（3）测试结果评价。测试结果评价参照不同年龄性别人群俯卧撑标准。

4. 屈膝抬肩测评（躯干肌耐力）

（1）测试仪器。瑜伽垫、节拍器。

（2）测试操作。测试者讲解操作要求，受试者按规定动作做。在瑜伽垫子上固定两条标记带，两者相距 12 厘米（受试者<45 岁）或 8 厘米（受试者>45 岁）；受试者仰卧于瑜伽垫子上，膝关节保持 90°角。手臂置于身体两侧，掌心朝下，中指触及最近的一条标记带为基础位置；脊柱屈曲 30°以上，中指触及的第二条标记带为终止位置。节拍器设置为 40 次/分钟，第一拍受试者开始抬肩，第二拍到达终止位置，第三拍回到基础位置，第四拍到达终止位置，以此类推。每到达终止位置记录一次，完成 75 个或不能跟随节拍器节奏时终止测试。

（3）测试结果评价。测试结果参照不同年龄性别人群屈膝抬肩体适能分类评价标准分析。

（三）柔韧性测评

柔韧性通常用关节活动度进行量化表示，可采用量角器、电动量角器、Leighton 曲率计、倾角计及测量尺测量。柔韧性是关节的特性，没有单一的柔韧性测试适用于评价全身柔韧性。此处以作坐位体前屈为例。

（1）测试仪器。坐位体前屈测试器。

（2）测试操作。测试者讲解动作要求，受试者按规定动作做。坐于垫子上，双腿并拢伸直，双脚蹬于仪器脚踏板，俯身前屈，双手中指向前推游标卡尺，直至双手中指向前伸展到达极限。

（3）测试结果评价。大学男、女生参照《国家学生体质健康测试标准》进行评价。

（四）身体成分测评

身体成分测试的方法有人体测量法、身体密度法及其他高精度仪器测量法。以上测试方法或操作难度大，或是操作复杂，或是仪器成本高昂。适用于普通人群身体成分测试的是生物电阻抗分析技术（BIA）。

（1）测试仪器。人体成分测试仪。

（2）测试操作。测试者讲解测试方法，受试者按要求做。受试者最好禁食禁水 12 小时后测试再测试。测试时控制室内温度和湿度，以测试时不出汗为宜，洗浴后、大量饮水后不宜测试。穿着轻便服装，取下手表等不必要物品，脱鞋子，双脚站于体成分分析仪电极片上，双手握住分析仪手柄电极片，保持身体自然站立，输入测试者信息后点击分析仪开始键进行测试；测试时，身体自然站立，不讲话不做其他动作，待仪器显示测试完毕后，取回打印报告单。

（3）测试结果评定。身体成分测试评价标准参照不同年龄性别身体成分标准进行评价。

三、运动体适能测量与评价

运动体适能与人体的运动能力相关，主要表现在力量、速度、耐力、灵敏、协调、爆发力、平衡方面。力量、耐力项目测评参照健康体适能部分测评办法，其余项目测评如下。

（一）速度素质测评

速度素质的测试方式比较丰富，也容易操作。常见的有 5 米冲刺跑测试、10 米跑测试、30 米跑测试、50 米跑测试等，以大学生 50 米跑为例。

（1）测试仪器。秒表。

（2）测试操作。测试者讲解要求，受试者按规定动作做。进行 10 分钟热身；一次最大强度 10 米跑和一次最大强度 30 米跑；然后以站立式起跑开始测试。

（3）测试结果评价。对照《国家学生体质健康标准》进行评价分析。

（二）耐力素质测评

耐力素质在运动体适能中从生理学角度可分为有氧耐力和无氧耐力。常采用的测试方法有 12 分钟跑测试、6×35 米疲劳指数测试、大学男生 1 000 米/女生 800 米跑等。以大学生男 1 000 米/女 800 米跑为例。

（1）测试仪器。秒表、发令旗、口哨。

（2）测试操作。测试者讲解要求，受试者按要求做。测试须在 400 米/300 米/200 米标准跑道上进行;受试者采用站立式起跑,听到发令信号后快速起跑,全力到达终点。

(3) 测试结果评价。对照《国家学生体质健康标准》进行评价分析。

(三) 灵敏素质测评

灵敏素质往往以“速度-灵敏”“灵敏-平衡”“灵敏-耐力”等综合形式表现出来,以“速度-灵敏”表现测试为例,选择在网球场中进行左、右“L”形跑作为测试项目。

(1) 测试仪器。角锥、秒表。

(2) 测试操作。测试者讲解要求,受试者按规定动作做。记录从起点侧滑步经过底线中点后加速至过终点(发球线)所花费的时间总长;测试三次取最佳测试成绩,以秒为单位。

(3) 测试结果评价。主要评价受试者瞬间改变方向后的加速能力,测试值越大表示折返跑速度越慢。

(四) 爆发力测评

爆发力是指人体肌肉快速克服阻力,产生最大输出功率的能力。爆发力测试主要有1RM 爆发力练习(如高翻、抓举、挺举)、快速倒卧推、斜推实心球、纵跳、纵跳摸高、立定跳远、单腿立定二级跳、单腿快蹲等,以立定跳远为例。

(1) 测试仪器。卷尺、防滑、松软、平坦地面。

(2) 测试操作。测试者讲解动作要求,受试者按规定做。受试者两脚自然分开,站在起跳线后,双脚原地同时起跳。丈量起跳线后缘至最近着地点后缘之间的垂直距离,测试两次取最大值。记录以厘米为单位,保留小数点后一位。

(3) 测试结果评价。对照《国家学生体质健康标准》评价分析。

(五) 平衡性测评

平衡的形式主要包括:对称性、静态性和动态性平衡三种,测试的方式也不同,以静态性平衡闭眼单脚站立测试为例。

(1) 测试仪器。秒表。

(2) 测试操作。测试者讲解要求,受试者按规定动作做。听到开始信号后闭眼单脚站立,直立,抬起脚着地后停表。连续测试两次,取其中最好一次成绩。

(3) 测试结果评价。时间越长则受试者的平衡感越好。

第四节　体适能训练方法

体适能训练是一个系统工程,在训练实践中应遵循自觉性、持续性、渐进性、全面性、差异性、适度性、“超量恢复”等原则,依据由简到繁、由易到难、由弱到强、由浅及深的客观规律,科学安排训练内容、选择训练方法、合理设置强度。本节将重点介绍体适能训练方法。

一、心肺适能训练

(一) 心肺适能的概念及相关知识基础

人在维持某一运动强度时的费力程度与呼吸、心血管、骨骼肌系统的生理及功能状态相关。即心肺适能的水平高低取决于人体摄入氧气和运输氧气的能力及骼肌利用氧气的能力。体现在肺通气能力、血液载氧能力、心脏泵血能力和血管对血液的再分配能力以及肌纤维的特性、肌纤维中线粒体的含量和氧化酶的活性、肌肉中毛细血管含量等。

（二）心肺适能训练的技术手段

发展心肺适能应定期开展有氧运动。常见的有氧运动项目有走跑、游泳、有氧操、跳舞、各类球类运动，有氧运动项目处方制定方法如下。

（1）运动频率。为了促进或保持健康体适能，推荐有氧运动的频率为每周至少 5 天中等强度的有氧运动或每周至少 3 天较大强度的有氧运动；或每周 3～5 天中等强度和较大强度相结合的运动。

（2）运动强度。推荐进行中等强度到较大强度的有氧运动；健康状况不好的人进行较小强度到中等强度的有氧运动。

（3）运动时间。每天应累计进行至少 30 分钟（每周累计不少于 150 分钟）的中等强度运动或每天至少 20 分钟（每周累计不少于 75 分钟）的较大强度运动，或中等和较大强度相结合的运动。完成这一推荐量可以是连续的，也可是一天中以每次至少 10 分钟的多次活动累计完成。

（4）运动方式。建议进行有节律的、大肌肉群参与的、所需技巧性低的至少是中等强度的有氧运动。

二、力量素质训练

（一）力量素质概念及相关基础知识

力量素质训练主要包括肌力、肌耐力、爆发力素质训练。肌力是指肌肉紧张或收缩时对抗阻力的能力，用肌肉收缩时所能克服的最大阻力表示；肌耐力是肌肉在一定负荷下保持长时间工作的能力，采用肌肉在一定的负荷下最多重复的次数或保持最长工作的时间表示。爆发力是指人体单位时间内做功的能力，是人体运动时所输出的功率。

肌肉的物理特性有收缩性、伸展性与弹性、黏滞性、柔韧性。肌肉的生理特性是兴奋性和收缩性。肌肉收缩的方式分为动力性收缩和静力性收缩两大类。产生力量的方式主要是离心收缩、向心收缩、等长收缩、等张收缩和等动收缩。

人体力量的展现受神经协调、肌肉横断面积、肌纤维的排列、肌肉的长度、关节角度、肌肉收缩速度和体重等生物因素的影响。其中神经协调在当今体适能训练中受到高度重视，任何一块肌肉产生的力量都是由大脑神经所发出的信号所控制。在一次收缩中所动员的运动单位越多，产生的力量也就越大，速度也就越快。

（二）力量素质训练的技术手段

定期开展抗阻运动，以抗阻运动处方形式进行。常用的技术手段有负重抗阻、对抗性练习、克服弹性阻力训练、利用外部环境阻力训练、专门器械练习。抗阻运动处方制定方法指南如下。

（1）运动频率。建议每周对每个大肌肉群训练 2～3 天，并且同一肌群的练习时间至少应间隔 48 小时。

（2）运动强度。根据对肌力、肌耐力、爆发力不同的力量素质训练目标，选择运动强度，力量素质训练运动强度设置参考标准见表 4-4-1。

表 4-4-1　量素质训练运动负荷

训练目标	负荷（1RM）	目标重复次数
力量	≥85%	≤6
肌耐力	≤67%	≥12
爆发力（一次用力项目）	80%~90%	1~2
爆发力（多次重复项目）	75%~85%	3~5

（3）运动时间。建议根据不同年龄水平、身体健康状况、力量素质训练目标等综合因素安排训练一次时间的长短。

（4）运动方式。从负重的方式上区分，抗阻运动主要包括自由负重、外加负重或利用空气阻力式的器材负重，训练者可根据自身综合情况选择安全性高、操作性强的方式。

三、柔韧素质训练

（一）柔韧性的概念及相关基础知识

柔韧性是指活动某一关节使其达到最大关节活动度，用关节活动幅度表示关节的柔韧素质。关节拥有良好的柔韧性有助于完成运动。反之，当某项运动使关节囊结构超出最大关节活动范围时，会导致组织受伤。影响柔韧性的因素有关节结构、结缔组织、肌肉体积、活动水平、关节活动范围较小的力量训练以及年龄和性别等因素。其中软组织对关节柔韧性影响最大，不同软组织对关节柔韧性的影响程度见表 4-4-2。

表 4-4-2　不同软组织对关节柔韧性的影响程度表

组织结构	柔韧性障碍（%）
韧带	47
肌肉	41
肌腱	10
皮肤	2

（二）柔韧素质训练的技术手段

柔韧性练习常用的技术手段是拉伸。柔韧性训练处方制定的方法指南如下。

（1）运动频率。建议每周至少进行 2~3 次，每天练习效果最好。

（2）运动强度。拉伸拉到拉紧或轻微不适状态。

（3）运动时间。大多数人静力拉伸保持 10~30 秒，老年人保持 30~60 秒，在进行训练时，最好是先进行 3~6 秒的轻到中等强度收缩（即 20%~75%最大随意收缩），紧接着进行 10~30 秒辅助拉伸。

(4) 运动方式。对所有主要肌肉肌腱单元进行一系列的柔韧性练习。拉伸的技术主要有静力主动拉伸、静力被动拉伸、动力拉伸、弹震拉伸、PNF(本体感受神经肌肉促进)拉伸。

四、神经动作练习

体适能训练神经动作练习包括灵敏、协调、平衡等控制技能,有时也被认为是功能性体适能练习。

(一) 神经动作练习的主要元素概念及训练相关基础知识

1. 灵敏性

灵敏性是一种加速、减速(快速制动)、变向(快速改变身体运动方向)和再加速的能力,包含动态平衡、协调和爆发力等能力,被认为是“机体的智商”,体现在人在快速、有效、灵活的身体移动中还能保持身体平衡的能力,争取空间、时间,突出减速能力(制动力量)和随后的“减速-加速耦合”过程。灵敏素质的影响因素有快速力量、协调能力、平衡能力、速度耐力、力量耐力及其他方面因素。

2. 协调性

协调性指人体运动时机体各器官系统、各运动部位配合一致,合理有效地完成特定技术动作的能力。运动“协调”是在中枢神经系统的支配下实现的,它是由大脑皮质、脊髓、小脑、传入神经、感受器、效应器等部分构成,按照人体对动作的不同需求,调节各肌肉群的动作,并将肌肉工作的方式指令由传出神经发送给连接肌肉的效应器,产生肢体动作。

3. 平衡性

平衡性指身体抵抗破坏平衡的外力,以保持全身稳定状态的能力。大脑中控制身体平衡的是小脑,小脑通过与大脑、脑干和脊髓之间丰富的信息传入和传出进行联系,参与对躯体平衡和肌肉张力的调节。维持人体平衡的其他组织器官还有:听觉器官、位觉器官、视觉器官、本体感受器。

(二) 神经动作练习训练的技术手段

开展灵敏、协调、平衡等功能性训练,以神经动作练习处方的形式进行。常用的技术手段可以是太极拳、气功、瑜伽、健美操等项目以及听觉、位觉、视觉、本体感受器相关感知训练等。神经动作练习运动处方制定的方法指南如下。

(1) 运动频率。建议每周至少进行 2~3 次。

(2) 运动强度。有效的神经动作练习强度尚不明确,可根据项目的特点及功能性表现的需求确定,目前推荐的时间是每天至少练习 20 分钟。

(3) 运动时间。每周累计不少于 60 分钟。

(4) 运动方式。建议采用太极、瑜伽、体育游戏等项目来提高身体控制能力(平衡、灵活性、协调性、步态等);对神经动作水平需求高的人群,也可在专业人士的指导下选择项目,例如体操等。

五、速度素质训练

(一) 速度的概念及相关训练基础知识

速度是指快速完成动作的能力，分为反应速度、动作速度、位移速度三种类型。反应速度是指人体对各种信号刺激(声、光、触等)快速应答的能力；动作速度是指人体或人体某一部分快速完成某一动作的能力；位移速度是指人体在特定方向上移动的速度。影响速度素质的因素有感受器(视、听、触觉等)的敏感程度、中枢延搁和效应器的兴奋性、肌肉力量大小、肌纤维兴奋性的高低、肌纤维组成成分及横截面积大小、条件反射巩固程度、大脑皮质中枢神经系统的灵活性、中枢神经系统各中枢间的协调性、肌肉中快肌纤维的比例。

(二) 速度素质训练的技术手段

在复杂的人体运动系统里，速度往往不是单一存在的，而是基于其他素质复合存在。所以速度素质训练的基础素质运动处方可一定程度借鉴力量等素质训练的方法。速度往往也强调不同速度类型的专项分类训练，不同类型速度训练的常用方法见表 4-4-3。

表 4-4-3　不同类型速度训练的常用方法

	移动速度	动作速度	反应速度
训练方法	加速能力训练	大强度分解技术练习法	信号刺激法
	重复训练	助力练习法	运动感觉法
	变速训练	减阻练习法	移动目标练习法
	专项速度节奏训练	预先加难练习法	选择性信号练习法
	速度力量训练	变换训练法	
	助力速度训练	速度控制训练法	

六、身体成分改善训练

(一) 身体成分的概念及相关基础知识

身体成分是指脂肪组织重量和非脂肪组织重量分别占人体总体重的百分比。

体脂百分比是人体脂肪组织重量占总体重的比例，是评价身体成分的主要指标，也是评价肥胖的重要标准。脂肪的生理功能为产生能量、维持体温、缓冲和保护等，当体脂百分比维持在正常范围内，脂肪生理功能得以发挥，机体维持健康，否则，则不利于健康。

(二) 身体成分改善的技术手段

科学运动，多参加有氧运动，可以借鉴心肺耐力训练的有氧运动处方制定身体成分改善处方；提高效率，参加力量素质训练增加肌肉比重，可借鉴力量素质运动训练的力量素质运动处方等。合理营养与膳食，维持能量摄入与消耗平衡，保持吃动平衡，制定营养膳食处方。大学生营养与膳食处方制定15条原则：三餐要定量、营养搭配要合理、摄足微量营养素、尽量食用原味食品、巧选脂肪、慎用调味品、少食多餐、细嚼慢咽、减慢进食速度、分类进食、在饥饿前进食、拒吃自助餐、适时吃点零食、摄足水分、保持良好心态。

复习与思考

1. 健康体适能包括哪些部分？
2. 肌肉对人体有哪些益处？
3. 体重指数的计算公式是什么？
4. 提高速度素质的练习手段是什么？

第三篇　职业体能和运动心智能

导言

在“空中断桥”拓展项目中，在桥上的同学需要下面的同学帮忙进行保护，桥上同学的安全和项目完成的顺利程度很大程度上取决于团队成员间的信任程度和默契程度。

对于这个项目，教练一般会提道：换位思考，助人者人恒助之。但是，有一天，一位同学提出了异议：每次都是我们帮助别人，但是有些人从来不帮助我们。那“助人者人恒助之”这句话是不是有问题呢？这个同学将组内的一些现象做比较，来说明教练的论点不正确。

此时，教练问道，同学们，你们今后如果在学习生活中，愿意跟这位同学合作吗？大家都说会的！教练又问，如果遇到了这位同学分享中提到的从不帮助别人的组员，那你们仍然会同意与其合作吗？同学们此时一直回答，不会的。

教练再问刚才那位分享的同学，你现在知道为什么要说“助人者人恒助之吗？”这位同学腼腆地笑了笑，开心地看着各位同学。另外团队中“成人达己”原理的应用就更多了。

第五章
职业体能

阅读提示：

随着科技的进步与社会的发展，社会分工呈现越来越精细化的趋势，各种职业都有特定的工作姿态、劳动环境、劳动强度等，长时间高强度地工作，容易造成身心疲劳，甚至形成职业病。在校期间加强相关体育锻炼，学习相关知识能有效地增强学生的力量、速度、耐力、柔韧、灵敏等素质，使他们能更好地适应未来的工作，同时也为预防职业病的发生奠定良好的基础。本章重点阐述了职业体能的概念、职业病的预防、职业体能的分类及锻炼方法。

第一节 职业体能的概念与分类

一、体能的相关知识

1. 体能的广义概念

从广义上讲，体能包括人的有形能力和无形能力。有形能力即身体能力，无形能力即心智能力，体能由身体结构、身体技能和智力意志三部分组成。从社会生活的角度讲，体能是积极适应生活的身体能力、工作能力和抵抗疾病的生存适应能力。

2. 体能的狭义概念

1984 年的《体育词典》对“体能”一词的解释为：“人体各器官系统的机能在体育活动中表现出来的能力。包括力量、速度、灵敏、耐力和柔韧等基本的身体素质以及人体的基本活动能力（如走、跑、跳、投掷、攀登、爬越、悬垂和支撑等）。”

3. 体能训练的概念

体能训练也叫体力训练，是一种以发展机能潜力及与机能潜力及有关的体能要素为目的的大负荷训练，是指对人体在艰苦环境中，长时间、高强度、大负荷持续工作能力的训练。体能训练突出对人体各器官和机能系统的超负荷适应训练，旨在产生体能和心理方面的适应，以达到挖掘机能潜力，提高整体运动能力和培养顽强拼搏精神的目的。

二、职业体能释义及分类

1. 职业体能释义

不同的职业对人体身体素质和心理素质有不同的要求。职业体能是指与职业劳动有关的身体素质及在不同劳动环境中的身体耐受力和适应能力。职业体能是经过特定的工作能力分析后所认定的从事某一职业所需具备的身体活动能力，包括重复性操作能力、背肌承受静态力的能力、其他肌肉群维持工作姿势要求的能力以及人体对湿热等工作环境的忍耐程度等能力。本书职业体能的训练对象重点强调的是与职业及生活有关的身体素质。

2. 职业体能分类

本书根据学生所学专业对应今后可能从事的第一职业岗位对身体素质的要求，依据人力资源和社会保障部认定的《职业分类大典》和教育部《普通高等学校高等职业教育（专科）专业目录》，结合各职业岗位劳动（工作）时的主要身体姿态将职业岗位分为久坐类、久站类、久视类等种类。

第二节 职业体能的训练

一、持久姿态类职业体能训练

1. 久坐类职业体能

坐位姿势是一种静态姿势，维持该姿势的肌纤维长时间处于一定的静力性紧张状态，其中腰背部肌肉是主要的受力肌。有目的地锻炼坐姿，可使机体各部位的主要受力肌群增强肌肉弹性，改善组织，促进血液循环，增强新陈代谢，防止或降低组织劳损的可能。针对坐姿类工作对体能的要求，应主要发展以下部位肌肉群的力量和耐力。

（1）屈伸探肩

目的：主要发展胸锁乳突肌和斜方肌的力量。

动作方法：坐、立均可，上背挺直，双手叉腰，双眼正视前方，头缓缓地向左偏，努力接近左肩，保持 6~8 秒，还原；以相同的姿势换方向做，还原。

（2）肩绕环

目的：发展斜方肌的力量。

动作方法：坐、立均可，上背挺直，双手叉腰，双眼正视前方。双肩经前方向后展，做以肩关节为中心的绕环动作。

（3）体后屈伸

目的：主要发展伸展躯干和伸髋的肌肉力量。

动作方法：俯卧在垫子或长凳上，两臂前伸，两腿并拢伸直。两臂和两腿同时向上抬起，腹部与坐垫成背弓姿势，然后积极还原，连续练习。

（4）俯立划船

目的：主要发展背阔肌上、中部以及斜方肌、三角肌的力量。

动作方法：上体前屈近 90°，抬头，正握杠铃。然后两臂从垂直姿势开始，屈臂将杠铃拉近小腹后还原，再连续练习。上拉时注意肘部靠近体侧，上体固定，不屈腕。

2. 久站类职业体能

现代社会有些职业需要长时间站立工作，如教师、迎宾小姐、售货员、厨师、护士等职业岗位均需要在工作期间长时间站立。站姿也是种静力性工作，分为立正式站立（如军人站岗）和任意式站立（如超市的收银员）。立正式站立是种强度极大的静力性工作，而任意式站立，因在一定程度上可以活动身体某些部位，并有机会在较小范围内做些移动性活动，所以相对于立正姿势而言，其静力负荷的劳动强度较小。职场中的站姿绝大多数属于任意式站立。

（1）深蹲

目的：主要发展大腿肌群和臀大肌力量。

动作方法：把杠铃担负在颈后肩上，屈膝下蹲至大腿与地面平行或稍低，大腿和臀部用力，两脚蹬地使身体恢复到直立，重复练习一定的次数和组数。

（2）踏板弓箭步

目的：主要发展股四头肌、股二头肌和小腿肌群的力量。

动作方法：身体直立，面对踏板，右腿屈膝成弓箭步踏踏板，左腿伸直，双腿同时用力跳起在空中交叉落下时左腿屈膝成弓箭步踏踏板，右腿伸直。两臂自然摆动，同时两手叉腰，交换腿连续做。

（3）踮脚跳跃

目的：主要发展小腿腓肠肌、比目肌和股四头肌的力量，对提高身体平衡能力也有一定的价值。

动作方法：两脚并拢站立，两腿微屈，双脚前脚掌原地向上纵跳，膝盖伸直，下落时，先前脚掌着地，然后全脚掌着地，再踮脚起跳。

（4）仰卧起坐

目的：主要发展腹直肌力量。

动作方法：仰卧于垫子上，两小腿弯曲，两脚固定，双手交叉抱于头后，腹肌收缩使额头向膝部靠拢直至接触膝盖。然后还原，重复此动作一定的次数和组数。

（5）直脚上举

目的：主要发展腹直肌、髂腰肌的力量。

动作方法：仰卧于垫子上，两腿并拢伸直，两手放于体侧，双腿直脚并拢靠腹部的力量将脚慢慢举起，使躯干与大腿保持120°左右的夹角，静止5~10秒，然后还原。

3. 久视类职业体能

眼部肌肉主要包括眼外肌，如上、下、内、外直肌，及上斜肌、下斜肌，包括眼睛内部的睫状肌。因工作需要，很多职业会长期过度用眼，眼部疲劳会导致工作效率大大降低，此外，电子产品充斥人们生活的每个角落，长时间的玩手机以及看电子屏幕，更是让脆弱的眼睛长期处于疲劳状态，我们要适当地进行眼部肌肉训练，让我们的眼睛得到放松，让我们的眼部肌肉得到锻炼，以更好的状态去适应生活和工作，眼部肌肉训练方法如下：

（1）转动眼球法

目的：增加眼部肌肉的力量，放松眼部肌肉。

动作方法：先将眼球按照顺时针的方向，分别向上、左、下、右的方向转动，再按照逆时针的方向分别向四个方向转动，每个方向定睛1~3秒，每组动作坚持做6~9次，可以很好地增强眼部肌肉的力量。

（2）改变视距法

目的：改善眼睛前部供血，放松眼部肌肉。

此外，久视类职业一般需长期保持坐姿，在进行眼部肌肉训练的同时，还需结合久坐类职业特点进行肩颈腰背等部位的体能训练。

4. 久躬类职业体能

部分职业需要工作人员躬身完成，长时间的躬身动作对人的腰部力量要求较高，此外背部、腹部及上肢力量也是完成长时间躬身动作的基本要求，下面介绍几种主要的腰腹及上肢力量练习。

（1）悬垂举腿或负重悬垂举腿

目的：增强腹部腹直肌、腹斜肌和髂腰肌力量。

动作方法：双手悬垂于单杠，间距约肩宽，膝部伸直且脚背绷紧。练习时深呼吸，有节奏地将双腿上举与下放，在每次动作做到最高点或最低点时停止，若要增加练习难度和提高练习质量可在小腿绑上沙袋或其他物体。练习过程中不要大幅度向后晃动让双腿获得惯性冲量，向上抬腿时只需有控制地缓慢抬起。

（2）“V”字挺身

目的：增强腹直肌、腹外斜肌、腹内斜肌、髂腰肌、股直肌。

动作方法：开始姿势为练习者仰卧于垫子上，双臂平放在身体两侧，双腿完全伸直或保持膝部略微弯曲。以臀部为支撑点，保证在开始的时候，练习者的头部和双脚就已离开地面。练习进行时，用力收缩腹部和髋部肌肉，以爆发力来启动动作，同时吸气、屏住呼吸，弯曲髋部，抬起双腿，躯干和手臂也同时上抬，直至与地面成 45°～60°角时止。在动作接近最高点时，将双臂伸向小腿，保持双手位于小腿附近或之上，身体保持平衡。保持这一姿势 1～2 秒，这时呼气，慢慢地将上身和双腿放下去，回至开始姿势，稍停片刻，然后重复动作，完成规定的次数。

（3）举腿卷腹

目的：增强腰腹力量。

动作方法：仰卧在地板上，双臂前引使肩胛骨尽量离开地面，下背部紧贴地面。双手放在头侧，手臂打开。双腿抬起与上身成 90°角，双腿交叉，膝关节微屈。呼气，收缩腹肌，抬起上身，下背部不能离地，保持 2 秒，然后慢慢回到开始姿势。要注意保持下颌向胸前微收，收缩腹肌，呼气，抬起上身，下背部不能离地，保持腰身部分不动，呼气时使双臂牵引，吸气时背部慢慢下放，双腿保持不动，并且要保持好呼吸的节奏。

5. 久蹲类职业体能

园艺技术、花卉生产与花艺、草业技术、文物考古技术等职业需要长时间蹲姿作业，长时间的蹲姿或蹲姿移动对下肢力量要求较高，下面介绍几种常见的下肢力量训练。

（1）靠墙静蹲

目的：训练下肢大腿肌群力量。

动作方法：背靠墙，双脚双膝与肩同宽，脚尖向前，下蹲至膝尖与脚尖连线垂直地面，自行掌握下蹲深度，标准为可在 2～3 分钟内达到充分疲劳的程度，间隔不超过 10 秒，连续 5～10 次一组，每天两组。如果想增加难度，可在背后与墙之间放置一瑞士球（瑜伽球），进行相同标准的练习。

（2）负重提踵

目的：训练小腿肌肉力量。

动作方法：可以持杠铃或者哑铃进行锻炼，也可以使用其他的重物进行训练。首先站姿要双腿略窄于肩，双腿完全伸直，此时膝关节不要弯曲，保持上体的正直，双手持适合自身重量的杠铃，两眼平视前方，保持身体重心，然后脚跟慢慢地离开地面，以脚尖支撑身体平衡，呼气时慢慢向上抬起，注意控制节奏，之后再慢慢地向下还原即可。

二、特殊环境类职业体能训练

1. 平衡作业类职业体能

(1) 单脚飞鸟

目的:训练提升下肢力量及身体平衡性。

动作方法:这个动作不仅不需要用到任何的器械,而且还可以随时随地开展练习,并且也能很好地锻炼到单脚平衡能力。首先站立之后抬起任意一只脚,使大腿弯曲至与小腿成 90°角,始终保持这个角度不变。接下来摆动髋关节,并让膝关节保持不动。

(2) 骨盆侧向摆

目的:提升下肢力量及身体平衡性。

动作方法:这个动作是在上一个动作的基础上的加强训练,也可以加强我们单腿支撑时的平衡性。首先做出上个动作的准备动作,单脚支撑后另一条腿弯曲 90°在体前,接下来就要让我们的骨盆左右摇摆,将骨盆顶到抬起这条腿的同侧的最高点,然后再降低到最低点,这样重复做下去。

(3) 燕式平衡

目的:训练提升下肢力量及身体平衡性。

动作方法:动作的难度再一次升级,更能够考验到一条腿支撑时的平衡性了。准备动作和前两个一样,在第一个动作向后摆动腿的同时加上我们上半身向前倾斜的动作,手臂伸直保持平行并且和躯干在一条直线上。当这条直线和地面平行时停顿一下,再慢慢回到起始位置。

(4) 直膝跳

目的:练习下肢踝关节及小腿力量。

动作方法:两腿并直站立,两手自然背后,肩下沉、挺胸、直背,目视正前方,身体其他部位保持不动,两前脚掌向下用力,使身体跳离地面。注意两腿始终保持竖直,不能弯曲,在练习中,身体要始终保持直立,不要后仰或弯腰。

2. 高空环境作业类职业体能

(1) 脚跟提起的深蹲

目的:训练并提升身体的平衡性。

动作方法:双脚与髋同宽,身体挺直,挺胸,提起脚跟,用臀部的力量往下蹲。这个标准的 TRX 深蹲目的在于加强大腿及臀大肌的力量,并在提起脚跟减少脚底面积支撑的同时,给予平衡能力的训练。

(2) 单脚深蹲

目的:训练下肢力量及平衡性。

动作方法:左腿站立,右腿轻轻向前方抬起,弯曲左膝,臀部向后伸,手臂向前展开,同时右腿向前方伸展。继续降低重心,直至臀部略低于膝盖。下降停止时,感受臀肌和大腿后侧肌肉发力,随后再慢慢恢复单腿站立姿势,两条腿交换练习。

（3）波速球登山步

目的：训练身体躯干的平衡性。

动作方法：平衡球球面向下，双手握住底盘两端，做平板支撑姿势，保持头部到脚踝在同一直线上，弯曲右膝至胸前，停顿一下，恢复至起始姿势，两腿交换练习，持续 30 秒。

（4）弓步起跳

目的：训练身体协调性、平衡性及下肢力量。

动作方法：双脚分开与肩同宽，右腿向后迈出，慢慢下蹲，直至右膝弯曲至约 90°角，右腿蹬地，向斜上方抬起（其间摆动手臂助力），起跳，左腿伸直，右腿落地向后恢复至弓步，动作尽量轻缓。

3. 精密技术作业类

精密技术作业类主要进行腕部肌群力量练习

① 屈伸腕动态练习

目的：主要发展前臂伸肌和屈肌的力量。

动作方法：立正站立，一手持哑铃，手掌朝上。另一手微托持哑铃，手肘关节靠于腰部，手紧握哑铃以 2 秒一次的频率做屈伸腕运动。

② 屈伸腕静态练习

目的：主要发展前臂伸肌和屈肌的力量。

动作方法：立正，一手持哑铃，掌心朝上。另一手微托持哑铃，手肘关节靠于腰部，手紧握哑铃充分屈腕静止 15 秒，休息 5 秒，再充分立腕静止 15 秒。

③ “8”字绕环

目的：主要发展肱桡肌的力量。

动作方法：立正，一手握持哑铃（男生可以双手持哑铃），掌心朝上、持哑铃手做“8”字绕环运动。

4. 登攀作业类职业体能

（1）窄握距卧推

目的：主要发展肱三头肌外侧以及胸大肌、三角肌的力量。

动作方法：仰卧在卧推架上，窄握杠铃（握距不超过 30 厘米），两臂伸直，举杠铃于胸前并下放至胸部，同时两肘外展，尽量用肱三头肌的力量将杠铃推起，反复练习。

（2）仰卧撑

目的：主要发展肱三头肌、三角肌、背阔肌的力量。

动作方法：仰卧，两臂伸直撑在高约 50 厘米的台上，屈臂，背部贴近高台，然后快速推起至两臂伸直，连续做 10～15 次。也可两手撑在垫子上，将双脚抬高或负重物进行练习，以加大难度。

（3）窄握距引体向上

目的：主要发展肱二头肌、肱肌、胸大肌和背阔肌的力量。

动作方法：两手间距不超过 10 厘米，掌心朝下，屈腕成钩，勾住单杠，从悬垂姿势开始，向上拉起至下颌过杠，然后两肘关节保持在较高位置，以肘关节为轴心，上臂慢慢放下 10～15 厘米，然后再向上拉起，直至颈部触及横杠。整个动作要缓慢、有节奏地反复练习。

(4) 窄握距引体向上

目的：主要发展肱二头肌、肱肌、胸大肌和背阔肌的力量。

动作方法：两手间距不超过 10 厘米，掌心朝下，屈腕成钩，钩住单杠，从悬垂姿势开始，向上拉起至下颌过杠，然后两肘关节保持在较高位置，以肘关节为轴心，上臂慢慢放下 10~15 厘米，然后再向上拉起，直至颈部触及横杠。整个动作要缓慢、有节奏地反复练习。

(5) 甩大绳

① 交叉波浪

目的：增强二头肌、三头肌、肱桡肌力量。

动作方法：双脚站稳，宽度不限（可以比肩膀宽或窄），双手抓着两条平行的绳子，使用二头肌、三头肌、肱桡肌将绳交替用力上下甩动，记得把重心放在下盘，下背要打直、挺胸、缩小腹，这样才好发力甩动绳索。

② 双手波浪

目的：训练背部、核心肌群、三角肌、股四头肌、臀大肌。

动作方法：双脚站稳，宽度不限（可以比肩膀宽或窄），双手紧抓战绳。接着以背部、核心肌群，三角肌、股四头肌、臀大肌牵动绳子，“两手同时”大力上下甩绳。

甩大绳这项运动其实是一个比较经典的循环训练，也就是属于功能性的一种训练，这项运动的锻炼方式比较简单，但是这项运动锻炼到的身体部位是比较全面的，基本上全身的肌肉都可以得到锻炼，而且这项运动还能够有效地改善体能，体能得到改善后力量也会有所提升，并且心血管的耐力及身体的健康水平都会有很大的改善。

(6) 蹲跳起

目的：训练大腿肌群力量。

动作方法：双脚左右开立，脚尖平行，屈膝向下深蹲或半蹲，两臂自然后摆，两腿迅速蹬伸，使髋、膝、踝三个关节充分伸直，两臂迅速有力向前上摆，最后用脚尖蹬离地面向上跳起，落地时用前脚掌着地屈膝缓冲，前脚掌着地，迅速过渡到全脚掌，接着再跳起。

(7) 立定多级跳

目的：训练大腿及臀大肌力量。

动作方法：两脚分开成半蹲，上体稍前倾，两臂在体后成预备姿势，两腿用力蹬伸，充分伸直髋、膝、踝三个关节，同时两臂迅速前摆，身体向前上方跳起，用全脚掌落地屈膝缓冲，两臂摆成预备姿势，重复上述动作 5~10 次。

5. 狭窄空间作业类

(1) 瑜伽训练

目的：挑战和克服身体极限，提升身体柔韧性。

动作方法：瑜伽练习中的各种动作，如山式、猫式、前屈弯腰伸展式、完全伸展式、祈祷式等。

(2) 匍匐爬行练习

目的：克服场地限制，训练非正常体位活动能力。

动作方法：行进时，身体正面紧贴地面，头稍微抬起，屈回右腿，伸出左手，用右脚的蹬

力和左手的扒力使身体前移，然后再屈回左腿，伸出右手，用左腿的蹬力和右手的扒力使身体继续前移，两侧肢体依次交替前进。

6. 水环境作业类

（1）游泳训练

目的：熟悉环境，熟练掌握游泳技巧，强化水中工作及生存能力。

动作方法：采用自由泳或蛙泳等姿势，进行长距离游泳训练。

（2）踩水训练

目的：克服恐惧心理，掌握深水区自救生存能力，提升深水环境工作能力。

动作方法：选择水深到达脖子处的区域，放松身体，手臂比肩稍宽，手掌在水里左右来回拨弄，确保掌心向下，外划时双掌如开门，内划时双掌如关门，尽量拉长划水距离，踩水过程中，如果需要停止，应立即在水里站稳，或是放松身体，沉入池底，触底后脚轻蹬池底，头部出水后换气，然后继续踩水练习，另外，在开放水域不要过于依赖踩水技术，应尽快游向岸边休息。

第三节　职业体能训练原则

职业体能训练原则是依据运动的客观规律而确定的组织职业体能训练所必须遵循的基本准则，是职业体能训练活动客观规律的反映，对提高职业体能具有普遍意义。根据运动训练理论和体能训练的要求，职业体能训练要遵循以下原则：自觉积极性原则、系统训练原则、区别对待原则、适宜负荷原则、适时恢复原则等。

1. 自觉积极性原则

自觉积极性原则是职业体能训练的基本原则之一，是职业人自觉、主动并积极地学习体能训练的相关知识，制定体能训练计划，自觉进行体能训练以提升训练的效果和身体对从事某一职业劳动强度的承受能力。

职业人在长期的从业过程中，常会感觉身体疲劳，甚至因长期的身体疲劳而产生职业倦怠感。从体能角度来说，职业人应充分认识到自己所需的职业体能对于从事本职业的重要性，并自主激发参与体能训练的动机，主动积极地学习职业体能的相关知识，自主进行科学的体能训练，确保以良好的状态面对工作和生活。

2. 系统训练原则

职业体能训练过程具有连续性和阶段性的特点，因此，职业体能训练过程就要求人们遵循认识客观事物的规律，持续地、循序渐进地组织训练过程，这就是职业体能训练的系统训练原则。这一原则要求，职业人只有长时间、持续地进行训练，才能提高体能训练水平；同时又强调在一般情况下，必须要循序渐进地，而不是突变式地增加训练负荷，才能取得理想的训练效果。

人认识客观事物的规律性、人体生物适应的长期性和阶段性以及运动训练效应的不稳定性，决定了在进行职业体能训练过程中要按阶段性特点组织训练。同时要保证训练过程的系统性，要使训练的各个阶段有机衔接。

3. 区别对待原则

区别对待原则是指在职业体能训练过程中，根据不同的职业人或不同的体能训练状态、不同的训练任务及不同的训练条件，应有区别地组织安排各自相应的训练过程，选择相应的训练内容，给予相应的训练负荷标准。

区别对待原则的依据是职业体能的差异性、职业人个体的差异性及职业体能训练条件的可操作性。要贯彻区别对待原则，就要认真分析职业人的思想状况、健康状况、体能训练水平及身心发展过程中出现的各种特殊情况，充分考虑到体能训练的实际条件而合理地制定训练计划。

4. 适宜负荷原则

适宜负荷原则是指根据职业人的现实可能和人体机能的训练适应规律，以及提高职业人体能的需要，在训练中给予相应的负荷，以取得理想训练效果的训练原则。人体在训练中承受了一定的运动负荷后，必然会产生相应的训练效果，但并非只要施加了负荷，就一定会产生良好的训练效应，训练负荷的安排对训练效应的好坏有着重要的影响。因此，合理地安排训练负荷意义重大。

5. 适时恢复原则

适时恢复原则是指在职业体能训练过程中，及时消除运动训练带来的身体疲劳感，并通过生物适应规律产生超量恢复，提高机体机能的训练原则。适时恢复原则是依据超量恢复规律和疲劳消除规律而提出的。认真贯彻这一规律，就要合理地制定训练计划，正确认识负荷与恢复的关系，正确分析疲劳产生的机理，准确判断疲劳程度，积极采取加速机体恢复的适宜措施。

复习与思考

1. 职业体能包含了哪几种基本素质？
2. 久坐类职业的职业体能训练包括哪些内容？
3. 职业体能训练原则有哪些？

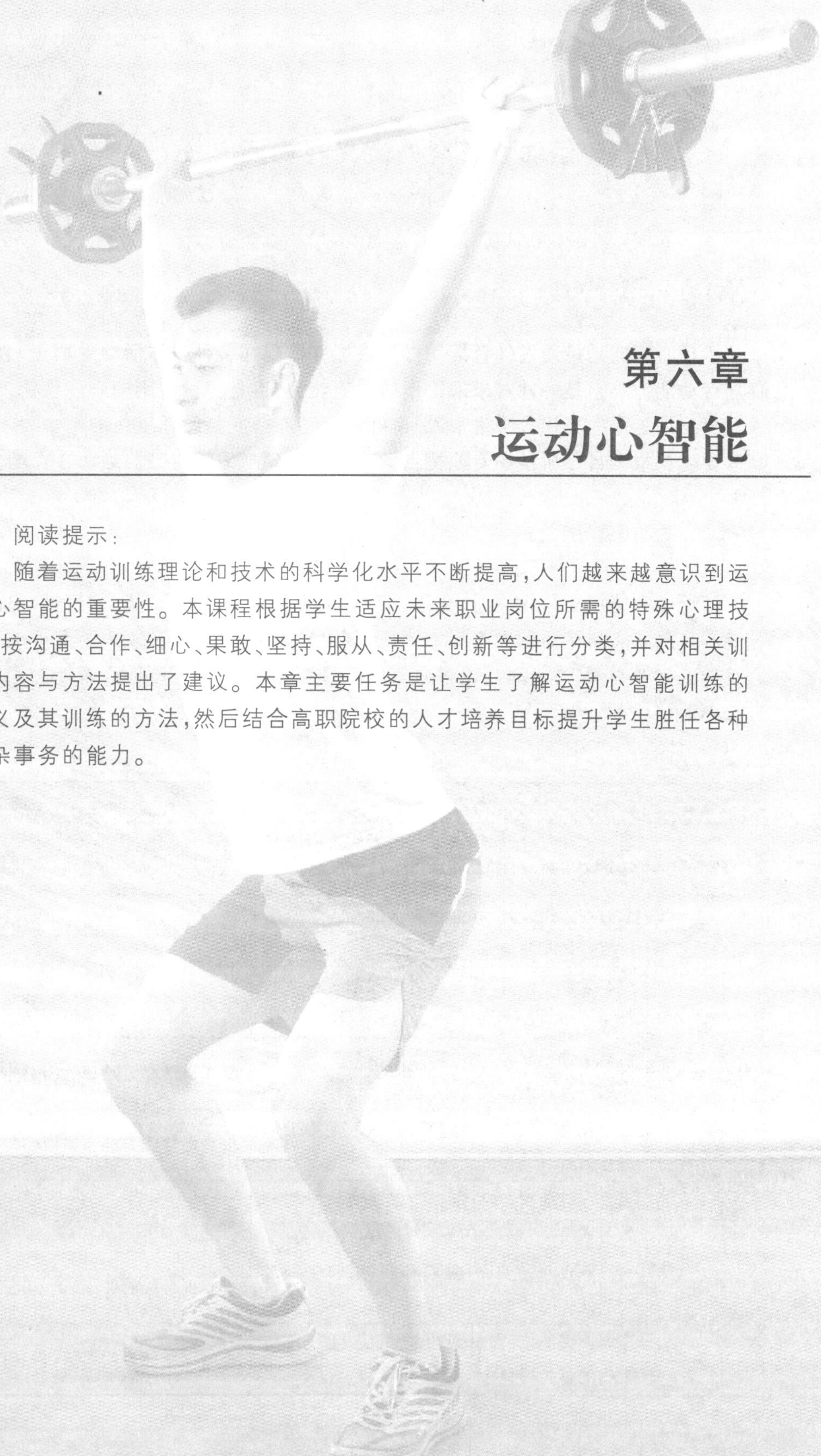

第六章
运动心智能

阅读提示：

随着运动训练理论和技术的科学化水平不断提高，人们越来越意识到运动心智能的重要性。本课程根据学生适应未来职业岗位所需的特殊心理技能，按沟通、合作、细心、果敢、坚持、服从、责任、创新等进行分类，并对相关训练内容与方法提出了建议。本章主要任务是让学生了解运动心智能训练的意义及其训练的方法，然后结合高职院校的人才培养目标提升学生胜任各种繁杂事务的能力。

第一节　运动心智能的定义与内涵

一、运动心智能的定义

运动心智能是指通过体育活动得到锻炼并体现在各种身体活动中的正确心理认知和良好行动能力。它是一种对未来工作的适应能力，也是一种健康的心理技能，对于即将步入社会参加工作的当代大学生来说，良好的运动心智能是胜任工作的基本要求，所以高职高专学生要根据自己所学的专业特点，有意识地培养、锻炼自己的运动心智能。

二、运动心智能的内涵

运动心智能主要包含沟通、合作、细心、果敢、坚持、服从、责任、创新等心理技能，这些技能在户外素质拓展活动中有集中体现，其内涵如下表所示，在表中还简单地列举了不同心智能的专业举例，本教材将以素质拓展项目为例，分析促进不同心智能的素质拓展训练方法（表6-1-1）。

表 6-1-1　运动心智能内涵

心智能	内涵	训练方法举例
沟通	面对人际障碍时，善于以恰当方法进行交流的行为习惯	提高沟通能力的训练（例：驿站传书）
合作	面对集体任务时，尊重他人个性和建议的态度与行为习惯	提高合作能力的训练（例：齐眉棍）
细心	面对复杂工作时，能全面思考和细致作业的行为习惯	提高细心能力训练（例：穿越电网）
果敢	面对多选难题时，能冷静判断情势并善于挑战的行为习惯	提高果敢能力的训练（例：空中断桥）
坚持	面对长时间工作时，能隐忍并激发动力工作的行为习惯	提高坚持能力的训练（例：巨人梯）
服从	面对上级的指令时，迅速予以坚决执行的行为习惯	提高服从能力的训练（例：有轨电车）
责任	面对职责与使命，自觉履行职责，信守承诺完成任务的行为习惯	提高责任心的训练（例：信任背摔）
创新	面对全新课题，善于尝试多种选择去探索新事物的行为习惯	提高创新能力的训练（例：雷区取水）

第二节　运动心智能的训练方法

一、沟通与合作心智能的训练

1. 沟通心智能的训练

(1) 驿站传书

项目类型:团队沟通协作为主的项目。

场地:无障碍空地。

器材:无。

人员:不限。

项目目标:使学员强烈意识到,充分沟通对团队目标实现的重要意义;制度规则的建立与修正。

项目任务:在规定的条件下,每一组在最短的时间内将教练给排头学员的数字传递到该组最后一名学员。活动中信息传递的准确性和时效性同样重要。往往很多学员一味求快,忽略了传递准确是重中之重。

项目任务:① 第一轮开始前,给队员 6 分钟的讨论时间,以确定沟通密码方式或流程制度。第一轮是由 3 个自然数数字组成的百位数,由培训师担任裁判,监督队员是否有违规现象并给予相应的警告或处分,传递结束后给所有的队员 5 分钟的讨论时间,总结及完善传递方式以提高准确率。

② 第二轮是一个带有小数点的四位数,结束后给 4 分钟的时间进行总结和讨论。

③ 第三轮是分数,规则同上。

(2) 建绳房

项目类型:团队沟通合作为主的项目。

场地:一块平整的场地。

器材:30 个眼罩,35 米、25 米长的绳子各 1 根。

人员:20 人左右。

项目目标:培养非常状态下的沟通和决策能力;培养学生科学的思维方式。

项目任务:全体人员蒙上眼睛,在 40 分钟内,将 35 米长的粗绳建成一个最大的正方形,将绳 25 米长的细绳围成一个等腰三角形,三角形的底边与正方形的一条边重合。正方形的四个角与三角形的顶点各站一人,其余人员平均地分布在六条边上,多余人员站在二角形的顶端。

其他要求:

① 关注学生的整体情况,防止学生互相碰撞或被地上的物体绊倒。

② 监督所有学生戴上眼罩,若发现个别学生偷看,要立即制止。

③ 记录学生在活动中所发生的典型事件或语言,便于回顾总结。

④ 无论学生是否完成项目，当规定的时间到时，就立即停止。

⑤ 活动结束，摘掉眼罩时，请先低头避光，适应后再睁开眼睛。

2. 合作心智能的训练

（1）齐眉棍

项目类型：团队协作竞技型项目。

场地：一块平整的场地。

器材：3 米长的轻棍。

人员：10～15 人。

项目目标：在团队中，如果遇到困难或出现了问题，很多人马上会找到别人的不足，却很少发现自己的问题。队员间的抱怨、指责、不理解对于团队的危害非常大，这个项目将告诉大家："照顾好自己就是对团队最大的贡献"。此项目可以提高队员在工作中相互配合、相互协作的能力。让学生理解统一的指挥加上所有队员共同努力对于团队成功起着至关重要的作用。

项目任务：全体分为两队，相向站立，共同用手指将一根棍子放到地上，手离开棍子即失败，这是一个考察团队能否同心协力的项目。所有学生将用手指上的同心杆按照培训师的要求完成一个看似简单但却最容易出现失误的项目。此活动深刻揭示了企业内部的协调配合之问题。

（2）同心鼓

项目类型：团队熔炼为主的项目。

场地：25×18 米的空地。

器材：同心鼓 1 个，硬式排球 1 个。

人员：14～16 人。

项目目标：活跃团队气氛，加强团队融合；培养学生取长补短、团结协作共同完成目标的能力：感受互相鼓励对完成任务的积极；提高学生间的配合度和默契感。

项目任务：

① 召集学生到场地，宣布项目名称和活动方式。

要求学生在保证安全的情况下，将一个排球放在鼓面上，在大家的通力协作下，使鼓有节奏地、平稳地将球连续地颠起。创造尽可能多的颠球纪录。

② 每人牵拉一根鼓上的绳子，如果人少绳多可以让某个学生牵拉两根甚至三根。

③ 颠球时学生必须握住绳头 30 厘米以内的地方，绳头如有把手则只能握住把手，且不能有意将鼓面上的绳子打结。

④ 球颠起的高度至少离鼓面 30 厘米，否则此次颠球不计入总数。

⑤ 每组同学可安排一人专门捡球和抛接球。

⑥ 练习 40 分钟后开始比赛，比赛方法是每组 3 次机会，取最多的一次作为团队成绩。

其他要求：

① 鼓面上所有的绳子必须有学生牵拉，防止绳子落地拌倒学生。

② 地面必须确保平整，场地上无石块等硬质尖锐物。

③ 学生必须穿便于运动的服装参加活动不得穿着有内增高或鞋跟过高的鞋子。

二、细心与果敢心智能的训练

1. 细心心智能的训练

（1）穿越电网

项目类别：感悟细节，以团队协作为主的项目。

场地：在相对开阔的地带，选择两棵主干高度在2米以上的树或有同样高度的其他支撑物。

器材：专用电网1个或用绳自编电网1个，编网原则网洞不规则，留有1~2个大洞，其他中等，最小的洞可勉强通过比较瘦小的学生。

人员：14~20人。

项目目标：增强相互合作的团队精神；体会计划和精心操作的重要性；认识每个人在团队中的角色及其作用；明确细节决定成败。

项目任务：

① 将“电网”挂在两棵树之间。

② 将学生集中于“电网”一侧，介绍项目名称并做动员布置。

③ 40分钟内全体学生按规则从电网的一侧到另一侧。

活动要求：

① 每个网洞只能穿越1次，在穿越过程中无论成功（没触网）还是失败（触网），该网洞都将挂结封闭，不允许再次使用；

② 任何队员和随身物品不允许触网，穿越过程中如发生触网现象，网洞挂结封闭的同时队员退回。

③ 未穿越电网的队员不能从两侧过去帮忙，穿越过的队员也不能回来帮忙，同时所有队员也不能从电网上面和下面通过，因为电网是向上下、向两侧无限延伸的。

（2）不倒森林

项目类别：感悟细节，以团队协作为主的项目。

场地：一块平整的场地。

器材：直径1—1.5厘米，长1米的木棒若干，秒表（备注：若无专用器材，也可用武术棍代替）。

人员：每组10人左右，人多时可分组进行。

活动时间：40分钟。

项目目标：体会细节决定成败和互相包容的重要性。

项目任务：每人拿一根同样的木棒，大家围成一个圆圈，间隔1米让木棒直立后用右手掌心按住棒的上面，左手放在背后，保持棒直立，在喊“换”时，后一人接住前一人的棒，在棒不倒地的情况下循环1周。

其他要求：

① 活动用的杆子一定要光滑平整，以防学生受伤。

② 活动中教师要注意学生士气，以免在多次失败时互相抱怨。

2. 果敢心智能的训练

(1) 空中断桥

项目类型：个人心理挑战项目。

场地：专用拓展训练基地。

器材：1 厘米粗的保护绳 1 条、主锁 3 枚、扁带 1 条、8 字环 1 枚、全身安全带 1 套、半身安全带 1 套、安全帽 1 顶、手套 1 双。

人员：10 人以上。

项目目标：挑战自我，战胜自我，克服心理障碍，突破心理舒适区，建立自信心。

项目任务：在有安全保护的情况下走过断桥。

其他要求：

① 有严重外伤病史，或有严重心血管病、精神病、慢性病及其并发症，或医生建议不适合做此项目者，可以不做。

② 摘除身上穿戴的所有硬物，穿安全保护装置时要多方检查。

③ 学生攀爬时保护绳要系紧，当学生跃出时下方保护者要身体后倾，及时收绳。

④ 禁止戴戒指、留长指甲，长发学生应将头发盘入头盔。

(2) 空中单杠

项目类型：个人心理挑战项目。

场地：专用拓展训练基地。

器材：1 厘米粗保护绳 2 条、主锁 6 枚、扁带 1 条、8 字环 2 枚、全身安全带 2 套、半身安全带 2 套、安全帽 2 顶、手套 2 双。

人员：10 人以上。

项目目标：挑战自我，战胜自我；克服心理障碍，增强自我控制能力；建立自信心，增强判断力。

项目任务：在有安全保护的情况下，从空中的立柱跃出抓住单杠。

其他要求：

① 有严重外伤病史，或有严重心血管、精神病、慢性病及其并发症或医生建议不适合做此项目者，可以不做。

② 摘除身上穿戴的所有硬物，穿安全保护装置时要多方检查。

③ 学生攀爬时保护绳要跟紧，当学生跃出时下方保护者要身体后倾，及时收绳。

④ 禁止戴戒指、留长指甲，长发学生应将头发盘入头盔。

三、坚持与服从心智能的训练

1. 坚持心智能的训练

(1) 巨人梯

项目类型：双人合作项目。

场地：专用高空拓展训练基地。

器材：1 厘米粗保护绳 2 条、主锁 6 枚、扁带 1 条、“8”字环 2 枚、全装安全衣 2 件、半装

安全衣 2 件、安全帽 2 顶、手套 2 双。

人员：10 人以上。

项目目标：体会相互合作、相互信任的重要性；通过全队学生相互帮助、鼓励，增强团队精神；体验经过艰苦努力登上高峰时的成就感。

项目任务：两个同学合作，从巨人梯的第一根横杆，爬到最顶端的横杆。

其他要求：

① 所有器材完好无损。

② 保护点相距 1.5 米，各用两条绳套，2 枚主锁。

③ 每组学生攀登前需经检查员和教师检查，保护者要按照规范动作及时收绳。

④ 每 3 组学生做完要检查保护绳。

⑤ 时刻注意保护者的手法和动作是否正确。

⑥ 学生攀爬至高处下降时，培训师指导保护者将攀爬者依次放下，禁止两个人同时放下。

⑦ 除有心脏病、高血压、哮喘和身体有伤损者外，要求全体学生均要完成。

（2）冲出亚马逊

项目类型：个人挑战及团队协作项目。

场地：场地平整，确保木板放上去后没有晃动。

器材：型号：20×30×4 厘米的木板若干，且光滑无刺。数量为团队人数除以 2 后加 1。

人员：12～20 人。

项目目标：

① 培养应对突发事件的良好心态；让学员了解在紧急情况下如何做计划，如何合作以及如何有效地利用有限资源。

② 体会相互合作、互相信任的重要性；通过全队学生相互帮助、鼓励增强团队精神；体验经过艰苦努力协作完成任务时的成就感。

项目任务：在 30 分钟内所有伙伴借助木板安全地到达对面的小岛。

其他要求：

① 确保场地平坦，以木板放在地上没有晃动为宜。

② 时刻提醒学生要严肃认真，避免在行进中大面积摔倒。

2. 服从心智能的训练

（1）无敌风火轮

项目类型：以团队协作、服从竞技为主的项目。

场地：平整的大型场地。

器械：报纸、胶带。

人员：12～15 人。

项目目标：本游戏主要为培养学员团结一致，密切合作，克服困难的团队精神；培养计划、组织、协调的能力；培养服从指挥、一丝不苟的工作态度；增强队员间的相互信任和理解。

项目任务：12～15 人一组利用报纸和胶带制作一个可以容纳全体团队成员的封闭式

大圆环,将圆环立起来,全队成员站到圆环上边走边滚动大圆环。

(2) 有轨电车

项目类别:团队协作为主的项目。

场地:25×18 米空地 1 块。

器材:长木板、绳子。

人数要求:14~16 人。

项目目标:认识到提前演练与总结经验对实际工作的价值;体会良好沟通对团队合作的重要性;明确团队目标,培训沟通与合作能力;感受个人目标的实现有赖于团队目标的实现,团队目标的实现也需要团队中的每个人发挥作用,个人在组织中起积极作用时也许不明显,但一旦起破坏作用,对组织的危害就非常大。

项目任务:

① 召集学生到场地,宣布项目名称和活动内容。

② 介绍项目活动方法:首先,全体学生两脚分别踩着两根长 3.6 米,宽 0.15 米的木板,手提两根与木板连接的绳子,共同协调前进 50 米。

③ 各组比赛练习 25 分钟,25 分钟后开始比赛,比赛采用计时制。

④ 各组学生在教师指导下统一站在指定的起跑线上,教师鸣哨后,全体学生统一行动,比赛过程中有人从轨道上掉下来,则视为失败,行走距离越远或到达目标用时越短的团队取胜。

四、责任与创新心智能的训练

1. 责任心智能的训练

(1) 信任背摔

项目类型:团队成员间建立信任感的项目

场地:高台最宜。

器材:束手绳。

人员:12~16 人。

活动目标:培养团体间的高度信任感;提高学生的人际沟通能力;引导学生换位思考,让他们认识到责任与信任是相互的。

项目任务:这是一个广为人知的经典拓展项目,每个学生都要笔直地从 1.6 米的平台上向后倒下,而其他学生则伸出双手保护他。每个人都希望可以和他人相互信任,否则就会缺乏安全感。要获得他人的信任,就要先做个值得他人信任的人。对别人猜疑的人,是难以获得别人的信任的。这个项目能让学生在活动中建立并加强对伙伴的信任感及责任感。

(2) 求生墙

项目类别:以培养团队凝聚力、责任感为主的项目。

场地:由细沙或泥土覆盖的平整场地。

器材:求生墙一面(规格 4×4×0.35 米.表面光滑的木制或水泥墙面,墙后平台低于墙

头 1 米左右，平台必须带有坚固的围栏），体操垫两个，整理箱一个，全身安全保护衣 2 套，扁带 2 条。

人员：不限。

项目目标：提高危急时刻的生存技能；感悟责任感和奉献精神，认同差异，合理分工，学习最优化配置资源，培养团队内部及团队之间的协作能力。

项目任务：互相帮助翻过高墙，已经翻越的人不得回来协助，如果回来协助则需重新翻越。

其他要求：

① 严禁心脏病、高血压、一年内有骨折病史的学生参加此项目。

② 检查墙体是否存在安全隐患。

③ 项目开始前，要充分热身，确保所有学生心率超过 120 次/分。

④ 教师不断提醒攀爬者、搭人梯者、墙上提拉者注意安全，做到“防患于未然”。

⑤ 监控先上去学生的安全，不许骑跨或站在墙头上，当人员足够时可选派两名学生及时疏导，墙上人员一般不超过 8~10 人。

⑥ 教师监控时的站位应能控制住人梯正后方及一个侧面，另一个侧面的安全安排专人防护，以免学生从侧面倒下。

⑦ 重点关注前三名和最后三名学生的攀爬过程，其他人员的攀爬，可以提拉与托举并用，人梯不必过高。

⑧ 发现安全隐患时，应果断鸣哨或叫停。

2. 创新心智能的训练

（1）穿越雷阵

项目类别：以团队熔炼和创新为主的项目。

场地：平整场地。

器材：5×5 米专用雷阵图一块，或野外空地面画有一块 5×5 米的大雷阵图一块，硬皮夹、笔和教师用图一张。

人员：12~16 人。

项目目标：培养学生勇于尝试，不断探索的精神；培养学生的创新意识，突破定式思维的局限。培养学生善于总结经验教训的习惯，以免同类问题一再犯错。

其他要求：

① 地面的场地清扫干净，雷阵清晰。

② 铺设雷阵图要清理地上的尖锐物体。

③ 避免在暴晒和寒冷的天气下进行活动。

项目任务：在 40 分钟内，所有学生从雷区的入口进入，依次通过雷阵，成功到达雷阵的另一边。每次雷区里只能有 1 个人探雷，而且只能走相邻的格子，不能隔格跨越，不能踏线，不能试探。如果没有触雷，教师就说“OK”，探雷者可继续探雷，如果触雷教师就说“对不起，请按原路返回”，回来后站到排尾，下一个人继续探雷。100 分为满分，每重复触雷一次扣 1 分，没按原路返回扣 1 分，踏线或入错格扣 1 分，多人进入雷区扣 1 分。活动中不能用纸和笔记录有无雷区，发现 1 次扣 5 分。

（2）雷区取水

项目类别:以团队熔炼创新为主的项目。

场地:雷区取水专用场地(或画 2×2 米正方形 1 个),正方形正中间放 1 盘水(假装是一个泉眼水潭)。

器材:直径约 1 厘米,长 20 米左右的长绳 1 根,(要求,绳能承受 1 个人的体重),直径为 12 厘米的小盆 1 个(正方形内的水盆也可用一个盛满水的矿泉水瓶代替)。

人员:12~16 人。

项目目标:培养学生勇于尝试,不断探索的精神;培养学生创新意识,突破定式思维的局限。

项目任务:

40 分钟内用不同的方法取水,在项目中,只要你携带的小盆里有一点水,就认定这次你取了足够多的水,本项目主要考察的是取水的方法。

活动中人员及绳子都不能接触雷区内的地面,违例 1 次,全队所有人员在项目结束后做 10 个俯卧撑,违例 2 次,全队所有人员在项目结束后做 20 个俯卧撑,违例 3 次全队所有人员在项目结束后做 30 个俯卧撑,以此类推。

复习与思考

1. 运动心智能主要包含哪些内容?
2. 结合你所学专业及未来就业方向,应该提前训练哪些运动心智能?
3. 结合你所学专业及未来就业方向,给自己的班级设计一份素质拓展训练方案。

第四篇　运动技能

导言

团结协作　勇敢拼搏——女排精神

女排精神是中国女子排球顽强战斗、勇敢拼搏精神的概括。从1981年夺得第一个世界冠军起，她们在世界杯、世锦赛和奥运会中十次问鼎冠军，是中国三大球中唯一一个拿到世界冠军奖杯的队伍。她们在世界各类排球比赛中，凭着顽强战斗、勇敢拼搏的精神，为国争光，给予了全国人民巨大的鼓舞，各行各业的人们在女排精神的激励下，为中华民族的腾飞顽强拼搏。2021年9月，中国共产党中央委员会批准了中央宣传部梳理的第一批中国共产党人精神谱系伟大精神，女排精神被纳入，定义为“祖国至上、团结协作、顽强拼搏、永不言败”。

第七章
大球类运动

阅读提示：

通过学习本章内容，使学生了解足球、篮球、排球、气排球项目的起源、发展现状及基础理论知识，掌握各项目的基本技术和战术，有助于提高学生的专项运动技能水平，促进学生终身锻炼习惯的养成；有助于培养学生的规则意识、合作意识、公平竞争意识等良好的体育道德品质，促进学生养成积极乐观的生活态度，提高学生顽强拼搏的信念和挑战自我的勇气。

第一节　足球运动

一、足球运动的健身价值

足球是深受学生喜爱的运动项目，它能全面发展人的身体素质，提高人体各器官系统的功能，增强人的体质。足球运动是健全体魄的良好手段，是全民健身活动中一项行之有效的体育运动项目。经常从事足球运动，可以提高人体的力量、速度、灵敏、耐力、柔韧等身体素质，并能使高级神经活动得到改善，尤其能增强人体的心血管系统、呼吸系统等内脏器官的功能，从而促进人体的健康。通过参加足球比赛，能提高参与者的注意力、观察力、想象力和思维能力，改善心理素质，提高心理健康水平。经常从事足球运动，不仅对自身良好性格的形成能产生巨大的影响，而且还可以培养人的意志、自制力、责任感及勇敢顽强、机智果断、坚韧不拔、勇于克服困难、团结协作、密切配合、遵守纪律等优秀品质。

二、足球运动的起源与发展

古代足球运动起源于中国，现代足球运动始于英国。1863 年 10 月 26 日，英国足球协会在伦敦成立了第一个足球俱乐部，制定了最初的比赛规则。它的诞生，标志着足球运动的发展进入了一个崭新的阶段。因此，人们把这一天作为现代足球的诞生日。

1896 年，第一届现代奥运会在希腊举行时，足球就被列为正式比赛项目。1904 年 5 月 21 日，国际足球联合会在法国巴黎正式成立。后来通过决议，举办 4 年 1 次的世界足球锦标赛，简称“世界杯”足球赛。它是世界上水平最高的足球赛事。经过 100 多年的发展，足球运动已成为人们喜爱的体育项目，被誉为“世界第一运动”

三、足球核心技术

足球技术是指队员在比赛中所采用的合理行动和动作方法的总称。它包括踢球、停球、运球、头顶球，抢截球、假动作、掷界外球和守门员技术。

（一）踢球

1. 脚内侧（脚弓）踢球

动作方法：直线助跑，支撑脚踏在球的侧方 15 厘米左右处。踢球腿以髋关节为轴自然后摆，当向前摆动时，膝盖外转，脚尖勾起，使脚掌与地面平行，用脚的内侧击球的中后部（图 7-1-1）。踢球后，踢球腿随球前摆，为下一动作做好准备（图 7-1-2）。

动作要点：在触球前将脚跟送出使得脚内侧部位形成的平面与出球方向垂直，踢球脚脚底与地面平行，脚尖微微翘起，踝关节功能性地紧张使脚型固定，触（击）球后身体跟随移动，髋关节前移。

图 7-1-1　脚内侧击球中后部

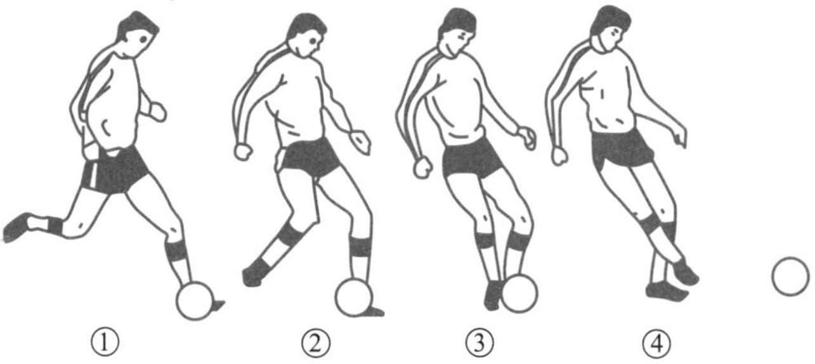

图 7-1-2　脚内侧踢球

2. 脚背内侧踢球

动作方法：斜线助跑与球成 45°角，支撑脚踏在球的后侧（25～80 厘米），膝稍屈，踢球脚后摆时，脚尖稍外转，脚跟提起。踢球时，踢球脚快速有力前摆，踝关节紧张，上体向支撑脚侧倾。踢球后，踢球脚继续前摆，加大踢球力量（图 7-1-3、图 7-1-4）。

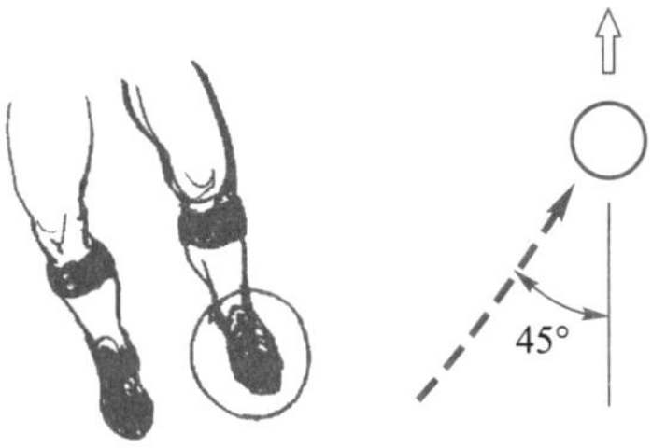

图 7-1-3　脚背内侧踢球角度

图 7-1-4　脚背内侧踢球

动作要点：脚尖外转，脚外翻，脚跖屈（脚背绷直），以脚背内侧部位触击球。击球后踢球腿及身体随球向前。

3. 脚背正面踢球

动作方法：正面助跑，支撑脚踏在球的侧方 10～15 厘米处，膝稍屈；踢球腿以髋关节为轴，大腿带动小腿前摆，当膝摆至球的上方时，小腿加速前摆，脚面绷直，脚趾紧扣，以脚背正面击球的后中部（图 7-1-5）。踢球后，摆动腿随球前摆，加大踢球力量（图 7-1-6）。

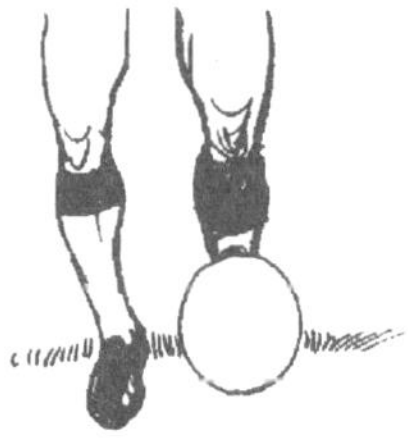

图 7-1-5　脚背正面踢球

图 7-1-6　脚背正面踢球动作流程

动作要点：脚趾屈，以脚背正面击球的后中部。击球后身体及踢球腿随球前移。

4. 脚背外侧踢球

动作方法：助跑、支撑脚的位置和踢球腿的摆动基本上与脚背正面踢球相同，只是用脚背外侧接触球（图 7-1-7）。在踢球腿的膝盖摆到接近球的正上方的刹那，小腿做爆发式前摆，膝盖和脚尖内转，脚面绷直，脚趾紧扣，以脚背外侧部位踢球的后中部，踢球腿随球继续前摆（图 7-1-8）。

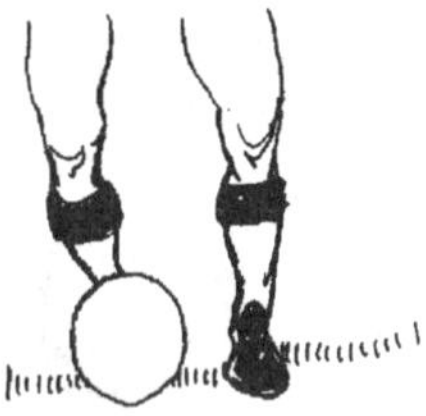

图 7-1-7　脚背外侧踢球位置

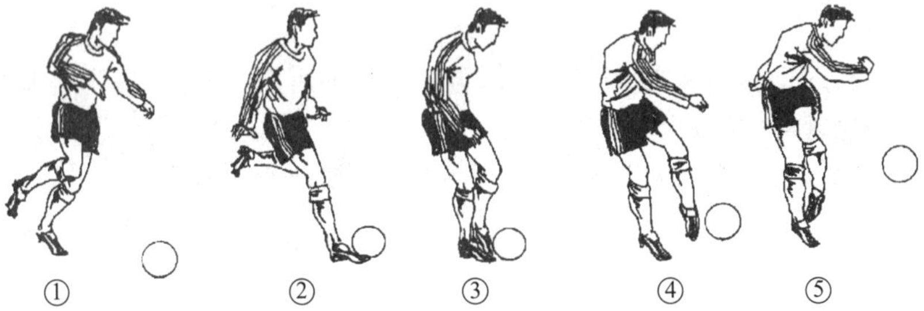

图 7-1-8　脚背外侧踢球

动作要点：助跑的最后一步要稍大，支撑脚踏地要适当，身体重心要落在支撑脚上。

专家提示

易犯错误及纠正

（1）易犯错误。踢出的球没有弧线或不能踢远。

（2）纠正方法。踢球前和踢球后，要求踝关节尽量放松；脚触球时要紧张用力。

练 习 方 法

① 面对墙（距墙 4~6 米）练习各种脚法。

② 2 人 1 组，相距 10~15 米对踢，练习各种踢法，先踢定位球，后踢滚动球和空中球。

（二）停球

1. 脚内侧停球

（1）脚内侧停地滚球

动作方法：支撑脚正对来球，膝关节微屈，停球腿屈膝外转并前迎。脚尖稍翘起，当脚与球接触的刹那，开始后撤，在后撤过程中用脚内侧接触球（图 7-1-9）。

脚内侧停地滚球还可用挡压法。当球运行到支撑脚的侧方或前侧方时，停球脚以内侧挡压球的后上部，同时稍屈膝（图 7-1-10）。

图 7-1-9　脚内侧停地滚球

图 7-1-10　挡压法脚内侧停地滚球

动作要点:脚离地面的高度应略等于球的半径。

(2) 脚内侧停空中球

动作方法:一种方法是根据来球的高度,将停球脚举起前迎,脚内侧对准来球路线,在脚与球接触的刹那开始后撤。在后撤过程中用脚内侧接触球,把球控制在衔接下一个动作需要的位置上(图 7-1-11)。另一种方法是将脚提起,稍高于选择的停球点,在脚与球接触前的刹那即开始下切。在下切过程中用脚内侧切于球的侧上部,将球停在地上(图 7-1-12)。

图 7-1-11　脚内侧停空中球方法一

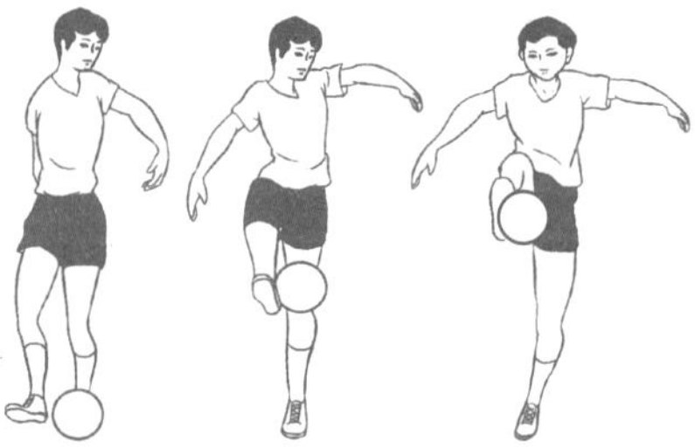

图 7-1-12　脚内侧停空中球方法二

动作要点:根据来球的落点及时移动到位,支撑脚站在来球落点的侧后方。

2. 胸部停球

(1) 收胸停球

动作方法:准备停球时,面对来球,两脚前后开立,两臂自然张开,重心前移,挺胸迎球。当球运行到与胸部接触的刹那,重心迅速后移,收胸、腹挡压球,以缓冲来球力量,把球停在身前(图 7-1-13)。

动作要点:两臂自然张开,挺胸迎球,触球瞬间收胸、收腹,臂部后移将球接在体前。

图 7-1-13　收胸停球

(2) 挺胸停球

动作方法:准备停球时,面对来球,收下颌,两臂自然张开,两脚前后开立,重心投影落在两脚之间,两膝微屈。当球运行到与胸部接触的刹那,两脚蹬地稍上挺,同时展腹、挺胸、体稍后仰,使球弹起改变运行路线,然后落于体前(图 7-1-14)。

动作要点：触球瞬间关节由直变曲，脚由提踵状态变全脚掌落地，整个身体保持接球时姿势，胸部下撤将球接于胸前。

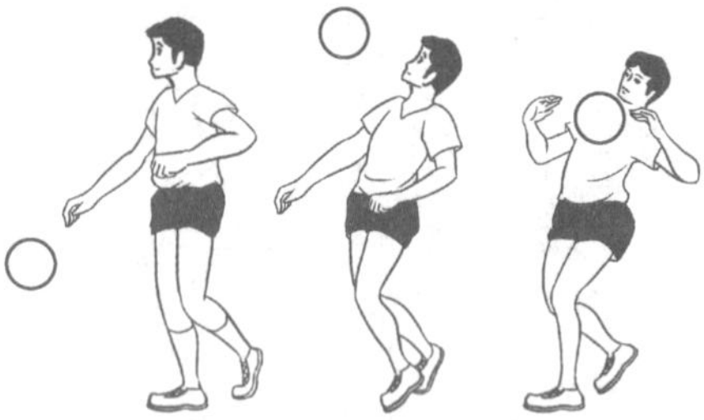
图 7-1-14　挺胸停球

3. 大腿停球

(1) 大腿停高球

动作方法：面对来球，停球腿大腿抬起，以大腿中部对准下落的球，肌肉适当放松。在大腿与球接触的刹那，大腿迅速撤引挡球，使球落于衔接下一个动作需要的位置上（图 7-1-15）。

动作要点：根据球的落点迅速移动到位，接球腿大腿抬起，当球与大腿接触的瞬间大腿下撤将球接到需要的位置上。

(2) 大腿停低平球

动作方法：面对来球，停球腿以大腿中部对准来球，肌肉适当放松，屈膝稍前迎，当球与大腿接触的刹那，快速后撤挡球，使球落在衔接下一个动作的位置上（图 7-1-16）。

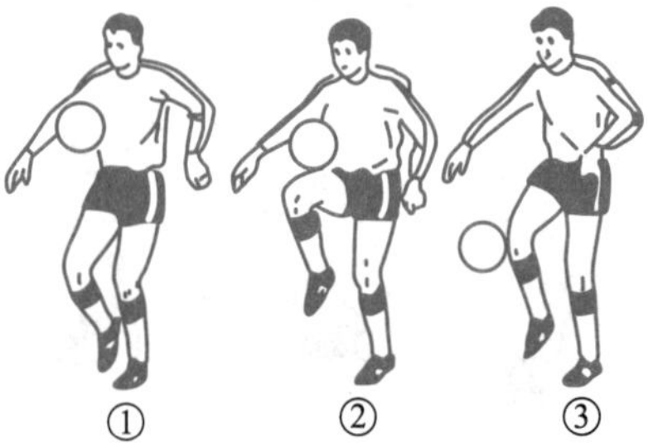

图 7-1-15　大腿停高球

图 7-1-16　大腿停低平球

动作要点：送髋前迎来球，当球与大腿接触瞬间收撤大腿，使球落在所需要的位置上。

专家提示

易犯错误及纠正

(1) 易犯错误。停球时，停球距身体太远或与下一个动作衔接不连贯。

(2) 纠正方法。① 停球前，要先观察场上情况，以便停球后更好地接做下一个动作。② 停球时，身体要放松，动作要协调，这样才能有效地缓冲来球力量。

练习方法

① 对墙踢球，停反弹回来球，要求把球控制住，并接做规定的动作。

② 一人一球，自抛自接；在有对手抢截的条件下做停球练习。

③ 两人一组，相距 30 米，甲踢球给乙，乙迎上去将球停住，再传给甲，甲迎上去将球停住，反复练习。

运球

(三) 运球与运球过人

1. 运球

(1) 脚背正面直线运球

动作方法：跑动时，身体自然放松，上体稍前倾，两臂自然摆动，步幅不要过大。运球脚抬起时，膝关节弯曲，脚跟提起，脚尖下指，在迈步前伸着地前，由脚背正面推拨球前进。

（2）脚背外侧直线运球

动作方法：跑动时，身体自然放松，上体稍前倾，两臂自然摆动，步幅要小些。运球脚提起时，膝关节弯曲，脚跟提起，脚尖稍内旋，在迈步前伸着地前，用脚背外侧推拨球（图 7-1-17）。

（3）脚背内侧曲线运球

动作方法：跑动时，身体自然放松，步幅要小些，上体稍前倾并向运球方向转动。运球脚提起时，膝关节稍弯曲，脚跟提起，脚尖稍外转，在迈进前伸着地前，用脚背内侧推拨球（图 7-1-18）。

图 7-1-17　脚背外侧直线运球

图 7-1-18　脚背内侧曲线运球

2. 运球过人

（1）左（右）晃右（左）拨运球过人

动作方法：运球队员利用腿部、上体和头部虚晃，假扮向左（右）运球动作迷惑对手，使其产生错误判断而作出抢球动作。当其另一侧出现空当时，立即向右（左）拨运球过人。

（2）变速运球过人

动作方法：对手位于自己的侧面，在侧身掩护球的同时，利用运球速度的变化，达到摆脱对手过人的目的。

专家提示

易犯错误及纠正

（1）易犯错误。运球动作与射门或传球动作脱节。

（2）纠正方法。练习运球要与传、接、运、射等技术结合，提高应变的能力。

练 习 方 法

① 在慢跑中练习各种运球方法，主要体会运球脚推拨球的动作。

② 跑动中作直线或曲线运球。

③ 在“8”字形图上练习各种运球。

④ 运球绕过不同角度的障碍物后射门，过障碍物时，要注意保护球，动作要突然、快速。

（四）头顶球

头顶球是争抢和处理空中高球的重要技术动作。在进攻时，可利用头顶球直接传球和射门，在防守时，可抢救险球或阻截对方的传球配合，从而转守为攻。

1. 前额正面原地顶球

动作方法：身体正对来球，两脚前后开立，膝关节微屈，上体稍后倾，重心放在后脚上，两臂自然张开，眼睛注视来球。当球运行到身体垂直部位前的刹那，后脚用力蹬地，身体重心由后脚移向前脚的同时，迅速向前摆体，颈部紧张，快速甩头，用前额正面顶球的后中部，接着上体随球继续前摆（图 7-1-19）。

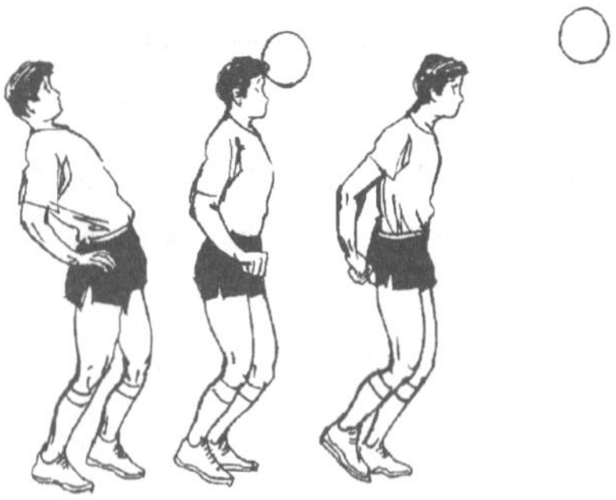

图 7-1-19　前额正面原地顶球

2. 前额正面跳起顶球

动作方法：原地双脚起跳时，两腿先屈膝，重心下降，然后两脚用力蹬地跳起，同时两臂屈肘上摆，向上起跳，在跳起上升过程中，挺胸展腹，两臂自然张开，眼睛注视来球。在跳起到接近最高点准备顶球时，身体成背弓姿态。当球运行到身体的垂直部位前的刹那，快速收腹，体前屈并甩头，用前额正面将球顶出。顶球后，两腿同时自然屈膝，屈踝落地（图 7-1-20）。

3. 前额侧面头顶球

动作方法：助跑单脚起跳时，起跳前先做 3~5 步助跑，最后一步的步幅要稍大并用力蹬地，同时另一腿屈膝上摆，两臂屈肘自然上提，使身体向上腾起，在空中成背弓姿态。动作要求与原地跳起顶球相同（图 7-1-21）。

头顶球

图 7-1-20　前额正面跳起顶球

图 7-1-21　前额侧面头顶球

专家提示

易犯错误及纠正

（1）易犯错误。① 由于害怕心理导致顶球时闭眼，以致造成用错误部位顶球。② 掌握不好起跳时机，造成顶不着球，有时虽可顶着球，但顶球无力。③ 身体摆动不能协调有力地进行，影响顶球力量。

（2）纠正方法。顶球时要做好充分的心理准备和身体准备，动作要连贯，不能犹豫。

练 习 方 法

① 做前额正面原地顶球和前额正面跳起顶球的徒手模仿练习。

② 原地或跳起顶吊在空中的球。

③ 两人一组，一人抛球，另一人原地或跳起将球顶回。

④ 两人一组，相距 5 米左右，相对做顶球练习。要求两人连续对顶，不让球落地。

（五）掷界外球

掷界外球是组织进攻的开始，特别是在对方罚球区附近掷界外球时，由于第一个接球人不受越位规则限制，更便于组织有效的进攻战术。

1. 原地掷界外球

动作方法：面对出球方向，两腿前后或左右开立，膝关节弯曲，上体后仰成背弓姿态，重心移到后脚上（左右开立时，重心在两脚间），两手自然张开，拇指相对，持球的侧后部，屈肘将球置于头后。掷球时，后脚用力蹬地，两腿迅速伸直快速摆体，身体重心由后脚移向前脚，同时两臂迅速前摆。当球摆到头上时，用力甩腕将球掷入场内。掷球时，后脚可沿地面向前移动，两脚均不得离地或踏入场内，但允许踏在线下（图 7-1-22）。

图 7-1-22　原地掷界外球

2. 助跑掷界外球

动作方法：双手持球于胸前，在助跑迈出最后一步时，上体后仰成背弓姿态，同时将球上举至头后。掷球时的动作与原地掷界外球动作相同。用助跑进行掷界外球是为了借助于助跑的速度把球掷得更远，以增加进攻的威力。

动作要点：由于惯性，身体可能继续向前摆动以致栽倒，所以两臂撑地屈肘缓冲，并迅速恢复至原状态。

专家提示

易犯错误及纠正

（1）易犯错误。① 近距离掷球时，易出现动作不连续而造成违例。② 远距离掷球时，易出现两臂不均匀而形成单臂掷球的错误动作。③ 助跑掷界外球时，易出现动作脱节和掷球后身体过分随前形成单脚离地。

（2）纠正错误。初学时尽量不要利用身体向前的惯性，发力时身体应充分舒展。

练习方法

① 巩固掷界外球的理论知识，在理论的指导下多练习掷球动作。

② 放慢动作速度，重点体会掷球的用力顺序，并且适当减小蹬地力量。

③ 发展上肢力量、腰腹力量、腿部力量和身体的协调性，在练习中逐渐协调掷球动作。

④ 加强垫步练习和助跑与掷球动作的衔接。适当地加大两脚的距离来控制身体向前的冲力。

（六）守门员技术

守门员技术包括选位、准备姿势、移动、接球、扑球、击球、发球等。

守门员

1. 选位

守门员应站在球与球门柱形成的角的角平分线上，并根据场上情况适当调整自己的位置。

2. 准备姿势

两脚左右开立、与肩同宽；两膝弯曲并稍内扣；脚跟稍提起，身体重心落在前脚掌上，使上体前倾；两臂于体前自然屈肘，两手五指张开，掌心相对，两眼注意来球（图 7-1-23）。

图 7-1-23　准备姿势

3. 移动

接两侧低球与平球时，多采用侧滑步，接两侧高球时，多采用交叉步。

4. 接地滚球

（1）直腿接地滚球

动作方法：正对来球，两脚左右站立，上体前屈；两臂自然下垂，两手指靠近，手掌对球稍前迎，两手接球的后底部。在手接触球的一瞬间，立即后引并屈肘、屈腕，两臂靠近将球抱于胸前（图 7-1-24）。

①　②　③　④

图 7-1-24　直腿接地滚球

（2）单腿跪撑接地滚球

动作方法：正对来球，两腿前后站立，前腿弯曲，后腿跪立，上体前倾，使手臂下垂，手掌对准来球；手触球后，两手后引并屈肘、屈腕，两臂靠近将球抱于胸前，然后起立（图 7-1-25）。

①　②　③

④　⑤

图 7-1-25　单腿跪撑接地滚球

5. 接平直球

(1) 接低于胸部的平直球

动作方法：两脚左右站立，上体前倾对准来球；两臂下垂并屈肘前迎，使两手小指相靠，手掌对球。当手触球时，两臂后引并屈肘，屈腕，顺势将球抱于胸前(图 7-1-26)。

图 7-1-26　接低于胸部的平直球

(2) 接齐胸高的平球

动作方法：身体正对来球，两臂屈肘并稍上举；两拇指相靠，使手掌对球。当手触球时，手腕手指适当用力，同时屈臂后引，翻掌将球抱于胸前。

6. 接高球

动作方法：当确定接球点后迅速移动并跳起，两臂上伸迎球，两手拇指成八字，手指微屈，手掌对球。当手触球时，手腕和手指适当用力将球抱于胸前。

四、足球常用战术

足球比赛中，为了战胜对手，根据主客观的实际所采取的个人行动和集体配合总称为足球战术。

(一) 传球

1. 对人传球

动作要点：对人传球即直接将球传到同伴脚下，一般在后场向前场推进、控制球和互相做屏障“二过一”时运用。

2. 传空当球

动作要点：传空当球是把球传到对方身后或跑动着的同伴前面的空隙区域，让同伴切入接球，多用于突破对方防线的配合中。

3. 转移传球

动作要点：转移传球是指比赛中利用中、长距离的斜、横传球转移，拉开对方一边防守，以便进行声东击西的进攻。

(二) 摆脱与跑位

1. 摆脱：摆脱是指摆脱对方的紧逼，跑到合适的位置去接同伴的传球。

动作要点：摆脱对手紧逼的方法可采用突然起动、冲刺跑、急停、突然变向、变速和假动作等。无球队员要随场上情况，机警灵活、真假结合，并选择恰当时机，适时而突然地摆脱对手。

2. 跑位

动作要点：跑位就是有目的地跑动，跑向有利的位置或空当。跑位是全队战术中重要的一环，是破坏对手有组织的防守、牵制削落对方防守力量、拉扯制造空当的有组织行动。跑位要有明确的目的，要符合战术要求。无论哪一种跑位，都应掌握好跑位的时机、方向、地点。

（三）选位与盯人

选位与盯人是防守战术中重要的个人战术。防守队员选位时，一般应处于对手与本方球门中心所构成的直线上（图 7-1-27）。一般情况下，对对方有球队员和在他附近的队员以及接近本方球门附近的队员要采用紧逼盯人，对离球远和离球门远的队员可采用松动盯人（图 7-1-28）。站位与盯人还要根据对手的速度、突破能力和打法特点，采取不同的对策。如对手带球突破能力强，宜采取盯人，尽可能不让对手接球后顺利地运球；若对手速度快，善打空切，就应以站位早收结合造“越位”的打法，要是对手有人向外拉出接应，同时又有人向里切，而切入者又无人紧盯，那么就该盯住威胁大的切入者。总之，要因时因地因人而异。

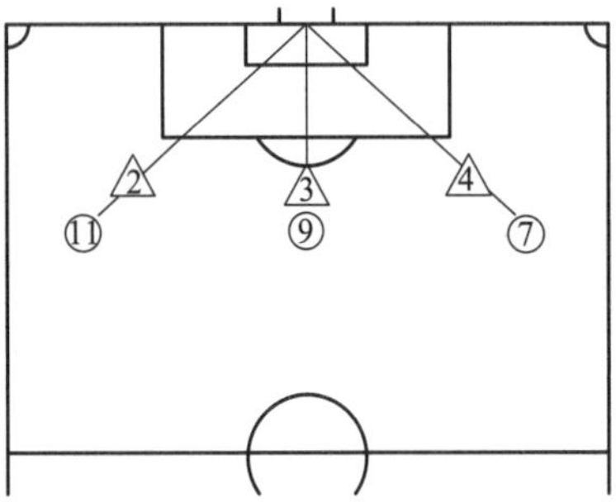

图 7-1-27　选位与盯人的站位

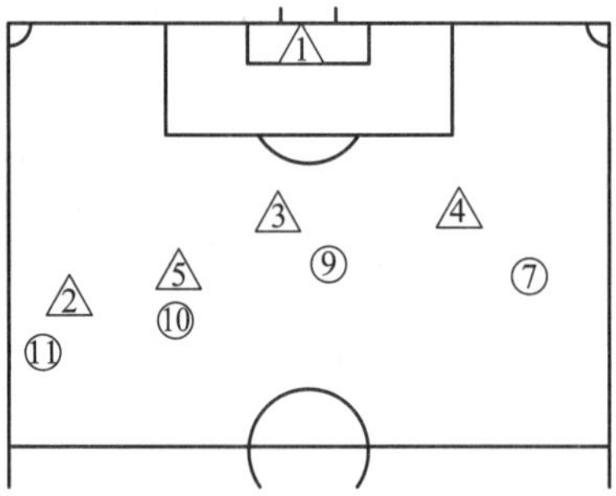

图 7-1-28　松动盯人站位

（四）“二过一”配合

比赛中在局部地区两个进攻队员通过传球与跑位配合，突破对方一个队员的防守称为“二过一”配合。“二过一”配合是突破对方，打开缺口的最有效手段。比赛中，在任何位置、任何场区都可运用。而运用较多的还是在前场。

“二过一”配合是由持球队员先带球逼近防守队员，诱使防守队员前来阻截。当双方接近（相距 1.5 米内）时，持球队员迅速将球传给接应的同伴，并快速越过对手。接应队员的跑位要适时，应在持球队员逼近防守队员的一刹那接应。

“二过一”的配合方法很多，下面介绍两种常用的方法。

（1）斜传直插“二过一”。攻方⑩号带球逼近守队△3号时，把球斜传给接应的同伴⑪号。⑩号传球后向前直线跑动，接⑪号斜传球（图 7-1-29）这种配合，一般是在攻方队员带球跑动遇到防守队员迎来防阻时运用。

（2）直传斜插“二过一”。攻队⑧号带球逼近守队△3号时，由于△3号选位较好，⑧号不便直传。这时，⑧号把球横传给⑩号后，迅速向斜前方插进，再接⑩号的直传球（图 7-1-30）。这种配合，一般是在前锋突破最后后卫线或者从中间突破时采用。

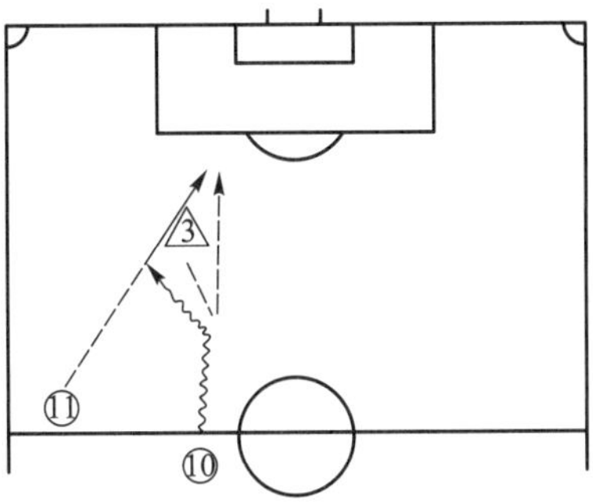

图 7-1-29　斜传直插“二过一”

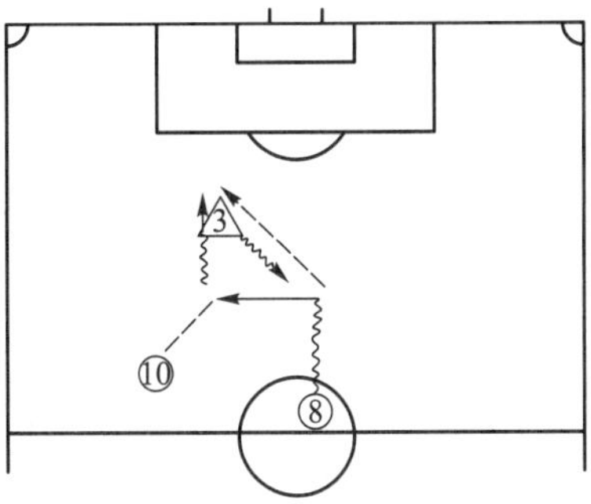

图 7-1-30　直传斜插“二过一”

进攻战术

（五）边路进攻

在对方半场两侧地区发动的进攻称为边路进攻。

一次完整的边路进攻都由发动、发展和结束 3 个阶段组成。当由守转攻时，获球者可将球传给边锋，从边路上发起进攻，经过局部配合突破后，将球传到中央，由其他进攻者包抄射门。

示例（图 7-1-31）：守门员得球后传给右后卫②号，②号传给右边锋⑦号，⑦号与⑧号经过局部配合，再由⑦号带球切入传中，⑩与⑪号队员接传中球射门。

（六）比赛阵形

在比赛中为了适应攻守战术的需要，队员在场上位置的排列和职责分工称为比赛阵形。目前，常见的足球比赛阵形有下列 4 种。

（1）“四三三”阵形。“四三三”阵形即把 1 名前锋调到了前卫线上。这样既加强了中场力量，又不减弱进攻锐气，使前锋、前卫的进攻更加灵活，中场三个队员分工明确（图 7-1-32）。

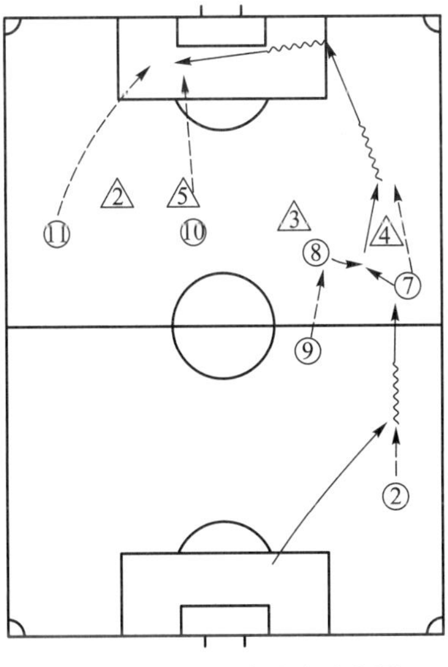

图 7-1-31　边路进攻示意图

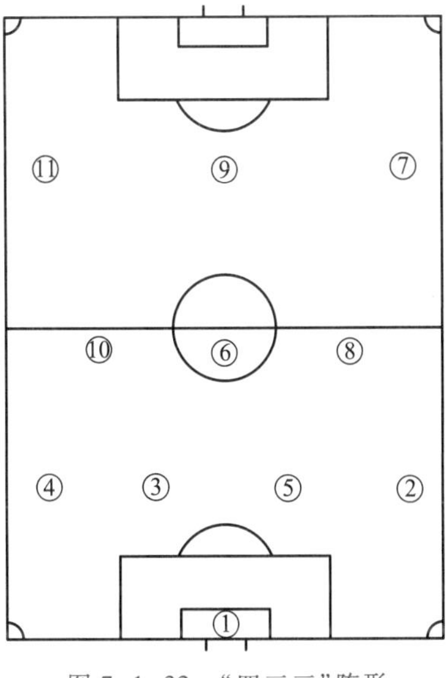

图 7-1-32　“四三三”阵形

（2）“四四二”阵形。“四四二”阵形是以守为主，伺机反击的阵形。它加强了中场力量，使中场 4 个队员能够根据进攻需要突然插上，增加了进攻的隐蔽性和突然性（图 7-1-33）。

（3）“一三三三”阵形。“一三三三”阵形是在“四三三”阵形基础上演变而来，其阵形是 4 个后卫中的 3 个后卫在前负责盯人，叫盯人后卫；1 个中卫拖后，负责补位，叫拖后中卫。拖后中卫负责补位、堵抢、扼守球门中央危险地带，进攻时组织有效的反击，并伺机插上（图 7-1-34）。

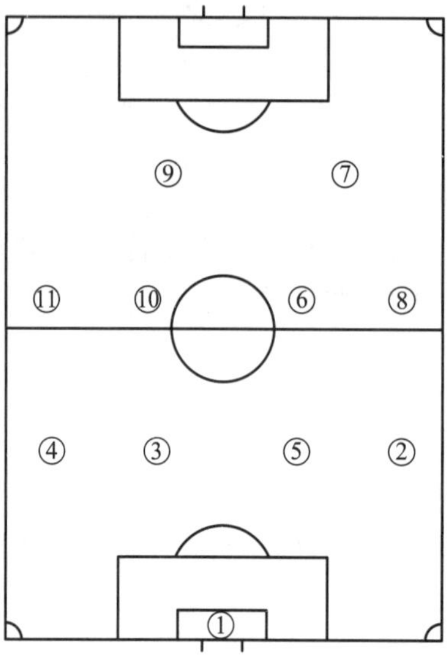

图 7-1-33　“四四二”阵形

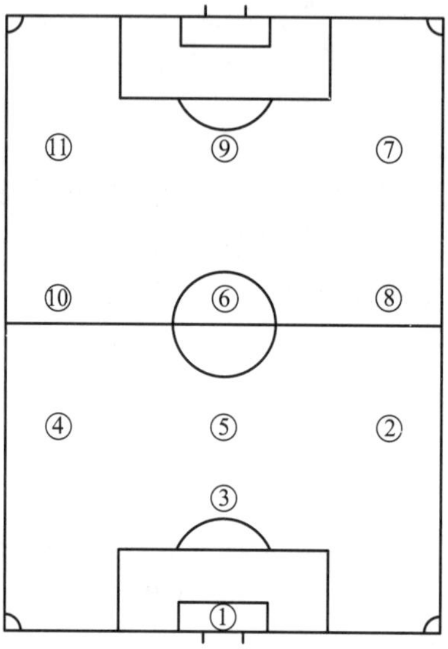

图 7-1-34　“一三三三”阵形

（4）“四二三一”阵形。此阵形为 4 名后卫、2 名后腰、3 名前卫、1 名前锋组成，通过前锋在前场的支点作用，为其他队员的跟进创造机会。

五、足球竞赛基本规则

（一）比赛时间

正式的国际足球比赛分为上、下两个半场，每半场 45 分钟，中间休息不得超过 15 分钟。

加时赛是指一些体育比赛时，在常规比赛时间内没有分出胜负而延长比赛时间，延长的比赛叫加时赛，加时赛总共 30 分钟，上半场 15 分钟，下半场 15 分钟，中场一般不休息或短暂休息几分钟，直接交换场地接着比赛。加时满 30 分钟。如果还未分出胜负，那就进行点球大战了。

（二）队员人数与换人

每队上场队员不得多于 11 名，其中必须有 1 名守门员。如果 1 队的场上队员少于 7 人，则比赛不能开始。奥运会和世界杯足球比赛中，每场比赛最多可以使用 3 名替补队员，目前一些比赛中允许最多 3 次替换 5 名球员，场外和场上队员未经裁判员许可不能擅自进出场地。比赛时，守门员和其他队员的位置不能随意交换，如需要交换，须经过裁判

员同意。

（三）任意球

（1）直接任意球的判罚。主要是针对恶意踢人、打人、绊倒对方的行为；另外，用手拉扯、推搡对方，手触球也属于这一类；还有辱骂裁判员、辱骂他人也要判罚直接任意球。这种任意球可直接射门得分。如果这些行为发生在罚球区，就要判罚球点球。

（2）间接任意球的判罚。危险动作、阻挡、定位球的连踢就属于这一类。这种任意球不能直接射门得分，只有当球进门前，触及另外一名队员才可得分，罚球区内这种犯规不能判罚点球。

无论直接任意球还是间接任意球，防守方都要退出 9.15 米线以外。如果不按要求退出 9.15 米，裁判员可出示黄牌。

（四）罚点球

在罚球区内直接任意球的犯规要判罚点球。罚点球时，双方队员不能进入罚球区。如防守方进入罚球区，进球有效，不进则重罚；如进攻方进入罚球区，进球应重踢，如不进则为防守方门球。在罚点球时，守门员可以在球门线上左右移动，但不可以向前移动。

点球大战是足球比赛中最后阶段的决定胜负的方式，只有在 90 分钟常规赛和 30 分钟加时赛均未分出胜负的情况下，才会进行点球大战。

点球大战的具体规则如下。

（1）能罚点球的球员必须是加时赛结束后仍在场上的球员。

（2）罚点球前，双方要提交罚点球的顺序名单，场上每个队员都要排出顺序。

（3）罚点球分为两个阶段，第一阶段是 5 轮淘汰制，即前 5 轮是比较总进球数，多者胜出；如果第一阶段战平，将进入第二阶段，第二阶段是 1 轮淘汰制，即 1 轮决胜制，即一旦一方罚进点球而另一方罚失，那么罚进点球的一方就胜出，比赛即可结束。

（4）当场上球员均出场罚了点球而还未分出胜负时，将重新按照排序继续进行罚点球，直到决出胜负。

（五）红、黄牌

一场比赛同一人得到两张黄牌时，则要被红牌判罚出场。

（六）越位

足球比赛中构成越位要满足以下条件：在同伴传球时脚触球的瞬间，在对方半场内，如果接球者的位置与对方最后第 2 名对方队员的位置相比更靠近对方球门线，这时该队员处于越位位置。需要说明的是与对方最后第 2 名队员处于平行时不判越位。处于越位位置的队员，裁判员在下列情况中判罚越位犯规：干扰比赛，干扰对方队员，利用越位位置获得利益。

相关链接

五人制足球

五人制足球是国际足联大力推广的足球运动项目，在中国已经开展了十多年。具有参加比赛人数少，占场地小，比赛时间短，技术复杂，战术灵活多样等特点。赛事的娱乐性、观赏性、时尚性强，比赛自由度大，进球数量多，受天气等条件制约少，好玩，有趣,深受青少年群体的喜爱和广泛参与。

五人制足球比赛场地长 38~42 米,宽 18~22 米,一般在室内举行,比赛时间为两个 20 分钟的半场,中场休息 10 分钟,双方各 5 名队员。

五人制足球赛限制身体直接冲撞对抗,禁止铲球、没有越位限制,没有换人数量限制,换下场的队员还可以再换上去,守门员也可以当前锋,冲到对方半场。

第二节　篮球运动

一、篮球运动的健身价值

篮球运动是深受学生喜爱的运动项目,它不仅能引起参加者的兴趣,而且对增强体质、提高人体的各项机能有积极的作用。篮球运动的技术动作是由跑、跳、投、掷等基本技能组成。因此,从事篮球运动对人的机体有多方面的影响,能促进健康,促进力量、速度、耐力、灵敏等多方面身体素质的全面发展,提高内脏器官的功能。还能提高集中注意力的能力,对空间、时间和定向能力的提高有着良好的效果。运动员在比赛中经常变换动作,对提高神经中枢的灵活性以及协调、支配各器官的能力,也有一定的作用。篮球竞赛富有趣味性,具有较大的吸引力,参加者不受年龄、性别的限制,能起到增强体质、促进健康的目的,对丰富人们的业余文化生活和精神文明建设都有一定的积极作用。

二、篮球运动的起源与发展

篮球运动是攻守双方在长 28 米、宽 15 米的长方形场地上争夺球权,用单手或双手把球投向设置在球场两端悬在篮架上的篮圈的球类项目,以球投中篮圈得分多者为优胜。篮球运动是 1891 年由美国马萨诸塞州斯普林菲尔德市(春田市)基督教青年会训练学校体育教师詹姆斯·奈史密斯(1861—1939 年)博士发明的,当时为弥补学生在寒冬室外活动的不足而设计的一套适合于在室内进行的体育游戏。他从用桃子投向筐这种游戏中受到启发,将两只桃筐分别钉在健身房看台的栏杆上,距离地面 3.05 米,以足球作为比赛用球向篮筐里投掷,以投进对方篮筐多的为胜方,但每次投中篮后都要用梯子把球取出。后来他将篮筐设计成现在的形式,将筐底剪开,球投中后自动掉下来。所以这项运动被命名为“篮球”。

20 世纪 80 年代以后,特别是以美国职业篮球运动员进入奥运会为标志,世界篮球运动的发展进入了一个新阶段。世界篮球运动发展的“高、快、准、变、全”的总趋势在延续的同时,被赋予了新的内涵与意义。

三、篮球核心技术

（一）篮球技术基础

1. 技术应用

篮球技术是队员在比赛中为达到攻守目的所运用的各种专门动作的总称，是队员进行比赛的主要手段。基本技术掌握得好坏，直接影响着队员技术水平的提高和高难度技术动作的掌握程度。因此，在开始阶段打好基本技术的基础，对今后技术的提升有着重要的意义。

随着篮球运动进攻与防守战术的发展，竞赛规则不断演变，队员身体素质与文化素质的提高，攻守对抗日益紧张激烈，促使篮球技术不断改进、完善、丰富和创新。技术的发展也从单个技术向综合技术，从简单技术向高难度技术方向发展。为了便于学习，现将篮球技术的分类如下（图 7-2-1）。

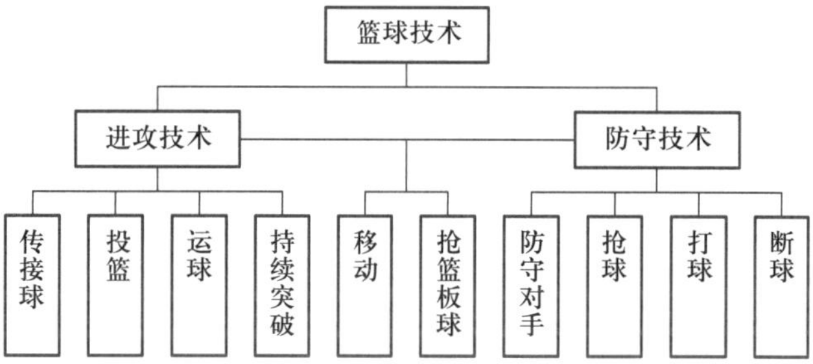

图 7-2-1　篮球基本技术分类①

2. 脚步动作

（1）变速跑

① 动作方法：由慢跑变快跑时，上体前倾，用前脚掌短促有力地向后蹬地；同时迅速摆臂，前两三步要小，加快跑的频率；由快变慢时，上体抬起，步幅加大，用前脚掌抵地，减缓冲力，从而降低跑速。

② 动作要点：由慢跑变快跑，步频加快；由快跑变慢跑，步幅变大。

（2）侧身跑

① 动作方法：队员在向前跑动时，头部与上体侧转向球的方向，脚尖朝向跑动的前进方向，内侧腿深屈，外侧用力蹬地，内侧肩在前。

② 动作要点：面向球转体，切入方向的内侧腿深屈，外侧脚用力蹬地，重心内倾。

（3）后退跑

① 动作方法：后退跑时，两脚提踵，用前脚掌交替蹬地提膝向后跑动；上体放松直起，两臂屈肘相应摆动，保持身体平衡；两眼平视，注意场上情况。

② 动作要点：两脚提踵，脚前掌蹬地，上体放松直起。

① 马振洪.跟专家练篮球［M］.北京：北京体育大学出版社，2011.

（4）双脚起跳

① 动作方法：起跳时，两脚开立，两膝快速下蹲，两臂相应后摆，上体前倾；同时两脚用力蹬地，伸膝，提腰，两臂迅速向上提，使身体向上腾起；上体在空中自然伸展，收腰，下肢放松；落地时用前脚掌着地，屈膝以保持身体平衡。

② 动作要点：起跳前屈膝降重心，掌握好球的落点，起跳时的蹬地、提腰、伸臂动作要突然、协调。

（5）跨步急停（两步急停）

① 动作方法：队员在快速跑动中急停时，先向前跨出一大步，用脚跟先着地，然后迅速地过渡到全脚掌抵住地面，同时迅速屈膝降重心，身体微向后仰，后移重心，紧接着再跨出第二步。脚着地时，脚尖稍向内转，用脚前掌内侧蹬住地面，两膝弯曲（如先跨左脚后上右脚，则身体向左侧转），身体微向前倾，重心落在两脚之间，两臂屈肘自然张开，保持身体平衡。

② 动作要点：第一步要大，身体后仰降重心；第二步要跟得快，用脚前掌内侧蹬地。

（6）跳步急停

① 动作方法：（一步跳）：在中速和慢速移动中，用单脚或双脚起跳（紧贴地面跳），上体稍后仰；落地时全脚掌着地，用脚前掌内侧蹬住地面，两膝弯曲，两臂屈肘微张，以保持身体平衡。

② 动作要点：重心放两脚之间，两腿弯曲，两臂屈肘在体侧，保持平衡。

（7）转身

① 动作方法：转身时，重心移向中枢脚，另一只脚的前脚掌蹬地；同时中枢脚以前脚掌为轴用力碾地，上体随着移动脚转动，以肩带腰向前后改变身体方向。在身体移动过程中，保持身体重心平稳，转身后重心应转移到两脚之间。转身分前转身和后转身，移动脚向中枢脚前方跨步转动的叫前转身，移动脚向中枢脚后方撤步转动叫后转身。

② 动作要点：中枢脚用力碾地，同时异侧脚用力蹬地、转胯，身体重心始终保持在一个水平面上。

（8）滑步

① 动作方法：滑步是防守移动的一种主要方法。它易于保持身体平衡，可向任何方向移动。滑步可分为侧滑步（横滑步）、前滑步和后滑步。现以侧滑步为例，其动作方法是：滑步前，两脚左右开立约与肩宽，膝微屈，上体稍前倾，两臂侧伸，双眼平视，盯住对手。向左滑步时，右脚前脚掌内侧用力蹬地，同时左脚向左跨出；在落地的同时，右脚迅速随同滑行，然后依次重复上述动作。滑步时身体要保持平稳。

② 动作要点：重心平稳。移动时做到异侧脚先蹬，同侧脚同时跨出，异侧脚再跟，滑步后保持原来姿势。

（9）后撤步

① 动作方法：斜侧步站立时，前脚后撤变成后脚。撤步时前脚掌碾地。当前脚后撤着地后，紧接着滑步，保持身体平衡与防守姿势。后撤步时撤步角度不宜过大。

② 动作要点：前脚用力蹬地，利用腰部力量带动转胯，后脚的前脚掌要积极辗转蹬地。

(10) 交叉步

① 动作方法:向右移动时,左脚用力蹬地后迅速从右脚前迈出,上体稍向右转,左脚落地,右脚迅速地向右跨步。两脚交叉动作要快,身体不要上下起伏。交叉步后重心落在两脚之间,交叉步实质上是面对对手的侧身快跑动作。

② 动作要点:两脚蹬转起动(脚尖要指向跑的方向),速度快,降重心,身体保持平稳。

专家提示

易犯错误及纠正

(1) 易犯错误。移动时身体重心不稳,蹬地、转动时脚步、腰、胯的灵活性不足。

(2) 纠正方法。宜用俯卧撑,平板支撑等练习手段加强核心力量的锻炼。

练 习 方 法

① 原地练习移动和控制重心,如在原地做跨步、上步、转身、慢步急停、起动等。

② 在慢速移动中练习变方向跑(折线跑、折回跑)、急停和急停后接转身。

③ 在快速移动中练习各种脚步变化。

(二) 篮球运动竞技技术

1. 传接球

(1) 双手胸前传球

① 动作方法:两手手指自然分开,拇指相对成八字形,用指根以上的部位持球,手心空出,两肘自然弯曲在体侧,将球置于胸腹之间的位置。身体重心前移的同时,前臂迅速向传球方向伸出。拇指用力下压,手腕前屈,食、中指用力拨球将球转出;出球后身体迅速调整成基本站立姿势。传球距离越近,前臂向前伸出的幅度越小(图 7-2-2)。

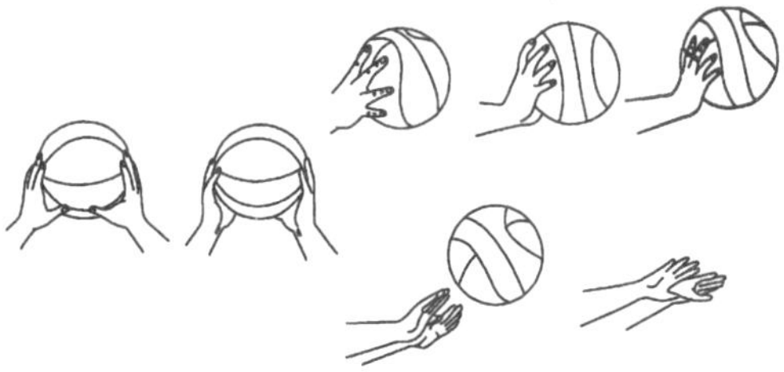

图 7-2-2　双手胸前传球

② 动作要点:手腕急促地由下而上,由内向外翻,同时拇指下压,食、中指用力拨球。

(2) 双手反弹传球

① 动作方法:反弹传球的击地点一般应在离接球人三分之一处,如防守人离传球人稍远或防守人后退协防内线队员,球则可在防守人脚侧击地反弹。球向后旋转击地反弹后,球减速向斜上方弹起,便于接球队员接球。传球手法与双手胸前传球相同,但腕指用力要大,如用力不够,反弹高度就低,不利接球。

② 动作要点:腕指急促抖动用力,出球快,击地点适当。

(3) 双手低手传球

① 动作方法:原地传球时,持球于腹前或腰侧,出球时手腕由下而上翻转,同时小指、无名指和中指稍用力拨球,柔和地将球传出。

② 动作要点:出球时手腕用力柔和。

(4) 单手肩上传球

① 动作方法:以右手传球为例。双手持球于胸前,两脚平行开立,传球时,左脚向传

球方向迈出半步；同时将球引至右肩上方，肘外展，大臂与躯干、小臂与大臂的夹角均大于90°。右手托球，手腕后仰，左肩侧对传球方向，重心落在右脚上，右脚蹬地转体，前臂迅速向前挥摆，手腕前屈，通过食指、中指拨球将球传出。球出手后，随着身体重心前移，右脚向前迈出半步，保持基本站立姿势。

② 动作要点：转体挥臂，扣腕，自下而上发力。

（5）单手体侧传球

① 动作方法：双手胸前持球，右手传球时，左脚向左跨出一步，右手引球至身体右侧。

出球前的一刹那，持球手的拇指向上，手心向前，手腕后屈，小臂稍向前摆，急促用力向前扣腕，手指用力拨球，将球传出。

② 动作要点：跨步与传球的配合要协调、迅速，腕指急促用力拨动，小臂摆幅要小。

（6）单手背后传球

① 动作方法：原地背后传球时，双手持球摆至体侧，如用右手传球，扶球的左手离开，右手引球继续向背后摆，前臂摆球至臀部一刹那，向传球方向急促扣腕，食指、中指、无名指用力拨球。球离手越早，传球的高度越低；球离手越晚，则传球的高度越高。

② 动作要点：持球手后摆至臀部，急促扣腕，手指用力拨球，摆臂与脚步动作的配合要协调。

专家提示

易犯错误及纠正

（1）易犯错误。传接球时手指和手腕的用力不协调。

（2）纠正方法。加强传接球与其他技术的配合。

练 习 方 法

① 做各种原地传、接球练习。

② 在半场移动，两三人配合进行练习。

原地单手肩上投篮

行进间投篮

2. 投篮

（1）原地单手肩上投篮

① 动作方法：右手五指分开，向后屈腕，屈肘持球于肩上（或高些），左手扶球；右脚稍前，左脚稍后，重心放在两脚之间，上体稍前倾，两膝微屈，上体肌肉放松，目视投篮目标。投篮时，用力蹬地，伸展腰腹，抬肘，手臂上伸，手腕、手指前屈，指端拨球，用中指、食指将球投出，手臂向前自然伸直。

② 动作要点：投篮时要自下而上发力，抬肘，手臂上伸，接近垂直时，屈腕拨球，将球投出。

（2）行进间单手高手投篮

① 动作方法：接球时的第一步要大，接到球后的一步要小，以便起跳时把向前冲的力量变为向上起跳的力量。腾空后，上体稍后仰，投篮手把球送到最高点时，手腕前屈，食、中指用力将球投出。

② 动作要点：持球后的第一步要小，同时举球于肩上，投篮手在球到最高点时出手。

（3）行进间单手低手投篮

① 动作方法：右手投篮时，一般右脚腾空接球落地，接球后的第一步稍大，然后第二

步稍小继续加速，降低重心，用左脚向前上方起跳。腾空时间要短，持球手五指自然分开，托球的下部，手臂向上伸展。接近球篮时，手腕柔和上摆，食、中、无名指向上拨球，碰板或空心入篮（图 7-2-3）。

图 7-2-3　行进间单手低手投篮

② 动作要点：第二步要继续加速，腾空时间短，投篮瞬间，要控制好身体平衡。

（4）原地跳起单手肩上投篮

① 动作要点：跳投的关键是向上举球和起跳动作协调一致，利用身体在空中最高点瞬间的稳定迅速出手。

② 动作方法：以右手投篮为例。双手持球于胸前，两脚前后或左右自然开立，两腿微屈，重心放在两脚之间。起跳时两脚迅速屈膝，脚掌用力蹬地向上起跳，双手举球至肩上，右手扶球，左手扶球的左侧方。当身体接近最高点时，左手离球，右臂向前上方伸直，手腕前屈，食指、中指拨球，通过指端将球投出，落地时，屈膝缓冲，准备下一个动作（图 7-2-4）。

图 7-2-4　原地跳起单手肩上投篮

（5）接球急停跳起投篮

① 动作要点：接球与跳起投篮的动作要连贯，一气呵成。

② 动作方法：在快速移动中接球，用跨步或跳步急停，急停的同时，突然向上起跳，两手持球迅速上举，当身体接近最高点时，前臂向前上方伸直，手腕前屈，食指、中指拨球，通过指端将球投出。

（6）运球急停跳起投篮

① 动作要点：接球急停跳投和运球急停跳投技术动作的关键在于快速移动中接球急停和快速运球中急停的步子要稳，连接起跳技术要协调，身体腾空和投篮出手协调一致。

② 动作方法：在快速运球中，运用跳步或跨步急停，突然向上起跳；同时，两手持球上举。当身体接近最高点时，前臂向前上方伸直，手腕前屈，食、中指用力拨球，通过指端将球投出。

专家提示

易犯错误及纠正

（1）易犯错误。投篮手法、动作的连贯，身体的协调、用力不一致，投篮的瞄准点、球的飞行弧线和球的旋转不稳定。

（2）纠正方法。加强投篮练习，增强肌肉与动作的记忆程度。

练习方法

① 原地练习中、远距离投篮。

② 两点移动投篮。

③ 策应后的跳投和转身跳投。

3. 运球

（1）高运球

高运球

① 动作方法：运球时，两腿微屈，目平视，手用力向前下方推按球，球的落点在身体侧前方，使球反弹的高度在腰腹之间，手脚协调配合，使球有节奏地向前运行（图 7-2-5）。

图 7-2-5　高运球

② 动作要点：运球的手虎口向前。注意球的落点。

（2）低运球

低运球

① 动作方法：两腿弯曲，重心下降，上体前倾，用上体和腿保护球的同时用手短促地拍按球，使球从地面向上反弹的高度在膝部以下。

② 动作要点：控制好反弹高度，短促地按拍球。

（3）运球急停急起

① 动作方法：在快速运球中，突然急停时，手拍按球的前上方。运球急起时，要迅速起动拍按球的后上方，要注意用身体和腿保护球。

② 动作要点：运球急停急起时，要停得稳、起得快。

（4）体前变向换手运球

① 动作方法：运球队员从对手右侧突破时，先向对手左侧变向运球，然后突然改变方向向右侧运球。变向时，右手拍按球的右后上方，把球从自己的右侧拍按到左侧前方；同时，右脚向左前方跨出，上体左转，用肩保护球，然后换手运球加速前进。

② 动作要点：右手变左手运球时，手球配合要合理，变向要及时。

（5）背后运球

① 动作方法：以右手运球，向左侧变向为例。变向时，右脚在前，右手将球拉到右侧身后，迅速转腕拍按球的右后方，将球从身后拍按至身体的左侧前方；然后按左手运球，左脚向前，加速前进。

② 动作要点：右手将球拉至右侧身后时要以肩关节为轴，并迅速转腕拍按球的右后方。

（6）转身运球

① 动作方法：以右手运球为例。变向时，左脚在前为轴，做后转身的同时，右手将球拉至身体的左侧前方，然后换手运球，加速前进。

② 动作要点：运球转身时要降重心，拉球动作和转身动作连贯。

专家提示

易犯错误及纠正

（1）易犯错误。运球时只看球，不观察全场情况。对球的保护不够。

（2）纠正方法。加强运球的熟练程度、练习运球时目视前方，尽量控制住自己不去看球。

练 习 方 法

① 练习不看球运球。

② 综合练习，急停急起、变速度、变方向、转身和胯下运球。

4. 持球突破

（1）交叉步突破

① 动作方法：以右脚做中枢脚为例。两脚左右开立，两膝微屈，身体重心降低，持球于胸腹之间。突破时，左脚前脚掌内侧迅速蹬地，上体稍右转，左肩向前下压，重心向右前方移动，左脚向右侧前方跨出，将球引于右侧；接着运球，中枢脚蹬地向前跨出迅速超越防守球员（图 7-2-6）。

交叉步突破

图 7-2-6　交叉步突破

② 动作要点：蹬跨积极，转体探肩保护球。

（2）顺步突破

① 动作方法：准备姿势和突破前的动作要求与交叉步相同。突破时，右脚向右前方跨出一步，向右转体探肩，重心前移，右手运球；左脚前脚掌迅速蹬地，向右前方跨出，突破防守。

② 动作要点：蹬跨积极，转体探肩保护球，第二次加速蹬地积极发力。

（3）后转身突破

① 动作方法：以左脚做中枢脚为例，背向篮筐站立，两脚平行开立，两腿弯曲，重心降低，两手持球于腹前。突破时以左脚为轴转身，右脚向右侧后方跨步，上体右转，脚尖指向侧后方，右手向右脚前方放球，左脚前脚掌内侧迅速蹬地，向篮筐方向跨出，运球突破防守。

② 动作要点：要控制重心平稳。右脚向右侧后方跨出时脚尖方向要正确，左脚前脚掌内侧蹬地积极有力。

（4）前转身突破

① 动作方法：以左脚做中枢脚为例。突破前的准备动作与后转身准备动作相同。突破时重心移至左脚，右脚前掌内侧蹬地，左脚为轴，右脚随着前转身向篮筐方向跨出，左肩向篮筐方向压，右手运球后左脚蹬地，向前跨出，突破对手。

② 动作要点：移重心，蹬地运球动作连贯。

> **专家提示**
>
> **易犯错误及纠正**
>
> （1）易犯错误。不能掌握正确的突破时机。先移动中枢脚再放球。
>
> （2）纠正方法。练习时不要急于求成，先进行分解动作的练习，后逐步加快频率。
>
> **练习方法**
>
> ① 原地持球突破。
>
> ② 在实战中，提高持球突破、投篮等动作结合运用能力。

5. 防守对手

（1）防守无球队员

① 防守位置的选择：防守队员为了做到人球兼顾，应与球和对手保持一定的角度和距离，站位于对手与篮筐之间的位置上。防守队员与对手的距离要看对手与持球人距离而定，一般离球近则近，离球远则远。如对手离球近又在篮下，要贴近对手防守，还可采用绕前防守。

② 防守姿势的选择：防守距离较远的对手时，为了便于人球兼顾和协防，经常采用面向球，侧向对手的站立姿势。两脚开立，两腿稍屈，两臂前伸于体侧，掌心朝前，密切观察球和人的动向。

③ 防守动作

◎ 动作方法：防守时，防守队员要根据球和人的移动，合理地运用上步、撤步、滑步、交叉步、碎步和快跑等脚步动作，并配合身体动作抢占有利防守位置，堵截其摆脱路线。

在与对手发生对抗时,降低重心,双腿用力,两臂屈肘外展,扩大站位面积,上体保持适宜紧张度,在发生身体接触瞬间提前发力,主动对抗。合理使用手臂动作不仅能扩大防守空间,干扰对手视线,还能辅助保持身体平衡,快速移动,抢占有利位置。

◎ 动作要点:要抢占“人球兼顾”的有利位置。防守时要做到“内紧外松、近球紧、运球松、松紧结合”。防止对手摆脱空切,随时准备协防补防。

(2) 防守有球队员

① 防守位置的选择:应站位于对手与篮筐之间的位置。一般对手离篮筐近则应靠对手近些,离篮筐远则靠对手远些。特别要根据对手的技术特点(善投、善传或善突)以及防守战术的需要,调整防守位置。

② 防守动作

◎ 动作方法:平步防守时,两脚平行站立,两手臂侧伸不停地挥摆,适合于防运球和突破。采用斜步防守时,两脚前后站立,前脚同侧手臂向前上方伸出,另一手臂侧伸,适合于防守投篮。

◎ 动作要点:要及时抢占对手与篮筐之间有利的防守位置。

专家提示

易犯错误及纠正

(1) 易犯错误。防守时重心太高;人球不能兼顾。

(2) 纠正方法。防守时尽量屈膝,轻易不要弯腰,盯人防守时要将注意力放在被防守人的重心上。

练 习 方 法

① 全场一防一。

② 防投、切。

③ 防掩护。

6. 抢球、打球、断球

(1) 抢球动作

① 动作方法:抢球动作可分两种,一种是拉抢,防守队员看准对手的持球空隙部位,迅速用两手抓住球后突然猛拉,将球抢过来;另一种是转抢,防守队员抓住球的同时,迅速利用手臂后拉和两手转动的力量,将球从对方手中抢过来。

② 动作要点:要看准对方持球转身、跳起接球下落、运球停止时的瞬间,果断快速地抢球。

(2) 打球动作

① 动作方法:打持球队员手中的球时要根据持球人持球部位的高低确定击打动作。如持球高,打球时的掌心向上,用手指和指根击球的下部;如持球低,打球时的掌心向下,用手指和手掌外侧击球的上部。

◎ 打运球队员手中的球时,以持球人右手运球为例。防守队员边用侧后滑步移动,边用右手臂堵住运球队员的左面,左手臂干扰运球。当球刚从地面弹起尚未接触运球队员的手时,防守队员以短促的手指、手腕和前臂的动作从侧面将球打出,并及时上前抢球。

◎ 打行进间投篮队员手中的球。当进攻队员运球上篮时,防守队员要伴随移动。运球队员在跨出第一步按球时，防守队员要主动靠近他，当跨出第二步起跳举球时，应迅速移动到他的侧前方，将球打掉。

② 动作要点：打球时动作不可过大，用力不可过猛。

（3）断球动作

① 动作方法：横断球时，屈膝身体重心下降，当球刚由传球队员手中传出的一瞬间突然起动，单脚或双脚用力蹬地跃出，身体伸展，两臂前伸，将球截获。如距离较远，可加助跑起跳。

◎ 纵断球时：当防守队员从接球队员的右侧向前断球时，右脚先向右侧前方跨出半步，然后侧身跨左脚绕到接球队员的前方，左脚或双脚用力蹬地向前跃出，身体伸展，两臂前伸，将球截获。

◎ 封断球时：当持球队员暴露了自己的传球意图，或传球动作较慢，防守者可在对方球出手的一瞬间，突然起动，伸臂封盖或将球截获。

② 动作要点：掌握好断球时机，动作突然加速。

专家提示

易犯错误及纠正

（1）易犯错误。打球、抢球动作不果断。

（2）纠正方法。断球时移动过早。

练习方法

① 原地打、抢球练习。

② 原地“盖帽”。

③ 断球追防。

7. 抢篮板动作

（1）抢占位置：要设法抢占对手与篮筐之间的有利位置。抢进攻篮板球时要判断球的落点，利用各种假动作冲抢；抢防守篮板球时要注意用转身挡人的动作先挡人后抢篮板球。不论抢进攻还是防守篮板球，都要抢占对手与篮筐之间的位置。

（2）起跳动作：起跳前两腿微屈，重心降低，上体稍前倾，两臂屈肘举于体侧，重心置于两脚之间，注意观察判断球的反弹方向，及时起跳，起跳时两脚用力蹬地，同时两臂上摆，手臂上伸，腰腹协调用力，充分伸展身体，并控制身体平衡。

（3）抢球动作：分双手、单手和点拨球。

① 双手抢篮板球：指端触球瞬间，双手用力握球，腰腹用力，迅速将球拉入胸腹部位，同时两肘外展，以保护球。

② 单手抢篮板球：跳起达到最高点时，指端触球后，迅速屈指、屈腕、屈肘收臂，将球下拉，另一只手扶球，护球于胸腹部位。

③ 点拨球：是在跳起到最高点时，用指端点拨球的侧方、侧下方或下方。

（4）得球后的动作

① 动作方法：进攻抢到篮板球时应补篮、投篮，或迅速传球给同伴重新组织进攻；防守抢到篮板球，应在空中将球传出或落地后迅速传出，也可运球突破后及时传给同伴。

② 动作要点：抢篮板球的关键是抢占位置，要设法抢占在对手与篮筐之间的位置上。

进攻要强调"冲抢";防守要强调"挡抢"。

专家提示

易犯错误及纠正

(1) 易犯错误。抢占位置和判断球反弹方向不对。

(2) 纠正方法。抢占位置时应紧贴对方身体,倚住对方,不让其发力。

练 习 方 法

① 练习弹跳力。

② 练习起跳在空中托球。

③ 提高队员的判断反应能力和速度。

四、篮球基本战术

(一) 技术应用

篮球战术是篮球比赛中队员运用攻守方法的总称,是队员个人技术的合理运用及队员之间相互协同配合的组织形式。战术的目的是更好地发挥本方队员的技术与特长,制约对方,力争掌握比赛的主动权,争取比赛的胜利。

篮球战术是在比赛的实践中逐渐发展起来的。最早的防守战术只是简单的联防—人盯人防守—区域紧逼—对位联防;进攻战术从局部的固定打法—"∞"字的移动到连续进攻—全队连续进攻法。随着篮球运动技术和规则的不断改进、修改和完善,篮球运动的战术也日趋完善和机动灵活多变。为了便于学习,现将篮球战术分类如下(图 7-2-7)。

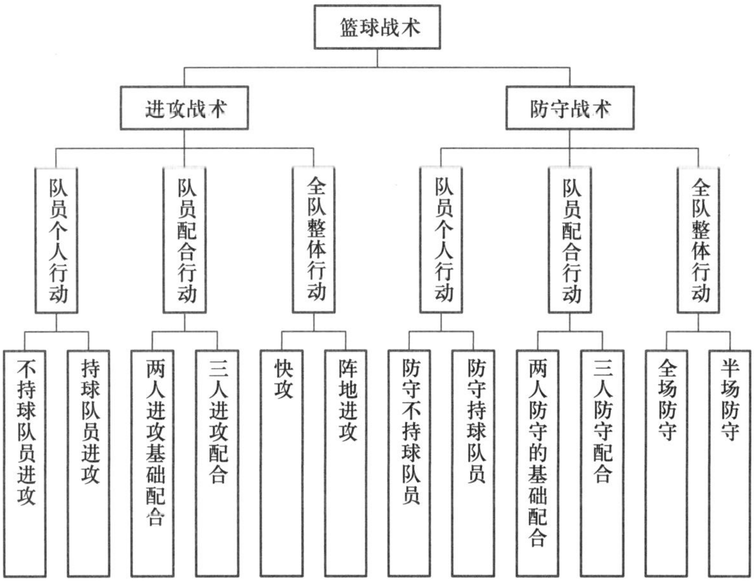

图 7-2-7 篮球战术分类①

① 马振洪.跟专家练篮球[M].北京:北京体育大学出版社,2011.

（二）战术基础配合

1. 传切配合

动作方法：⑤传球给④后，立即摆脱对手△5向篮下切入，接④的回传球投篮（图 7-2-8）。

动作要点：切入队员要掌握好切入时机，传球队员注意用假动作吸引对手。

2. 突分配合

动作方法：⑤从防守者的左侧突破，△4协防，封堵⑤向下突破的路线，此时④及时跑到有利的进攻位置，接⑤的球投篮（图 7-2-9）。

动作要点：掌握好突分时机，动作隐蔽迅速。

3. 掩护配合

动作方法：以持球队员做侧掩护为例。⑤传球给④跑到△4的侧面做掩护，④接球后做投篮或突破的动作。吸引△4，当⑤到达掩护位置时，④持球从△4的右侧突破投篮。⑤掩护后及时移动到有利的位置去接球或抢篮板球（图 7-2-10）。

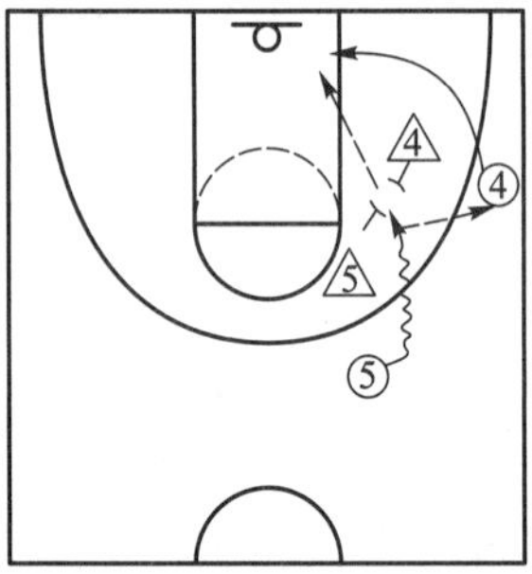

图 7-2-8　传切配合

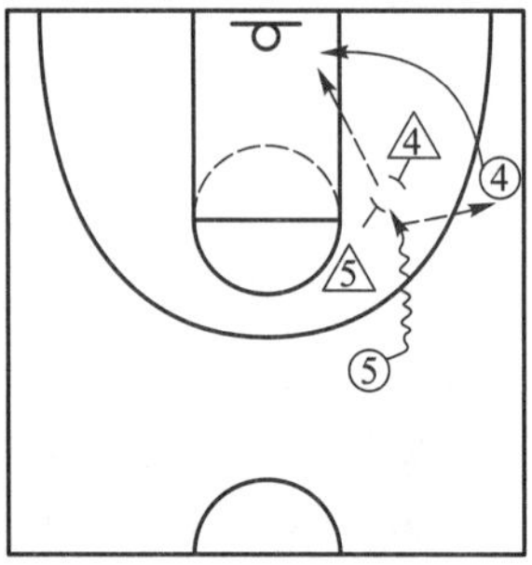

图 7-2-9　突分配合

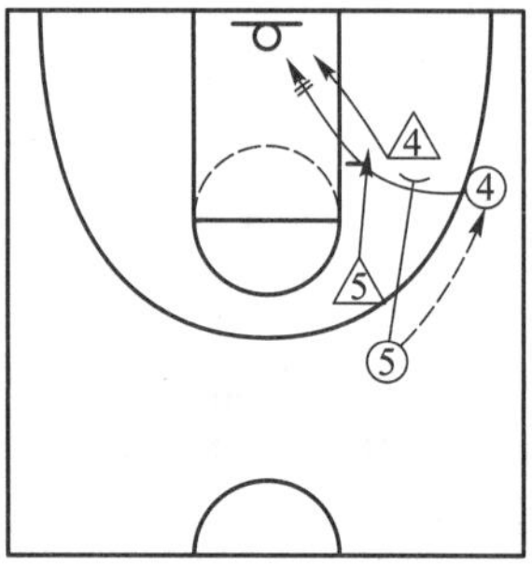

图 7-2-10　掩护配合

动作要点：掩护队员的行动要隐蔽快速；被掩护队员要注意用假动作吸引对手，当同伴到达掩护位置时，摆脱对手动作要突然、快速。

4. 策应

动作方法：④摆脱防守插到罚球线做策应，⑤将球传给④并立即空切篮下，接④的策应传球投篮（图 7-2-11）。

动作要点：策应者要及时抢位，传球人要及时地将球传到策应者远离防守的一侧。

5. “关门”配合

动作方法：当⑤从正面突破时，△4与△5、△5与△6进行“关门”配合。

动作要点：在防守队员积极堵截持球队员突破路线的同时，临近突破一侧防守队员要及时快速地向同伴靠拢进行“关门”配合（图 7-2-12）。

6. 挤过配合

动作方法：④传球给⑤后跑去给⑥做掩护，△4发现后要及时地提醒同伴△6，△6在④临近的瞬间，迅速抢在④之前继续防守⑥（图 7-2-13）。

动作要点：挤过时，要贴近进攻者，上前侧抢步的动作要及时，队员间要主动说话联络。

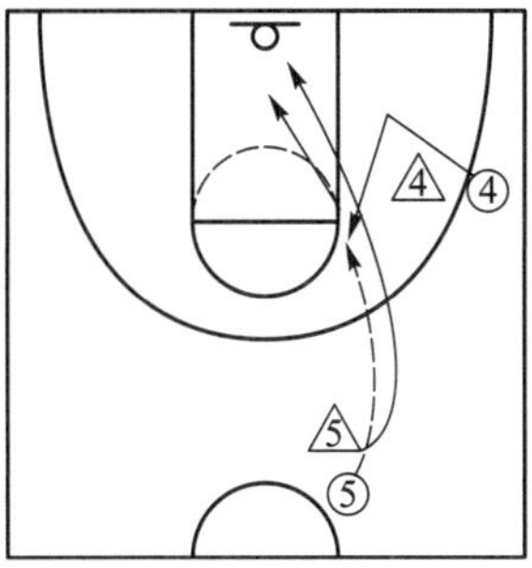

图 7-2-11　策应

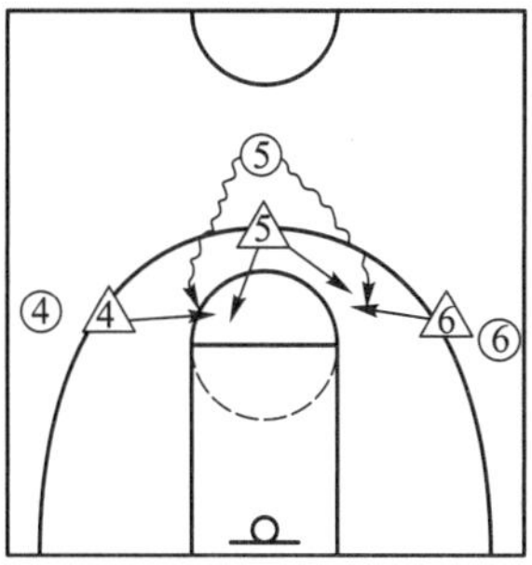

图 7-2-12　“关门”配合

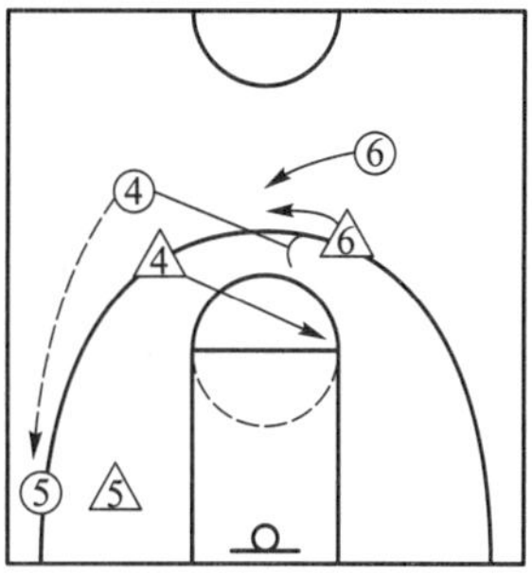

图 7-2-13　挤过配合

7. 穿过配合

动作方法：⑤传球给⑥后去给④做掩护，△5要提醒同伴，并离⑤远一点。当⑤掩护到位前一刹那，△4主动后撤一步，从⑤和△5中间穿过，继续防守④（图 7-2-14）。

动作要点：防守掩护的队员要及时提醒同伴并主动让路，穿过队员要迅速，并立即调整防守位置的距离。

8. 交换配合

动作方法：⑤去给④做掩护，△5要主动发出信号，及时封堵④向篮下突破的路线，此时△4应及时调整自己的防守位置，防止⑤向篮下空切（图 7-2-15）。

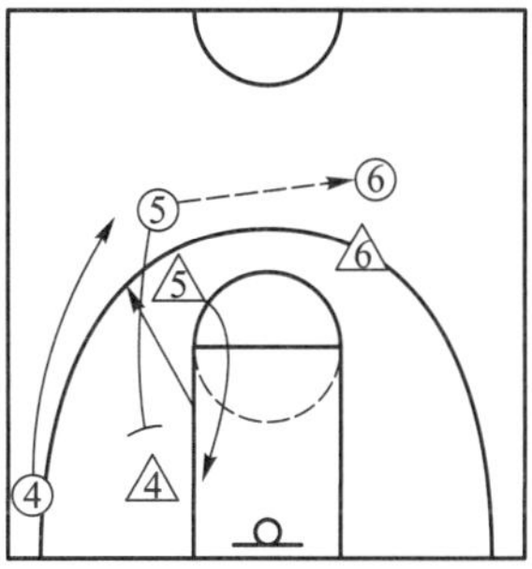

图 7-2-14　穿过配合

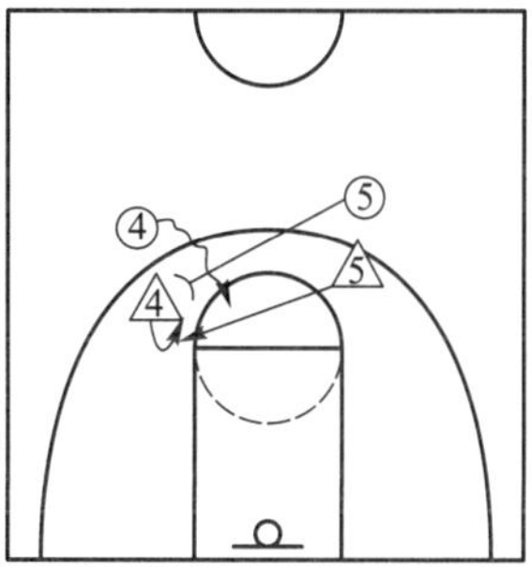

图 7-2-15　交换配合

动作要点：防守掩护者的队员要主动发出换人信号，双方准备换防。两防队员要到位，及时换防。

专家提示

易犯错误及纠正

（1）易犯错误。配合时队员移动不到位。

（2）纠正方法。队员间要相互提醒。

练 习 方 法

见配合方法。

按上述说明和图示几人一组反复练习，熟练自己的跑位后整体配合，然后交换攻守位置继续练习。

（三）全队战术配合

1. 半场人盯人防守

强侧防守的方法：如球在正面罚球圈顶一带时，要错位防守，防守人站在能够控制对手接球的路线上，积极阻拦对手接球。如球在有球一侧 45°角一带时，要侧前或绕前防守，阻碍对手接球，其他队员要回缩到罚球线的延长线上进行协防。

弱侧防守的方法：如球在正面罚球圈顶一带时，要注意“关门”协防，注意对手和篮下区域。球在无球一侧 45°角一带时，要回缩到罚球线的位置，其他队员要移到篮下进行防守，阻碍对方篮下进攻。

动作要点：半场盯人防守要从由攻转守时开始，此时每个队员都要快速退回自己的后场，立即找到对手，形成集体防守；要根据对手、球、篮筐选择有利位置，做到球、人、区兼顾，与同伴协同防守。

2. 2-1-2 区域联防

球在外围弧顶时的防守配合：④持球对△4，△6应根据对方的进攻阵形和对方中锋的位置决定两人的防守配合。△4上去防④，△6要稍向右移动，协助防守⑤，并准备抢断④传给⑥的球。△5向上移动防守⑤，△7向上移动防守⑦，并兼顾防守篮下，△8防守⑧的篮下活动（图 7-2-16）。

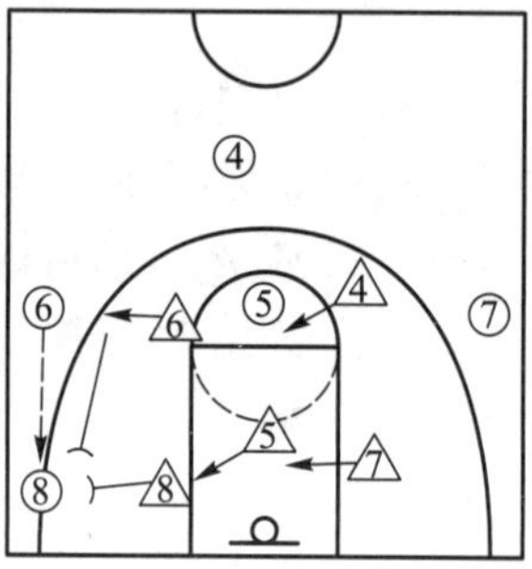

图 7-2-16　球在外围弧顶时的配合

专家提示

易犯错误及纠正

（1）易犯错误。进攻方面只注重两三人的配合，左右脱节，缺乏完整战术体系。防守时伸缩性、控制面积不大。

（2）纠正方法。进攻时注意力不能只在球上，要用余光观察队友；防守时应明确自己的区域。

练习方法

按上述说明和图示几人一组反复练习，熟练跑位和提高整体配合意识，然后交换攻守位置继续练习。

（四）短传快攻

（1）接应阶段：短传快攻包括固定地区固定队员的接应，固定队员不固定地区的接应，固定地区不固定队员的接应，机动接应等。以固定队员不固定地区的接应为例，⑦固定接应队员，他根据防守者堵位情况选择接应点（图 7-2-17）。

（2）推进阶段：推进阶段有三种形式：运球推进，传球推进，传球和运球结合推进。以传球推进为例，⑤抢到篮板球，④拉边接应，⑥插中，⑦、⑧沿两侧快下。⑤可将球传给④，也可传给⑥，如⑤传给④，④传给插中的⑥，⑥传给⑧，⑧传球给空切前场的④或⑦进攻（图 7-2-18）。

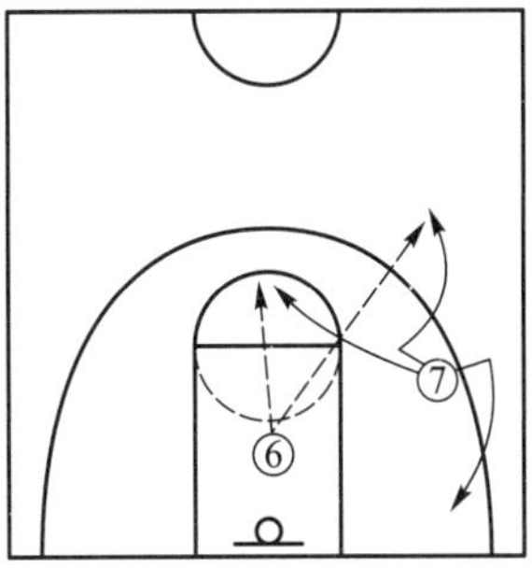

图 7-2-17　接应

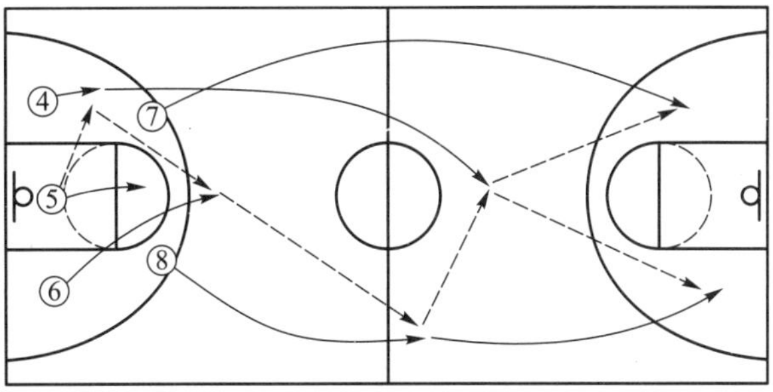

图 7-2-18　短传快攻推进

（3）结束阶段

二攻一配合：在二人快攻快速推进中，利用快速的传球吸引防守，⑨和⑩在快速传球推进中，△4突然前来防守⑨，⑨立即把球传给切入篮下的⑩投篮，⑨跟进抢篮板球。另外，也可以用快速运球吸引防守和快速运球投篮来进行二攻一配合（图 7-2-19）。

三攻二配合：防守队员平行站立时的进攻方法，⑧首先从两防守队员之间的中路运球突破，突破中遇到△4的堵截时，⑧立即把球传给⑨投篮。当⑨接球后又遇到△5的堵截时，⑨要快速将球传给⑩进行投篮。⑨、⑧跟进抢篮板球。当防守队员前后站立进行防守时，三攻二配合要从两侧快速运球切入篮下吸引防守；如防守队员采用斜线站立进行防守，三攻二时应从中路运球开始攻击（图 7-2-20、图 7-2-21）。

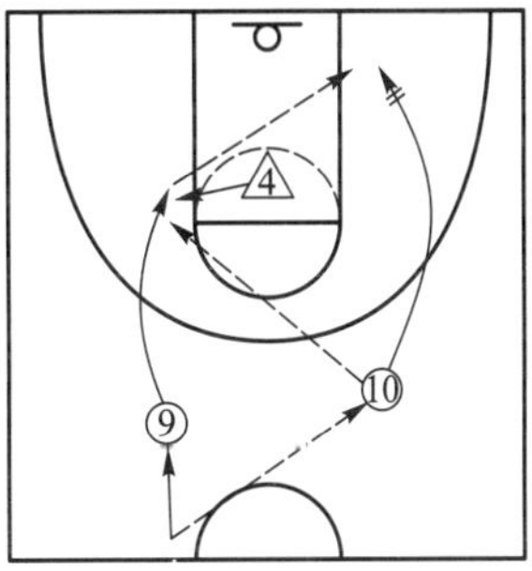

图 7-2-19　二攻一配合

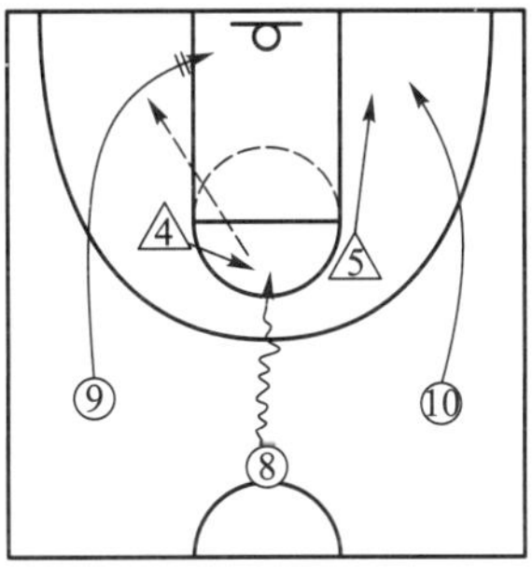

图 7-2-20　三攻二配合一

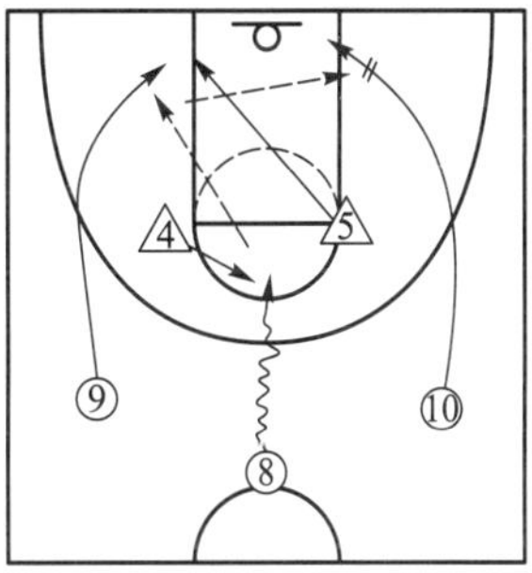

图 7-2-21　三攻二配合二

快攻的发动和接应意识一定要强，积极主动，获球后先远后近传好一传；在快攻中要以传球推进为主结合运球突破、加快进攻速度；快攻结束时要敢打，以个人攻击为主吸引防守。

专家提示

易犯错误及纠正

（1）易犯错误。没有队员接应。传球不到位。

（2）纠正方法。平时注意培养与队友的默契程度。

练习方法

按上述说明和图示几人一组反复练习，熟练跑位和提高整体配合意识，然后交换攻守位置继续练习。

五、篮球竞赛基本规则

（一）技术应用

了解最基本的竞赛规则，能组织一般性篮球比赛，达到顺利观赏篮球比赛的目的。

（二）篮球场地（图 7-2-22）

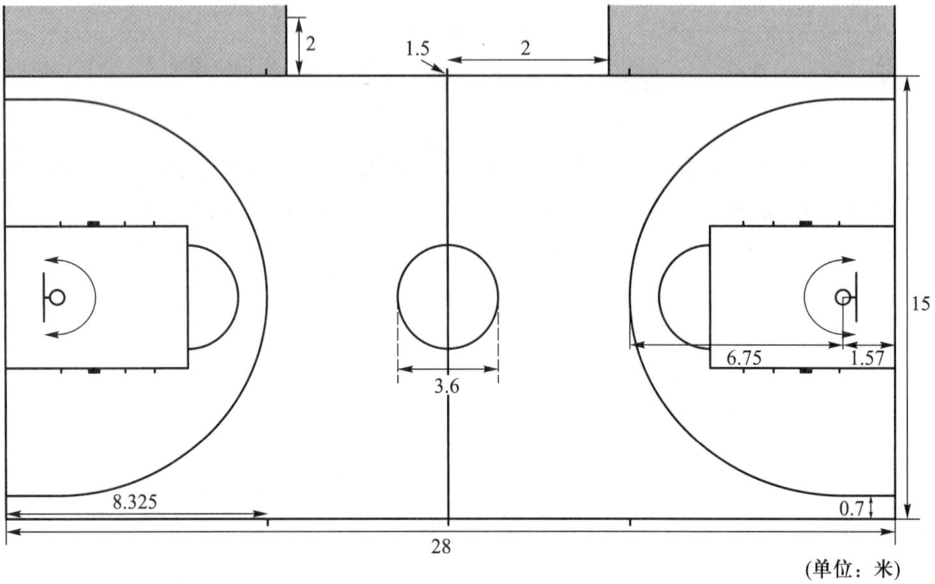

图 7-2-22　篮球场地

（三）篮球比赛方法及规则简介

1. 队员出界和球出界

（1）当队员身体的任何部分与界线、界线上方或界线外的地面，或除队员以外的任何物体接触时，即队员出界。

（2）当球触及界外、界线及上方任何物体，篮板的支柱或背面为球出界。

（3）最后去触球或被球触到的队员是使球出界的队员。

2. 非法运球

队员双手同时运球为非法运球。

3. 带球走

接球时确定中枢脚，在运球前中枢脚不能移动，否则为带球走。

4. 时间

（1）3 秒违例：控制球方在对方限制区内停留不得超过 3 秒。

（2）5 秒违例：控制球的队员在发球、罚球时不得超过 5 秒，持球队员在 5 秒内未运球、传球、投篮即为 5 秒违例。

（3）8 秒违例：控制球方在 8 秒内未将球从后场推进到前场。

（4）24 秒违例：控制球方在 24 秒内未投篮或投篮未触及篮框。

5. 球回后场

位于前场的控制球队队员不得使球回后场并重新控制球。

6. 干扰球

在投篮时，当球在飞行中下落，并完全在篮圈水平面之上时，进攻或防守队员不可以触及球。

7. 犯规

(1) 侵人犯规

◎ 阻挡：是阻止对方队员行进的身体接触。

◎ 撞人：是持球或不持球的队员推动或移动到对方队员躯干上的身体接触。

◎ 从背后防守：是防守队员从对方队员的背后与其发生的身体接触。

◎ 用手拦阻：是防守队员在防守状态中用手接触对方队员阻碍其行动或是帮助防守队员来防守对手的动作。

◎ 拉人：是干扰对方队员自由而发生的身体接触。

◎ 非法用手：发生在队员试图用手抢球接触了对方队员时。

◎ 推人：是用身体的任何部位强行移动或试图移动，与已经或没有控制球的对方队员发生身体接触。

◎ 非法掩护：是试图非法拖延或阻止非控制球的对手到达希望到达的场上位置。

罚则：

◎ 登记 1 次犯规。

◎ 如果对没有投篮动作的队员犯规，由对方在犯规地点最近的界外掷界外球。

◎ 如果对正在投篮的队员犯规，投中要计得分并判 1 次罚球，如果 2 分或 3 分投篮未成功则判给 2 次或 3 次罚球。

(2) 双方犯规：是指两名对抗的队员大约同时互相犯规的情况。

罚则：

◎ 登记每位犯规队员 1 次侵人犯规。

◎ 不罚球。

(3) 违反体育道德的犯规：队员蓄意地对持球或不持球队员造成侵人犯规。

罚则：

◎ 登记犯规队员 1 次违反体育道德的犯规。

◎ 判给非犯规队罚球再加 1 次球权。

(4) 技术犯规：是指所有不与对方队员接触的犯规。

◎ 漠视裁判员的劝告或运用不正当的行为。

◎ 有意的、不道德的或给违反者带来不正当利益的。

罚则：

◎ 登记犯规者 1 次技术犯规。

◎ 判给对方罚球加 1 次球权。

8. 一般规定

(1) 队员在 4×12 分钟比赛时犯规共达 6 次，自动退出比赛。

（2）全队犯规在4×12分钟比赛中，每节犯规4次，所有以后发生的防守中的侵人犯规都要处以两次罚球。决胜期的犯规要看作下半时或最后一节犯规的一部分。

（3）暂停

在4×12分钟比赛时，每队在第1、2节共准许2次登记暂停，第3、4节共可准许3次登记暂停，每一决胜期内准许1次。

相关链接

三人篮球赛

三人篮球赛是近年来兴起的一种比赛方式。由于它具有参加人数少、场地小、时间短等特点，易于在基层开展，现在已经成为深受青少年喜爱的运动形式。三人篮球比赛规则如下。

1. 场地

标准的半个篮球场地（14×15米），场地界线外应有1.5~2米的安全地带。

2. 规则

除下列特殊规则外，比赛均按照最新国际篮球规则执行。

（1）比赛双方报名为4人，上场队员为3人。

（2）比赛时间：全场比赛10分钟，组织者可根据参赛队多少修订时间为12分钟或15分钟。10分钟内双方都不得暂停（遇有球员受伤，裁判员有权暂停1分钟）。

（3）比赛开始，双方以掷硬币的形式选发球权。

（4）比赛开始和投篮命中后，均在发球区（中圈弧线后）掷球入场算作发球。

（5）每次投篮命中后，由对方发球。所有犯规、违例及界外球均在发球区发球，发球队员必须将球传给队友，不能直接投篮或运球，否则处以违例。

（6）守方队员断球或抢到篮板球后，必须迅速将球传出3分线外，方可组织反攻，否则判违例。

（7）24秒违例的规则改为20秒。

（8）双方争球时，争球队员分别站在罚球线上跳球。

（9）比赛中，每个队员允许3次犯规，第4次犯规罚出场。任何队员被判夺权犯规，则取消该队比赛资格。

（10）每个队累计犯规达5次后，该队再次出现的侵人犯规由对方执行两次罚球。

（11）只能在死球的情况下进行人员替换。

（12）比赛中，队长是场上唯一发言人。

第三节　排球运动

一、排球运动的健身价值

经常参加排球运动，不仅能改善人的身体状况，发展人的身体素质，培养人的基本运动能力，还能培养学生的观察、思维、分析能力以及养成勤思、敏捷、当机立断的良好习惯。对改善学生的心理状况，发展个性心理素质也具有独特的作用。排球运动在不断对抗竞争的过程中，通过正确对待成功与失败而认识自我，充分发挥自己的潜力，提高自信心和承受挫折的能力，在与同伴的默契配合中，满足彼此交往、合作的需要，使紧张的学习压力得到消除，不安的心理情绪得到调整，学习和生活质量得到提高。

二、排球运动的起源

排球运动起源于 1895 年，由美国马萨诸塞州的霍利沃克城基督教青年会干事威廉·摩根发明。

国际排球联合会自 1947 年成立至今，已有 200 多个会员国，排球运动已发展成为世界上最大的运动项目之一。排球运动的形式多种多样，除了室内 6 人制排球外，世界性的竞技排球运动还有沙滩排球和残疾人坐式排球，另外还有软式排球、小排球、气排球、公园排球等娱乐性质的排球运动形式。

排球运动世界大赛主要有世界锦标赛、世界杯赛、奥运会排球赛、世界沙滩排球锦标赛、残疾人奥运会排球赛。中国女排在 20 世纪 80 年代夺得“五连冠”，极大地鼓舞了全国人民的民族精神，也极大地激发了全民学排球的热情，在全国形成了轰轰烈烈的排球热潮。然而，此后的中国女排陷入低谷，17 年后陈忠和带领的中国女排再次获得三连冠，其中包括 2004 年雅典奥运会的冠军，重新激发了人们对排球的热情。2019 年 9 月日本女排世界杯，由郎平任教的中国女排卫冕世界杯冠军，这是中国女排自 2015 年后再次夺得世界杯冠军。

三、排球核心技术

（一）准备姿势

准备姿势根据身体重心的高低分稍蹲、半蹲和低蹲 3 种，最基本的是半蹲准备姿势。

动作要点：两脚左右开立比肩宽，膝关节保持一定弯曲度，上体前倾，两肘自然弯曲下垂，两眼注视来球，保持移动待发状态，屈膝提踵，含胸收腹。

移动：移动技术由启动、移动步法和制动 3 个部分组成。

专家提示

易犯错误及纠正

（1）易犯错误。① 上体太直，臀部后坐，全脚着地。② 两膝弯曲不够，重心过高，上体过于前倾。③ 由于两脚的前后或左右的距离过大或过小，而造成起动或移动的困难。

（2）纠正方法。① 可采用两人一组互相纠正的方法。② 可多做低姿移动练习。③ 可多做些徒手的移动步法练习。

练习方法

① 徒手模仿，学生成两列或四列横队站立，在老师指导下，集体做徒手模仿练习。

② 体会动作，队形同上。两人一组一人做，另一人纠正其错误动作。

③ 集体练习，队形同上。以原地起步或跑步的形式，在移动中看老师的信号做移动步伐练习。

④ 小组或个人分散练习，体会动作。

（二）发球

侧面下手发球：侧对网，屈膝上体稍前倾，左手将球平稳抛送至右肩前方，右臂后引，利用右脚蹬地、身体左转力量带动手臂向前上方摆动，在腹前用掌跟或虎口侧平面击球后下方（图 7-3-1）。

图 7-3-1　侧面下手发球

正面下手发球：面对球网，左手托球于胸前，将球平稳、垂直抛向右肩前方，右臂抬起，屈肘后引，抬头、挺胸、展腹，利用蹬地、转体、收腹带动手臂加速挥动，用全掌击球中下部。手腕主动推压，球抛向右肩前上方，高度约 1 米，转体收腹带挥臂，弧形鞭打加力量，手掌击球中下部，手腕推压球使球向前旋（图 7-3-2）。

图 7-3-2　正面下手发球

正面上手发球

正面上手发球：队员面对球网，两脚前后自然开立，左脚在前，将球平稳地垂直抛于右肩前方，在左手抛球的同时，右臂抬起，屈肘后引，肘与肩平，上体稍前右转。击球，以手掌根短促击打球的中下部，使球在运行中变形，产生不规则的飘忽不定地运行，增加接发球难度。

专家提示

易犯错误及纠正

（1）易犯错误。① 抛球不好，抛球过高过低、时前时后或忽左忽右，影响发球的质量。② 击球不好，击球点偏前或偏后、偏侧，击球点过低等。③击球时手掌控制不住球，击不准球。

（2）纠正方法。① 按正确动作发球，多做固定抛球的位置与高度的练习。②多击固定球。③ 只用较轻力量击中球或击固定球，提高其击球时手掌的感觉，从而不断改进击球动作。

练 习 方 法

① 男生可先学习正面下手发球，再学习侧面下手发球，而后学习正面上手发球。

② 女生可先学习侧面下手发球，再学习正面下手发球，然后学习正面上手发球。

（三）垫球

双手垫球：半蹲姿势站立，对正来球方向，双手抱拳互握，两肩快速前伸插入球下，直臂向前上方蹬地抬臂，同时配合蹬地送腰动作，身体重心随击球动作前移（图 7-3-3）。

背垫球：判断来球落点、方向和离网距离，迅速移动到球的落点处，背对出球方向，两臂夹紧伸直、插到球下。击球时，蹬地、抬头挺胸、展腹，直臂向后上方摆动击球（图 7-3-4）。

图 7-3-3　双手垫球

图 7-3-4　背垫球

单人垫球（有球）练习方法

专家提示

易犯错误及纠正

（1）易犯错误。① 初学者在垫球时有屈肘腕的现象，容易造成连击犯规。② 垫击部位不合理，垫在手腕、拇指或肘关节部位。③ 准备不充分，判断不及时。

（2）纠正方法。① 抬臂垫球的同时要压腕顶肘。② 练习时要及时做好准备姿势，加强预判。

练 习 方 法

① 垫球手型的练习，集体原地试做。

② 两人一组，一人持球固定在小腹前高度，另一人从准备姿势开始，做垫击动作。

③ 两人一组，一抛一垫。

④ 对垫或隔网垫球。

⑤ 隔网接发球练习。

（四）双手传球

动作方法：采用稍蹲准备姿势待看到来球后，迅速移动到球的落点，对正来球。击球点应在额的前方约一球的距离处。手触球时，十指应张开，指关节微曲，两手掌心相对，两拇指相对形成“一”字节，或“八”字形，使两手形成半球状。手腕稍后仰，以拇指内侧、食指全指和中指的第二、三指节触球的后下部，无名指、小指的指尖触球。拇指、食指和中指主要承受球的压力；无名指、指尖在球的两侧，辅助控制传球的方向，两手之间要有一定的距离，一般来讲，手掌愈小，距离愈大；手掌愈大，距离愈小（图 7-3-5）。目的在于扩大控制球的面积，但不能过大而漏球，两肘适当分开，自然下垂（图 7-3-6）。

正面双手传球（无球）练习方法

图 7-3-5　双手传球动作方法

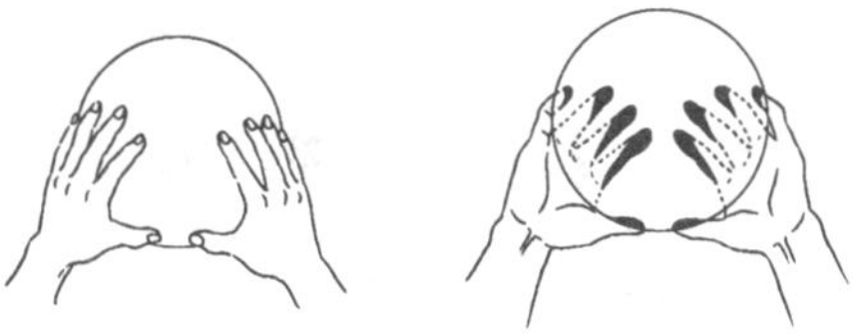

图 7-3-6　双手传球触球示例

（五）扣球

动作方法：助跑步子先小后大，摆臂起跳展腹抬臂，收腹，发力快速挥臂，向上振腕成鞭打状，全掌包球向前推压，脚前掌着地屈膝缓冲（图 7-3-7）。

扣球（有球）练习方法

图 7-3-7　扣球

专家提示

易犯错误及纠正

（1）易犯错误。① 击球臂不是弧形挥摆，而是直接伸向球直臂压球。② 击球时，肘关节没有挥直和肩、肘关节过分紧张僵硬。③ 助跑步幅顺序不合理，第一步大，第二步小。

（2）纠正方法。① 准备动作要做完整。② 可以提前丈量步伐进行适应。

练习方法

① 集体做徒手的挥臂击球动作。

② 在老师的统一指挥下做助跑接起跳的集体练习。

③ 利用网上固定吊球做助跑、起跳和挥臂扣球的完整练习。

（六）拦网

动作方法：垂直上跳，含胸收腹，提肩伸臂，上网拦击（图 7-3-8）。

图 7-3-8　拦网

专家提示

易犯错误及纠正

（1）易犯错误。①手臂太开，手形弧度不正确。②画弧摆臂动作和摆臂起跳不协调。

（2）纠正方法。明确动作要领，多做徒手的并臂压腕练习和隔网原地起跳摆臂压手腕练习。

练习方法

① 集体徒手做手臂、手掌拦网的手形练习。

② 两人一组隔网对面站立，低网做一人持球一人拦网的手形练习。

③ 二人或四人一组做各种移动步伐的低网对面站立拦网徒手练习。

四、排球基本战术

（一）进攻战术

1. 发球个人战术

（1）发球时可以把球发向对方接发球差的队员或准备二传的队员。

（2）把球发向接发球连续失误而表现紧张、急躁的队员。

（3）把球发向技术发挥不好而情绪低落、士气不佳的队员。

（4）把球发向刚上场的队员。

（5）把球发向最强的进攻队员或打快攻的队员，使其难于参与进攻。

（6）把球发到几人之间的空当，造成对方让球或抢球的现象。

（7）把球发到进攻线前面的2或4号区，使队员接球后难以跑动进攻。

（8）把球发到底线附近或两侧死角处，使对方即使接到球也难以到位。

（9）把球发到插上队员附近，破坏对方与其战术配合。

（10）把球发到二传不便于组织战术的地方。

（11）时而发到对方后场区，时而发到对方前场区。

（12）时而大力发旋转球，时而发飘球，时而发重球，时而发轻球。

（13）时而以进攻性发球为主，时而以准确性发球为主。

2. 二传个人战术

（1）传球瞬间突然改变球传出的方向，让对方事先看不出传球方向。

（2）以眼睛或手势示意某一扣球队员，引起对方注意，但突然把球向后或向前传出。

（3）看准来球先做转体动作，佯作向前或向后传球，但突然把球向前或向后传出。

（4）采用跳穿、晃动动作传球，迷惑对方。

（5）佯作二传，突然改变为单手吊球、两次球进攻、传到对方空当或跳传转移。

3. 扣球个人战术

（1）运用转体、转腕扣球技术，达到突然改变扣球路线的目的。

（2）运用高点超手扣球，或改为轻扣或调入空当。

（3）运用起跳后在空中停留的时间延迟扣球时机，使拦网难以奏效。

（4）运用向两侧打手出界的扣球，破坏对方拦网。

（5）运用平打使球触拦网手后飞向后场。

（6）运用轻扣或吊球将球打到拦网手上，使球随对方拦网人一同落下。

（7）运用轻扣将球打到对方拦网手上弹回再次组织进攻。

（8）避开身材高大和技术好的拦网队员，选择身材矮、弹跳差的队员为突破口。

（9）将球扣到对方防守差的队员附近或场上的空当。

4. 进攻中小组和全队配合

个人战术是掌握队友间配合的基础，但个人战术要通过小组和全队战术练习来提高，而小组和全队配合的关键是使设计的各种练习尽量接近比赛中的实际；不论进攻还是防守中队员之间的协同配合，是按照一定的信号联系进行的，在这种练习中逐步建立熟练的战术配合。

在进行小组和全队战术配合练习中,要不断改变队员的位置和出球方向,参加配合练习的队员人数逐渐增加,以增加队员间的相互协作能力。

“中一二”(图 7-3-9):传球队员(二传手)在 3 号位球网附近,扣球队员分别站在 4 号和 2 号位的进攻线附近准备扣球。3 号位的传球队员(二传手)根据对方拦网情况,将球传给 4 号位或者 2 号位扣杀。

“边一二”(图 7-3-10):传球队员(二传手)在 2 号位,扣球队员在 3 号位和 4 号位,2 号位的传球队员(二传手)根据对方的拦网情况,将球传给 4 号或者 3 号位扣杀。

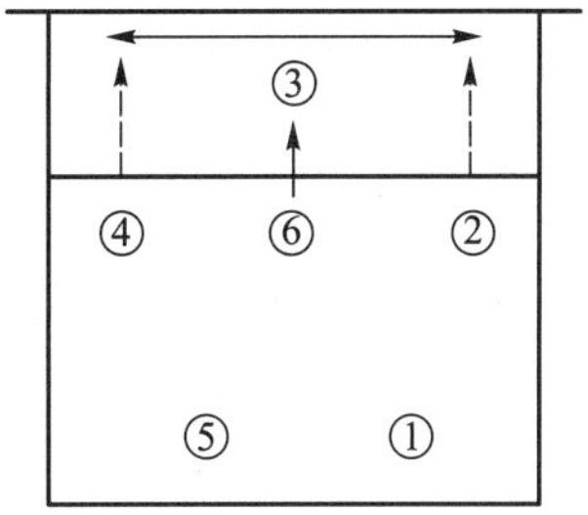

图 7-3-9　中一二

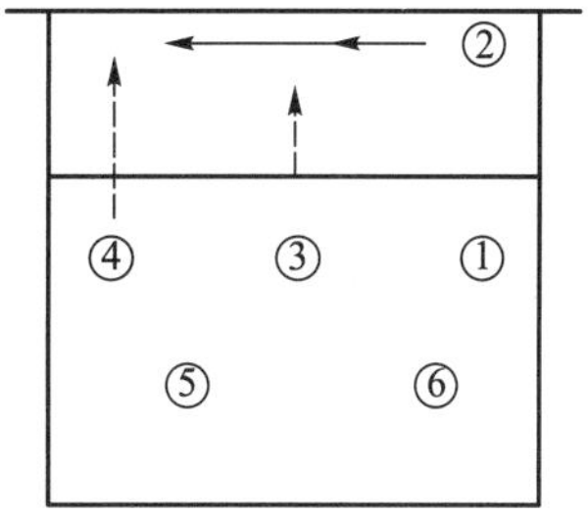

图 7-3-10　边一二

（二）防守战术

1. 接发球战术

接发球是进攻的基础,它是由守转攻的转折点。如果没有可靠的接发球技术做保证,就难以组织有效的进攻战术,甚至还会造成直接失分。

接发球时,队员的注意力要高度集中,充分做好接发球准备,根据对方的发球动作、性能、力量及速度,迅速作出正确的判断,及时移动取位,对准来球路线,运用合理的垫球技术将球传给二传队员。

接发球时,每一个接发球队员都应明确接发球的防守范围。划分范围不仅是平面的,还应根据来球的弧度高低进行立体空间划分。接发球员之间应既有分工,又有配合,注重整体接发球的实效性,接发球能力好的队员范围可大些,后排队员接球范围可大些。

2. 接扣球战术

接扣球防守包括拦网、后排防守两个环节。其中拦网是第一道防线,有效的拦网不仅可以遏制对方的进攻,减轻后排防守的压力,还能为反攻创造机会。

3. 拦网

拦网分为单人和集体两种形式,集体拦网必须建立在单人拦网技战术基础上才能更好地发挥威力。这里重点论述集体拦网的基本要求。

集体拦网时,要确定拦网的主拦网员,如拦对方两翼进攻,本方分别以 2、4 号位队员为主拦,其他队员密切协同配合,防止各行其是。起跳时,相互之间保持一定的间隔距离,并控制好身体重心,避免互相干扰和冲撞。拦网时尽可能扩大主拦面,但拦网队员手与手之间的距离不能太大,以免漏球。

人盯区的拦网战术是一种对付定位进攻及一般进攻配合较为有效的拦网战术。其特点是把球网分成左、中、右三个区,每一名队员负责一个区,以保证每一个区域至少有一名拦网队员拦网，并在可能的情况下，协助同伴组成集体拦网。

人盯人拦网战术，拦网队员各自负责拦对方与自己相对位置的进攻队员，进行固定人员拦网。但当对方进行交叉进攻时需要及时交换人盯人拦网，以免造成无人拦网的被动局面。

对方中间攻近体快球，两翼拉开进攻时，本方 3 号位队员负责拦中间快球，2、4 号位队员分别负责拦两翼的拉开进攻，并在此基础上尽可能组成双人拦网。对方采用交叉进攻及背后拉开进攻时，本方 4 号位队员拦对方 2 号位的拉开进攻。2 号位队员在盯住对方 4 号位进攻队员时，一旦发现 4 号位队员内切进行快攻，应立即与本方 3 号位队员相呼应，盯住人，即 3 号位队员拦对方快球，2 号位队员拦对方 3 号位队员的交叉进攻。

4. 后排防守

后排防守是第二道防线，是减少失分和争取得分的基础，虽然拦网技术有了很大提高，但仍有很多球突破拦网后进入本方场区，成功的防守不仅争取了得分机会还能鼓舞士气。后排防守要与前排拦网密切配合，相互弥补和保护。

五、排球运动竞赛基本规则

（一）场地（图 7-3-11）

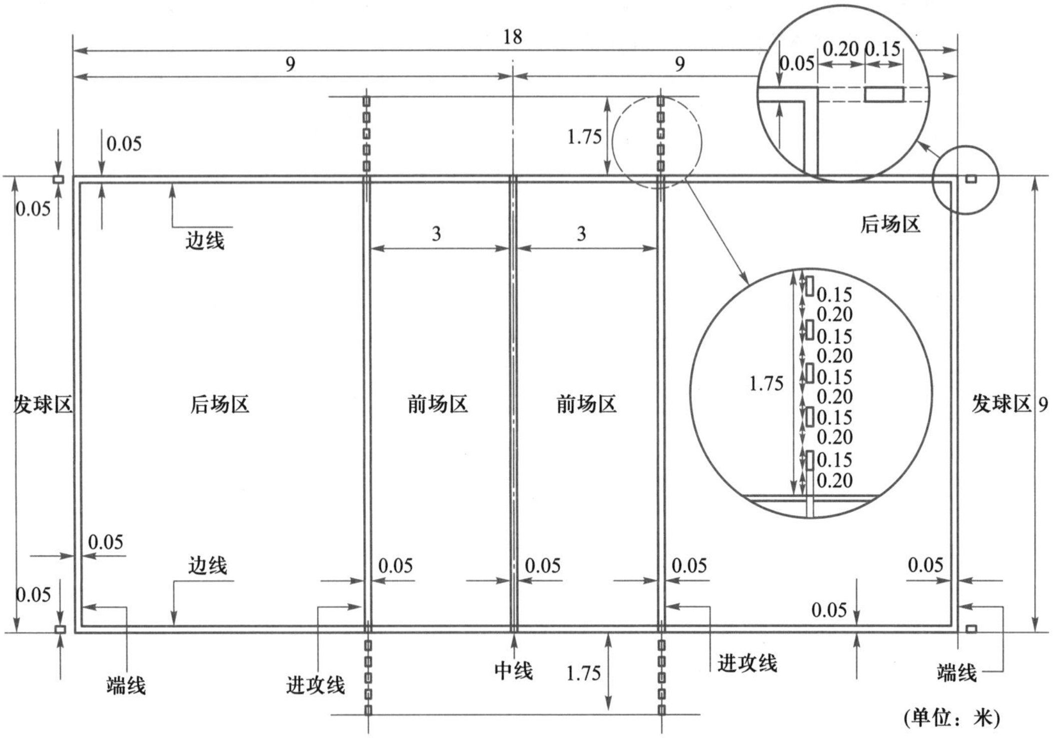

图 7-3-11　场地

（二）主要规则

1. 发球犯规

（1）发球队员在击球时或击球起跳时，踏及场区（包括端线）或发球区以外的地面。

（2）发球队员在第一裁判员鸣哨允许发球后 8 秒内未将球击出；球未被抛起或持球手未清楚撤离就击球。

（3）双手击球或单手将球抛出、推出。

（4）将球抛起准备发球却未击球；球发出后触及发球队其他队员。

（5）发球于界外。

（6）球越过发球掩护的个人或集体。

2. 位置错误犯规

位置错误犯规是指当发球队员击球时，如果场上队员不在其正确位置上，则构成位置错误犯规。

3. 击球犯规

（1）4 次击球。球队在击球回对方场区前触球 4 次。

（2）借助击球。比赛区域内，球员以队友或任何建造物、物体作为击球的支撑。

（3）持球。球员未能清晰地击球而是用手持球、掷球。

（4）连击。球员连续击球 2 次或球连续触及身体数个部位。

4. 近网球员犯规

（1）在对方攻击前或攻击时，球员于对方空间内触及球或对方球员。

（2）球员由网下侵入对方空间干扰对方的活动。

（3）球员侵入对方场地。

（4）球员企图击球时，触及球网及标志杆。

5. 拦网犯规

（1）在对方球员击球之前或同时，拦网球员在对方空间内触球。

（2）后排球员完成拦网或参与完成集体拦网。

（3）拦对方发球。

（4）拦网后球出界。

（5）在标志杆外侧，越过对方空间拦网。

（6）自由防守球员试图或参与完成拦网。

6. 攻击犯规

（1）在对方场地的空间击球。

（2）击球出界。

（3）后排球员在前区完成攻击，而且在击球的瞬间，球的整体高于球网的上端。

（4）对方发球，球在前区且整个球体在球网上端的空间时，球员完成攻击动作。

（5）自由防守球员对高于网口上端的球完成攻击。

（6）自由防守球员在前区以高手传球方式，自己或队友将高于网口上端的球击向对方场区。

第四节　气排球运动

一、气排球运动的健身价值

气排球具有体积大、重量轻、弹性好的特点，并且手感较好，易学又技术难度小。这一运动动作比较稳定和舒适，长时间训练对身体健康也没有危害。气排球趣味性强，技术多变，击球动作较为多样，可以提升训练效果，同时一传到位率低，比赛过程中回球次数会大幅增加。在比赛中气排球落地概率低，有益于球员和观众情绪的增强。气排球竞技健身性以及娱乐观赏性较强，不同技术水平以及性别和年龄的人都适合参与，对规则以及场地和人员方面的限制较小，非常适合高校学生参与。同时，气排球运动是有氧运动，有助于人呼吸以及心血管系统功能增强，提升骨骼弹性和韧度，促进大脑协调、迅速和准确地实现对运动神经的支配，符合高校公共体育课教学的主要目标，在教学中气排球运动是趣味性较强的综合性有氧运动，有利于学生身心实现健康发展，促进学生终身体育意识的强化。

二、气排球的起源与发展

在 1984 年，呼和浩特铁路局济宁分局的员工想方设法开展老年人体育活动，在没有任何规则限制的情况下，组织一群离退休职工用气球在排球场上打着玩儿，最后由于气球易爆，又改用儿童软塑球。不久后他们受到排球规则的启发，参照排球规则，想出了非常简单的比赛规则，这就是中国本土的特色运动“气排球”的诞生过程。这项“中国制造”的运动最开始由中国火车头老年体协推出，随后在浙江、福建、湖南、上海、江苏、广西、重庆等地逐渐以星火燎原之势取得良好的群众基础，打球的人越来越多。由于最初设计的目的性以及该项运动的技术特性，爱好者中以老年人居多，目的是健身娱乐，这一点跟竞技排球的比赛有所不同。此后，这一项体育运动开始在全国各地推广发展，渐渐扩散开来，各种比赛层出不穷，全国刮起一阵“气排球浪潮”。

三、气排球核心技术

（一）垫球

（1）准备姿势。正面对正来球方向，两脚开立略宽于肩，一脚在前，两脚跟提起，前脚掌着地，两膝弯曲微内收，重心稍前倾，双臂自然弯曲置于腹前。

（2）手形、击球点和触球部位。当球接近腹前时，两手重叠，掌根靠拢，合掌互握，两拇指平行朝前，手臂伸直，手腕下压，用前臂旋外形成的三角形区域靠近手腕的部分击球后下方。击球点在腹前一臂左右距离，便于控制用力大小并可根据垫球的方向，调整手臂的角度。

(3) 击球用力。两臂靠拢前伸插入球下，靠手臂上抬力量增加对球的作用力，同时配合趴地跟腰动作，使身体重心向前上方移动。击球时，两臂要形成一个平面，身体和两臂要有自然的随球伴送动作，以便控制球的落点和方向。垫球时，还应根据来球的力量控制手臂的动作(图 7-4-1)。

图 7-4-1　垫球姿势

（二）挡搬球

(1) 准备姿势。面对来球，两脚开立与肩同宽，成半蹲或稍蹲姿势站立。

(2) 基本手型。两肘弯曲，两手掌根相对，一手掌心朝上，另一手扶持并夹住来球，夹角大于 90°，位于胸前(图 7-4-2)。

图 7-4-2　挡搬球

(3) 挡搬球时。一手插入球底托住来球，另一手迅速扶住来球外侧并挡住来球。击球瞬间，两手成挡搬姿势，前臂上抬，靠手腕手指触球形成的弹力将球挡搬击出。击球点，一般在胸前或两肩外侧。挡搬球伸手动作快，可挡击任何位置来球，特别是胸前、腰上来球。挡搬球技术特点是可扩大防守范围，容易控制球的落点和方向。挡搬球动作技术易学、实用，是气排球垫球常用的重要技术之一。

（三）捞球

(1) 准备姿势。面对来球，两脚开列与肩同宽，成半蹲或稍蹲姿势站立。

(2) 基本手型。两肘弯曲，上臂与前臂夹角大于 90°，两手平行成一个平面，置于腹前，两手掌心朝上，手背与前臂成 45°夹角，来球时，前臂前伸，掌心朝上，两手形成一个平面(图 7-4-3)。

图 7-4-3　捞球

(3) 击球瞬间。两手插入球底部，托住来球，前臂上抬，靠两手触球捞住来球并击出。击球点一般位于膝关节以下或膝关节以上腰腹以下区域，回击左右两侧来球。气排球捞球技术是垫球技术的重要补充，特别适用于垫速度快的低球。

（四）捧球

(1) 准备姿势。两脚自然开立，两臂微屈，上体稍前倾，观察一传、二传来球。

(2) 基本手势。两肘弯曲，上臂与前臂夹角成 90°，掌心向上，手指张开，成微紧张状，捧球时接触球的下方，利用手指、手腕、抬臂、屈肘的全身协调用力，将球捧起(捧球用于对方攻击过来的一般球，特别是网前接吊球，双手单手均可使用)(图 7-4-4)。

图 7-4-4　捧球

(3) 来球时。两手基本形成一个平面。击球瞬间，两掌心插到球后部捧住来球，靠前臂、手腕手指力量击出来球，击出点一般在身体腹部前方，气排球捧球技术特别适用于垫对方速度快的追身球。

（五）抓球

（1）准备姿势。两脚开立，成高重心姿势。

（2）基本手势。两肘弯曲，上臂与前臂夹角成 90°，五指张开，大拇指朝上，手掌心相对（图 7-4-5）。

（3）击球瞬间。两臂前伸，两手夹住来球的外侧并抓住来球，靠手腕手指的力量击出来球。击球点一般在腰部以下正前方位置。抓球技术适合于脚步移动较慢的爱好者。

图 7-4-5　抓球

（六）发球（正面上手抛球发球）

（1）准备姿势。面对球网站立，两脚自然开立，左脚在前，左手持球于体前。

（2）抛球。左手将球平稳地垂直抛于右肩的前上方，抛球高度为 1.5 米左右。

（3）引臂。屈肘后引，上体稍向右转，手停于耳旁。

（4）挥臂击球。收腹、振胸、挂肘，上臂带动前臂向前上方弧形挥摆，伸直手臂，在肩的上方用全掌击球的后中下部。

（5）击球手法。包满打转，边包裹边推压；全手掌击球，使球成下旋飞行（图 7-4-6）。

图 7-4-6　气排球上手抛球发球

相关链接

发球的变化

因击球部位不同和手势变化，除常规发球外，还可发出正旋、反旋、下旋，左旋球。击在球的中间偏右侧，球成向左香蕉弧线；右旋球击在球的中间偏左侧，球成向右香蕉弧线；上旋球为击球时带搓球动作，球发出后弧线大、后部急坠；飘球为球过网后成左右摇摆状态。

发球不要急，根据选择的发球手势抛球到位。同时，发球力度大小和击球速度快慢决定球速和球的飞行路线，快速击球有利于提高球的力度和速度。

（七）传球

接发球（即一传）是组织进攻战术的基础技术，要求准确地、平稳地把球接送给二传队员或扣手（即一传到位），尽量减少失误，以便形成有力的进攻战术。

二传是接应一传或防守后，把球传给扣手进攻的技术。二传要求不仅要把球稳准地托起，而且要求球不转，并要尽可能迷惑对方，避开拦网，组成快速多变的进攻战术，以达到助攻的目的。

（1）准备姿势。看清来球，迅速移动到球的落点，对准来球，两脚左右开立，约同肩宽，左脚稍前，右脚脚跟稍提起，两膝微屈，上体稍前倾，两臂弯曲置于胸前，两肘自然下垂，两手成传球手形，眼睛注视来球方向。

（2）手型。当手触球时，手腕稍后仰，两手自然张开，手指微屈成半球状。两拇指相对成“一”字形或“八”字形，两拇指间的距离不能过大，以防漏球（图 7-4-7）。

图 7-4-7 气排球传球手势

（3）击球点。击球点在前额上方一球左右的距离。

（4）球触手的部位。拇指外侧，食指全部，中指的二三指节，无名指第三指节和小指第三指节的半个指节。简称为“3、2、1、半和拇指外侧”。

（5）击球部位。球的后中下部。

（6）用力顺序。蹬腿、展腹、伸臂最后用手指手腕的弹力将球向前上方传出。背传、跳传也是传球的必要技术。

（八）扣球技术（正面扣球）

（1）准备姿势。站在离网 2 米以外，观察二传来球，随时准备向各个方向助跑起跳。

（2）助跑。助跑的时机、方向、步法、速度、节奏是根据来球的方向、速度和弧线来决定。

（3）起跳。在助跑跨出最后一步的同时，两臂绕体侧向后引，左脚在落地制动的过程中，两臂自后积极向前摆动，随着双腿蹬地向上起跳，两臂配合起跳用力上摆。

（4）空中击球。起跳后，挺胸展腹，上体稍向右转，右臂向后上方抬起，身体成反弓形。挥臂时，以迅速转体、收腹动作发力，带动肩、肘、腕各部位关节成鞭打动作向前上方挥动。击球时，五指微张成勺形并保持紧张，用全手掌包满球，以掌心为击球中心，击球的后中下部，同时主动用力屈腕屈指向前推压，使扣出的球加速下旋。击球点在起跳后手臂伸至最高点的前下方（图 7-4-8）。

（5）落地：应用双脚的前脚掌先着地，同时顺势屈膝，缓冲身体下落的力量。

图 7-4-8　并步起跳扣杀球

相关链接

扣球击球时应注意

① 击球要准确，以全手掌击球后中上部或后中部，使全手掌包满球，手掌和手腕控制球的方向、弧线和落点。② 击球时要有提肩动作，手臂充分伸直，保持高点击球。③ 挥臂要迅速，加快前臂的挥动速度，并有明显的抽鞭动作，猛甩手腕，借以加大对球的作用力。

（九）拦网

拦网队员应当紧盯住对方传球的路线，判断对方向本方击球时的球在空中的位置，然后迅速平移至球网本方一侧的对应位置后，贴近球网（身体任何部位不能碰到球网），面向对方击球队员，原地起跳，起跳的同时将双手手臂伸直上举，微微前倾，十指尽可能地张开绷紧，手腕与手臂成约 110°角，挡在其球的攻击线路上。拦网结束身体下落时，手臂不要弯曲，仍保持拦网时的伸展状态，待与球网保持一定距离后，身体方能放松，以避免触网（图 7-4-9）。

图 7-4-9　气排球正面拦网

相关链接

拦网的要领

直上直下，上体绷紧，切莫下压。拦网的起跳时机非常重要，起跳的时机要与对方击球的节奏一致，才能起到很好的作用，发现对方击球队员踩越 2 米线时，可不予拦网，立即退后，参与防守。

四、气排球核心战术

打好气排球，除了个人有扎实的基本功，场上队员有团队精神以外，还要有临场意识和战术素养。要做到集中精神，充满信心，沉着冷静，善于隐蔽地观察对方，做到知此知彼，攻其不备与弱点，要攻守兼备，防守反击，快打快攻。

（一）发球

(1) 发到离二传最远的位置（二传站位靠两边时）。

(2) 发到对方空位（如两排队员的中间，两名队员的中间等）。

(3) 发至对方接球水平较差的队员。

(4) 对方站位较靠前时，发到后场，反之，发前场。

(5) 发至进攻力较弱的主攻手。

(6) 发至对方 4 号位与 5 号位的左手位（直线球）。

(7) 直跑跳发与侧跑跳发（具有杀伤力的发球）。

（二）拦网

(1)球在对方场地时，前排 3 名队员要随时在网前做好拦网准备。

(2) 前排中间位置队员随时准备与左边或右边队员拦截从对方左边或右边方向进攻的球，另一名队员作拦网或救球准备。

(3) 对方从中间进攻时，前排 3 名队员应并排拦网。

（三）后排队员的卡位（防守卡位）

当我方 3 名前排队员拦网时，后排队员 1 名要卡在对方进攻来球的直线位置上，另一名卡在斜线位置，并随时准备将对方吊向离自己位置最近的球救起。

（四）进攻

(1) 把球打至对方最弱的（或空当）位置。

(2) 往对方身高最矮的拦网队员处扣球。

(3) 球在我方场地，除留二传一人在网前外，其余 4 名队员都要在进攻线外随时启动准备扣球。

(4) 像普通排球式的快打快攻（短平快）打法，提前起跳并有其他队员做掩护性进攻（目前最具有杀伤力与较完美的进攻）。

(5) 进攻时，发现对方拦网队员已做好充分准备时：强攻，有可能突围成功，打手出界；巧打，变线，吊球或抹球；往拦网队员的手上部轻打，由我方保护队员将球救起，重新组织进攻。

专家提示

一传个人战术易犯错误及纠正

(1) 易犯错误：① 移动慢，对不正球。② 重心高，击球不稳，不到位。③ 挡球时手腕后仰不够，控制球的能力差，球向前平飞。④ 两臂用力不当，臂摆过大，用力过猛，动作不协调。

（2）纠正方法：① 多练移动抢救球及多练垫固定球。② 徒手分解练习，屈膝降低重心传垫球。③ 自垫自挡练习；或一抛一挡多做较大力量的来球练习。④ 垫固定球，体会用力和协调发力或近距离抛垫低球和连续自垫低球。

二传个人战术易犯错误及纠正

（1）易犯错误：① 取位不及时，移动速度慢。② 转方向传球时，身体不转或侧转。③ 二传不到位，未达到预想的战术。④ 跳传时起跳时间过早，动作不隐蔽。

（2）纠正方法：① 练习用头顶球，迫使其必须移动，取位于球下。由近距离开始，球稍高，然后逐渐增大难度。② 要求每次传球右脚尖必须指向传球方向。先传小角度来球，要求球和目标均落在视线上。③ 练习双手远距离上手投篮动作抛球入筐。自传高低变化的球，提高对球下落时间和出手力量大小的判断。④ 每次都晚跳及跳传较低的球。

扣球个人战术的战术要求

（1）扣球时避开拦网队员的手：① 扣球时运用路线变化，灵活采用扣直线、斜线和小斜线等。② 运用转体、转腕等扣球技术，达到突然改变扣球路线。③ 运用超手扣球技术扣球。④ 运用时间差扣球技术。⑤ 利用两次球，使对方不能组成拦网。

（2）扣球时利用拦网队员的手：① 利用打手出界技术来破坏对方严密的拦网。② 采用轻扣拦网队员的手，造成球随拦网队员一同下落。③运用平打造成对方拦网触手后落入后区。

（3）根据临场情况采取相应的扣球技术。① 利用单脚起跳扣球或假传球而突然原地起跳扣球，使对方来不及组织拦网。② 根据对方拦网队员的身高和技术情况，避强打弱。如对方二传队员身材矮、弹跳力差，就可以从这个拦网队员的区域进行突破。

（五）气排球常用阵型

五人制阵型队员场上位置：双方队员各分为前排 3 名，后排 2 名。前排左边为 4 号位，中间为 3 号位，右边为 2 号位，后排左边为 5 号位，右边为 1 号位（图 7-4-10）。发球时判断队员的位置是否错误，应以队员身体着地部分为依据，在发球队员击球的一刹那，球未击出前，同排队员的站位不得左右超越或平行，前后排队员不得前后超越或平行。即 4 号位队员不得站在 3、2 位队员的右边，2 号队员不得站在 3、4 位队员的前面或前后平行。否则，应判失球权或对方得分。发球队员与本方 5 号位队员不受站位的限制。每局比赛开始，场上队员必须按位置表排定的次序站位，在该局中不得调换。在新的一局，每个队上场队员的位置可重新安排（图 7-4-11）。

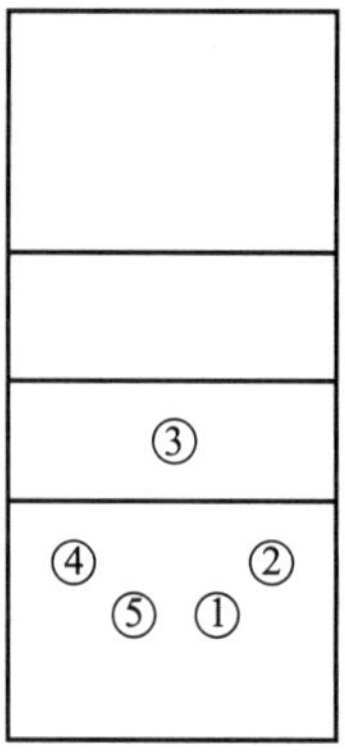

图 7-4-10　气排球常用阵型（1）

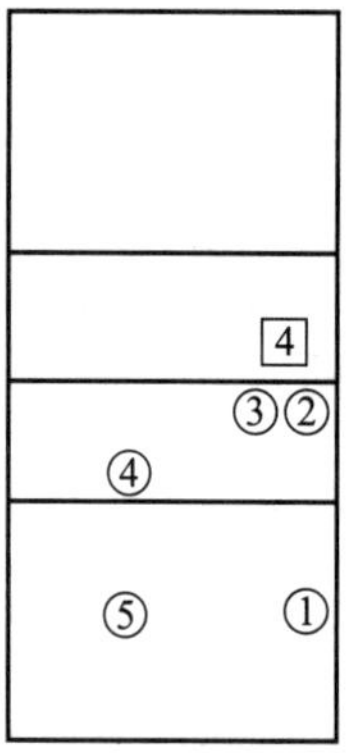

图 7-4-11　气排球常用阵型（2）

图 7-4-10 这个站位是最开始的站位，也是对方发球时我方的基本站位。图 7-4-11 这个站位是对方 4 号位边路进攻时，我方的基本站位（其中，2、3 号位负责拦网；4 号位负责我方进攻区

内的对方“吊球”进攻的防守；5 号位负责对方“斜线扣球”进攻的防守；1 号位负责对方“直线扣球”进攻的防守）。

图 7-4-12 这个站位是对方 1、5 号位中路进攻时，我方的基本站位（其中，2、3、4 号位负责拦网；5 号位负责我方左边半场的区域防守；1 号位负责我方右边半场的区域防守）。

图 7-4-13 这个站位是对方 2 号位边路进攻时，我方的基本站位（其中，3、4 号位负责拦网；2 号位负责我方进攻区内的对方“吊球”进攻的防守；1 号位负责对方“斜线扣球”进攻的防守；5 号位负责对方“直线扣球”进攻的防守）。

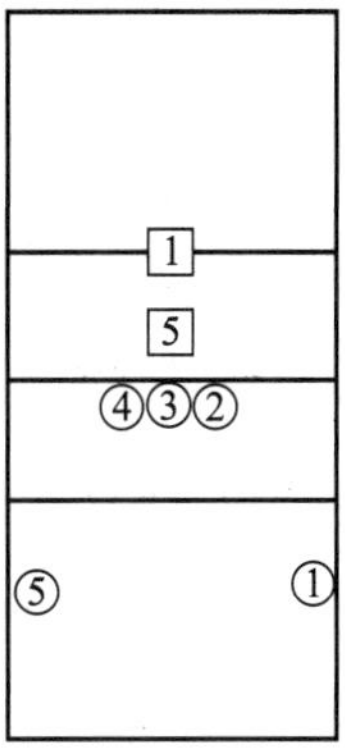

图 7-4-12　气排球常用阵型（3）

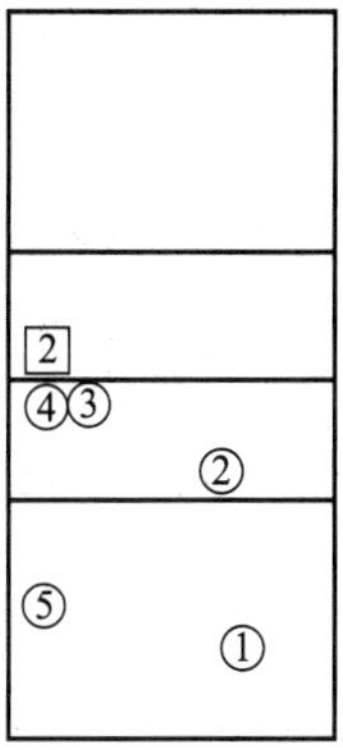

图 7-4-13　气排球常用阵型（4）

五、气排球竞赛规则

（一）场地和站位

（1）比赛场地长 12 米、宽 6 米，从地面向上至少有 7 米高的无障碍空间。

（2）每个场区各画一条距离中线 2 米的进攻线。进攻线（包括进攻线的宽度）前为前场区，进攻线后为后场区。进攻线外两侧各有间距 20 厘米、长 15 厘米的三段虚线为进攻线的延长线。两条进攻线的延长线之间、记录台一侧边线外的范围为换人区。

（3）场上比赛队员 5 人，前排 3 名队员，后排 2 名队员，替补队员 5 人。每局比赛开始后，各队的站位轮位次不得变换，违者判失分（图 7-4-14）。

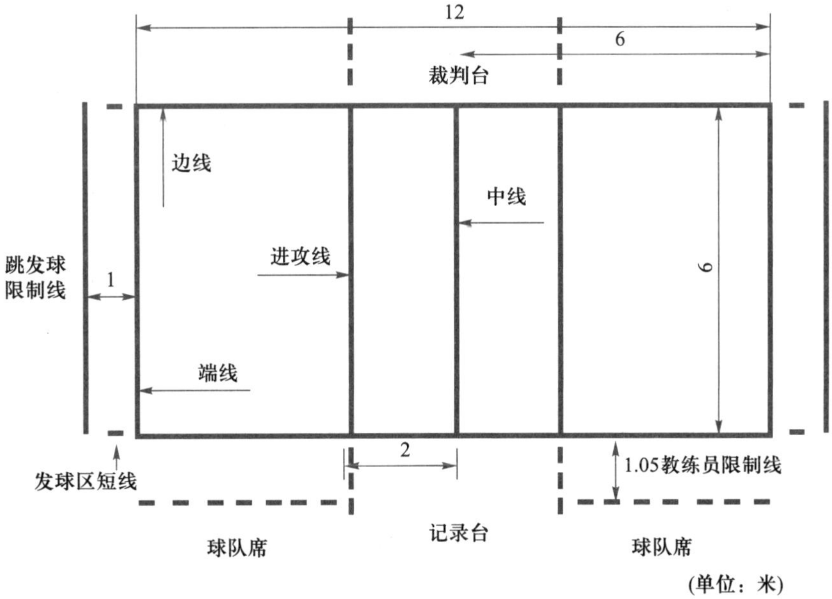

图 7-4-14　场地

（二）球和网高

比赛用球由柔软的塑胶制成的圆形彩色球，球的圆周长为 80～83 厘米，重量为 100～120 克。

男子球网高度 2.1 米、女子球网高度 1.9 米。球网高度用量尺从场地中间丈量。球网两端离地面必须相等，不得超过规定高度 2 厘米。

（三）场上位置

发球队员击球时，双方队员（发球队员除外）必须在本场区内按轮转次序站位（图 7-4-15）。

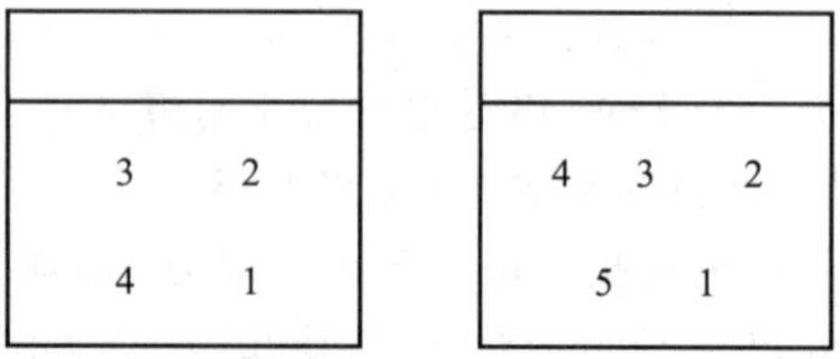

图 7-4-15

四人制比赛队员位置：靠近球网 2 号位（右）、3 号位（左）二名队员为前排队员，另外二名队员 1 号位（右）、4 号位（左）为后排队员。1 号位队员与 2 号位队员同列，3 号位队员与 4 号位队员同列。

五人制比赛队员位置：靠近球网 2 号位（右）、3 号位（中）、4 号位（左）三名队员为前排队员，另外二名队员 1 号位（右）、5 号位（左）为后排队员。1 号位队员与 2 号位队员同列，4 号位队员与 5 号位队员同列。

（四）得分和记分

比赛采用每球得分制。发球方得分记 1 分，若失球，对方记 1 分。每局先得 21 分同时超过对方 2 分为胜一局。当比分 20∶20 时，比赛继续进行至某队领先两分（22∶20、23∶21……）为胜一局。决胜局，先得 15 分同时超过对方 2 分的队获胜，当比分 14∶14 时，比赛继续进行至某队领先两分（16∶14、17∶15……）为胜一局。决胜局 8 分时双方队员交换场地进行比赛，双方按照交换时的阵容继续进行。

（五）击球

（1）队员的身体任何部位都可以触击球。比赛中队员与球的任何触及都视为击球。

（2）每队最多击球 3 次（拦网除外）并将球回击过网进入对方场区。一名队员不得连续击球两次（拦网除外），违者判失分。

（3）本队多名队员同时击球只记 1 次，触到球的队员不能再去击球，违者判犯规失分。

（4）双方队员在球网上空同时击球，球落在某方，某方仍可击球 3 次。

（5）双方队员在球网上沿将球按住则判双方犯规，该球重新进行。

（六）扣球

（1）队员扣球必须在前场区的限制线后起跳进攻，起跳脚踩限制线扣球判违例失分。

（2）前场区限制线内的高于球网上沿的球不准扣球，只能用拳头或手挑过去或传出去，不能用手抓、按、抹或反带等明显的压腕动作击球，违者判失分。

（七）拦网

（1）前排队员可以单人或集体拦网。拦网触球后的队员仍可击球。

（2）不准拦发球和前场区过网的球，违者则判失分。

（3）后排队员不准到前场区进行拦网，违者判失分。

（4）除不能直接拦发球外，前排队员可随时起跳拦对方的进攻球。

（5）前排队员起跳后不能过网、压腕拦球，违者判失分。

（八）触网

比赛进行中，触网即犯规，比赛过程中在任何情况下都不得触网。队员的身体任何部位触及球网，则判犯规失分。因对方击球使球网触及本方队员时，则不判犯规。

（九）过中线

比赛进行中，队员双脚踏越中线，应判犯规失分。

（十）换人

换人由教练员或场上队长请求，如果要替换两名或两名以上的队员，要用手势表明请求替换人次，换人位置不限。

（十一）暂停

每次暂停时间为 30 秒。

复习与思考

1. 篮球运动中，全队防守战术配合有哪几种？
2. 排球运动中，正面双手垫球的动作方法有哪些？
3. 足球比赛中如何根据本队的特点制订战术方案？
4. 气排球比赛中哪些动作会被判失分？

第八章
小球类运动

阅读提示：

本章介绍乒乓球、羽毛球、网球以及毽球、柔力球的健身价值起源及发展，使学生熟悉小球类运动的技术动作练习方法和参与体育竞赛的基本技能，掌握运用小球类运动进行身体锻炼的练习方法，培养学生克服困难、勇敢顽强的意志品质以及团队合作意识。

第一节　乒乓球运动

一、乒乓球运动的健身价值

（一）在全面发展身体素质的基础上可突出发展灵敏素质和速度素质

在乒乓球运动中，乒乓球的飞行速度平均可达 20 米/秒，通常对方攻出的快球只需 0.15秒左右就可到达本方球台，在如此短的时间里，本方球员不仅要迅速、准确地判断出对方的击球点、战术意图、来球旋转方式及速度，而且还要迅速、果断地作出还击措施。因此，长期从事乒乓球运动，能使锻炼者的中枢神经系统得到改善和提高，增强情绪稳定性，提高反应速度及身体协调能力。

（二）有利于提高智力水平

乒乓球比赛过程错综复杂，要求参赛者要善于观察对方的技术动作要点，分析对方的心理，揣摩对方的战术规律，根据赛场上的实际情况决定战术对策，以果断地给对方出其不意的一击。可以说，双方参赛运动员在智力上的角逐非常激烈。因此，长期从事乒乓球运动锻炼，有利于培养学生独立分析问题和解决问题的能力，使智力得到全面开发，心理潜力得到充分发掘。

二、乒乓球运动的起源与发展

乒乓球运动于 19 世纪末起源于英国，流行于欧洲，最早叫“Table Tennis”（桌上网球）。1900 年英国成立了乒乓球协会。同年 12 月，在伦敦的皇后大厅举行了英国第一次大型乒乓球赛。1988 年的汉城奥运会，乒乓球被列入奥运会的正式比赛项目，大大推动了世界乒乓球运动的发展。中华人民共和国成立后，我国的乒乓球运动得到了飞速发展。20 世纪 50 年代，我国大力开展了群众性乒乓球运动，民间的乒乓球技术水平得到了很大提高，1959 年容国团在第 25 届世界乒乓球锦标赛中，为中国夺得了第一个世界乒乓球冠军。在第 42 届世乒赛上，中国队夺得女团、男双、女双和混双 4 项冠军和男团亚军，为中国乒乓球再创辉煌打下基础。此后，中国队始终站在世界乒坛的最顶峰，在以后的历届世乒赛和奥运会上中国队成绩辉煌，乒乓球真正成为长盛不衰的“国球”。

三、乒乓球核心技术

握拍

（一）发球技术

1. 平击发球

（1）正手平击发球。站位近台中间偏左处，抛球同时向右侧上方引拍，上臂带动前臂向前平行挥动，拍形稍前倾，在球的下降期击球的中上部向前方发力，使球的第一落点在球台的中段附近。

（2）反手平击发球。站位于球台中间偏左处，右脚稍前或平行站立，身体略向左转，含胸收腹，将球抛至身体左侧前方的同时向左后方引拍。右臂外旋，拍形前倾，在球的下降期击球的中上部向右前方发力，使球的第一落点在球台的中段区域。

正手发平击球

（3）正（反）手发急球。发球时，用快速有力的动作挥拍使击出的球成上旋状态，且飞行速度快、弧线长、冲击力强，落点长。

① 发上旋急球：抛球同时，持拍手向右（左）后方引拍，拍形稍前倾。当球下降时，持拍手以肘关节为轴心做内（外）旋向左（右）前方挥拍用力，触球后拍面前倾快速摩擦球的中上部。球的第一落点应在本方台面端线附近，持拍手迅速放松、立即还原成预备姿势（图 8-1-1）。

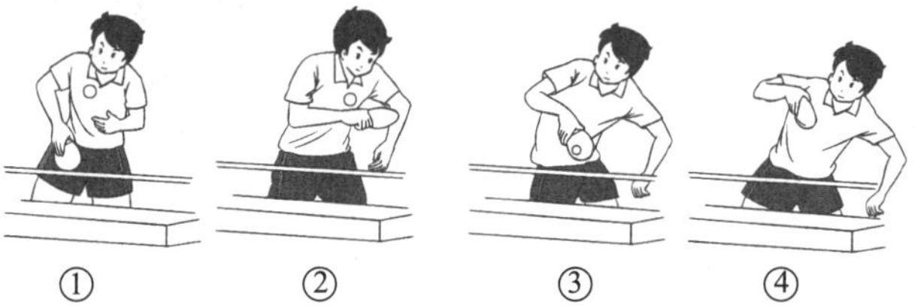

图 8-1-1　发上旋急球

② 正手发奔球：也称正手发右侧上旋急长球，或正手发弹击式急球。抛球后，持拍手向后上方引拍。击球时运用手腕的弹击力量，拇指用力在球拍左肩部位，球拍沿球体的右侧中部向中上部摩擦，使球具有较强的右侧上旋向对方右角偏斜运行，增大对手还击球的角度和难度。

③ 反手发急下旋球：在旋转性能上和发上旋急球不同，前者球成下旋，后者为上旋。发急下旋时，拍形稍后仰，向前下方发力，采用边碰撞边摩擦球的动作击球的中下部。练习击球时，应注意压低球在空中飞行的弧线；先练习发斜线急球，后练习直线急球。

（4）正手发左侧上（下）旋球：左脚在前，右脚在侧后，当球向上抛起的同时持拍手向右后方引拍，身体随之向右转动，球拍稍后仰，手腕外展。当球下落时手臂自右上方向左下方挥摆，在球拍触球的瞬间加大前臂、手腕的爆发力，增强球的旋转，随势挥拍的动作幅度要小，以便快速还原动作。

① 发左侧上旋球：球拍从球的右侧中下部向左侧面摩擦，并微微勾手腕以加强上旋。

② 发左侧下旋球：手臂自右上方向左前下方挥摆，球拍从球的右侧中下部向左侧下部摩擦，腰部配合向左转动。

（5）反手发右侧上（下）旋球：右脚稍前，重心在右脚上。抛球的同时向左后方引拍，腰略向左转，拍面稍后仰，手腕适当内旋，当球下落时手臂自左上方向右下方挥摆。在触球瞬间加大前臂、手腕的爆发力，同时注意配合转体动作，使腰、臂协调用力，有利于增大发球的速度和力量，以增强球的旋转。

① 发右侧上旋球：触球时，拍面从球的中下部向左侧上部摩擦。

② 发右侧下旋球：触球时，拍面从球的左侧中下部向右侧摩擦。

（6）反手发急下旋球：右脚稍前或两脚平行，腰略向左转，抛球的同时右臂微做内旋，拇指压拍使拍面稍后仰,向后上方引拍。当球降到低于网高时,前臂迅速用力向前下方推球,用边碰撞边摩擦球的动作击球的中下部,击球的第一落点接近端线。

2. 高抛发球

(1) 侧身正手高抛发球。首先,要注意将球抛稳,抛球手的肘部要贴近身体左侧,尽量让球抛起时上升轨迹接近垂直,使球在身体的右侧前方降落。当球下降至头部高度时,持拍手由右上方向左下方挥动。其次,要注意击球点不要离身体过远,一般在右侧腰前15厘米为宜。

发左侧上旋球时,球拍从球的右侧中下部向左侧上部摩擦。

发左侧下旋球时,球拍从球的右侧中下部向左侧下部摩擦。

发直线长球时,拇指要适当地压球拍的左肩使拍面撞击球的右侧面。第一落点应在本方台面的端线附近。发力方向和挥拍路线对准对方右角使球成直线前进。这种发球常常和侧身正手发侧上、下旋球结合在一起,作为增多发球的落点变化来运用的。

(2) 反手高抛发球。右脚在前,左脚稍后,持球手用力向上抛球,当球从最高点下降时,持拍手向左上方引拍,上体略向左转,以增大击球的距离。发右侧上旋球时,在球下降到头部高度时持拍手从左上方经身前向右下方挥摆,球拍触球的左中下部并向右侧上部摩擦。球拍触球瞬间手腕由左向右抖动,以增大球的旋转。发右侧下旋球时,持拍手从左后上方向右前下方挥摆,球拍从球的左侧中下部向右侧下部摩擦。球拍触球瞬间手腕由左向右抖动,以增大球的旋转。

3. 下蹲式发球

(1) 下蹲发右侧上旋球和右侧下旋球。左脚稍前,右脚稍后,身体略向右偏斜,球向后上方抛起,将球拍上举至肩高,同时两膝弯曲成深蹲状;当球下降至头部高度时,持拍手迅速由左向右挥摆,手腕放松,挥拍路线成半圆形。发右侧上旋球时,拍面触球的左中部并向右侧上部摩擦,越网后向对方左边偏斜前进。发右侧下旋球时,拍面从球的正中部向右侧下部摩擦,球越网后向对方左边偏斜前进。

(2) 下蹲发左侧上旋球和左侧下旋球。身体正对球台,球向后上方抛起,持拍手向右下方引拍,两膝弯曲成深蹲状,当球降至头部高时,持拍手由右后方向左前方挥动,发左侧上旋球时,拍面触球的右中部并向左侧上方摩擦,越网后向对方的右边偏斜前进。发左侧下旋球时,拍面触球的正中部并向左侧下部摩擦,越网后向对方的右边偏斜前进。

4. 逆旋转发球

左脚在前,右脚在侧后,引拍后肘部抬起,手腕向内后引动,触球时向外侧发力摩擦。发侧下旋球时,触球的中下部,向下用力;发侧上旋时,触球的左侧上部,向前用力。

专家提示

易犯错误及纠正

(1) 易犯错误。球发出后的第一落点位置不当,发球时的触拍部位不准确,击球点过高或过低。

(2) 纠正方法。熟记不同种类发球时球与拍的接触位置,发力时不要急于击球,先观察球的下落路线。

练 习 方 法

弄清第一落点位置，要求击球点准确，调节好击球时的拍面角度，弄清各种发球技术的触拍部位，反复进行练习，提高触拍部位的准确性，加强手上调节能力。

（二）接发球技术

乒乓球的比赛首先是从发球和接发球开始的，每局比赛双方接发球的机会与发球相同，每一分的争夺都是从接发球开始的。在比赛中，相对其他环节而言，接发球的难度最大，发球技术是唯一不受对方限制的技术。所以，不断提高接发球的能力，合理地把所掌握的技术运用到接发球中，是迅速提高比赛实战能力的关键。

1. 站位的选择

判断站位是否合理，主要依据是这种站位是否能为本方直接进攻创造一定的有利条件，而且还要观察对方发球的站位。一般来讲，如果对方站在球台左半台，本方也应站在球台的左半台；若对方站在球台的右半台，本方也应相应调整至球台的中间偏右位置。为了有利于照顾球台的各个方位，利于前后移动接长短球，站位离球台 30~40 厘米为宜。

2. 对来球的判断

正确的判断是接好发球的首要环节，判断上不出现大的偏差，才能谈得上更好地运用接发球技术。

（1）对旋转的判断。乒乓球发球中常出现的旋转主要有左侧上、下旋，右侧上、下旋，转与不转等。发球者利用各种发球方式，将这些旋转性质表现出来，如用正、反手发球，高抛发球和下蹲发球等。在判断旋转性质时，可以从以下几个方面进行考虑。

① 拍形：一般情况下，发上旋球时，拍形比较竖，发下旋球时比较平、斜。这种拍形与发球时接触球的部位有直接关系，因为发旋转球和不转球时，接触点比较靠近球的后中部；而发侧下旋和下旋时，向中下部和底部摩擦球才可能旋转较快。

② 动作轨迹：发上旋和不转球时，球与球拍接触的一瞬间，手腕摆动的幅度不是很大，并时常与假动作配合；在发侧下旋和下旋球时，手腕摆动相对大一点，这样容易“吃”住球，动作也比较固定。击球后常有一个停顿，即使加上假动作，也不会像发侧上旋和不转球那样连贯。

③ 弧线：上旋球和不转球的运行一般较快，常有往前“窜、拱”的感觉，发短球时容易出台，弧线低平；下旋球运行比较平稳，弧线略高，短球不容易出台。

④ 出手：发上旋球和不转球一般出手比较快，并且动作突然模糊；下旋球的出手相对要慢一些，因为要给球以足够的摩擦时间，才能使球产生强烈的下旋效果。

（2）对速度和落点的判断

① 对长球的判断：一般情况下，发球者如果想把球发得很长，第一落点多在本方台面的端线附近。如果力量差不多，侧上旋和不转球的运行速度明显要快于侧下旋和下旋球；如果是发侧上、侧下旋斜线长球，要注意球的第二弧线有侧拐的动作要点。如果是直线长球，要特别注意平推过来，或略带外拐的球，因为这种球除了速度快外，线路也比较直，因此客观上增加了球的角度，给接发球者造成较大的难度。

② 对短球的判断：由于发球者想要把球发短，手上不能发很大的力，难以发挥速度的

优势，因此比较多的是考虑球的落点和旋转。可根据这一动作要点判断来球的长短。在接短球时，要特别注意手臂不要过早地伸入台内，以免侧上旋短球的第二弧线往前“拱”，顶在板上，使手上失去对球的控制，以及来球落点可能是“小三角”位置，球从近网的边线出台，手来不及拿下来，对不准球。

③ 对半出台球的判断：对半出台球的判断是接发球判断中难度比较大的一项技术。因为这种球容易造成接发球者的犹豫，使其思路混乱，影响整场比赛的发挥。在判断这种球时，一是视其旋转性质而定，侧上旋和不转球比侧下旋和下旋球容易出台。二是根据发球者的动作要点而定，要仔细研究发球者在发半出台球时，到底哪种容易出台，哪种不容易出台；是正手容易出台，还是反手容易出台等。这样就会增加接半出台球选择手段的针对性。另外，在接半出台球且对长短的判断不是很清楚时，一定要有意识地“等”几个长球，并且出手要果断，用接长球办法回击，哪怕使失误的可能性增加。这样，可以给发球者造成较大的心理压力，使其不敢发模糊的半出台球，或造成其发球质量下降。

3. 接发球技术的练习方法

接发球技术练习方法很多，它由点、拨、推、拉、搓、削、摆短、撇侧旋、挑等多种组合性技术组成。进入 20 世纪 90 年代后期，除原有的接发球技术手段和质量有所提高外，还出现了不少新的接发球技术，如晃接、撇接、劈长、拧、反撕、台内抢拉、抢冲等。所以，接发球技术是各项基本技术的综合运用，只有比较全面地掌握各种接发球的练习方法，才能在比赛中减少被动，争取主动。

4. 几种常用的接发球技术

（1）搓接。搓接一般多用于接短球，不提倡用搓接接长球，这也是中国运动员技术打法风格所追求的。由于搓球的动作小、出手快、隐蔽性强，在长期的运用实践中，运动员根据自身动作要点，对这一技术进行了很细致的分化，有快搓、慢搓、摆短、搓长、晃接等。

① 摆短：摆短是快搓短球的一种练习方法，它最大的动作要点是出手快，突然性强，能有效限制对手的拉、攻上手。在用摆短接发球时，有三点要特别注意：

其一是在上升期接触球的中下部，以体现速度。

其二是手臂离身体要近一些，离得远就很难控制球。

其三是手臂不要过早伸入台内，这样不能形成较合理的击球节奏感，难以体现摆短出手快的动作要点。

② 搓长：现在优秀运动员一般运用的搓长技术是和摆短配合运用的快搓底线长球，以速度和突然性取胜。在搓长时，很重要的是手法要尽可能与摆短相似，以前臂发力为主，手腕的摆动不要过大，以免影响手上对球的感觉。

③ 晃撇：晃撇一般是在侧身位正手搓侧旋球、斜线球，常用来接短球与侧身挑直线球，可使对手不敢轻易侧身，进行有威胁的正手抢攻。晃撇接发球时，最好能够在来球的最高点击球，球拍接触球方摩擦球，落台后击球的中下部，使球带有左侧下旋，手腕略有外展，向左侧前下外拐，让对手不容易对准球。

（2）挑接。挑接是接短球的一种技术，分为正手挑和反手挑。挑接的基本动作要领是：当球即将过网时，手伸进台内，同时，视来球的方位不同，选择不同的脚向前跨步，将腿插入台内。

以右手握拍选手为例，如果是正手位，就上右脚，如果是反手位，用反手挑；如果是侧身位，则上左脚，右脚适当跟上。在来球的高点期，击球的后中部，以前臂发力撞击球为主。在击球一瞬间，手腕有一突然的微小内收（正手）和外展（反手），适当给球一点摩擦，以保证准确性。

（3）拉接。拉接一般是用来对付长球的技术。在拉接中，要特别注意第一时间与第二时间的本质区别。手高于球台或基本与球台在一个水平面上接触球时可认为是第一时间，此时拉接容易发力，能够保证一定的准确性，在时间上争取到了主动。手低于台面接触球时，一般情况下就可认为是第二时间，而在第二时间接触球时，就需要进行适当的调整，在力争压低弧线的同时，主要是靠落点来控制对手。

专家提示

易犯错误及纠正

（1）易犯错误。接发球站位不合理，判断发球性能不准确，接发球时脚步移动过早，接球时控制不好回球的弧线和落点，接球后身体及姿势还原不及时。

（2）纠正方法。接发球时先观察对手的动作再起动，动作要敏捷，但幅度不应过大。

练 习 方 法

弄清正确站位，练习回接各种发球，掌握判断发球的有关知识和练习方法，采用各种手段，提高观察判断和反应能力，反复进行接发球练习，提高判断发球能力，加强对发球的观察能力，弄清和掌握好启动接球的时机，提高判断发球能力，采用多球练习，不断增强手上的控制调节能力，明确还原的意义和作用，进行各种接发球专门练习，强调接球后及时还原。

（三）推挡球技术

1. 平挡

左脚稍前或两脚平行约与肩宽，两膝微屈，身体离球台 30～50 厘米。手臂自然弯曲，球拍置于腹前，前臂与台面几乎平行，将球拍引至身体的前方，拍形成半横状，约与台面垂直，在来球的上升期击球的中部，食指用力，拇指放松，前臂和手腕稍向前迎击，以借助来球的反弹力将球击回。击球后手臂、手腕随势前送，并迅速还原成击球前的准备姿势（图 8-1-2）。

图 8-1-2　平挡

2. 快推

左脚稍前，上臂内收自然靠近身体右侧，击球前手臂适当后撤引拍，前臂稍外旋，在来球的上升期拍形前倾，手腕外展，击球的中上部，食指用力，拇指放松，击球后手臂、手腕继续向前随势挥动，距离要短，并迅速还原成击球前的准备姿势。

3. 加力推

左脚稍前，身体离台40~50厘米，手臂自然弯曲并做外旋。在击球时，前臂提起，上臂后收，肘部适当贴近身体。引拍位置稍高，触球瞬间拍形前倾，食指用力，拇指放松，在上升后期或最高点期击球中上部，前臂和手腕加速向前下方推压，腰、髋顺势转动配合发力。击球后，手臂和手腕继续向前下方随势挥动，并迅速还原成准备姿势（图8-1-3）。

反手推挡

图8-1-3　加力推

4. 减力挡

左脚稍前或两脚平行，身体离台约40厘米，击球时，手臂外旋，前臂稍做上提，拍形稍前倾，在来球上升期触球中上部。球拍触球瞬间手臂和手腕稍向后收，缓冲来球的反弹力，重心应略向前上移动。击球后，手臂和手腕继续向后顺势回收，并迅速还原成准备姿势。

5. 推下旋球

左脚稍前，身体离台约40厘米，重心偏高，上臂后引，前臂上提，拍形稍后仰。在高点期或下降前期击球的中下部，前臂向前下方推切以增大球的下旋。击球后，手臂和手腕继续向前下方随势挥动，但距离不宜太长，并迅速还原成准备姿势。

6. 推侧旋球

以肘关节为轴拍面稍前倾，在上升期击球的中上部，向前上方弹击。触球时发力要集中，顺势挥拍不宜太长，迅速还原成准备姿势。

专家提示

易犯错误及纠正

（1）易犯错误。① 挡球时，判断球的落点不准，拍形掌握不好。② 推削时，拍形前倾过大，击球时间过早。③ 推挡时，拍形前倾不够，击球时间过早或过晚。④ 击球时，肘关节离开身体。⑤ 加力推时，手臂没有向前伸展出去。

（2）纠正方法。击球时快速调整拍形，动作完成后，随挥动作要完整。

练习方法

提高判断能力，加强手腕的灵活性和调节拍形的能力，迎球时间稍微晚一点，要求球拍与球接触时离落点稍远一些，前臂外旋使拍面前倾，在上升期击球，击球前，上臂和肘关节靠近身体，击球时，上臂和肘关节前送，并配合上体向左转动。

（四）攻球技术

攻球可分为正手攻球、反手攻球和侧身攻球。在每一部分技术中又分为快攻、快点、快拉、快带、突击、扣杀、中远台攻球、杀高球、放高球、滑板球等各种技术。每种技术的动作要点不同，所起的作用也不一样。作为以进攻为主要打法的运动员，必须掌握比较全面的攻球技术，而且要突出特长，这样才能在比赛中获得主动。

1. 正手快攻

左脚稍前，身体离台约 40 厘米，引拍至身体右侧方，右肩稍沉，重心移至右脚，拍形稍前倾成半横状；击球时，拇指用力，食指放松，在上升期击球的中上部，配合前臂做旋内转动，向左上方挥拍，身体重心由右脚移至左脚。击球后，随势挥拍至前额，并迅速还原（图 8-1-4）。

正手攻球

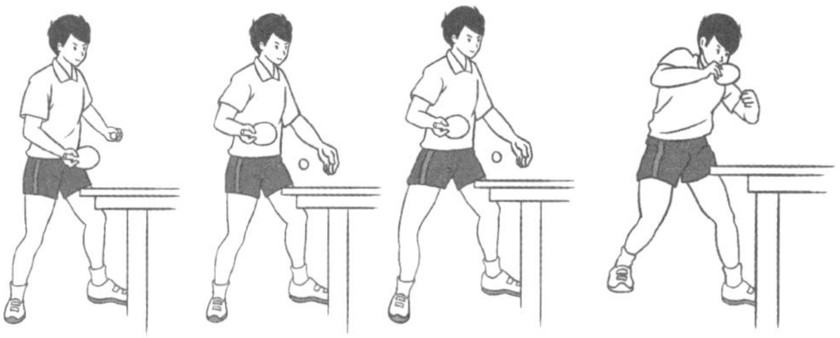

图 8-1-4　正手快攻

2. 反手快攻

反手攻打上旋球时，右脚稍前，同时身体左转，右肩前顶略下沉，肘关节靠近身体，上臂与前臂夹角约为 130°。向左侧方引拍，使拍略高于来球，以上臂带动前臂由左后方向右前方挥动，手腕站位靠近球台，右脚向右前方上步插入台下，重心在右脚上，前臂伸向台内，手腕稍外展击球后迅速还原（图 8-1-5）。

3. 快点

站位近，左脚向左前方上步插入台下，重心在左脚上，上体靠近球台，前臂伸向台内迎球。快点下旋球时，拍形稍后仰，手腕稍下垂，在下降前期击球的中下部，前臂抖腕向前下方发力。击球后迅速还原。快点上旋球时，拍形稍前倾，在最高点击球的中上部，前臂和手腕向前下方发力。出球后迅速还原。

4. 快拉

站位近台，左脚稍前，向后下方引拍的同时转腰、沉肩，重心在右脚上。拍形稍前倾，在来球的高点期或下降前期击球的中部或中上部。以前臂和手腕发力为主，向左前上方挥动，向上的力量略大于向前的力量，同时腰和腿协调配合，重心由右脚向左脚转移。由于发力大，顺势挥拍动作应稍大一些，球击出后迅速还原。

直拍反手快攻

横拍反手快攻

图 8-1-5　反手快攻

5. 快带

左脚稍前，站位离台约 40 厘米，手臂自然弯曲在身体的右前方，球拍稍高于来球。拍形前倾，手腕保持相对稳定，借助腰和髋的转动，前臂向前迎球，在来球的上升期击球的中上部。击球后，手臂继续顺势前送，并迅速还原。

6. 正手突击

站位近台，左脚稍前，前臂引拍至身体的右前方，同时腰向右转，重心在右脚上。在来球比网稍高时拍形垂直或稍后仰，上臂带动前臂加速向前上方发力，在来球的高点期击球的中下部。当来球下旋强时，球拍向上摩擦时间长一些，回球弧线应稍高；若来球为一般下旋球时，则应触球中部偏下，摩擦时间短，弧线应稍低。球击出后迅速还原。

7. 正手扣杀

站位根据对方来球的落点长短调整。来球落点靠近球网时，站位应在近台；来球落点靠近端线时，站位应在中远台。击球前，左脚稍前，腰和髋向右转动并带动手臂向体侧后方引拍，拉大球拍与来球的距离，便于加大挥拍速度和手臂击球力量。击球时，拍形前倾，在来球的高点期击球的中上部，上臂和前臂同时加速向左前下方发力挥动，同时腰和髋转动配合发力。

8. 反手扣杀

扣杀时，直握拍选手的上臂应靠近身体，右脚稍前同时前臂做旋外动作，拍形稍垂直。球拍触球瞬间身体重心上提，食指压拍，拇指放松使拍形稍前倾，在来球的高点期击球的左侧中上部，前臂快速向右前方发力。横握拍选手上臂将拍提至来球高度，拇指略竖压拍，前臂迅速向前下方发力，手腕转动拍面做边打边摩擦的击球动作。

9. 正手中远台攻球

左脚稍前，身体离台约 1 米，前臂自然弯曲约与地面平行。随着腰、髋向右转动，手臂将球拍引至身体的右侧后方，同时上臂拉开和上体的距离。在来球的下降前期拍形前倾，击球的中部并向上摩擦。上臂带动前臂加速向左前上方挥动，腰和髋转动配合发力。击球后，手臂继续向左前上方顺势挥动，并迅速还原（图 8-1-6）。

图 8-1-6　正手中远台攻球

10. 反手中远台攻球

右脚稍前，身体离台约 1 米，前臂与地面略平行，上臂靠近身体，将球拍引至身体的左侧后方。拍形稍前倾，手腕控制拍面角度，在来球的下降前期击球的中上部，以前臂带动上臂向右前上方挥动，腰和髋转动配合发力。击球后，手臂继续顺势挥动，并迅速还原。

11. 正手放高球

左脚稍前，身体离台约 1 米，腰、髋向右转动，右肩略下沉，将球拍引至身体的右侧后下方。拍形稍后仰，击球时上臂由后下方向前上方挥动，前臂和手腕用力向上提拉转动，在来球的下降期摩擦球的中部或中部偏下位置。击球后，顺势挥拍并迅速还原。

12. 正手杀高球

左脚在前，身体离台约 1 米。手臂随着腰和髋向右转动，尽量向身体右后方引拍，增大球拍与来球的距离。击球时，拍面前倾击球的中上部，手臂加速向左前下方挥动，腰、髋、腿同时配合发力。若在来球上升期击球叫“快杀”；若在来球下降期击球叫“慢杀”。击球后，迅速调整身体重心并立即还原。

13. 正手滑板球

站位近台，右脚稍前，球拍引至身体的右侧前方，前臂伸至台内。拍形稍前倾，手腕外展使拍面方向向右，快速摩擦球的中部向侧面滑动，使球斜拐飞向右侧前方。击球后迅速还原。一般站位在球台右角时采用正手滑板攻直线。手腕转动要小而突然，挥拍似打斜线，球拍触球时手腕略微外展突然改为攻击直线。用正手滑板攻斜线，一般站位在球台左角侧身攻时采用。触球时，手腕控制球拍由右向左侧摩擦，使球斜拐飞向球台左角。

（五）搓球技术

搓球是近台还击下旋球的一种基本技术，类似削球动作。回击对方发出或削过来的下旋球，亦称“小削板”。它的技术动作要点是动作幅度不大，出手较快，过网后球的弧线较低，旋转与落点变化较丰富。用它来对付下旋球是一种比较稳妥的练习方法，也是初学削球必须掌握的入门技术，常用于接发球或过渡球，为进攻创造机会。

1. 慢搓（图 8-1-7）

（1）正手慢搓。右脚稍前，站位近台，前臂和手腕外旋使拍面稍后仰，身体略向右转，向右上方引拍。在来球的下降前期用球拍的下半部摩擦球的中下部，前臂加速向前下方用力的同时手腕内旋配合用力。击球后，前臂顺势前送，立即放松并迅速还原。

（2）反手慢搓。左脚稍前，站位近台，前臂和手腕内旋将球拍引至身体左上方，拍面后仰，在来球下降前期用球拍的下半部摩擦球的中下部，前臂加速向前下方用力的同时手腕外展配合用力。击球后，前臂顺势前送，完毕后立即放松并迅速还原。

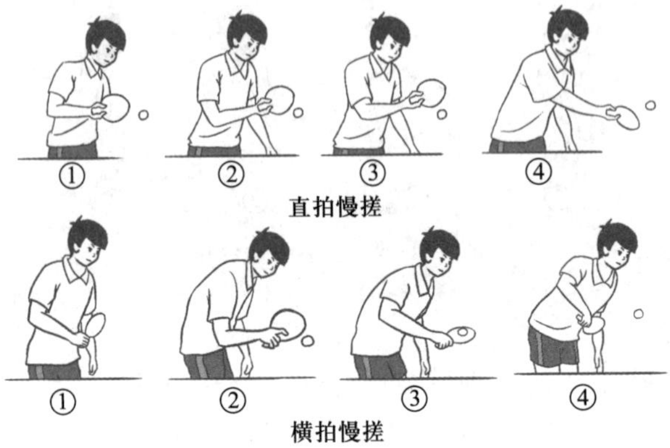

图 8-1-7　慢搓

2. 快搓（图 8-1-8）

（1）正手快搓。站位近台，身体重心前移靠近来球，前臂外旋向右上方提起，后引动作稍小。击球时，拍面稍后仰，前臂主动前伸迎球，在来球上升期击球中下部，借对方来球的冲力，前臂手腕适当用力向前下方挥动。顺势挥拍动作尽可能短一些。

（2）反手快搓。站位近台，身体重心前移靠近来球，手臂自然弯曲，手腕适当放松，球拍稍向后引至腹前。击球时，拍面稍后仰，在来球上升期击球中下部，借对方来球的冲力，前臂手腕向前下方用力。顺势挥拍动作尽可能幅度小一些。

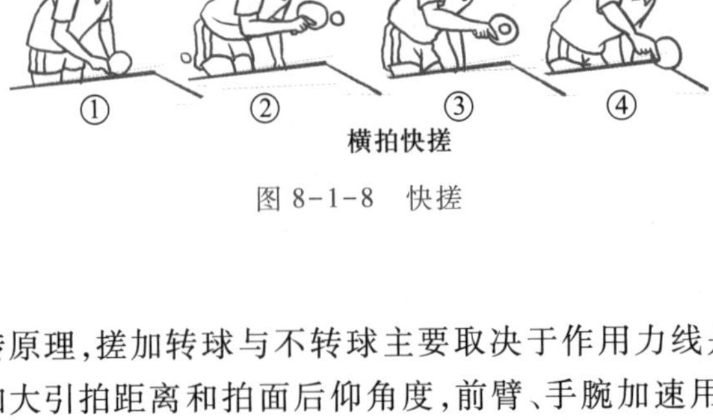

图 8-1-8　快搓

3. 搓转与不转

根据击球的旋转原理，搓加转球与不转球主要取决于作用力线是远离球心还是接近球心。若在搓球时加大引拍距离和拍面后仰角度，前臂、手腕加速用力向前下方切球，用球拍的下半部摩擦球薄一些，使击球时的作用力线远离球心，则为加转球。若在搓球时缩短击球距离，减小拍面后仰角度，用球拍的上半部和中部碰撞球，使击球的作用力线接近球心，则为不转球。

4. 搓侧旋球

（1）正手搓左侧旋球。站位近台，右脚和身体重心前移。击球时手臂略提起，手腕稍外展，拍面后仰，在高点期或下降前期手臂向左侧挥动发力，同时手腕稍内旋辅助发力，摩擦球的左侧中下部。

（2）反手搓右侧下旋球。站位近台，右脚和身体重心前移，手臂自然弯曲，略向左后方引拍，手腕稍内旋，拍面后仰。在高点期或下降前期手臂向右侧发力，同时手腕稍内旋辅助发力，摩擦球的右侧中下部。

5. 搓球摆短

（1）正手搓球摆短。右脚向前移动，身体靠近球台，球拍向右侧后方引，拍面稍后仰，在来球的上升期击球的中下部，前臂向前下方挥动，同时手腕适当发力。击球后，随势挥拍动作不宜过大，迅速还原。

（2）反手搓球摆短。身体向前移动，靠近球台，球拍略向左后引至腹前，拍面稍后仰，在来球的上升期击球的中下部，前臂向前下方挥动，同时手腕适当外展发力。击球后，随势挥拍动作不宜过大，迅速还原。

专家提示

易犯错误及纠正

（1）易犯错误。① 球拍没有上引，击球时前臂由上向下动作不明显。② 击球时，拍面后仰不够，球拍与球接触的部位不准，没击到球的中下部。③ 击球后，前臂前送不够。

（2）纠正方法。准备动作和随挥动作要做完整。

练 习 方 法

反复进行前臂和手腕先向上引再向下切的挥拍模仿练习，练习用慢搓回接对方发来的下旋球，体会拍面后仰前进的动作；做对搓练习，体会拍面在下降期击球中下部的动作；两人做慢搓练习，体会击球后手臂前送动作。

（六）弧圈球技术

弧圈球技术可分为正手弧圈球技术和反手弧圈球技术。根据弧圈球技术的旋转特征可分为加转弧圈球、前冲弧圈球和侧旋弧圈球。

1. 加转弧圈球（图 8-1-9）

（1）正手拉加转弧圈球。左脚在前，身体重心较低。手臂自然下垂向右后下方引拍，身体随之向右转动，右肩下沉，重心在右脚上。球拍触球时，拍面稍前倾，上臂带动前臂向前上方挥动，手腕配合发力，身体向左侧转动。在来球的下降前期击球的中部或中上部，在摩擦球的瞬间迅速收缩前臂加大摩擦力。击球后，身体稍向上抬起，顺势挥拍至头部高度，重心移至左脚，并迅速还原。

（2）反手拉加转弧圈球。两脚平行或右脚稍前，两膝微屈，重心在两脚间。右肩下沉，球拍引至腹前下方，腹部内收，肘关节稍向前顶出，手腕内旋，拍面稍前倾，以肘关节为

①　②　③　④

图 8-1-9　加转弧圈球

轴前臂快速向右前上方挥动。在来球的下降前期用力摩擦球的中上部，两腿向上蹬伸，身体稍后仰以辅助发力。击球后，顺势挥拍并迅速还原。

2. 前冲弧圈球（图 8-1-10）

（1）正手拉前冲弧圈球。左脚稍前，根据来球选择站位远近。向右后方引拍时腰向右转动，重心移至右脚。击球时拍面前倾，在上臂带动下前臂加速向前上方挥动，顺势挥拍后，迅速还原。

（2）反手拉前冲弧圈球。两脚平行或右脚稍前，两膝微屈，重心在两脚间。右肩下沉，球拍引至大腿内侧，肘关节稍前顶，手腕内旋。击球时拍面稍前倾，以肘关节为轴前臂快速向前上方发力。在来球的高点期摩擦球的中上部，同时两腿向上蹬伸，身体略向前上方顶以辅助发力。顺势挥拍后，迅速还原。

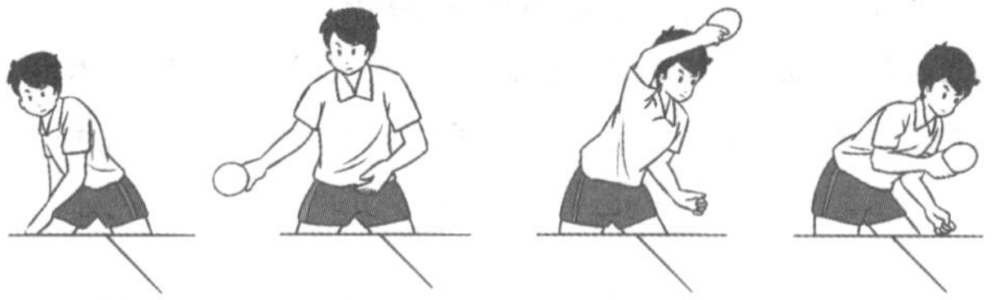

①　②　③　④

图 8-1-10　前冲弧圈球

3. 侧旋弧圈球

正手拉侧旋弧圈球（图 8-1-11）：左脚稍前，腰向右转动，重心在右脚上，球拍引至身体的右侧后方，拍头稍下垂。击球时右脚蹬地，腰向左转，上臂带动前臂快速挥动，在来球的下降前期摩擦球的右侧中部或下部，向外侧并向前上方挥拍，使球拍画一个横向的半弧形。击球后，上体要随势向内扭转以加大侧旋力量并迅速还原。

图 8-1-11　正手拉侧旋弧圈球

（七）直拍横打技术

1. 直拍反面快拨

站位近台，两脚开立约比肩宽，左脚稍前，肘关节稍前顶，前臂外旋、手腕稍内屈，自然向左后上方引拍，上臂间的夹角大约 45°。击球时拍形稍前倾，主要用拇指和中指发力，食指自然放松，在来球的上升期击球的中上部，向前方挥动。击球后，手臂随势前送，然后迅速还原成准备姿势。

2. 直拍反面弹打

站位近台，两脚开立约比肩宽，左脚稍前。上臂抬起，身体重心略高一点。肘关节稍前顶，前臂外旋，手腕稍内屈，拇指压拍，食指放松，使拍形前倾。身体前迎，在来球的上升后期或最高点期击球的中上部，触球瞬间要短促有力，以撞击为主，向前下方用力弹压。向下的力量越大，旋转越强；向前的力量越大，旋转就越弱。击球后，手臂顺势前送的动作不宜过大，然后迅速还原成准备姿势。

3. 直拍反面拉弧圈球

两脚开立略比肩宽，重心在两脚之间，含胸收腹，身体重心下降。腰略向左转，肘关节略前顶。前臂外旋，手腕稍内屈，手臂下沉引拍至腹前下方。拇指压拍，食指放松，拍形稍前倾，在高点期或下降前期摩擦球的中部偏上位置，向前上方挥拍。击球后，顺势挥拍的动作稍大一些，然后迅速还原成准备姿势。

4. 直拍反面攻

站位中近台，右脚稍前，身体重心在左脚上。肘关节略前顶。前臂外旋，手腕稍内屈向左后上方引拍。击球时，拇指和中指用力，食指自然放松，在来球的最高点期或下降前期摩擦球的中上部并向前方挥动，利用腰部和挺腹的力量协助发力。击球后，手臂随势前送，并迅速还原成准备姿势。

5. 直拍反面挑

站位近台，左脚稍前，两脚开立略比肩宽。击球时，左脚向左前方插入台内，手腕自然下垂，拇指和中指用力，食指自然放松，在来球的高点期摩擦球的中部偏上位置，同时手腕外展，制造一定的弧线。击球后，顺势挥拍的动作稍小一些，然后迅速还原成准备姿势。

专家提示

易犯错误及纠正

（1）易犯错误。① 击球时，启动过早，移动不到位，手法与步法配合不协调。② 击球后，还原不及时。

（2）纠正方法。准确判断移动的时机。

练 习 方 法

弄清正确的起动时机，加强对来球的观察和判断，适当增加无规律的练习；掌握好起动时机，提高判断能力和脚步灵活性，结合步法移动，进行挥拍练习；要求快速移动，到位击球，进行有规律的定点练习；要求手到脚到，腿、腰、手臂协调用力，用较快的节奏进行挥拍练习，强调及时还原。多球练习时加快节奏。台上练习中，陪练方加快击球节奏。

四、乒乓球核心战术

（一）推攻战术

1. 动作要点

主要运用正手攻球和反手推挡的速度和力量，并结合落点变化和节奏变化来压制和调动对方，以争取主动或得分。推攻战术是左推右攻打法对付攻击型打法的主要战术，有反手推挡能力的两面攻运动员、攻削结合运动员等也常使用此战术。

2. 注意事项

（1）推、攻都要有线路、落点和节奏变化，这是推攻战术争取主动和创造扣杀机会的主要方法。

（2）推挡一般以压对方反手为主，然后突然变正手，以创造进攻机会。如果对方正手较差，才以推对方正手为主。

（3）在推挡中突然加力推对方中路，使对方难于用力回击，然后用正手或侧身扣杀。

（4）遇到机会球时要果断扣杀，这是推攻战术得分的主要手段。

（5）推攻战术要坚持近台，又不能死守近台，要学会近台和中台的位置转换，掌握对手节奏。

（6）推攻战术对付弧圈类打法应坚持近台为主，用快推和加、减力推挡控制落点，伺机采用近台反拉或中等力量扣杀弧圈球，然后进入正手连续进攻。

3. 练习方法

（1）左推右攻。

（2）推挡侧身攻。

（3）推挡、侧身攻后扑正手。

（4）左推结合反手攻。

（5）左推、反手攻、侧身攻后扑正手。

（二）两面攻战术

1. 动作要点

主要利用正、反手攻球技术的速度和力量压制对方，争取主动和创造扣杀机会。两面攻技术是两面攻打法对付攻击型打法的主要战术。

2. 注意事项

（1）正、反手攻球都要有线路变化和落点变化，以便创造扣杀机会。

（2）要以压对方反手为主，然后攻击对方正手或中路，以创造扣杀机会。

（3）遇到机会球时要大胆扣杀。

（4）两面攻战术在主动进攻情况下要坚持近台，被动情况下可适当后退，在中近台或中台进行反攻。

（5）两面攻战术对付弧圈球打法应坚持近台，用快带顶住对方的弧圈球，伺机采用近台反拉或中等力量扣杀弧圈球，然后转入连续进攻。

3. 练习方法

（1）攻左扣右。

（2）攻打两角，猛扣中路。

（三）拉攻战术

1. 动作要点

连续运用正手快拉创造进攻机会，然后采用突击和扣杀来作为得分手段。拉攻战术是快攻类打法对付削球类打法的主要战术。

2. 注意事项

（1）拉、扣的力量要有较大的悬殊，以使对方措手不及。

（2）拉球要有线路和落点变化以调动对方，争取主动和创造进攻机会。

（3）遇到机会球时要大胆扣杀或突击。

（4）采用拉攻战术要有耐心，不要急于求成，对没有把握的机会球不要发力过猛。

3. 练习方法

（1）正手拉后扣杀。

（2）反手拉后扣杀。

（四）拉、扣、吊结合战术

1. 动作要点

拉、扣、吊结合战术由拉攻与放短球相结合而成，是快攻型打法对付削球打法的常用战术。

2. 注意事项

（1）拉攻中放短球，要在对方站位较远并且来球比较近网时进行，这样，放短球的落点容易靠近球网，可增加对方向前移动的距离和难度。

（2）放短球后扣杀时，如果对方靠台极近，可对准对方身体方向扣杀，这样，往往能使对方难以让位还击。

3. 练习方法

（1）在拉攻战术的扣杀或突击后放短球。

（2）在拉攻战术中放短球后，结合扣杀或突击。

（五）搓攻战术

1. 动作要点

主要运用“转、低、快、变”的搓球控制对方，以寻找战机，然后采用低突、快点或拉攻等技术展开攻势并进行连续进攻；在搓球中遇到机会球时进行扣杀，常常带有突然性，往往可以直接得分。搓攻战术是乒乓球各种打法都不可缺少的辅助战术。

2. 注意事项

（1）搓攻战术既要尽可能早起板，以争取主动，但又不能有急躁情绪，否则，起板容易失误。

（2）在搓球中遇到机会球时要大胆扣杀，这是搓攻战术的主要得分手段。

（3）在搓短中摆短，可使对方不易抢先进攻，故有利于创造进攻机会，以便伺机用正、反手或侧身进攻。

3. 练习方法

（1）正、反手搓球结合正手快拉、快点、突击或扣杀。

（2）正、反手搓球结合反手快拉、快点、突击或扣杀。

（六）削中反攻战术

1. 动作要点

削中反攻战术由削球和攻球结合而成，常以逼角加转削球为主，伺机反攻；或以转、低、稳、变的削球，迫使对手在走动中拉攻，以从中寻找机会，予以反攻。这种战术有“逼、变、凶、攻”的动作要点，是攻、削结合打法的主要技术。

2. 注意事项

（1）正、反手削球都要注意旋转强度的变化。在削加转后用相似的手法削不转球，使对方拉出高球，以进行反攻的有效练习方法。

（2）削球时要尽可能压低弧线，以避免对方扣杀或突击。

（3）削球逼角时要适当配合削另一角，以使对方在走动中击球。

3. 练习方法

（1）正、反手削球逼角，结合正手攻或侧身攻对方右侧空当。

（2）正、反手削两大角长球，结合正、反手反攻。

（七）发球抢攻战术

1. 动作要点

发球抢攻战术是以旋转、线路、落点以及速度不同的发球来增加对方回击的难度，使对方出现机会球，或降低回球质量，然后抢先进攻，以争取主动或直接得分，这是乒乓球所有打法特别是进攻型打法的主要战术和得分手段。

2. 注意事项

（1）发球要有线路和落点变化，以使对方在前、后、左、右走动中接发球。

（2）发球后要有抢攻准备，以不失抢攻的机会。

（3）自己发什么球，对方可能以什么技术回击，要做到发球前心中有数。这样，才能较好地做好抢攻的准备。

（4）抢攻要尽可能凶，又不能过凶，否则，会影响命中率。

3. 练习方法

（1）发下旋转与“不转”抢攻。

（2）发正、反手奔球抢攻。

（3）发正、反手侧上、下旋球抢攻。

（八）接发球抢攻战术

1. 动作要点

由某一单项攻球技术所形成，进攻性强，可变接发球的不利地位为主动地位，也可直接得分，是乒乓球运动各种打法特别是进攻型打法的主要战术。

2. 注意事项

（1）由于接发球抢攻是在对方主动发球，自己处于被动的接发球地位时所采取的进攻性打法，所以难度较大。接发球抢攻一般不可过凶，要看准来球的旋转方向、旋转强度

和高度，采用适当的练习方法进攻。例如，对方发加转下旋球，接发球抢攻时要采用提拉手法，以免下网。同时，攻球的力量不可过大。

（2）接发球抢攻动作结束后，要立即做好对攻或连续攻的准备，以便继续处于主动地位。

（3）接发球抢攻、抢冲的力量越小，越应注意球的路线或落点，一般应多打在对方反手；若对方反手强而正手弱，则可多打在对方正手。

3. 练习方法

用快点、快攻或中等力量突击进行接发球抢攻。

五、乒乓球竞赛基本规则

（一）发球、接发球和方位的选择

（1）发球、接发球和场地的选择权力应通过赛前抽签决定。中签者可以选择先发球或先接发球，或选择先在某一方。

（2）当一方运动员做出选择后，另一方运动员应有做另一个选择的权力。

（3）在每获得 2 分之后接发球方即成为发球方，依此类推，直到该局比赛结束，或者直至双方比分都达到 10 分实行轮换发球法，这时发球和接发球次序仍然不变，而且每人只轮发 1 分球。

（4）一局中在某一方位比赛的一方，在该场的下一局应换到另一方位。单打决胜局中当有一方满 5 分时交换方位。

（二）发球、接发球次序和方位的错误处理

（1）裁判员一旦发现发球、接发球次序错误应立即暂停比赛，并按该场比赛开始时确立的次序，根据场上的比分，由应该发球或接发球的运动员发球或接发球；在双打中，则按发现错误时那一局中首先有发球权的一方所确立的次序继续进行比赛。

（2）裁判员一旦发现运动员应交换方位而未交换时，应立即暂停比赛，并按该场比赛开始时确立的次序，根据场上比分纠正运动员所站的方位后再继续比赛。在任何情况下，发现错误之前的所有得分均有效。

（3）当发球者发出的球触碰到网时叫发球“擦网”，裁判应令发球者重新发球。

（三）合法还击

对方发球或还击后，本方队员必须击球，使球直接越过或绕过球网装置，或触及球网装置后，再触及对方台区。凡属上述情况，均为合法还击。

（四）重发球

出现下列情况，应判重发球。

（1）如果发球员发出的球，在越过或绕过球网装置时触及球网装置，此后成为合法发球或被接发球员或其同伴阻挡。

（2）如果发球员或同伴未准备好时球已发出，而且接发球员或其同伴均没有企图击球。

（3）由于发生了运动员无法控制的干扰，如灯光熄灭等原因，而使运动员未能合法发球、合法还击或未能遵守规则（运动员与同伴相撞或者被挡板绊倒而未能合法回击，则不能判重发球）。

（4）裁判员或副裁判员宣布暂停比赛。例如，① 由于要纠正发球、接发球次序或方位错误；② 由于要实行轮换发球法；③ 由于警告或处罚运动员；④ 由于比赛环境受到干扰以致该回合结果有可能受到影响（如外界球进入赛场或是使运动员大吃一惊的突然喧闹）。

（五）判 1 分

回合中出现重发球以外的下列情况，应判失 1 分。

（1）未能合法发球。

（2）未能合法还击。

（3）阻挡。

（4）连续两次击球（如持拍手的拇指和球拍连续击球）。

（5）除发球外，球触及本方台区后再次触及本方比赛台面。

（6）用不符合规定的拍面击球。

（7）双打中，除发球或接发球外运动员未能按正确的次序击球。

（8）裁判员判罚分。

（9）其他已列举的违例现象。

（六）一局比赛

在一局比赛中，先得 11 分的一方为胜方；比分出现 10 平后，先多得 2 分的一方为胜方。

（七）一场比赛

（1）一场比赛应采用三局两胜制或五局三胜制。

（2）一场比赛应连续进行，但在局与局之间，任何一名运动员都有权要求不超过 2 分钟的休息时间。

（八）轮换发球法

（1）如果一局比赛进行到 10 分钟仍未结束（双方都已获得至少 9 分除外）；或者在此之前的任何时间，应双方运动员要求，应实行轮换发球法。计时员应在每一局比赛的第一个球进入比赛状态时开表；在比赛暂停时停表，恢复比赛时重新开表。比赛暂停包括：球飞出赛区至重新回到赛区、擦汗、决胜局交换方位及更换损坏的比赛器材。一局比赛进行到 15 分钟尚未结束，计时员应报“时间到”。

（2）当时间到时，球仍处于比赛状态，裁判员应立即暂停比赛，由被暂停回合的发球员发球继续比赛。球未处于比赛状态，应由前一回合的接发球员发球，继续比赛。

（3）出现上述情况时，计数员应在接发球方每一次击球后报出击球数，在使用轮换发球法时，计数员报数应用英语或用双方运动员及裁判员均能接受的任何其他语言。

（4）此后，每个运动员都轮发 1 分球直至该局结束，如果接发球方进行了 13 次合法还击，则判发球方失 1 分。

(5) 轮换发球法一经实行，该场比赛的剩余部分必须继续进行，直至该场比赛结束。

（九）器材规格

球台——高 76 厘米、长 2.74 米、宽 1.525 米，颜色为墨绿色或蓝色。

球网——高 15.25 厘米、台外突出部分长 15.25 厘米，颜色与球台颜色相同。

球——呈白色或橙色，且无光泽，直径 40 毫米、重量 2.7 克的硬球。

挡板——高 0.75 米、宽 1.4 米或 2 米，颜色与球台颜色相同。

所有器材均由国际乒联特别批准和指定。在整个比赛过程中包括训练设施均必须采用相同牌号的器材。

第二节　羽毛球运动

一、羽毛球运动的健身价值

羽毛球运动是一项全身活动的体育项目，经常参加羽毛球运动能全面增强体能，增强心血管系统和呼吸系统的功能，提高神经系统的灵敏性和协调性，调节心理，消除疲劳。培养团结协作的团队精神、精确快速的判断能力以及勇猛顽强、坚毅果断、机智灵活等意志品质。

二、羽毛球运动的起源与发展

羽毛球运动最早兴起于 1873 年英国的伯明顿镇。人们为了纪念此项运动的诞生地，伯明顿（badminton）被作为羽毛球的英文名字而流传世界。1893 年，世界上第一个羽毛球协会在英国成立，并统一制定了羽毛球比赛规则。1934 年，世界羽毛球联合会成立。1959 年，亚洲羽毛球联合会在马来西亚的吉隆坡成立。自 1899 年在英国举行的全英羽毛球锦标赛起，重要的国际羽毛球赛事相继出现，其中包括世界羽毛球锦标赛、汤姆斯杯男子羽毛球团体赛、尤伯杯女子羽毛球团体赛、苏迪曼杯男女羽毛球混合团体赛等。1992 年，羽毛球被正式列为奥运会的比赛项目。

三、羽毛球核心技术

（一）握拍方法

羽毛球拍握法正确与否，对于掌握和提高羽毛球技术水平有着重要的影响。羽毛球技术中的握拍基本方法有正手握拍法和反手握拍法。握拍的最终目的是使自己的手腕灵活转动，使手指能最大限度地发挥力量。

1. 正手握拍法（以右手握拍为例）

首先用左手拿住拍杆，拍头垂直地面，右手虎口对着拍柄窄面的内侧斜棱，拇指和食指成“V”字形，相对贴握在拍柄的两个宽面上，中指、无名指和小指并拢握住拍柄，掌小鱼际与拍柄末端相齐，拇指和食指略微前伸贴拍柄的两个宽面上。掌心与拍柄之间留有空隙，有助于灵活调节握拍的动作和发力(图 8-2-1)。

击球之前，握拍要放松、自然，不能握得太紧。

2. 反手握拍法

在正手握拍的基础上，拇指和食指将拍柄稍向外转，食指向中指收拢，拇指内侧顶贴在拍柄内侧的宽面上，中指、无名指和小指并拢握住拍柄，柄端靠近小指根部，掌心应留有空隙，拍面稍后仰(图 8-2-2)。

正反手握拍

图 8-2-1　正手握拍法

图 8-2-2　反手握拍法

击球之前，握拍要放松、自然，不能握得太紧。

专家提示

易犯错误及纠正

(1) 易犯错误。① 握拍手的虎口没有对着拍柄窄面内侧的小棱边。② 握拍时手指靠得太紧，掌心与拍柄之间没有空隙，手掌伸直按在拍柄上。③ 握得太紧，以致手腕僵硬，不利于发力。④ 握的位置太靠上，柄端漏出太长，影响杀球动作。⑤ 用同一种握法去处理各种球，不利于提高击球的灵活和威胁性。

(2) 纠正方法。握拍时不要急于拿起，先建立正确的位置感。

练 习 方 法

按照正确的握拍要领交替进行正手和反手的握拍练习。

(二) 发球

发球是运动员在发球区将球由静止状态，用球拍击出，使之在空中飞行，落到对方的接发球区的技术动作。发球是羽毛球每一回合的开始，是组织进攻的第一步，可以通过不同的发球手法，发出不同弧度、不同落点的球来控制对方。发球质量可以直接影响一个回合比赛的主动与被动。发球分为两种，即正手发球和反手发球。

正手发高远球

1. 正手发球

(1) 高远球

① 动作方法：单打发球在中线附近，站在离前发球线约 1 米处。双打发球站位可靠近前发球线。身体左肩侧对球网，左脚在前，右脚在后，重心在右脚上，右手持拍向右后侧

举起，肘部放松微屈，左手拇指、食指和中指夹住球，举在胸腹间。发球时，右上臂随转体外旋并带动前臂自下而上沿半弧形做回环引拍动作，充分展腕，身体重心由右脚移至左脚。击球时，前臂由下向前上方挥动并急速内旋，带动手腕由伸展至微屈，闪动手臂，握紧球拍(图 8-2-3)。

图 8-2-3　正手发球

② 动作要点：击球点需在右前下方，击球瞬间前臂带动手腕伸至腰间，充分发力将球击出，击球后手腕成展腕状态。

专家提示

易犯错误及纠正

(1) 易犯错误。① 球拍握得太紧，无法产生爆发力，故达不到发高远球之目的。② 两脚平站，身体正面对网，两眼盯球。③ 由于站位错误，造成引拍时身体无法稍向右转，身体重心也无法转移，右臂不是向右后上方摆起而是向后方摆，无法形成较好的发力机制。④ 肘关节伸得太直，腕部动作未伸展，挥拍时动作僵硬，挥拍与放球时间不协调，击球点离身体太近或太远、太左或太右，导致击球时不是正拍面击中球，而是切面击球，击球点超过腰部，击中球的瞬间无法产生较大的爆发力。⑤ 发球后很快进行动作制动，没有随惯性挥向左肩上方，而是挥向右肩上方，回收动作后未及时进行握拍调整。

(2) 纠正方法。① 抛球时，应垂直向上抛起，眼睛应注视球的下落轨迹。② 发球后随挥动作要完整。

(2) 平高球。这是一种比高远球低、速度较高远球快，具有一定攻击性的球。

① 动作方法：发球的动作过程大致同发高远球，只是在击球的一刹那，小臂加速带动手腕向前上方挥动，拍面要向前上方倾斜，以向前用力为主。发平高球时要注意发出球的弧线以对方接球时伸拍打不着球的高度为宜，并应发到对方场区底线。

② 动作要点：击球时以小臂带动手腕发力为主，拍面与地面的夹角小于 45°，向前推进击球。

(3) 平射球。这种球比平高球的弧线还要低、速度还要快。

① 动作方法：站位比发平高球稍后些(防对方很快回到本方后场)，充分利用前臂带动手腕爆发力向前方用力，球直接从对方的肩稍上高度越过，直攻对方后场。发平射球关

键是出手的动作要小而快，但前期动作应和发高远球一致。发平射球时还应注意不要过手、过腰犯规。

② 动作要点：击球时，拍面仰角较小，前臂内旋带动手腕快速闪动向前击球。击球点在规则允许的范围内可争取略高一些。

（4）网前球。发网前球是在双打中主要采用的发球技术。

① 动作方法：击球时，握拍要放松，大臂动作要小，主要靠小臂带动手腕向前切送，用力要轻。发网前球时应注意手腕不能有上挑动作，另外，落点要在前发球线附近，发出的球要贴网而过，这可免遭对方扑杀。

② 动作要点：引拍时不必过多向右转，挥拍时前臂挥动的弧度小些，腕部伸展也小些。

专家提示

易犯错误及纠正

（1）易犯错误。① 握拍太紧，以致不能控制发力及缓冲，难以把球很低地发过网。② 站位错误。除了与发高远球类似外，站位太后也不利于发好网前球。③ 挥拍击球时不是从右向左斜面切削击球，而是像发高远球一样击中球托，向上挥拍击球，这样击球不易控制飞行弧度，球过网后往往还向上飞行。④ 击球点超过腰部的违例动作，及拍框上缘部分超过腕部的过手违例动作，均属于必须纠正动作。

（2）纠正方法。掌握正确的握拍方式，发球时集中注意力观察球的落点。

2. 反手发球

反手发球的特点是动作小、出球快、对方不易判断。在双打比赛中多采用此发球技术。

① 动作方法：站在前发球线后10~50厘米及发球区中线的附近，也可以站在前发球线及场地边线附近的地方（双打比赛中，从右场区发球时可以看到）。面向球网，两脚前后站立（左脚或右脚在前均可），上体稍前倾，身体重心在前脚上。右手反手握拍，左手拇指、食指和中指捏住球的2~3根羽毛，球托明显朝下（避免犯规），球体与拍面平行或球托对准拍面放在拍面前方。击球时，小臂带动手腕朝前横切推送。发网前球时，用力要轻，主要靠“切”送；发平快球时，发力要突然，击球时拍面要有“反压”动作（图8-2-4）。

② 动作要点：击球时拇指稍稍往前顶球拍，用手指、手腕的力量向前推球。

反手发网前球和后场球

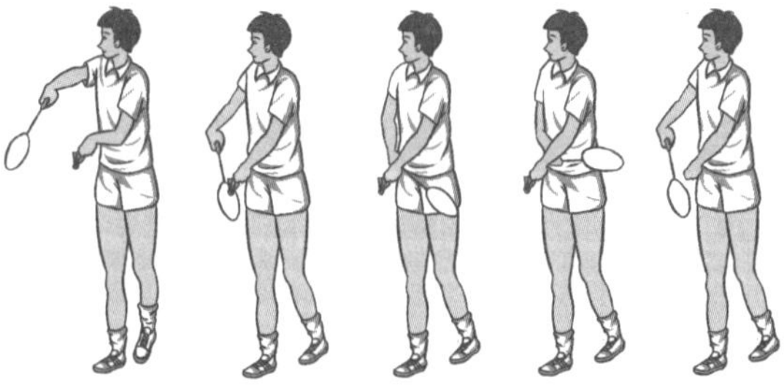

图8-2-4 反手发球

专家提示

易犯错误及纠正

（1）易犯错误。① 站位错误，站位太靠前或太靠后；握拍太紧，以致不能发力及缓冲。② 有击球点“过手”“过腰”的违例动作。

（2）纠正方法。发球时身体放松，准备动作做完整。

练习方法

单人多球练习发各种球。

（三）接发球

接发球是羽毛球运动的一项重要基本技术。接发球质量往往直接影响一个回合开始的主动与被动。

1. 接发球准备姿势

单打接发球准备姿势是左脚在前，右脚在后，侧身对网，重心放在前脚上，膝关节微屈，后脚跟稍提起，收腹含胸，注视对方发球的动作。双打接发球准备姿势与单打基本相同，膝关节弯曲的程度更大一些，以便能直接进行后蹬起跳。

2. 接发球的站位

（1）单打站位。站在离发球线 1.5 米处，在右发球区时站在靠近中线的位置，以防发球方以平射球攻击头顶区域；在左发球区时站在中线与边线的中间的位置上，这样站主要是防备对方直接进攻反手部（图 8-2-5）。

图 8-2-5　单打站位

（2）双打站位。由于双打发球区比单打发球区短 0.76 米，一般接发球站位法是站在离中线和前发球线适当的距离，在右区时要注意不要把右区的后场靠中线区暴露出来，在左区时注意保护头顶区域。

① 动作方法：双打抢攻站位法应站在离发球线很近，前脚紧靠在前发球线，而且身体倾斜度较大，球拍高举，这种站法以进攻型打法的男选手居多。较为稳妥的站法是站在离前发球线有一定距离，身体类似单打站位法，这种站法是在思想混乱、无法适应对方发球情况下采用的过渡站位法，一般业余选手多采用这种站位法。

② 练习方法：由一人发球，练习者按要求进行接发球练习。

（四）击球

羽毛球击球技术，按其特点进行分类，有以下几种：正反手高空击球、吊球、杀球、搓球、推球、勾球、扑球、挑球。下面仅介绍后场正手击高远球、杀球技术。

1. 高远球

以较高的弧线将来球击到对方场区底线附近叫击高远球。击高远球是一切上手击球动作的基础。高远球的特点是球的弧线高、滞空时间长，它的作用是逼迫对方远离中心位置退到底线去接球，一方面可以减弱对方进攻的威力，为我方进攻寻找机会，另一方面在己方被动情况下，有较多的时间调整站位，摆脱被动局面。上手击高远球分为：正手击高远球、反手击高远球、头顶击高远球。

① 动作方法：首先判断来球的方向和落点，侧身后退使球在自己右肩稍前上方的位置，左肩对网，左脚在前，右脚在后，重心在右脚上，左手自然上举，眼睛向上注视来球，使拍面对着球网。引拍时，球拍上提并后引，使躯干成微微的反弓形；身体同时左转或面向球网，右肘上提，使拍框在身后下摆，形成引拍的最长距离。击球时，后脚蹬地、向左转体、收腹，肘部向前摆动，前臂旋内加速向前上方挥动。同时，屈腕并握紧拍柄，运用拇指和食指的顶、压，产生出最大的爆发力。在持拍手臂伸直能触到球的位置，以球拍正面击打球托底部，将球击出至对方底线。左手顺势放下至体侧，协助转体动作。击球后，右手顺势向左下方减速摆臂，最后回收至体前（图 8-2-6）。

图 8-2-6　正手击高远球

② 动作要点：击球点在右肩前最高点，击球时手臂几乎伸直。击球时小臂外旋带动手腕快速摆动，产生爆发力，以正拍面将球击出。

专家提示

易犯错误及纠正

（1）易犯错误。① 握拍太紧，身体正对球网击球，准备时没有先半侧对球网，这样不但影响了击球动作的隐蔽性，而且也影响了利用身体蹬转力量来协助上肢发力击球的效果。② 击球点没有选择在右肩的前上方，而是偏低、偏前或偏后。③ 在击球前已握紧球拍，整个击球动作紧张僵硬，影响发力；发力的方法不对，主要用肩和伸展肘关节的力量击球，而没有主要利用小臂内旋和屈腕的力量，向前上方“甩臂”挥拍击球。④ 击球后，不是习惯性收拍于体前，而是将球拍朝左下方挥动，收拍于身体左侧。

（2）纠正方法。养成将技术动作做完整的习惯。

练 习 方 法

① 挥拍练习法。

② 投球练习法。

③ 悬球击球练习法。
④“喂球”练习法。
⑤ 原地对打练习法。
⑥ 移动对打练习法。

2. 扣杀球

把对方击来的高球全力向下扣压叫杀球，其特点是力量大、速度快，是主动进攻的重要技术。杀球分正手杀球、反手杀球和头顶杀球。下面仅介绍正手杀球。

① 动作方法：击球前的准备姿势和击球动作与正手击高远球基本一致。击球点选在右肩前上方，击球前获得较大的力臂距离，引拍动作幅度可较后场高远球大一些，充分利用下肢、腰腹产生的力量；在准备击球前身体后仰几乎成弓形，在击球瞬间将全身的力量，通过手腕由伸到屈的快速闪动，用球拍正面向前下方全力发力击球并下压拍面（图 8-2-7）。

图 8-2-7 扣杀球

② 动作要点：击球点在肩的前上方（比击高远球时的击球点梢靠前），前臂内旋，腕前屈、微收、闪腕发力击球托的后部（球拍正面击球）。

3. 吊球

把对方击来的后场高球，以向下的弧度还击到对方的网前去，称吊球。吊球可分为正手、反手和头顶吊球。

① 动作方法：与击高远球的动作要领一致，只是在击球一瞬间改变拍面的运行角度，并向球的运行方向减速挥拍，手腕快速切削下压。

② 动作要点：击球时手腕由伸到屈带动手指捻动发力，并以手指转动使球拍形成一定的外旋，用斜拍面“切击”球托后部。

（五）步法

羽毛球比赛时，运动员在场上为了到达合适的位置击球，而采取的快速、合理、准确的移动方法，称之为步法。羽毛球步法有垫步、交叉步、蹬步、跨步、跳步、并步等基本步法，还有由基本步法组成的上网步法、后退步法、两侧移动步法、起跳腾空步法等组合步法。

羽毛球步法移动原则是始终要保持在场地的中心位上。其动作要领是踝部、髋部要灵活，移动要迅速，回位要及时。

1. 垫步

① 动作方法：当右（左）脚向前（后）迈出一步后，后脚跟进，紧接着以同一脚向同一方再迈一步，为垫步。

② 动作要点：动作急促、幅度小。

2. 交叉步

① 动作方法：左右脚交替向前、向侧或向后移动为交叉步。向前面的为前交叉步，而向后面的为后交叉步。

② 动作要点：前脚用力蹬地，利用腰部力量带动转胯。

3. 并步

① 技术方法：右脚向前（或向后）移动一步时，左脚即刻向右脚跟并一步，紧接着右脚再向前（向后）移动一步，称为并步。

② 动作要点：加速快，重心转换快，步幅调整合理。

专家提示

易犯错误及纠正

（1）易犯错误：站位选择不准；启动与回动不及时。

（2）纠正方法。调整步伐的灵活运用。

练 习 方 法

① 单一步法配合挥拍练习：是在单一步法练习中结合挥拍动作进行练习的方法。

② 组合步法配合挥拍练习：是在组合步法练习中结合挥拍动作进行练习的方法。

③ 看手势进行步法与挥拍练习：一人用手势指挥，另一人进行向前、后、左、右、跳等步法和挥拍动作练习。

四、羽毛球常用战术

羽毛球战术是运动员在羽毛球比赛中根据对手的实力和技术特点，选择不同的攻防技术手段，达到取得比赛胜利目的的方法。一般分为单打战术和双打战术。

（一）单打战术

1. 发球抢攻战术

多采用发网前低球、平击快球获得主动进攻机会的战术。

2. 接发球战术

接发球虽然处于被动、等待的状态，但由于发球时受到诸多规则的限制，使发球者不能给接发球者带来太大的威胁。发球者发球只能发到对角线的接发球区内，而接发球者只需防守半个不到区域，即可还击到对方整个场区。所以，接发球者若能处理好这一拍，也可取得主动。如在接高远球、平高球时，可采用平高球、吊球或杀球还击；接网前球时，可用平推球、放网前或挑高球还击。接平快球时，可借用对方的发球力量快杀空当或打追身球，也可借助反弹力拦吊对角网前。

3. 攻后场战术

通过击高远球、平高球压对方底线两角，迫使对方还击球时不易发力来获得进攻机会的战术。

4. 攻前击后战术

先用搓球、吊球、放网前球将对手调到网前，然后再用扣杀和平高球来攻击对方后场的战术。

（二）双打战术

1. 攻人战术

攻人战术是指在比赛中有意专门攻打对方实力较弱的队员。一般在男女混双比赛中应用较多。

2. 攻击中路战术

攻击中路战术是指当对方两人平行站位时，适时攻击对方中间空隙的战术。

3. 后杀前封战术

后杀前封战术是指充分利用本方后场队员的大力扣杀，网前队员积极移动寻找时机及时在网前进行封杀的战术。

五、羽毛球竞赛规则

（一）基本设备

羽毛球的比赛场地分为单打场地和双打场地，其场地规格如图（图 8-2-8）所示。羽毛球柱的高度为 1.55 米，球网中央上沿距地面的高度为 1.524 米。羽毛球上的羽毛共 16 根，重量为 4.74~5.5 克。

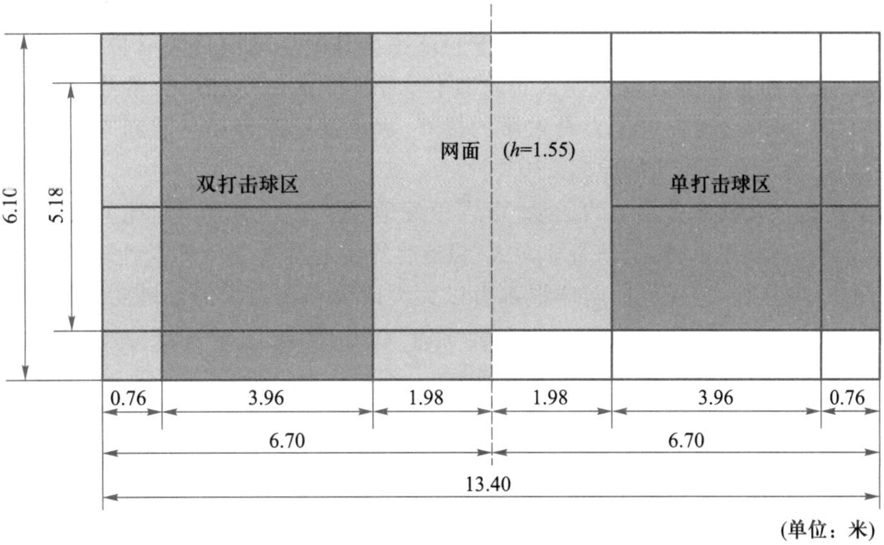

图 8-2-8　羽毛球比赛场地

（二）基本规则

（1）羽毛球每场比赛为三局二胜制，每局为 21 分，采取每球得分制。比赛开始前，双方通过抽签方式确定发球方。如遇每局双方打到 20 平时，一方领先 2 分即算该局获胜；如遇双方打成 29 平时，率先得到第 30 分的一方为胜方。决胜局，比分达到 11 分时，双方须交换比赛场地后再继续比赛。首局获胜一方在接下来的一局比赛中率先发球；每局比赛达到 11 分时，比赛暂停 90 秒，双方队员休息；每局比赛之间的休息时间为 2 分钟。

（2）队员发球需站在发球区内，发球高度不能超过 1.15 米，其球拍不得高于握拍手，否则判发球违例。

（3）单打比赛，发球先从右边发球区开始，将球击到对方的右边发球区，如果得分，则要移到左边发球区继续发球；如果对方得分，则由对方在左边发球区发球。所有发球必须将球击到对方对角线的接发球区。发球区的交换要按照每方的得分单数和双数进行交换，双数始终在右边发球区发球，单数始终在左边发球区发球。

（4）双打比赛，只是当发球方得分时，得分方队员的位置需交换，并由得分方的发球队员继续发球，对方队员的位置不变；其他与单打比赛发球轮换区域的方法相同。

第三节　网球运动

一、网球运动的健身价值

身体素质是身体发育状况和生理功能状况的综合表现。长期从事网球运动，可提高人的速度、力量、柔韧、灵敏等身体素质，从而提高人体的运动能力，对年龄较大的网球参与者而言可以大大延缓运动能力的下降过程。

网球运动对力量素质要求较高。由于网球拍比其他小球项目的球拍如乒乓球拍、羽毛球拍重，需要用更大的力量去完成击球动作，由此可见，一方面，力量是网球运动的基础，另一方面，网球运动促进了力量素质的提高，这也是网球运动员看起来比一般的乒乓球、羽毛球运动员更为强壮的原因。

网球是既有有氧又有无氧的运动，可以很好地发展耐力素质。职业网球比赛往往要打 3~5 局，耗时 2~4 小时，运动量非常大，没有良好的心肺功能就难以胜任一场艰苦而又漫长的网球比赛。一定强度的网球锻炼可以大大改善和提高人的心肺功能，进而提高人的耐力水平。

网球运动可以发展灵敏素质。网球运动中，球的运动轨迹瞬息万变，这就需要练习者能及时根据来球的变化快速作出反应，及时采取相应的技术动作方法，这对发展人的灵敏素质益处极大。

由于各项身体机能经常得到锻炼，人体长期处于一个积极的、良性的发展状态，这对控制体重，减少心血管疾病、预防骨质疏松、延缓衰老、保持生命活力等都有良好的作用。

二、网球运动的起源与发展

网球与高尔夫球、保龄球、桌球并称为世界四大绅士运动。它的起源可以追溯到12—13世纪的法国，当时在传教士中流行着一种用手掌击球的游戏，方法是在空地上两人隔一条绳子，用手掌将布包着头发制成的球打来打去。这种运动不仅在修道院中盛行，而且也出现在法国宫廷。1358—1360年，这种供贵族玩的古式网球从法国传入英国，英国国王爱德华三世对网球产生很大兴趣，下令在宫中修建一片室内球场。15世纪，人们发明了穿弦的球拍。16世纪，古式室内网球成为法国的国球。此后，古式室内网球有了自己的规则，在欧洲，尤其是在英国得到了较好的开展。

近代网球起源于英国。1875年，随着这项运动在8字形球场上风靡起来，全英槌球俱乐部在槌球场边另设了一片草地网球场，紧接着，古式网球的权威组织者玛利博恩板球俱乐部为这项运动制定了一系列规则。1877年，在英国伦敦郊外温布尔登设置了几片草地网球总会，草地网球在英国得到了进一步的开展。同年7月，举办了首届草地网球锦标赛，即温布尔顿第一届比赛。亨利琼斯同另外两个人为这次比赛制定了全新的规则，他本人担任了比赛的裁判。可以说，亨利琼斯是现代网球的奠基人。

三、网球运动核心技术

（一）网球基本技术

网球技术是队员在比赛中为攻守目的所运用的各种专门动作的总称，是队员进行比赛的主要手段。基础阶段的基本技术，直接影响着队员在提高阶段技术的提高和对高难度技术动作的掌握。因此，在学习初期打好基本技术的基础，对今后比赛取胜有着重要的意义。

1. 脚步动作

有人说“网球是用脚打的”，这种说法虽然有些夸张，但是网球比赛中运动员跑动是否迅速、步法是否灵活确实至关重要。在网球的各种击球中，必须使人与球保持一个适当的距离，这需要一种合适的站位，才能得心应手地打出各种好球。步法大致包括：闭锁式步法、开放式步法、滑步、跨步、踮步、交叉步、跑步、跳步和小步调整等。

（1）开放式步法。这是正手击球时常见的站位方式。若从开立的准备姿势起动，则以右脚为轴，向右转体转肩，左脚向右前方跨出，与端线约成45°角，使左肩对网，跨出的左脚较右脚仍在偏左侧的场地，身体成开放姿势。

（2）闭锁式步法。这是反手击球时常见的站位。从开立的准备姿势起动，以左脚为轴，向左转体转肩，右脚向左前方跨出，步子较大，超过左脚落左侧的场地，使右肩对网，甚至使右肩胛骨对网。身体成闭锁姿势。

网球技术是在运动实践中逐步形成、发展、完善起来的。随着网球运动进攻与防守的发展，竞赛规则不断演变，队员身高、素质与文化素质的提高，攻守对抗日益紧张激烈，促使网球技术不断改进、完善、丰富和创新。技术的发展也从单个技术向综合技术、从简单技术向高难度技术方向发展。

为了便于学习，将网球技术分类如下：握拍的方法、正手击球技术、反手击球技术、发球技术、网前截击技术。

2. 握拍的方法

（1）球拍拍柄的形状与命名

① 拍柄的各个平面：拿到一支球拍后我们会发现球拍拍柄是由 8 个平面组成的柱形，其底面截图如图 8-3-1 所示：

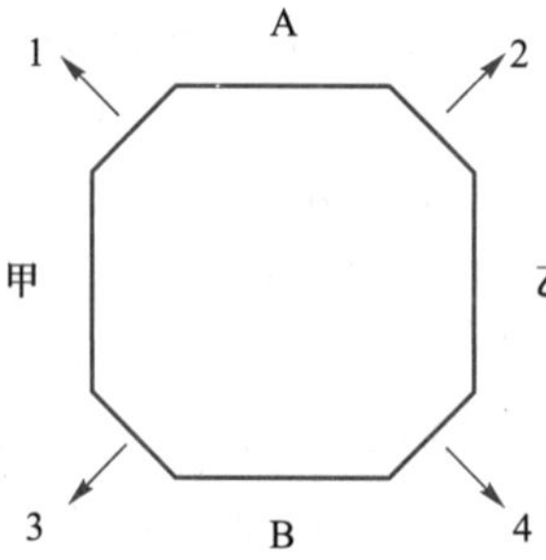

图 8-3-1　拍柄底面截图

② 拍柄的各条棱线：拍柄上各个平面相交接处形成了拍柄上的各条棱线，这些棱线是握拍时的重要参考。为了能更准确地握好球拍，我们将球拍上的各条棱线进行了编号，在握拍时可以对应各条棱线以手的虎口位置对准相应棱线，有助于准确握好球拍。

（2）握拍方法分类

① 东方式握拍法：左手握住球拍拍颈，使拍面与地面垂直。右手掌根贴紧拍柄右上斜面底部 2~3 厘米开始变粗的部位，虎口正对拍柄右上斜面与右垂面交界的棱线。手指环握拍柄，拇指位置放于中、食指中间部位，食指略向上伸展贴紧拍柄。

② 东方式反手握拍法：由东方式正手握拍开始，沿顺时针方向旋转球拍约 90°。掌根压紧拍柄左上斜面，虎口正中正对左垂面与左上斜面交界处的棱线，拇指贴在左垂面上，食指中间关节压在拍柄右上斜面。

变换握法时可以使球拍保持不动而转动手到相应的位置，也可以转动球拍使手基本不动，还可以转拍转手相结合。

③ 大陆式握拍法：掌根贴在拍柄右垂面根部，虎口正对上平面与右上斜面交界处棱线上；拇指压在拍柄左垂面上；食指与其余 3 个手指略分开些，食指上关节贴压在拍柄右垂面上；中指无名指和小拇指环握住拍柄。

④ 西方式握拍法：手掌根贴在拍柄右下斜面，虎口正对拍柄右垂面与右下斜面之间的棱线，食指下关节在拍柄右下斜面，拇指环握拍柄其末端位于中食指中间。

动作要点：将球拍平放在地面，右手虎口正对拍柄右垂面与右下斜面之间的棱线，将球拍抓起，虎口向前，手心向左侧下，像端着一口平锅一样。

⑤ 混合式握拍法：介于东方式和西方式握拍法之间。

⑥ 双手反拍握法：右手以东方式反手握球拍法握好，左手以左手东方式正握球拍的握法握在右手上部，两手要靠紧。

（二）正手击球技术

1. 准备姿势

面对球网，双脚向前自然分开与肩同宽，双膝微屈，身体略向前倾，重心落在双脚的前脚掌上，右手握拍，左手轻托拍颈，双肘微屈，球拍舒适地放在身前，托面垂直于拍头指向对方，两眼注视对方来球，做好击球准备。

正手击球（无球）连贯动作

2. 后摆引球

当判断来球需用正拍回击时，转动双脚，左脚跟抬起并向右倾，前方上步，右脚向右转 90°与底线平行，同时转肩转髋带动右手向后摆动引拍（此为关闭式步法，适用于初学者转

体;开放式步法,左脚不必上步,两脚平站但需要更多的向右转体动作),引拍时,肘部弯曲、自然下垂,拍头低于膝盖,左手伸向前方,保持身体平衡,后摆引拍时,身体重心移向右脚,左肩对着右侧的网柱,手腕固定,挥拍转动约 180°,拍头指向后方。

3. 击球动作(前挥击球)

从后摆向前挥动时紧握球拍,手腕后伸、固定,用力蹬脚,转动身体和挥拍,正拍的击球点在身体的右侧前方不超过腰的高度,击球时的挥拍速度最快,球打在拍面的中心,自上而下挥动拍头使球稍带上旋。

4. 随挥跟进动作

球触拍后,使拍面平行于网的时间尽量长些,挥拍沿着球飞行的方向前送,重心前移落在左脚上,身体也随着转向球网,挥拍动作在左肩上方结束,拍头指向上方高出头部。随挥跟进动作要比后摆动作大且充分,保证击球的稳定性,随挥跟进结束,立即恢复准备姿势,准备下一次击球。

专家提示

易犯错误及纠正

(1) 易犯错误。① 击出的球太高,球出界:主要由于球拍接触球的部位偏下,拍面后仰角度过大或击球过早而导致。② 击出的球过低,球下网:由拍面前倾角度过大,击球部位过于靠上,击球时间过晚造成。③ 击球无力,球打不远:没有用球拍的甜点区打到球是造成这一现象的主要原因,另外挥拍动作不连贯,动作僵硬也是一个常见的原因。④ 击出的球不正,偏出界外,是由左手持球和右手击球时拍面的方向和角度没有控制好造成。

(2) 纠正方法。① 先调整球拍角度,再调整击球时的拍面角度。② 调整击球时的拍面角度,将球拍触球的部位向上调整。③ 首先从左手持球位置的调整开始,左臂要完全伸直,左手持球一定要位于左脚的右侧前方,抛球时不加外力,只要手指松开即可;其次要加强击球时手腕对球拍角度的有效控制,如击出的球偏向左侧,要调整手腕角度,腕关节背屈角度稍大些,反之,则要小些。

(三) 反手击球技术

1. 准备姿势

单手反手击球(无球)连贯动作

面对球网,双脚向前自然分开与肩同宽,双膝微屈,腰部略向前,用非握拍手轻托拍颈,拍头与下颌齐平,双肘弯曲,将球拍伸在前面,身体前倾,重心落在双脚上。当判断对方来球朝我方反拍方向飞来时,轻握拍颈的左手应该迅速帮助右手握拍变换为反拍握拍法。正拍若使用东方式的正拍握法或西方式握法,在打反手位来球时应变化为相应的反拍握拍法。双手握拍的人,大多也需要变化握法。

2. 后摆引球

向左肩转髋带动右手向左后方摆动,左脚向左转 90°与底线平行,同时右脚向左前方上步,左肩对着球网,手腕绷紧、后伸,双肩夹紧,右手拇指靠近左腿的上部。后摆时肘关节自然弯曲,下垂,重心移向后方的脚上。反拍的后摆动作应比正拍后摆更早地完成。单手反拍时,左手可轻托拍颈,伴随着向左转的协调动作;若是双手反拍挥臂,需要更充分的转体动作，右肩转向左侧的网柱。

双手反手击球（无球）连贯动作

3. 前挥击球

从后摆进入向前挥动时应紧握球拍，手腕固定，右脚与网平面成45°角，转动双肩、躯干和臀部，挥拍向球，反拍的击球点应在身体的左侧前方，击球时球拍与右脚应在一条直线上。击球瞬间，挥拍手的挥动最快，对准来球把球打正，肘部应伸直，球拍与手齐平，双眼盯住球。随着身体重心从后脚移向前脚。反拍上旋球的击球动作其拍头轨迹是自上而下的。

4. 随挥动作（跟进）

球击出后，拍面平行于网的时间尽量长些，挥拍沿着球飞行的方向前送，球拍随球向前的距离小于60厘米，重心前移，落在右脚上，身体也随着转向球网，挥拍在右肩上方结束，拍头指向上方（削击球则不同），完成好随挥动作有助于控制球的落点和方向。随挥动作要比后摆动作大而充分，从而保证击球动作的完整和稳定。随挥跟进动作结束，身体转向球网，迅速恢复原来的准备姿势，准备下一次击球。

专家提示

易犯错误及纠正

（1）易犯错误。① 击出的球太高，球出界：主要由于球拍接触球的部位偏下，拍面后仰角度过大或击球过早而导致。② 击出的球过低，球下网：由于拍面前倾角度过大，击球部位过于靠上，击球时间过晚造成。③ 击球无力，球打不远：没有用球拍的甜点区打到球是造成这一现象的主要原因，另外挥拍动作不连贯，动作僵硬也是一个常见的原因。④ 击出的球不正，偏出界外：是由于左手持球和右手击球时拍面的方向和角度没有控制好造成的。

（2）纠正方法。① 先调整球拍角度，再调整击球时期，并调整击球时球与身体的位置即可解决。② 调整击球时的拍面角度，将球拍触球的部位向上调整并调整击球时间。③ 加强练习，通过击球次数的累积可以有效地改进和提高。同时，要加强击球动作的模仿练习。④ 首先从左手持球位置的调整开始，左臂要完全伸直，左手持球一定要位于左脚的右侧前方，抛球时不加外力，只要手指松开即可；其次要加强击球时手腕对球拍角度的有效控制，如击出的球偏向左侧，要调整手腕角度腕关节背屈角度稍大些，反之，则要小些。

（四）发球技术

（1）网球握拍法。大陆式或东方式反拍握拍法。

（2）准备姿势。全身放松，侧身站立在端线外中场标记旁边（单打），左肩对着左边网柱，面向右边网柱，两脚分开约同肩宽，左脚与端线约成45°，右脚约与端线平行，重心在左脚上。左手持球轻托球拍在腰部，拍头指向前方。呼吸均匀，精神集中。

（3）抛球与后摆抛球。与后摆拉拍动作是同步开始的，持球手拇指、食指和中指三指轻轻托住球，掌心向上。当球拍向下向后引拍时，待持球手同时下降至右腿处，紧接着当球拍从身后向头上方做大弧度形摆动时，身体做转体、屈膝、展肩时，持球手柔和地在身前左脚前上举，直至伸高及头顶。抛球动作要协调、平稳，球送至最高点再离开手指抛向空

中。此时右肘向后外展约同肩高，拍头指向天空，左侧腰、胯成弓形，身体重心随着抛球开始先移向右脚，然后平稳地开始前移，同时，肩与球网成直角。

(4) 击球动作。当左手抛出球时，球拍继续向上摆起，这时握拍手的肘关节放松，可以使向前转动的身体和右肩自动地使手臂产生一个完美的绕圈。当球下降至击球点时，迅速向上挥拍击球，左脚上蹬，使手臂和身体充分伸展，当身体向前上方伸展击球时，肩、手臂已经回转，双肩与球网平行。挥拍击球时，持拍手腕带动小臂有一个内旋的“鞭打”动作，这就是发球发力的关键动作，也是其他诸如重心前移、蹬腿、转体、挥拍等力量聚集的总和。

(5) 随挥动作。球发出后，身体向场内倾斜，保持连续完整的向前上方伸展的随挥动作。球拍挥至身体的左侧(美式旋转发球球拍随挥至身体的右侧)，重心移向前方，做到完全自然地跟进并保持身体平衡。

(五) 网前截击技术

1. 网前截击球的准备姿势

两脚自然开立约与肩同宽，重心放在前脚掌上，足跟提起，两手持拍置于胸前，拍头竖起在眼前，两肘离开身体，左肘高于右肘，上体微前倾，两眼注视来球，成为一个可向任何方向移动的待发状态。

2. 网前截击的动作要领

(1) 手腕略竖起，拍头高于手腕。

(2) 拉拍动作要小，要用举拍转肩、转体来带动上臂，肘要离开身体，不要夹臂。

(3) 击球时以肘为轴，肩关节固定，随身体向前转动，封闭腕关节，使手掌、网拍和球在一条直线上，击球刹那屏住呼吸。

(4) 击球后随挥动作很小，身体重心移动不大。

3. 截击球击球动作

截击球是一个短暂的撞击动作，球拍后引动作小，不要过肩，大小臂之间夹角不要大于90°，后引时要使肘领先小臂和拍子。击球点要处在身前，如果球落在体侧或身后，就变成挡球了，完全失去了控制球的能力；若击球点太靠前，就回去救球，结果是拍子向前下方挥动，造成击球下网或失掉重心。击球点高度应以眼睛高度为佳。

四、网球常用战术

以下主要介绍单打比赛中的打法类型与基本战术。

(一) 上网型打法基本战术

上网型打法在实战中比较多见，尤其在草皮场地的比赛中更是如此。上网型打法的主要指导思想是利用网前技术作为进攻得分的主要手段，这类打法要求运动员要有较突出的奔跑速度、快速的反应能力和很好的控制球的能力。上网型打法主要分为发球上网、随球上网、接发球上网、伺机上网战术。

1. 发球上网战术

利用发球的力量、速度、旋转与角度使对方出现被动接球，并随着发球所获得的优势主动上网抢攻。

2. 随球上网战术

随球上网战术主要是指在实战中当对方回球出现质量不高的中场球或落点较浅的球时，利用正拍或反拍抽出较大角度和较深落点的球，这在比赛中是一项主要得分手段。该战术要求上网时要看准时机，只有在对方回球出现质量不高的来球时使用，必须较好地控制抽球动作并做到抽出落点深、角度大、速度快的球，以保障上网截击的绝对主动。随球上网战术既要做到看准时机果断上网，又要有能力主动创造机会争取上网。

3. 接发球上网战术

接发球上网战术也可以称之为上网接发球战术，此战术主要针对接对方“二发”。由于二发无论从力量上还是从速度上都要小于一发，所以二发的攻击性比一发要小得多，有利于接发球方。接发球上网战术就是以此而作为实施基础的。接发球上网战术要求运动员要有较快的反应速度和启动速度，而且上网接发球一般要在球的上升期击球，这对上网接发球的击球技术要求较高，一般要有较强的击上升期球的技术做保障。

（1）对方左区二发己方外角球时，可利用拉抽上旋球、正拍击下旋球或推送式击球方法打直线球，击球目标为对方底线左角。

（2）对方右区二发己方外角球时，可利用平抽或抽上旋球打斜线并随之上网，击球目标为对方底线右角附近。

4. 伺机上网战术与偷袭战术

伺机上网与偷袭上网战术在实战中具有出奇制胜的效果，一般在对方发球注意力较为集中的情况下，突然改变接发球方式而主动上网，使对方防不胜防。另外，在底线对峙时利用加深击球落点或加大击球角度而突然随球上网也会收到同样的效果。伺机上网与偷袭上网战术的采用要在对方意想不到的情况下实施，或者在当对方注意力集中在一种打法的情况下采用。其主要目的和作用就是破坏对方击球节奏，打乱对方战术意图，从而获取场上主动。在实战中偷袭上网与伺机上网主要有以下几种方式。

（1）在底线接发球的情况下，根据战术需要突然改为接发球上网。

（2）在一般接第二发球上网的情况下，突然改为底线接二发而在接发球后随击球动作上网。

（3）在底线对峙的情况下，突然打出大角度或深度落点或有力的上旋球而随击球动作上网。

（二）底线型打法的基本战术

底线型打法的战术内容非常丰富，在实战中富于变化。通常的底线型选手都是以正、反手抽球为主要的战术基础，并在此基础上进行战术组织与战术变化。底线型打法的关键要素在于速度、力量、落点、线路和旋转。底线战术的基本形式可以划分为对攻型战术、拉上旋球进攻型战术、控制落点伺机进攻型战术、侧身进攻型战术、防守反攻型战术、压迫式进攻型战术等。

1. 对攻型战术

采用此战术的选手一般对自己的底线攻球有很强的自信，并具有连续进攻的能力。通过在战术实施过程中进一步加强自信同时削弱对手的自信，使自己的主动进攻成为主宰比赛胜负的主要因素。

2. 拉上旋球进攻型战术

上旋球一方面可以有效地限制对方进攻，另一方面可以使对方的击球位置后撤，这样就会为自己创造出有利的得分机会进而得分。在运用此战术时必须要很好地掌握平抽技术及其他攻击性击球技术，以保障自己在得分机会来到时可以给对方致命一击。

3. 控制落点伺机进攻型战术

这种战术一般在自己底线抽球力量和速度不足以明显压制对手的情况下采用，主要作用是抑制对手进攻，为自己创造出绝对主动的进攻机会，最后一击制胜。

4. 侧身进攻型战术

侧身进攻型战术需要强有力的侧身攻击的能力，一旦侧身攻球出现击球无力或击球角度与线路不合理的情况，自己场地的正手位会给对方留下进攻的大空当。

5. 防守反攻型战术

防守反攻型战术是在对手进攻能力较强时，利用自己的防守能力，力争控制好击球的落点、角度和击球线路，在对方回球出现被动的情况下或对方回球质量不高的情况下进行反攻的战术。

6. 压迫式进攻型战术

压迫式进攻型战术主要指在击球速度上压迫对方，使其没有充分的击球准备时间而只能被动还击，在此基础上进行连续的攻击，使对手不得喘息，进而争取主动并得分。

五、网球竞赛基本规则

（一）发球规则

1. 发球前的规定

发球员在发球前应先站在端线后、中点和边线的假定延长线之间的区域里，用手将球向空中任何方向抛起，在球接触地面以前，用球拍击球。球拍与球接触时，就算完成球的发送。

2. 发球时的规定

发球员在整个发球动作中，不得通过行走或跑动改变原站的位置，两脚只准站在规定位置，不得触及其他区域。

3. 发球员的位置

（1）每局开始，先从右区端线后发球，得或失 1 分后，应换到左区发球。

（2）发出的球应从网上越过，落到对角的对方发球区内，或其周围的线上。

4. 发球无效

发球触网后，仍然落到对方发球区内；或接球员未做好接球准备。

5. 交换发球

第一局比赛终了，接球员成为发球员，发球员成为接球员。此后每局终了，均依次互相交换，直至比赛结束。

（二）计分方法

1. 赛制

网球比赛实行淘汰赛。一场比赛中，男子单打比赛除大满贯赛事和 ATP 1000 大师系列赛决赛采用五盘三胜制以外，均使用三盘两胜制。女子比赛全部采用三盘两胜制。

2. 胜 1 分

遇到下列情况时，判对方胜 1 分。

（1）发球员连续 2 次发球失误或脚误时。

（2）接球员在发来的球没有着地前用球拍击球，或球触及自己的身体及所穿戴的衣物时。

（3）在球第 2 次落地前未能还击过网时。

（4）还击球触及对方场区界线以外的地面、固定物或其他物件时。

（5）还击空中球失败时。

（6）在比赛中，击球员故意用球拍拖带或接住球，或故意用球拍触球超过 1 次时。

（7）“活球”期间，运动员的身体、球拍（不论是否握在手中）或穿戴的其他物件触及球网、网柱、单打支柱、绳或钢丝绳、中心带、网边白布或对方场区以内的场地地面。

（8）还击尚未过网的空中球（过网击球）。

（9）除握在手中（不论单手或双手）的球拍外，运动员的身体或穿戴的物体触球。

（10）抛拍击球时。

（11）比赛进行中，运动员故意改变其球拍形状。

3. 一局

（1）每胜 1 球得 1 分，先胜 4 分者胜 1 局。

（2）双方各得 3 分时为“平分”，平分后，净胜两分为胜 1 局。

4. 一盘

（1）一方先胜 6 局为胜 1 盘。

（2）双方各胜 5 局时，一方净胜两局为胜 1 盘。

5. 决胜局计分制

在每盘的局数为 6 平时，有以下两种计分制。

（1）长盘制：一方净胜两局为胜 1 盘。

（2）短盘制（抢七）：决胜盘除外，除非赛前另有规定，一般应按以下办法执行。

① 先得 7 分者胜该局及该盘（若分数为 6 平时，一方须净两分为胜）。

② 首先发球员发第 1 分球，对方发第 2，3 分球，然后轮流发两分球，直到比赛结束。

③ 第 1 分球在右区发，第 2 分球在左区发，第 3 分球在右区发。

④ 每 6 分球和决胜局结束要交换场地。

（三）场地规则

1. 球场

球场应为长 78 英尺（23.77 米），宽 27 英尺（8.23 米）的矩形。中间由一条挂在最大直径为 1/3 英寸（0.8 厘米）粗的绳索或钢丝绳上的球网分开。其平面图如图 8－3－2 所示。

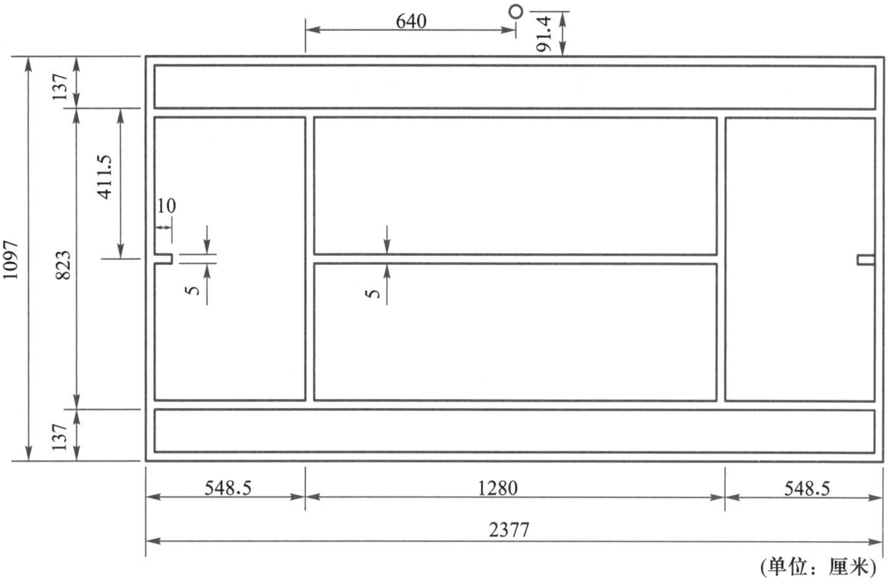

图 8-3-2　网球场平面图

2. 球网

球网的粗绳索或钢丝绳最大直径为 1/3 英寸(0.8 厘米),网的两端应附着或挂在两个网柱顶端,网柱应为边长不超过 6 英寸(15 厘米)的正方形方柱或直径为 6 英寸(15 厘米)的圆柱。

3. 球场线

球场两端的界线叫底线,两边的界线叫边线。在距离球网两侧 21 英尺(6.4 米)的地方各画一条与球网平行的线,为发球线。

4. 永久固定物

网球场地上的永久固定物不只包括球网、网柱、单打支杆、网绳、钢丝绳、中心带及网带,以下物品也算永久固定物,如球场四侧的挡板、看台、环绕球场固定或可移动的椅子、观众,以及所有场地周围和上方的配套设施,还有处于各自预定位置的裁判、司网裁判、脚误裁判、司线员和球童。

第四节　毽球运动

一、毽球运动的健身价值

毽球运动主要是下肢的运动,大幅度地摆腿动作,有助于增强髋部和腰部的灵活性,促进骨盆的生长发育。有节奏的弹踢动作,可增进盆带肌肉的力量。经常参加毽球运动,能促进身体的全面发展,提高弹跳、灵敏、耐力、速度、力量等身体素质以及反应能力,培养团结协作的团队精神以及勇猛顽强、坚毅果断、机智灵活等意志品质。毽球竞赛富有趣味性，具有较大的吸引力，参加者不受年龄、性别的限制，都能达到增强体质、促进健康的目的，对丰富人们的业余文化生活和建设精神文明起到一定的积极作用。

二、毽球运动的起源与发展

踢毽源于古代的蹴鞠，与蹴鞠同宗、同源，是蹴鞠的一个分支，起步于 20 世纪中期。中国毽球协会于 1987 年成立。进入 20 世纪 90 年代，毽球运动先后被全国少数民族运动会、全国农民运动会和全国中学生运动会等大型综合性运动会列为比赛项目。1999 年 11 月，由中国、越南、匈牙利、德国、老挝、荷兰等国家和地区发起，在越南成立了国际毽球联合会。

三、毽球运动核心技术

（一）准备姿势与步法

准备姿势是运动员在场上未接球时身体的一种等待状态。保持良好的姿势，是使身体随时在瞬间由静到动，由被动的状态变主动状态的关键。

1. 准备姿势

（1）左右开立站姿。这种站姿使运动员能从静止状态快速转向左右移动的状态，在比赛防守过程中运用较多。

（2）前后开立站姿。这种站姿便于运动员从静止状态快速转向前后移动状态，较多运用在比赛过程中的接发球和防守当中。其动作要点是膝关节微屈，脚跟稍提起，上体前倾，重心前移，保持随时移动的状态。

2. 步法

步法是移动的灵魂。步法移动一般有 8 种，分别为前上步、后撤步、滑步、交叉步、并步、跨步、转体上步、跑动步等。

专家提示

易犯错误及纠正

（1）易犯错误。① 准备姿势时，膝关节没有弯曲，上体直立，重心太高。② 移动时，身体重心不稳。③ 蹬地、转动时，脚步、腰、胯的灵活性不足。

（2）纠正方法。准备姿势时，应注意屈膝，重心下降，随时做好移动准备。

练习方法

① 从站立开始，练习准备姿势。

② 原地练习移动和控制重心。例如，在原地做跨步、转身、转体等动作。

③ 在移动中练习各种步法变化。

（二）基本踢法

1. 脚内侧踢球

动作方法：膝关节向外张，大腿向外转动，稍有上摆，不要过大，髋和膝关节放松，小腿向上摆，踢毽时踝关节发力，脚放平，用内足弓部位踢球。在运用上主要多用在传接球方面（图 8-4-1）。

图 8-4-1 脚内侧踢球

专家提示

易犯错误及纠正

（1）易犯错误。踝关节不会发力或发力不足，膝关节不会外张（外翻）或外张不够。

（2）纠正方法。膝关节加强摆动。

练习方法

① 直接将毽球放在右足内侧上，用右手指尖轻轻地按住右膝关节内侧，限制膝关节的上摆，然后踝关节发力。

② 可选用 25 厘米左右的平台，将足底平稳地踏在平台上，直立腿的足尖距平台底部约为一个足长，膝关节发力自内向外翻，踏在平台上的脚不要离开平台，随膝关节的翻转而滚动至足外侧平放在平台上，然后膝关节发力还原，这样进行反复练习多次。

2. 脚外侧踢球

动作方法：稍侧身，向体侧甩踢小腿，勾脚尖，用脚外侧踢球。注意要想获得较低的起球点，必须使支撑脚做适当的弯曲。还要注意身体重心应放在支撑脚上（图 8-4-2）。

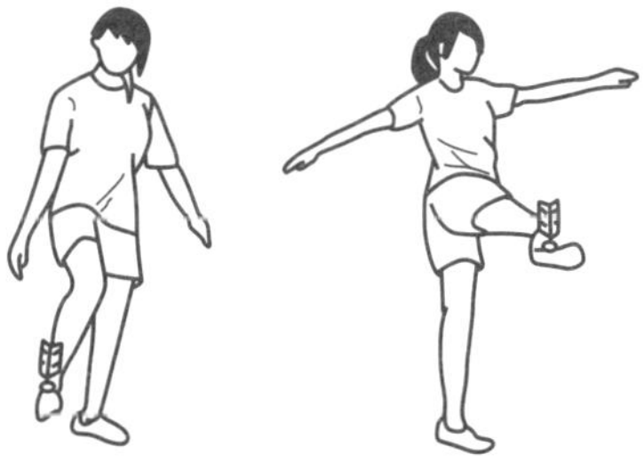

图 8-4-2 脚外侧踢球

3. 脚背踢球

动作方法：脚背踢球，一般用正脚背，要注意绷脚尖和抖动脚腕发力击球。此踢球技术相对其他基本技术是难度较大的一种，要求动作不但要快，还要求有一定的准确度，一旦抖动脚腕发力击球的节奏过快或过慢都会影响踢球的质量。

专家提示

易犯错误及纠正

（1）易犯错误。小腿不会向前摆动或较为僵硬，不会足尖三趾发力，脚的勾起过大或不足。

（2）纠正方法。大腿放松，将力量作用在小腿上。

练习方法

① 把毽球放在足尖外三趾部位，踝关节发力带动小腿向前上摆动，将毽球垂直抛起，用手将毽球接住，反复进行练习。

② 练习者面对墙壁，距离为一个半体宽，用手将毽球在体前垂直抛起，用“绷踢”将毽球踢起，用手将毽球接住。这样反复进行练习。

4. 触踢球

动作方法：用身体膝关节以上部位的踢球都叫触踢球，可以分为大腿触踢球、腹部触踢球、胸部触踢球、头部触踢球。大腿触踢球时，要注意抬大腿迎球，放松小腿，用大腿正面前段击球。腹部触踢球、胸部触踢球（图 8-4-3）、头部触踢球时，都要注意触球时将腹部、胸部或头部稍向前去主动迎接球，并控制球落在自己的前方，然后用脚将球踢出。

图 8-4-3　胸部触踢球

5. 发球

发球是比赛的开始，也是一项进攻技术，发球的时候可以采用盯人、找空、压后、吊前等手段发出各种战术球，以达到破坏对方组织进攻或直接得分的目的。

（1）脚内侧发球

动作方法：脚内侧发球的时候要抬大腿带小腿，用内足弓部位向前上方送髋推踢。其特点是既稳又准，破坏性强。

（2）正脚背发球

动作方法：注意绷脚尖，用正脚背向前上方发力挑踢。它的特点是平、快、准。

（3）脚外侧发球

动作方法：稍侧身站位，绷脚尖，用脚外侧发力扫踢，其特点是既快又狠，攻击力强。

6. 花样踢法

（1）盘踢。用脚内侧互换踢毽，膝关节向外张，大腿向外转动，稍有上摆，不要过大，髋和膝关节放松，小腿向上摆，踢毽时踝关节发力。踢起的毽子一般不超过下颌。

（2）磕踢。用两腿膝盖互换将毽子磕起（撞起）的踢法。髋关节、膝关节放松，小腿自然下垂，膝关节发力，将毽子磕起，大腿不要外张或里扣，踢起的毽子一般不超过下颌。

（3）拐踢。用两足外侧互换踢毽，大腿放松，小腿发力向体后斜上方摆动，勾足尖，踢毽时大腿不得摆到体前，小腿向体后斜上方摆动不要过高，毽子和足外侧相碰的一刹那，踢毽脚的内侧离地面一般不超过 30 厘米，踢起的毽子高度随意。

（4）绷踢。有的地方叫作“绷尖”，是用两足尖外三趾部分互换踢毽，单足踢毽也可以。绷踢能踢起即将落地的毽子，毽子被踝关节的发力一绷而起，所以叫绷踢。其动作是，大腿向前抬起，和身体成 150°～160°夹角，小腿向前摆动，髋关节、膝关节要放松，踝关节的发力，要在踢毽子的一刹那，足尖外三趾向上猛地用力，将毽勾起。踢起的毽子高低都可，但应避免忽高忽低，为以后的花样踢法打下基础。

7. 花样踢法“标准十法”

“准”（动作准确，不失误或少失误）。

“实”(动作要规范、准确不假,动作之间不得混淆)。
“稳”(心态平和,精力集中,动作不慌乱)。
“脆”(动作干净利索,不拖泥带水)。
“真”(动作的运行轨迹要明确,来龙去脉要清楚)。
“恰”(动作发力的大小和动作的完成要恰到好处)。
“巧”(动作灵活巧妙,美观大方)。
“变”(动作变化多端,穿插连接有秩,不单调)。
“改”(动作偶然失误,能随机应变,不强求)。
“整”(完整无缺,有始有终)。

四、毽球运动常用战术

(一)二传组织进攻战术

该进攻形式经三人次击球后,由一名主攻手把球攻入对方场地,需做到分工明确,节奏明显,指挥集中,战术灵活,是毽球进攻战术的基本组织形式。

(二)一次传组织进攻战术

该战术指某一队员利用两次击球的规则,把球直接传给进攻队员进行网前进攻,减少了二传环节,破坏对方的防守节奏。

(三)自传自攻战术

进攻队员利用个人技术与能力,合理运用二次击球机会把球攻入对方场区的战术方法。

(四)抢攻战术

当对方回球过高且离网较近时,队员利用及时的判断,快速的移动,抢占有利攻击点,把球反击回对方场区的进攻形式。

另外,还有防守战术,包括封网战术及后排防守战术、防封回球战术、防推攻球战术等。

五、毽球竞赛基本规则

(一)比赛场地

毽球竞赛采用羽毛球场双打场地,长 11.88 米,宽 6.1 米。场地上空 6 米以内(由地面计算)和场地四周 2 米以内不得有障碍物。距两端线中点两侧各 1 米处向场外各画 1 条长 20 厘米与端线垂直的短线叫发球区线(此线不包括在发球区内)。发球区线向后无限延伸的区域叫发球区。球网的中部顶端距地面垂直高度为 1.60 米(男子)或 1.50 米(女子)。网的两端距地面的垂直高度必须相等,两端的高度与中间的高度相差不得超过 2 厘米。在球网的两端有垂直于边线和中线的白色标志带和在标志带外侧的标志杆。两杆内侧相距 6 米,标志杆长 1.20 米,直径 1 厘米,由玻璃纤维或类似的材料制成。标志杆应高出球网上沿 44 厘米。

（二）基本规则

1. 发球

发球队员须站在本方发球区内，用手持球，将球抛起，用脚踢向对方场区，使比赛进行。发球队员必须在发球区内发球，在球发出后才能进入场区。发球时 2、3 号位队员不得有任何掩护动作，否则，判由对方发球。发球的一方将球击入对方场区内，如对方失误，则发球方得 1 分，发球队员继续发球，直到发球方失误则换对方发球。凡是赢得发球权的一方，该队队员应先按顺时针方向依次轮转一个位置，由 1 号位队员发球继续比赛。

2. 击球

比赛中，双方队员可以用身体任何部位触击球（除手和手臂外），每方队员击球不能超过 3 人次共 4 次击球，如超出即违例，由对方发球。

3. 换人与暂停

比赛中（成死球）双方均可以暂停或换人，每局只能换 3 人次，每局只能暂停 2 次。

4. 队员位置

每队上场队员 3 人，其中队长 1 人（左臂应佩戴明显标志）。队员的场上位置，站在靠近球网的两名队员从左到右分别为 3 号位和 2 号位队员，靠近端线的队员为 1 号队员。场上队员的位置必须与登记的轮转顺序相符合。

5. 计胜方法

正式比赛采用三局二胜制，第三局采取每球得分制。接发球失误，应判对方得 1 分；发球队失误，则判对方发球。某队得 15 分并至少比对方队多得 2 分时，则胜 1 局。如比分是 14∶14 时，比赛应该继续进行，直至某队领先 2 分，方为胜 1 局。

第五节　柔力球运动

一、柔力球运动的健身价值

柔力球运动是一种全身性运动，技术动作刚柔并重、缓急有致、形神兼备、灵活多变，使青少年的身体得到了全面均衡的发展，特别是其动作轨迹多为以肩为轴的大幅度的弧形，有助于缓解上肢肌肉的紧张，促进静脉血液回流。

柔力球的运动量可根据参与者的需要自由掌握，其技术的限制也很少，有很大的临场发挥空间，促进了学生的多向思维、反向思维和创造性意识，不仅锻炼了身体，也开发了智力，提高了学习能力。

二、柔力球运动的起源与发展

1991 年，山西省晋中市卫生学校的体育教师根据多年的体育教学实践经验，把太极拳的拳理和现代球类技术相结合，创造出一项全新的太极化的球类运动——柔力球，并发明了柔力球运动使用的器材和一套科学的练习方法。

1994 年，柔力球运动通过了国家教委全国中小学体育教学改革指导小组、全国高等学校体育教学指导委员会公共体育组的评定；1996 年，全国总工会和国家体委批准将柔力球列为第三届全国工人运动会的正式比赛项目；1999 年，湖北省第九届省运会将柔力球列为正式比赛项目。

经过十几年的不断研究和完善，柔力球运动已初步形成了一个较为完整的运动项目体系，由过去的仅有竞技比赛逐渐演变为“以套路为基础，以竞技为核心”的发展趋势。目前，该项目已被传到日本、澳大利亚、美国、德国等国家，受到了广泛的好评，并得到一定规模的开展。

相关链接

柔力球技术三大要素

柔力球从入球到出球是由“迎”“引”“抛”三个部分组成的一个连贯、自然流畅的弧形引化过程。

（1）“迎”。当球飞来时手持球拍，对着来球的方向主动伸拍迎球。

（2）“引”。在球快入球拍时，球拍顺球的运动方向和轨迹相向运动，顺势引球。

（3）“抛”。抛球过程是身体带动持拍臂和球拍，进行一个同半径、同转轴（横轴、纵轴、矢状轴）、同平面的匀速圆弧运动。

在抛球过程中，球拍的横截面应始终处于抛球圆弧的切线上，使球保持在球拍的内侧。抛球过程的用力是在抛球的初始阶段，球拍与球在抛球弧线中是匀加速或匀减速运动，在抛球开始后，不得再出现第二次突然用力和改变原有弧线轨迹的动作。在球出球拍的瞬间，出球点的拍框外缘应与出球方向保持一致。

三、柔力球核心技术

（一）基本技术

1. 握拍法与基本站位

（1）握拍方法。握拍方法是最基本的技术，正确的握拍法对于准确、全面、迅速地掌握基本技术意义重大。

① 正手握拍：用拇指和食指第 1 指节的指腹部位相对，捏住拍把与拍面平行的两个宽面处，其余手指顺势扣握，拍把的尾部靠在手掌的小鱼际处，掌心要空出，以便球拍在手中自如运转（图 8-5-1）。

② 反手握拍：在正手握拍的基础上转动拍柄，拇指和食指捏握在两个窄面处（图 8-5-2）。

（2）基本站位。

① 正手基本站位：正手基本站位是指运动员正手握拍，接抛身体右侧来球的站位方法（图 8-5-3）。

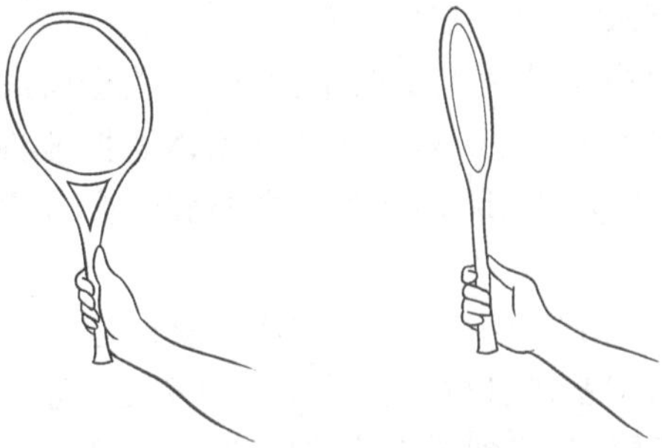

图 8-5-1　正手握拍

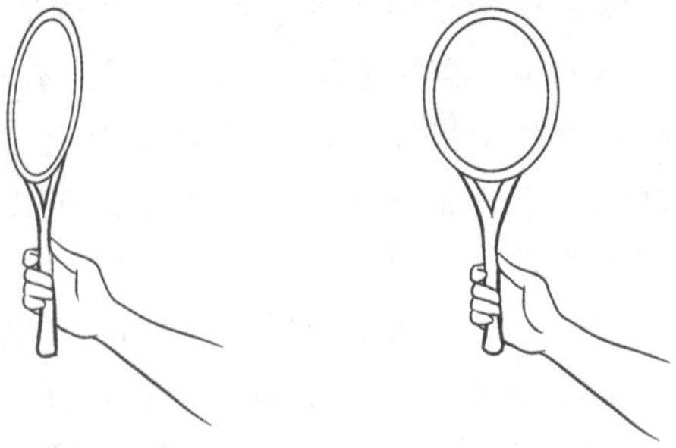

图 8-5-2　反手握拍

图 8-5-3　正手基本站位

② 反手基本站位：反手基本站位是指运动员反手握拍，接抛身体左侧来球的方法（图 8-5-4）。

图 8-5-4　反手基本站位

2. 基本步法

柔力球运动的步法主要包括滑步和旋转。在滑步时，上体要保持中正，两脚开立，脚跟提起，两膝弯曲并内扣；在旋转时，要以前脚掌为支撑点，脚跟提起，另一只脚蹬地为身体旋转做好准备。

3. 发球

发球是最基本的技术之一，是太极柔力球比赛中唯一不受对方制约和限制的技术，可以最大限度地施展自己的战术意图，因此，具有极大的自主性。

发球时，支撑脚不得移位和脱离地面，一只手将球向后上方明显地抛出（不少于 10 厘米），发球动作必须保持一个完整的弧形引化过程。以发出球在空中的飞行状况分为高远球、平快球和网前球三种。

4. 正手接抛球

（1）正手接抛高球

正握球拍，持拍臂以肩为轴，向右前方伸出迎球，当球触及球拍后，迅速顺势向后经右后上方、右后方向右后下方作弧形引化，从身体的右前下方将球抛出。在球入球拍时应从球拍的侧框切入，并从入球点对面的侧框出拍，在球出球拍的瞬间，球拍的侧框对向出球方向（图 8-5-5）。

图 8-5-5　正手接抛高球

（2）正手接抛低球

正握球拍，持拍臂以肩为轴，向右前下方伸出迎球，当球触及球拍后，迅速顺势向右侧后 45°方向作弧形引化，经右前上方将球抛出（图 8-5-6）。

图 8-5-6　正手接抛低球

5. 反手接抛球

（1）反手正握接抛高球。正握球拍，持拍臂以肩为轴，手臂外旋，拇指在下，四指在上，向左前上方伸出迎球，球拍的边框对着来球。当球触及球拍后，双脚蹬转，使力集中在腰部，由腰带动持拍臂向左侧后下方作弧形引化后，将球由左前下方向前抛出（图 8-5-7）。

图 8-5-7 反手正握接抛高球

(2) 反手正握接抛低球。正握球拍，持拍臂以肩为轴，向左侧前下方伸出迎球，持拍手拇指在上，四指在下，当球触及球拍后，使全身的力集中在腰部，以腰带动持拍臂向左后上方作弧形引化后，将球由左前上方向前抛出(图 8-5-8)。

图 8-5-8 反手正握接抛低球

(3) 反手反握接抛高球。反握球拍，接抛身体左侧前上方来球，动作过程同反手正握接抛高球。

(4) 反手反握接抛低球。反握球拍，接抛身体左侧前下方来球，动作过程同反手正握接抛低球。

6. 体前平弧球

体前平弧球是指接球队员在体前用水平弧形引化方法的接抛球技术。接抛体前平弧球可用正握拍，也可用反握拍，因为它的引化动作是有支撑点无实体轴的运动，动作缺少力量，但是变化非常丰富。

(1) 正拍右拉球。正握球拍，将接球点置于体前偏左侧，小臂外旋，向左前下方伸拍迎球，球拍的侧框对向来球方向，拍面要与地面垂直，拍头对向地面。当球入球拍后，迅速在体前向右侧作水平弧形引化，并将球在身体右侧择向抛出(图 8-5-9)。

(2) 正拍左拉球。正握球拍，将接球点置于体前偏右侧，小臂内旋，向右前下方伸拍迎球，球拍侧框对向来球方向，拍面要与地面垂直，拍头对向地面。当球入球拍后，迅速在

体前向左侧作水平弧形引化,并将球在身体左侧择向抛出(图 8-5-10)。

图 8-5-9　正拍右拉球

图 8-5-10　正拍左拉球

(3) 反拍右拉球。反握球拍,动作过程同正拍右拉球。

(4) 反拍左拉球。反握球拍,动作过程同正拍左拉球。

(二) 隐蔽技术

1. 右侧头后球

正握球拍,将接球点置于头部右侧位,拍头向上,球拍持球面向身体纵轴,持拍臂在引球入拍后,带球由头的右侧向头后作弧形引化,同时右脚和左脚同时蹬地,使身体向右转约 90°,将球从左侧肩上方抛出(图 8-5-11)。

图 8-5-11　右侧头后球

2. 左侧头后球

正握球拍,将接球点置于头部左侧位,持拍臂小臂外旋,拍头向上,持球面向身体纵轴，引球入拍后，在全身的整体带动下，球拍以身体的纵轴为中心，顺势向头后作水平弧形引化，右脚向左前跨上半步，并向左转体约90°，将球从右侧肩上抛出（图8-5-12）。

图8-5-12　左侧头后球

（三）高级技术

1. 水平右旋球

正手基本站位，右手持拍向右前上方伸拍迎球，同时以右脚为支撑，左脚迅速蹬地，使身体向右后方顺时针方向水平旋转，持拍臂带球，拍头朝上，球拍的持球面对向身体的纵轴，并围绕着身体纵轴，进行水平弧形引化旋转，在旋转的过程中，头部要稍领先于身体的旋转（图8-5-13）。

图8-5-13　水平右旋球

2. 水平左旋球

反手基本站位，动作和水平右旋球相似，只是方向相反。

3. 原地右侧旋球

正手基本站位，右手持拍向右前下方伸拍迎球。同时右脚后撤支撑，左脚迅速蹬地，在身体合力的带动下，持拍臂由右下方侧旋至身体的左上方，将球沿旋转圆弧的切线方向甩出球拍（图8-5-14）。

4. 原地左侧旋球

动作方法：反手基本站位，右手持拍向左前下方伸拍迎球，动作和原地右侧旋球相似，只是方向相反。在旋转过程中，圆心和半径要固定，弧线保持在一个平面上（图8-5-15）。

图 8-5-14　原地右侧旋球

图 8-5-15　原地左侧旋球

相关链接

柔力球技术运用

柔力球的打法比较自由，随机性和时效性很强，每一个点上都有很多个动作可供选择，如当对方将球攻到：

○ 身体右侧时，可以采用正手接抛球、背后球、右侧头后球、向左平拉球、水平右旋球、腾空左侧旋球、正手高点球等。

○ 身体中上部时（追身球），可以采用右侧头后球、右侧水平旋球。

○ 身体中下部时，可以向右或向左闪转身体，然后利用背后球、腋下球、向左或向右的侧旋来完成接球。

○ 身体左侧时，可以采用反手接抛球、左侧头后球、左侧腋下球、左水平旋球、左侧旋球等。

四、柔力球常用战术

柔力球的战术打法近似于羽毛球、网球等运动项目。总的战术原则是以柔克刚，后发制人。

（一）单打战术

1. 压后场战术

遇到技术不够熟练、后场还击能力差、回球路线和落点盲目性大的对手时，一般采用以压对方于后场底线附近造成对方被动，然后伺机进攻的策略。

2. 放前攻后战术

在对付移动步伐较慢，网前应变能力不强的对手时，先以吊放网前小球，打乱对方的阵脚，然后突然攻击对方的后场底线。

3. 打四方球结合突击战术

这种战术对付体力差、步伐慢的对手时较为有效。它以快速、准确的落点攻击对方场区的四个角落，调动对方前后左右奔跑，并在对方来不及回位时，向其空当部位进攻。

4. 攻后吊前战术

先用长线高点进攻球压攻对手的后场，然后突然利用旋转时的速度变化或隐蔽技术手段将球吊到网前。

5. 真假变换战术

充分利用弧形引化过程中的时间，用身体的假动作、眼神等，以真真假假、虚虚实实让对方琢磨不定，疲于应对，然后伺机攻其不备而得分。

6. 追身球战术

人的裆部到头部之间是正反手接抛都最感困难的部位，是防守中的弱点，用追身球直指对方胸前，可使对方接抛困难或直接造成失误。

（二）双打战术

1. 攻人战术

在双打中集中力量攻击对方两队员中较弱的一个，尽量使对方的长处得不到发挥，从而使弱点更充分地暴露。

2. 攻间隙战术

对方分边站位时，将球尽可能地攻到两人之间的空隙区，造成对方争夺回击或犹豫不决而漏接失误，这是对付配合较差对手的有效战术。

3. 拉开掩护战术

双打中己方一人接抛球时，另一人积极跑位，拉开掩护，用准备接球进攻的行动，吸引对方防守队员，为接球手进攻创造机会。

五、柔力球竞技项目比赛规则简介

柔力球既有套路表演，也有竞技对抗。表演项目有规定套路（1～5 套）和自选套路。自选套路中又有单人、双人和集体项目。竞赛项目包括男、女单打，男、女双打，男、女混合双打，团体赛，且各种竞赛形式均有全国统一的竞赛规则。

（一）比赛场地

单打场地长 12 米，宽 5 米；双打场地长 12 米，宽 7 米。球网高度 1.80 米。场地规格如图 8-5-16 所示。

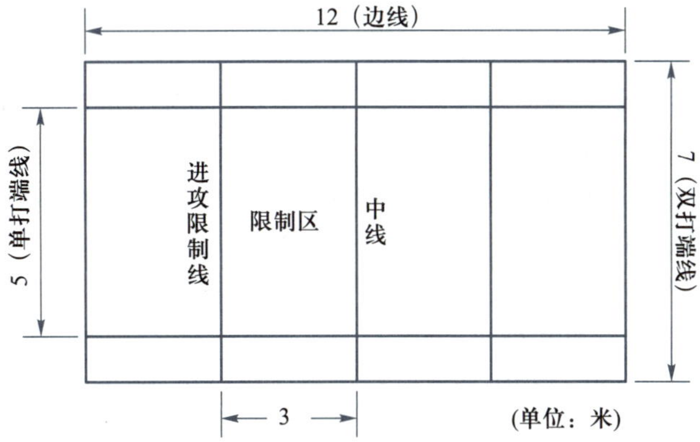

图 8-5-16 比赛场地

（二）计分方法

比赛实行每球得分制，对方未能合法还击或出现其他违例，我方则胜一球得 1 分。在一局比赛中先得 21 分的一方为胜方，20 平后多得 2 分或先打满 25 分的一方为胜方。

比赛采用三局两胜制，先胜两局的一方为胜方。某方弃权或拒绝继续比赛，则另一方以 21∶0 的比分和 2∶0 的比局取胜。

（三）发球与接发球的规定

（1）发球队员必须站在发球区内，有一只支撑脚不得移位和跳起，一只手将球向后上方明显地抛出（抛起高度不少于 10 厘米），另一只手持拍迎球，球入球拍后以正确的弧形引化动作将球经网上抛入对方比赛场区。发球队员不得踏及场区（包括端线和发球区以外地面）。若发球队员抛球离手后，未做任何挥拍动作，手和拍也都未触球，可重新发球。

（2）每局比赛开始后，每发满 5 个球，双方即交换发球权，打满 20∶20 以后开始轮换发球。

（3）双打必须按 A_1、A_2、B_1、B_2 区站位，发球队员必须站在发球区，另一人可选择任何恰当的位置，但不能影响对方的视线。接发球方可选择本方场地任何位置。每赛完一局，本方队员可调换位置，事先应通知主裁判，但发球顺序不变。

双打比赛，竞赛双方应确定每局比赛场地右边的队员为第一发球员（A_1）。整局的发球秩序应为 A_1、B_1、A_2、B_2，A_1……以此类推，直至每局比赛结束。

（四）接抛球方法的规定

1. 合法接抛球

球拍触及球的一瞬间，通过来球运行方向和路线，以相应的拍形和缓冲速度，顺势将球引入球拍，并以明显的、完整的引化动作（圆弧形曲线）连贯流畅地将球抛出，经比赛球网的上方落入对方有效区内的球为合法接抛球，在球入球拍后的抛球过程中允许脚步移动，但不得超过两步。

2. 合法接抛次数

在任意一个回合中，双方队员只能通过一次合法的接抛球（含发球）动作使球过网。双打时可采用一次或两次合法接抛球动作使球过网，但场上每个队员只限接抛球一次。

3. 接抛球违例

（1）硬性撞击。球拍表面触及球的瞬间无完整缓冲“引化”过程与球相对发生的碰撞为硬性撞击。如有不明显的碰撞现象但做出了完整的“引化”动作，球拍与球是相向运动，这样发出接触的响声可不判犯规或违例。

（2）弧形引化中断。球拍在弧形引化过程中，出现间断、停顿、变向等任何引起引化运动轨迹中断的现象为弧形引化中断。

（3）二次发力（也称引化间断）。在弧形引化轨迹任意一点上，球拍引化运行出现短暂的间歇后，又继续引化抛球为引化间断。

（4）引化持球。在引化过程中任何阶段出现引化停止、球在球拍上的离心力消失、持拍托球，为引化持球。

（5）折向发力。突然改变球的引化路线、拍弧关系出现错误，将球推、压、扣、挑出拍为折向发力。

（6）连击球。球在球拍上发生一次以上的触及为连击球。

（五）进攻球的规定

（1）当球通过球网的垂直面，则被认为是完成一次进攻球。

（2）高点进攻球。在进攻时采用支撑或腾空旋转以及低入高抛等加速、加力的进攻球为高点进攻球。

（3）运动员在前场区（含限制线）抛向对方的进攻球：第一，不得进行加速、加力抛球；第二，即使没有加速加力，球在出拍时所运行的切线不得低于网上水平面（由上向下的吊小球）。出球切线只能平行或高于这个水平面，否则被视为前场进攻违例。

（4）攻方队员在做加速加力的高点进攻球时，青少年组支撑点或起跳点以及进攻动作完成后的第一、第二落点，不得触及场地的限制线和限制区。

复习与思考

1. 乒乓球接发球有哪些练习方法？
2. 羽毛球比赛中，正手头顶击高远球与正手头顶吊球有什么区别？
3. 网球比赛是如何站位和发球的？
4. 毽球的基本踢法有哪些？
5. 柔力球运动的主要技术特征是什么？

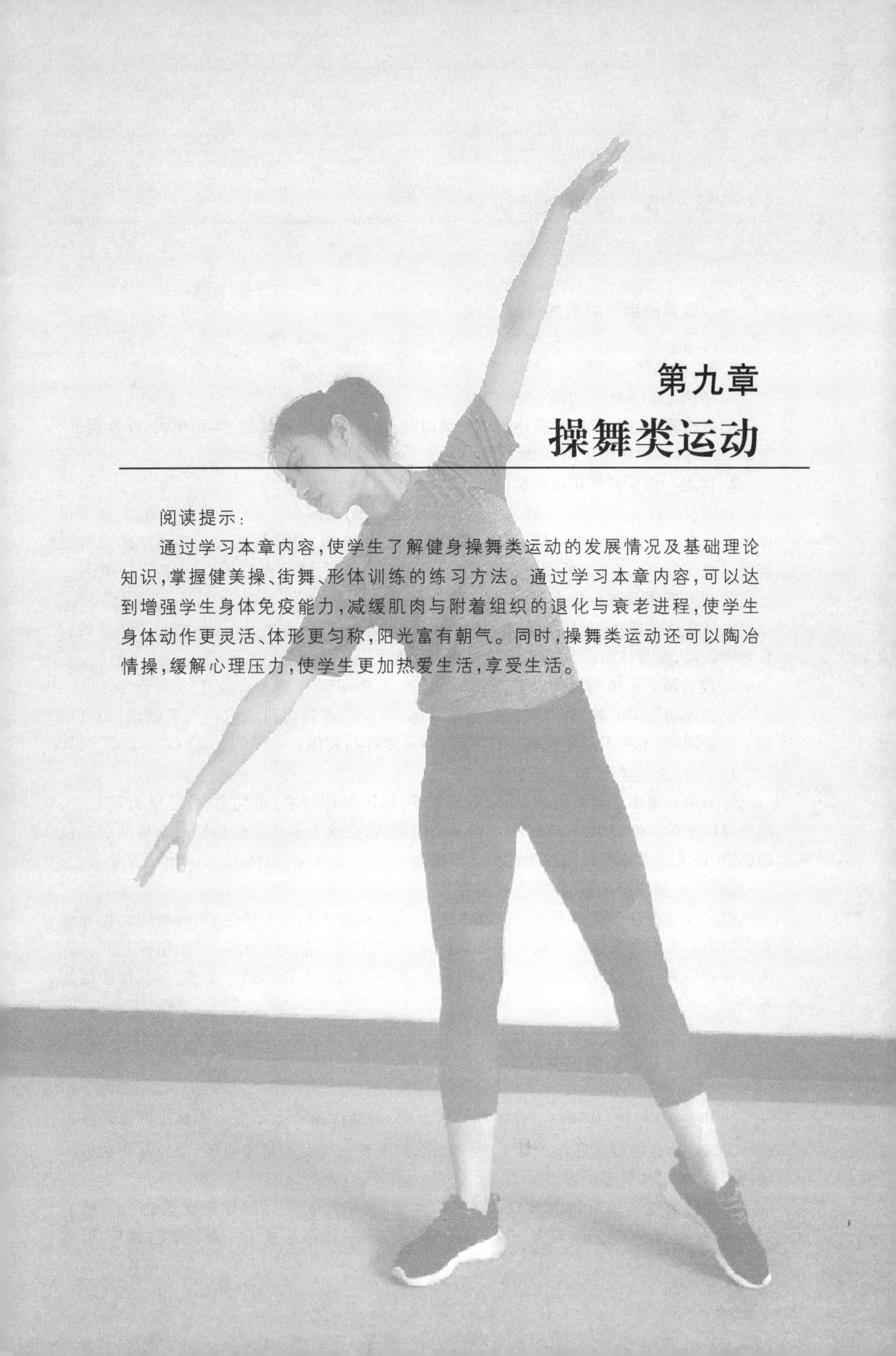

第九章

操舞类运动

阅读提示：

通过学习本章内容，使学生了解健身操舞类运动的发展情况及基础理论知识，掌握健美操、街舞、形体训练的练习方法。通过学习本章内容，可以达到增强学生身体免疫能力，减缓肌肉与附着组织的退化与衰老进程，使学生身体动作更灵活、体形更匀称，阳光富有朝气。同时，操舞类运动还可以陶冶情操，缓解心理压力，使学生更加热爱生活，享受生活。

第一节 健美操运动

一、健美操运动的锻炼价值

（一）增强体质功能

1. 增强运动系统的功能

健美操能够提升锻炼者身体关节的灵活性，使肌肉的力量增强、体积增大、弹性提升，使韧带、肌腱等结缔组织富有弹性。

2. 促进心血管系统机能的提升

长期参加健美操运动，能够使心肌纤维增粗，心肌收缩力增强，心排血量增加，提升供血水平。有助于向脑细胞供氧、供能，提升大脑的思维力。同时，通过循环系统向全身细胞提供更多的氧和养料，可改善新陈代谢，减少脂肪沉积，延缓血管硬化，有益于健康。

3. 提升呼吸系统机能水平

人体在健美操运动时，肺通气量成倍增长，肺泡的张开率提升，从而增大了肺部的容积和吸氧量，使身体组织具有较强的有氧代谢水平。

4. 改善消化系统的机能水平

健美操动作中的髋部活动较多，通过训练，腰腹肌和骨盆肌不但得到了锻炼，而且增强了肠胃蠕动，增强了消化机能，有助于营养的吸收和利用。

（二）塑造健美形体，培养端庄体态

健美操是动态的健美锻炼，动作频率较快，跳跃动作较多，讲究力度，运动负荷较大，因而身体能量消耗较大，利于消除体内多余的脂肪，在减少多余脂肪的同时发展某些部位的肌肉，使人的形体得以按健美的标准塑造。

（三）焕发精神面貌，陶冶高雅情操

健美操是在音乐伴奏下进行的身体练习，音乐给健美操带来了生机，舒展的动作充满青春活力。人们在欢乐的气氛中进行锻炼，心情愉快，不易疲劳，还可排除精神紧张。人的精神面貌和气质修养都会得到改善和提升，集体配合练习还有助于增进友谊，增强群体意识。

二、健美操运动的起源与发展

20 世纪 60 年代，现代健美操运动开始兴起，最早是作为美国太空总署所设计的体能练习方式。由医学博士库珀设计了一些动作，加上音乐伴奏和待定服装，形成具有独特体系的运动，并很快风靡世界。

世界性的健美操热传到我国是在 20 世纪 80 年代初。我国健美操运动的发展受“简·方达健美操”的影响较大，并在不断发展过程中，逐渐形成了一套科学的健身、训练

和竞赛体系。

三、健美操运动核心动作

健美操的基本动作由基本步伐和上体动作两部分组成。

基本步伐训练

（一）基本步伐

健美操的基本步伐按照冲击力可分为3种：无冲击力动作、低冲击力动作和高冲击力动作。根据动作完成形式的不同，可分为交替类、迈步类、点地类、抬腿类和双腿类。下面主要介绍这几种基本步伐。

1. 交替类

交替类动作是指两脚始终作依次交替落地的动作。

（1）踏步

动作方法：大腿抬平，小腿自然下垂，在下落时，踝、膝、髋关节依次有弹性地缓冲。在落地时，由前脚掌过渡到全脚掌，两臂屈肘前后自然摆动，身体保持正直，抬头挺胸。

（2）走步

动作方法：迈步向前走时，脚跟先落，再到全脚掌，向后走时则相反。在落地时，膝、踝有弹性地缓冲。

（3）一字步

动作方法：一脚向前一步，另一脚向前并步，然后再依次还原。向前迈步时，先脚跟着地，过渡到全脚掌，前后均要有并腿过程，每一拍动作膝关节始终有弹性地缓冲（图9-1-1）。

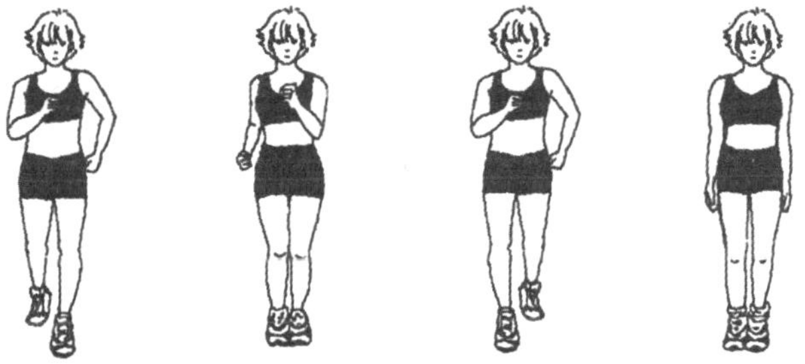

①　②　③　④

图9-1-1　一字步

（4）"V"字步

动作方法：一脚向前侧方迈一步，另一脚随之向另一方迈一步，两脚开立，屈膝，然后再依次退回原位。两腿膝、踝关节始终保持弹性状态，分开后成分腿半蹲，重心在两腿之间（图9-1-2）。

（5）漫步

动作方法：一脚向前迈出，屈膝，重心随之前移，另一脚步稍抬起，然后原地落下；或者向后撤一步，重心后移，另一脚稍抬起，然后原地落下。两脚始终保持交替落地，身体重心随动作前后移动，但始终保持在两脚之间（图9-1-3）。

图 9-1-2　“V”字步

(6) 跑步

动作方法:两腿经过腾空,依次落地缓冲,两臂屈肘叉腰。落地屈膝缓冲,脚跟尽量落地。

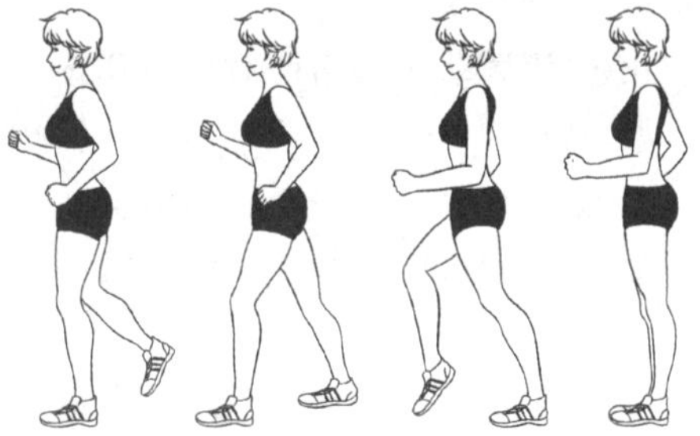

图 9-1-3　漫步

2. 迈步类

迈步类动作是指一条腿先迈出一步,重心移到这条腿上,另一腿用脚跟、脚尖点地或吸腿、屈腿、踢腿等,然后反向迈步重复上面动作的过程。

(1) 并步(侧并步为原始动作)

动作方法:一脚迈出,另一脚随之并拢,屈膝点地,再向反方向迈步。两膝始终保持弹动,动作幅度和力度可随风格而定。

(2) 迈步点地

动作方法:一脚向侧迈一步,两腿经屈膝移重心,另一脚再向前、侧或后用脚尖或脚跟点地。两膝同时有弹性地屈伸,重心移动轨迹成弧形,上体不要扭转。

(3) 迈步吸腿

动作方法:一脚迈出一步,另一腿屈膝抬起,然后向反方向迈步。动作要经过屈膝半蹲,抬膝时,支撑腿稍屈膝(图 9-1-4)。

(4) 迈步后屈腿

动作方法:一脚迈出一步,另一腿后屈,然后向反方向迈步。要经过屈膝半蹲,支撑腿稍屈膝,后屈腿的脚跟靠近臀部(图 9-1-5)。

图 9-1-4　迈步吸腿

图 9-1-5　迈步后屈腿

(5) 侧交叉步

动作方法:一脚向侧迈一步,另一脚在其后交叉,随之再向侧迈一步,另一脚并拢,屈膝点地。第一步要脚跟先落地,身体重心快速随着脚步而移动,保持膝踝关节的弹动(图 9-1-6)。

图 9-1-6　侧交叉步

3. 点地类

点地类动作是指一腿屈膝站立,另一腿伸出,用脚尖或脚跟点地后还原到并腿位置的动作。

(1) 脚尖点地

动作方法:腿稍屈膝站立,另一腿伸出,脚尖点地,然后还原到并腿姿势。支撑腿始终保持屈膝站立,并且随动作有弹性地屈伸(图 9-1-7)。

(2) 脚跟点地

动作方法:一腿稍屈膝站立,另一腿伸出,脚跟点地,然后还原到并腿姿势。支撑腿要始终保持屈膝站立,并且随动作有弹性地屈伸(图 9-1-8)。

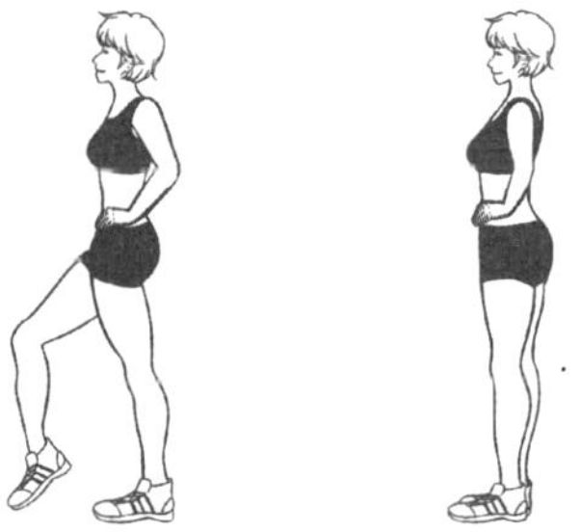

图 9-1-7　脚尖点地

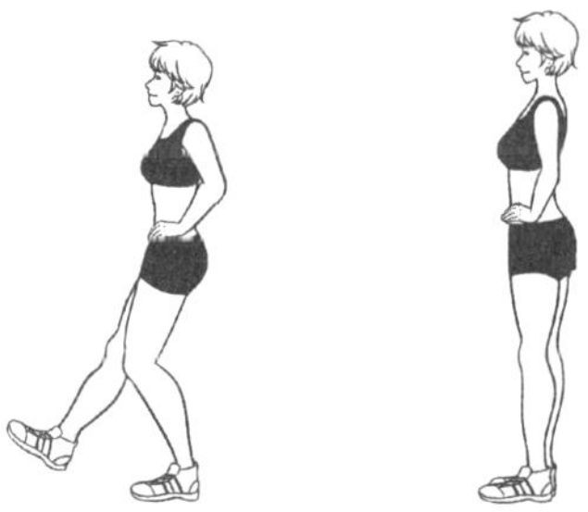

图 9-1-8　脚跟点地

4. 抬腿类

抬腿类动作是指一脚站立,另一腿抬起的动作。

(1) 吸腿

动作方法:一腿屈膝抬起,落下还原。支撑腿要保持屈膝弹动,大腿上抬过水平,小腿垂直于地面,脚面绷直,落地时,由脚尖过渡到脚跟。两腿交替进行。跳起时,脚离地,上体保持正直(图 9-1-9)。

(2) 摆腿

动作方法：一腿稍屈膝站立，另一腿稍抬起，向侧方向摆腿，然后还原。摆腿时要有控制，上体保持正直(图 9-1-10)。

(3) 踢腿

动作方法：一腿稍屈膝站立，另一腿抬起，然后还原。抬起腿不需要很高，但要有控制，保持上体正直(图 9-1-11)。

图 9-1-9　吸腿

图 9-1-10　摆腿

图 9-1-11　踢腿

(4) 弹踢腿(跳)

动作方法：一腿站立(跳起)，另一腿先向后屈，然后向前下方弹踢，还原。弹踢时要有控制，两膝之间要靠拢，前弹时不要过分用力，膝关节、髋关节运动伸展要有控制(图 9-1-12)。

5. 双腿类

双腿类动作是指双腿站立、身体重心在两腿之间的动作。

(1) 并脚跳

动作方法：两腿并拢跳起，落地缓冲要有控制(图 9-1-13)。

①　②

图 9-1-12　弹踢腿

①　②

图 9-1-13　并脚跳

(2) 分腿跳

动作方法：分腿站立屈膝半蹲，向上跳起，分腿落地时，屈膝缓冲。屈膝半蹲时，大、小腿夹角不要小于 90°，空中注意身体的控制(图 9-1-14)。

(3) 开合跳

动作方法：由并腿跳起，分腿落地，然后，再由分腿跳起，并腿落地。分腿屈膝蹲时，髋部、脚尖外开，膝关节沿脚尖方向屈，膝关节夹角不小于 90°，脚跟落地，动作要起伏、连贯、有弹性(图 9-1-15)。

①　　②

图 9-1-14　分腿跳

①　　②

图 9-1-15　开合跳

(4) 半蹲

动作方法：两腿有控制地屈和伸，可分为并腿半蹲和分腿半蹲。分腿半蹲时，两腿左右分开稍大于肩（或与肩同宽），脚尖稍外开，屈膝关节角度不得小于 90°，膝关节对准脚尖的方向，臀部向后 45°方向下蹲，上体保持正直（图 9-1-16）。

(5) 弓步

动作方法：两腿前后分开，两脚平行站立，蹲下、起来。一腿后摆由脚尖过渡到前脚掌（脚后跟不需要着地），脚尖方向向前。半蹲时后腿膝关节向下，身体稍前倾，收腹立腰，重心始终在两脚之间（图 9-1-17）。

图 9 1-16　半蹲

图 9-1-17　弓步

（二）上体动作

1. 健美操常用的几种手型

(1) 合掌、五指伸直，相互并拢。大拇指末节收回，指关节贴于食指旁，手掌是小臂的延伸（图 9-1-18①）。

(2) 分掌五指伸直充分张开，手掌是小臂的延伸（图 9-1-18②）。

(3) 实拳。四指卷握，大拇指末关节压在食指弯曲部位（图 9-1-18③）。

(4) 虚拳。五指虚握，拇指贴着食指指尖（图 9-1-18④）。

(5) 屈指掌。手掌用力上翘，成立掌式，五指屈指并拢（图 9-1-18⑤）。

(6) 芭蕾舞手势。五指微屈，后三指并拢，稍内收，拇指内扣（图 9-1-18⑥）。

(7) 西班牙舞手势。五指用力，小指、无名指、中指自掌指关节处依次屈，拇指稍内扣（图 9-1-18⑦）。

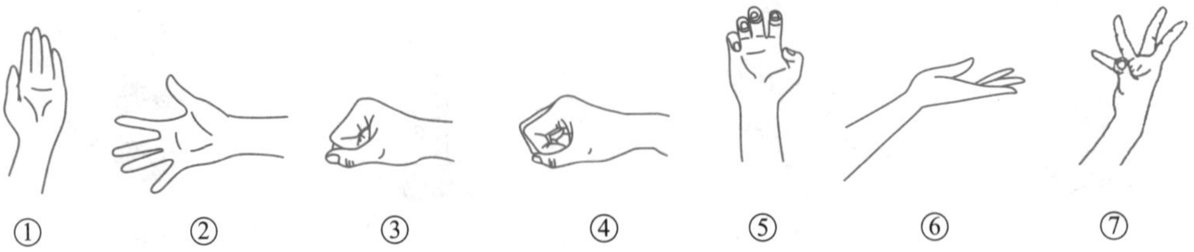

图 9-1-18 手型

2. 头颈动作

(1) 屈。指头颈关节角度的弯曲。

(2) 转。指头颈部绕身体垂直轴的转动,包括左转、右转。

(3) 绕。指头以颈为轴心的弧形运动,包括左、右绕。

(4) 绕环。指头以颈为圆心的圆形运动,包括左、右绕环。

3. 肩部动作

肩部动作包括提肩、沉肩、收肩、展肩、绕和绕环。

手臂动作组合训练

4. 手臂动作

(1) 举。臂直向某方向抬起。

(2) 屈。肘关节产生一定的弯曲角度,包括胸前平屈、肩侧屈、肩上侧屈、肩下侧屈、肩上前屈、头后屈。

(3) 推。立掌,臂由肩部向前、上、侧推。

(4) 绕和绕环。双臂或单臂向内、外、前、后作 180°~360°的弧形运动为绕,圆周运动为绕环。

第二节 街舞运动

一、街舞运动的锻炼价值

(一) 街舞的健身价值

街舞能很好地弥补其他健身项目的局限性,使锻炼更为全面。它也是非常好的有氧运动,连续跳 1 小时街舞消耗的热量,相当于跑步 6 千米,在提高心肺功能的同时,达到减肥的目的。街舞多以绕环和小关节的运动为主,因此能较好地改善练习者的身体协调能力,并且使身体不常运动到的小关节和小肌肉群得到充分锻炼。

(二) 街舞的娱乐价值

街舞的健身娱乐性主要体现在跳健身街舞的过程中轻松随意的动作和得到的热情奔放的情绪体验,它注重个性的张扬和激情的释放,因而有更强的自娱性和观赏性,它既是一种健身方式又是一种舞蹈,可以使人们在紧张的工作学习之余得到身心的调整和情感的宣泄,符合现代人健身休闲、自娱自乐的需要。

（三）街舞的教育价值

由于街舞是在强烈的音乐节奏下进行表演的，其要求参赛者手部、腰部、腿部等协调发展，因而能极大地培养青少年的审美情趣。来自不同地区和学校的青少年参加街舞比赛，这样就培养了青少年的“情商”，增强了集体荣誉感，培养了团队协作精神与人际交往能力，同时还可以强身健体，陶冶情操，丰富业余生活，培养勇敢顽强的拼搏精神，从而促使青少年全面健康地成长。

二、街舞运动起源与发展

街舞是体育与街头表演相结合的舞蹈，它以身体动作舞蹈为基本内容，配合街舞风格的音乐，单人或集体配合，是既有娱乐健身作用，又带有表演性的体育运动。

街舞起源于美国街头舞者的即兴舞蹈动作。

街舞运动进入中国后，中国青少年以自己的眼光和特点来实践街舞。现在，全国各地都有练习街舞的青少年，在各个城市的街头广场都可以看到他们共同训练的身影。他们还经常组织小型的比赛，技术最好的舞者能够赢得众多青少年的推崇。

当今流行的街舞是 Hip-Hop，其实全名是新派 Hip-Hop（New School Hip-Hop）、旧派 Hip-Hop（Old School Hip-Hop）。旧派 Hip-Hop 包括锁舞、霹雳舞（breaking）和电流舞（wave），现在的新派 Hi-Hop 则融入了布吉舞（boogie）、机械舞（popping）和很多地方风格的舞蹈。舞者从中国功夫、雷鬼、锁舞，甚至 20 世纪 70 年代的灵魂舞（soul Train Steps）取材，将街舞发展成一种强调身体律动的舞步，非常随意、自然。

三、街舞运动核心技术

（一）基本动作

1. 点地

即用脚尖或脚跟做前、后、侧点地。点地时注意支撑腿的配合动作要有弹性。

2. 压膝

压膝即弹动。以膝关节的屈伸完成压膝动作。压膝时注意踝、髋关节要放松，富有弹性，膝关节的屈伸幅度不宜过大。

3. 扣膝

即膝关节向内旋转屈膝下压。扣膝时注意同侧腿要提踵，上体应配合同侧膝转动。

4. 滑步

如左脚向体侧迈一步、右脚并于左脚时从地面滑拖至左脚旁，滑步时应配合上肢动作，反之相同。

5. 串步

串步即两脚以脚跟或脚尖为支撑点，同方向或异方向由脚跟或脚尖发力移动。

6. 顶髋

顶髋即原地或迈步时，髋关节向左侧或向右侧顶摆。

7. 吸腿

吸腿即一腿屈膝上摆，另一腿支撑稍屈膝。注意松腰，上体稍前倾。

8. 踹腿

踹腿即脚抬离地面时以脚跟发力，屈膝上摆。

9. 十字步

1 拍左脚向右前方迈步；2 拍右脚绕过左脚向前方迈步；3 指左脚向左侧进一步；4 拍右脚向后迈一步，四拍绕成一个“十”字。注意迈步时关节要有弹性。

10. 前后交叉步

以左脚为例，左脚向侧迈一步，右脚向左前方迈步成前交叉，左脚再向侧迈，右脚向左后方迈步成后交叉。注意配合髋关节转动。

（二）基本技术

1. 缓冲技术

街舞的缓冲技术主要表现在膝关节的弹动、踝关节的缓冲以及髋关节的屈伸三个方面。该技术不仅可以把握住街舞的动作特色，而且与动作的安全性息息相关。在街舞的练习过程当中，膝关节几乎很少伸得很直，多数是在微屈或弹动的状态下完成动作的。

2. 控制技术

街舞的控制技术主要表现在肌肉的用力方式和用力顺序两方面。为了表现街舞动作的动感和力度美，需要频繁地使用肌肉的爆发力。某些动作会出现在音乐的弱拍上，这就要求动作速度快，因此肌肉的松弛与紧张收缩必须协调控制，才可以达到动作效果。

3. 重心的移动和转换技术

街舞在重心的移动方面主要表现在动作方向的变化上，通过前、后、左、右的移动，使身体运动的路线发生丰富的变化。街舞的重心转换技术主要靠左右脚支撑的变化实现，可以说除了上肢和躯干的动作之外，这一技术动作占据了很大的比例，它使街舞动作具有律动感和技巧性，从而展现了街舞的基本特色。

第三节　形体训练

一、形体训练的锻炼价值

形体训练能全面地增强心血管系统、呼吸系统、神经系统和运动系统的机能，对养成正确的身体姿势及塑造优美、健康的身体形态具有很大的作用。

在形体健美练习中，通过负重练习，可发展全身肌肉力量，改善身体成分，即通过有氧耐力锻炼减去多余的脂肪，增强肌体抗疲劳能力，使体格健美匀称。另外，在形体与健美教学中，通过配合负重、韵律操、舞蹈、造型组合等，可提高学生的审美能力。

二、形体训练的核心方法

基本形体训练主要以基本形态控制练习为主要内容,以下重点介绍基本站立姿势及头、手臂、腰部、腿部、脚的姿态及练习方法。

(一)基本姿势

1. 基本站立姿势

正确的站立姿势是形成正确的动作和优美的身体姿态的基础。站立的基本要求是:头正、颈直、沉肩、挺胸、立腰、收腹、收臀、夹腿(若靠墙站立,除脚跟、小腿肚及臀部触及墙壁外,其余部分均不得触及),表情自然,目视前方。

2. 基本坐立姿势

坐立姿势是人体的一种静态造型。可分为正面坐、侧面坐、双腿交叉坐等。正确优美的坐姿会增加形体的美感与魅力。

(1)正面坐。两脚并拢,脚尖正对前方,上体直立,双脚前伸,两手重叠在腿上。

(2)侧面坐。两脚并拢,同时倒向左或右,两手在腿上重叠。

(3)双腿交叉坐。上体端正,一腿垂直于地面,另一腿重叠在膝关节上,双手交叉于腹前。

3. 基本行走姿势

步伐要轻盈、稳健、从容不迫。两脚在一条直线的左右两侧交替前行,膝关节正对前方,身体保持直立,双肩保持下沉稍外展,重心平稳,步幅适度,两臂前后自然摆动。

4. 头部基本姿态

头部动作是最富有表现力的部分,头部姿态正确与否,对整体姿态的影响最大(图 9-3-1)。练习方法如下。

图 9-3-1　头部基本姿态

(1)预备。站立,两手叉腰。

(2)前屈(低头)。

(3)后屈(抬头)。

(4)左(右)屈(头向左或右倒)。

(5)左(右)转(头左、右转)。

(6)左(右)前屈(向左或右前 45°低头)。

(7)左(右)后屈(向左或右后 45°抬头)。

(8)左(右)绕环(头向左或右绕环)。

5. 手部基本姿态

（1）直手。由五指并拢，手掌伸直开始，依次让拇指稍向下、向内；中指稍向下；小指稍向外；食指、中指及无名指的第一节轻轻靠拢（图 9-3-2）。

（2）圆手。从手腕到指尖为一圆滑的弧线，后三指轻轻靠拢稍内收，拇指与食指平行并在一个平面上（图 9-3-3）。

图 9-3-2　直手

图 9-3-3　圆手

6. 脚下基本位置

形体训练中的脚位练习也基本采用芭蕾的五个脚位练习（图 9-3-4）。

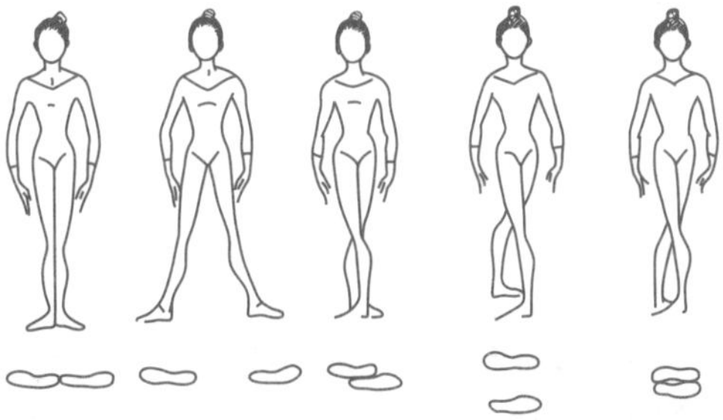

图 9-3-4　脚下基本位置

（1）一位脚。两脚跟靠拢，脚尖向外转使两脚成一横线，重心在两脚上，两腿伸直。

（2）二位脚。同一位脚，但脚跟分开相距一脚，重心在两脚中间，两腿伸直。

（3）三位脚。两脚尖外开，脚跟相叠。

（4）四位脚。两脚平行前后分开，相距一脚，重心在两脚之间。

（5）五位脚。将四位脚靠拢，两脚重叠在一起，脚尖外开，两腿伸直靠紧。

（二）手臂基本姿态

1. 手臂的基本位置（圆手臂）

形体训练中的手臂练习也基本采用芭蕾的七个手位练习（图 9-3-5）。

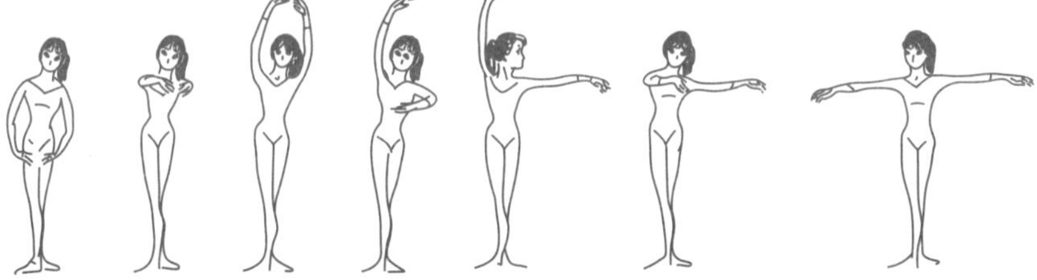

图 9-3-5　手臂基本姿态

(1) 一位手。手臂弧形下垂于体前,掌心向上。

(2) 二位手。两臂保持一位的弧形举至胸前,掌心向内。

(3) 三位手。两手保持弧形上举至头的前上方,掌心向下。

(4) 四位手。一臂弧形上举,另一臂弧形前举。

(5) 五位手。一臂弧形上举,另一臂弧形侧举。

(6) 六位手。一臂弧形前举,另一臂弧形侧举。

(7) 七位手。两臂弧形侧举(略低于肩),掌心向前下方。

2. 手臂的基本动作

手臂的基本动作主要包括摆动、绕环和波浪动作等。

(1) 摆动。手臂摆动是以肩为轴,做向前、向侧和向后的摆动。摆动时要求肩下沉,并带动手腕、手指、手臂做弧形摆动。练习方法如下。

预备。自然站立,成一位手。

1~2 拍两臂弧形摆至前举(掌心向下);3~4 拍两臂向下经体侧摆至侧举(掌心向下);5~6 拍两臂经体侧摆至右侧举(掌心向下);7~8 拍两臂经体侧摆至左侧举(掌心向下)。

(2) 绕环。手臂绕环包括各种以肩为轴的大绕环,以肘为轴的中绕环和以腕为轴的小绕环,两臂可以同时做,也可以依次做(图 9-3-6)。练习方法如下。

图 9-3-6 绕环

预备:自然站立,两臂侧平举。

1~2 拍右臂在体侧做一个水平中绕环;3~4 拍在头上做一个水平大绕环;5~8 拍右臂侧平举做一个小绕环。

(3) 波浪。手臂波浪动作可由侧举开始,肩关节下压,肘、腕、指依次弯曲,再从肩、肘、腕、指依次伸直。注意波浪过程中,手臂的各关节是不停顿地依次运动着,动作应柔软、圆滑(图 9-3-7)。练习方法如下。

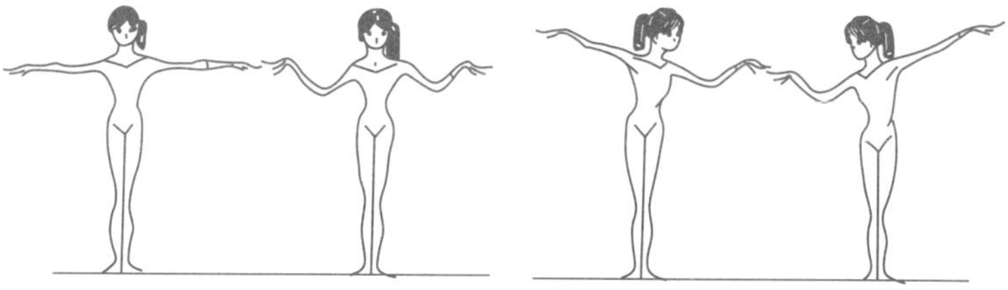

图 9-3-7 波浪

预备：自然站立，两臂侧举。

1～2 拍两臂同时缓慢弯曲各关节；3～4 拍两臂同时向侧缓慢伸直各关节；5～6 拍左臂做波浪动作一次；7～8 拍右臂做波浪动作一次。

（三）腰部基本姿态

腰部是连接上、下肢体的枢纽，也是躯干中最为灵活的部分。因此，身体的各种曲线美，都要靠腰部动作来体现。腰部练习主要是发展腰部的柔韧性、灵活性及增强腰肌力量。练习方法如下。

1. 体后屈练习

预备：双手扶把，并步起踵站立。

1～4 拍向后下腰（抬头）；5～8 拍还原（控制腰部肌肉逐渐还原）（图 9-3-8）。

2. 体侧屈练习

预备：面向把杆，左手扶把，右手侧平举。

1～2 拍体侧屈，右臂由侧举至上举；3～4 拍还原（手臂经屈腕圆臂至侧平举）（图 9-3-9）。

图 9-3-8　体后屈练习

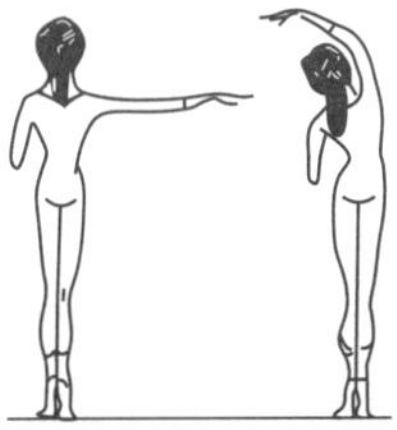

图 9-3-9　体侧屈练习

3. 腰部绕环练习

预备：两手相握，翻掌上举，左右分腿站立。

第一个 8 拍：1～2 拍两臂转向左斜前方 45°，同时体前屈；3～4 拍两臂绕至正前方，体前屈；5～6 拍两臂绕至右前方 45°，体前屈；7～8 拍继续向右绕至体侧屈（图 9-3-10）。

图 9-3-10　腰部绕环练习 1

第二个 8 拍：1～2 拍继续环绕成体后屈；3～4 拍继续环绕成右体侧屈；5～6 拍两腿左右开立，两臂上举；7～8 拍两臂体侧还原成立正姿势（图 9-3-11）。

4. 跪撑躯干波浪练习

预备：跪撑

1～4 拍由腰、腹、胸、肩依次沿地面向前挺成俯撑；5～8 拍腰、胸、肩依次向后屈成跪撑，全身成波浪起伏状（图 9-3-12）。

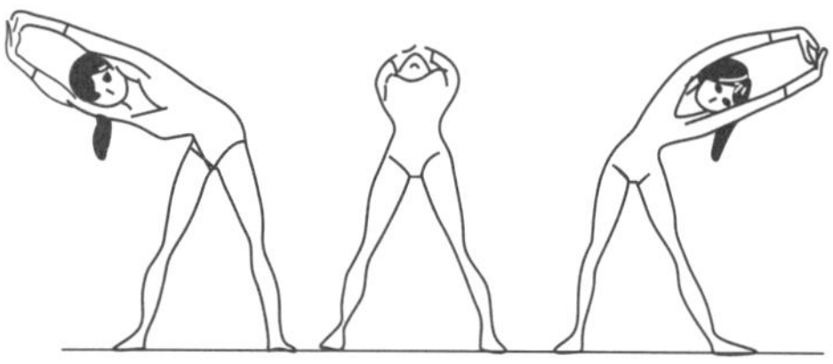

图 9-3-11　腰部绕环练习 2

图 9-3-12　跪撑躯干波浪练习

5. 全身向前波浪练习

由屈膝半蹲，含胸低头开始，踝、膝、髋、腰、胸、颈、头依次向前挺出，两臂由前向后摆至上举（图 9-3-13）。

6. 全身向后波浪练习

两臂上举，上体后屈开始，从膝、髋、腰、胸、颈、头依次弯曲，向后拱起，两臂经后下摆至前上举（图 9-3-14）。

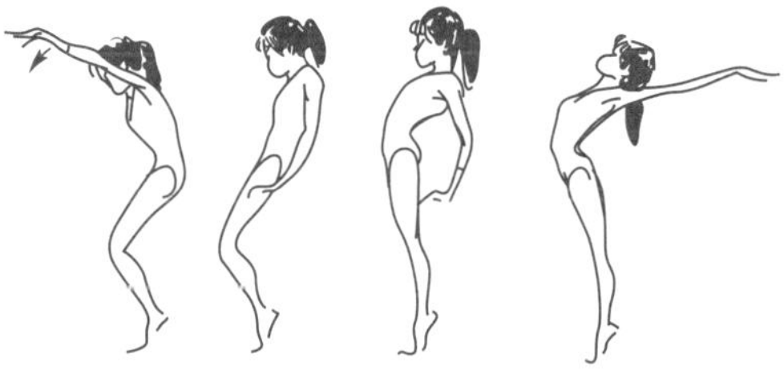

图 9-3-13　全身向前波浪练习

图 9-3-14　全身向后波浪练习

（四）腿部基本姿态

腿部练习的主要任务，是发展腿部的力量、速度、稳度和开度等。练习方法如下。

1. 垫上练习

坐垫上时上体应保持正确的站立时的姿态，舒展挺拔，手臂伸直与肩同宽，在体后撑地，指尖向后，两腿并拢，直膝，绷脚。

（1）踝关节屈伸练习。1～2 屈（勾脚）；3～4 伸（绷脚）（图 9-3-15）。

（2）脚外展练习。1～2 外展；3～4 还原（图 9-3-16）。

（3）举腿练习。1～2 拍左腿伸直举起；3～4 拍还原；5～8 拍换另一腿做（图 9-3-17）。

（4）屈伸练习。

① 第一个 8 拍：1～2 拍屈右腿；3～4 拍右腿伸直；5～8 拍还原。

② 第二个 8 拍换另一腿做(图 9-3-18)。

图 9-3-15　踝关节屈伸练习

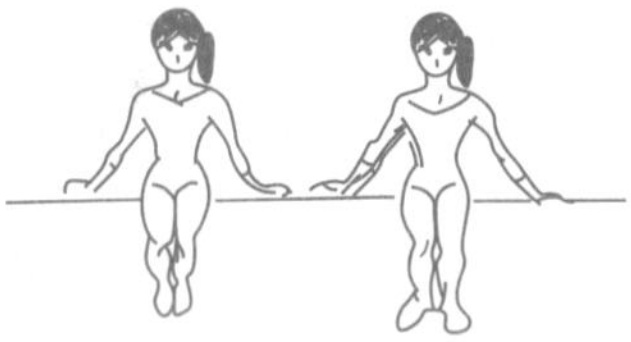

图 9-3-16　脚外展练习

图 9-3-17　举腿练习

图 9-3-18　屈伸练习

(5) 双腿依次屈伸练习。

① 第一个 8 拍:1~2 拍屈右腿;3~4 拍屈左腿;5~6 拍右腿伸直举起;7~8 拍左腿伸直举起。

② 第二个 8 拍:1~4 拍屈左、右腿;5~6 拍右腿伸直落地;7~8 拍左腿伸直落地(图 9-3-19)。

(6) 直屈练习。1~2 拍左腿举起;3~4 拍屈左腿;5~6 拍左腿伸直举起;7~8 拍左腿落地还原(图 9-3-20)。

图 9-3-19　双腿依次屈伸练习 1

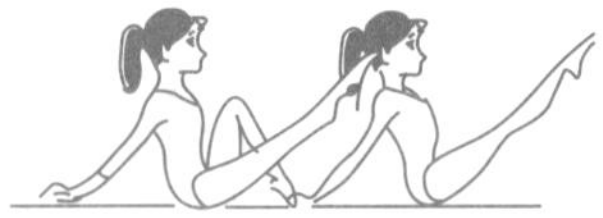

图 9-3-20　双腿依次屈伸练习 2

(7) 仰卧练习。

① 两手放在头下,左右分腿练习:1~2 拍两腿左右分开;3~4 拍两腿收回交叉(图 9-3-21)。

② 两手放在头下,上下打腿练习:预备:仰卧,两腿向上抬起 45°。1~2 拍左腿下打(脚不触及地面);3~4 拍右腿下打(同上)(图 9-3-22)。

图 9-3-21　仰卧练习 1

图 9-3-22　仰卧练习 2

(8) 俯卧练习:

① 两手手指交叉放在头后,左、右分腿练习。1~2 拍两腿左右分开;3~4 拍两腿收回交叉(图 9-3-23)。

② 两手手指交叉放在头后,上下打腿练习。

预备:俯卧,头和脚向上翘起,并腿。

1~2 拍左腿下打(脚背不触及地面);3~4 拍右腿下打(同上)(图 9-3-24)。

图 9-3-23　俯卧练习 1

图 9-3-24　俯卧练习 2

2. 把杆练习

扶把练习主要是增加腿部的力量、柔韧性,增强髋关节的灵活性,建立正确的动作姿态,帮助练习者提高身体的控制能力。

扶把的方法有两种。

① 双手扶把:练习者面对把杆站立,双手轻放在把杆上,不要抓把,手臂自然弯曲,肘关节下垂,双手扶把的距离与肩同宽,把杆的高度与练习者腰部齐平即可。

② 单手扶把:身体侧对把杆站立,一手轻放在把杆上,扶把的手在身体稍前一点,手臂不要靠在把杆上,身体离把杆约一脚距离。在做练习之前,腿的基本姿态为大腿外旋,脚背绷直、外展;向侧做动作时,膝盖,脚尖向上;向后做动作时,髋外开,脚外展。

练习方法:

(1) 腿的基本部位练习

① 摆:

预备:自然站立,左手扶把,右手叉腰。

第一个 8 拍:1~6 拍右腿向前、后做钟摆式的摆动;7~8 拍右腿下落成自然站立。

第二个 8 拍:1~6 拍右腿向侧做钟摆式的摆动;7~8 拍右腿下落还原成自然站立(图 9-3-25)。

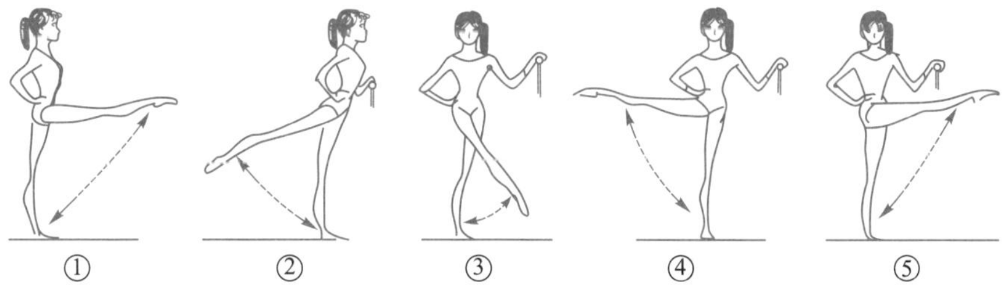

图 9-3-25　摆腿

② 举:

预备:自然站立,左手扶把,右手叉腰。

第一个 8 拍:1~3 拍左脚站,右腿前举 45°;4 拍还原;5~7 拍右腿侧举 45°;8 拍还原。

第二个 8 拍:1~3 拍左脚站,右腿后举 45°;4 拍还原;5~7 拍右腿侧举 45°;8 拍还原(图 9-3-26)。

③ 控:

预备:五位脚站立,左手扶把。

第一个 8 拍:1~2 拍右腿屈,脚绷直贴于左腿膝关节处;3~6 拍右腿逐渐伸直,并控制在 90°的位置上;7 拍直腿落下点地;8 拍还原(图 9-3-27)。

向侧、向后控腿的练习方法同上。

图 9-3-26　举腿

图 9-3-27　控腿

④ 压:

将一腿放在一定的高度,向前压腿时身体向前屈,胸部要贴近大腿;向侧压腿时上体侧屈,体侧贴近大腿;向后压腿时,上体尽力后屈(图 9-3-28)。

图 9-3-28　压腿

(2) 起踵练习:主要是提高踝关节及小腿肌肉的力量和控制能力。

① 并步起踵:

预备:并步站立,双手扶把。

1~2 拍双脚起踵(腿脚夹紧);3~4 拍还原(图 9-3-29)。

② 一位起踵:

预备:一位脚站立,双手扶把。

1~2 拍双脚同时起踵;3~4 拍还原(图 9-3-30)。

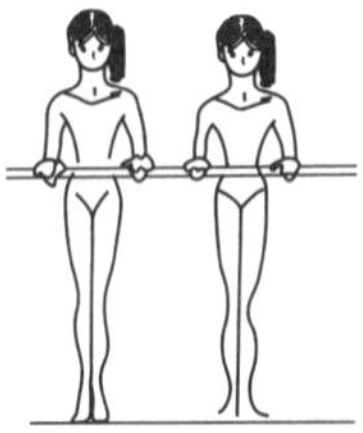

图 9-3-29　并步起踵

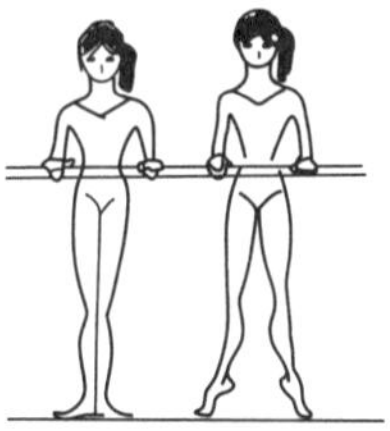

图 9-3-30　一位起踵

③ 单脚起踵:

预备:五位站立,双手扶把。

第一个 8 拍:1~2 拍左腿向后擦出;3~4 拍左腿收回屈膝,脚内侧靠右腿的小腿肚上、开髋、膝关节外展。

第二个 8 拍:1~2 拍左脚起踵;3~4 拍还原(图 9-3-31)。

④ 双脚依次起踵

预备:并步起踵站立,双手扶把。

1~2 拍左脚用力下压至脚平放在地,同时右膝弯曲;3~4 拍双脚交换动作,交换时需经并步起踵(图 9-3-32)。

图 9-3-31　单脚起踵

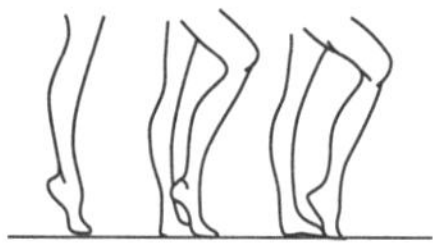

图 9-3-32　双脚依次起踵

⑤ 并步起踵半蹲

预备:并步站立,右手扶把,左手叉腰。

1~2 拍起踵下蹲;3~4 拍双脚起踵;5~8 拍还原(图 9-3-33)。

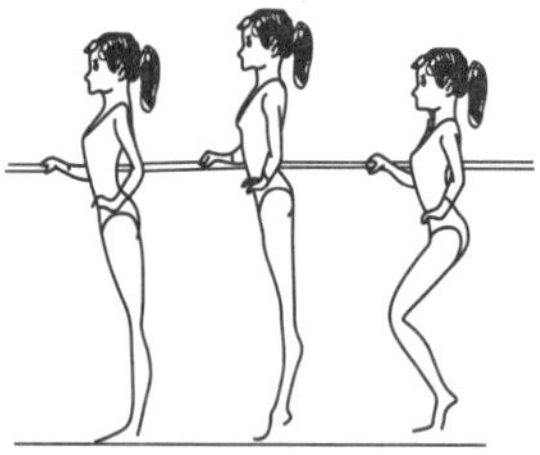

图 9-3-33　并步起踵半蹲

(3) 擦地练习:主要是通过脚尖和前脚掌的擦地动作,训练踝关节的灵活性、柔韧性及脚背力量和控制能力。

预备:面对把杆站立,双手扶把。

1~2 拍右脚向侧擦出至脚尖点地,脚跟用力向前,脚尖不离地;3~6 拍停止不动;7~8 拍收回一位,沿原路线从脚尖、前脚掌到全脚掌擦地放平,收回。

第二个 8 拍与第一个 8 拍动作相反。

(4) 下蹲练习。蹲是双腿屈伸的一种练习,可以增强膝踝、髋关节的灵活性、柔韧性和腿部肌肉的弹性以及腿部的控制能力。

① 一位蹲:

预备:面向把杆,一位站立,双手扶把。

第一个 8 拍:1~4 拍半蹲(脚跟不离地,髋尽量打开);5~8 拍起立。

第二个 8 拍:1~8 拍同①1~8 拍。

第三个 8 拍:1~4 拍全蹲(脚跟逐渐提起,臀部接触脚跟);5~8 拍起立。

第四个 8 拍:1~8 拍同③1~8 拍(图 9-3-34)。

图 9-3-34　一位蹲

② 一位,二位,五位蹲

预备:一位站立,左手扶把,右手一位。

1~4 拍右臂由一位经二位至七位。

第一个 8 拍:1~4 拍半蹲;5~8 拍起立。

第二个 8 拍:1~4 拍全蹲;同时右臂由七位摆至一位;5~8 拍起立,同时手由一位经二位至七位,7~8 拍时右脚向侧擦出成二位。

第三个 8 拍:1~8 拍同①1~8 拍。

第四个 8 拍:1~8 拍同②1~8 拍,7~8 拍时右脚收回。

第五个 8 拍:1~8 拍同①1~8 拍。

第六个 8 拍:1~8 拍同②1~8 拍,8 拍时手臂由七位还原至一位(图 9-3-35)。

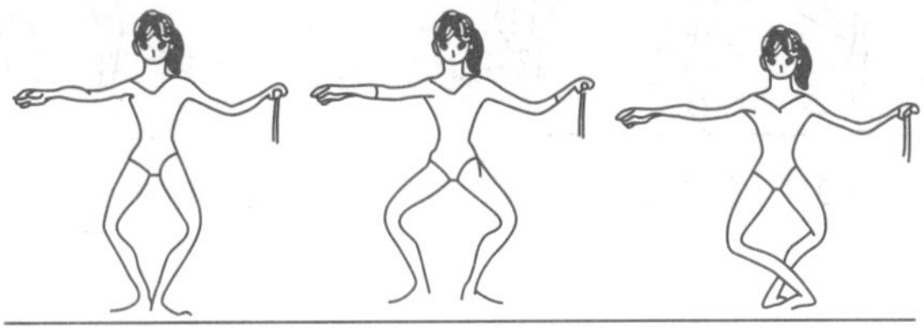

图 9-3-35 一位,二位,五位蹲

(5) 屈伸练习。重点练习腿部的韧性,主要是以膝关节为轴做小腿柔韧的均衡屈伸。对膝关节、踝关节及大腿肌肉力量具有很好的锻炼作用。

预备:右腿五位站立,左手扶把,右手一位。1~2 拍右手由一位至二位,3~4 拍右腿向侧举起 30°~60°,同时右臂七位。

第一个 8 拍:1~2 拍左腿半蹲,右腿屈膝,脚贴于左小腿内侧;3~4 拍左腿伸直,右腿以膝为轴向前伸出,5~8 拍同 1~4 拍。

第二个 8 拍:1~8 拍同①1~8 拍腿向侧屈伸。

第三个 8 拍;1~8 拍同①1~8 拍腿向后屈伸。

第四个 8 拍:1~8 拍同②1~8 拍(图 9-3-36)。

图 9-3-36 屈伸练习

复习与思考

1. 健美操有几种常用手型?
2. 街舞运动有哪些锻炼价值?
3. 形体运动的头部基本姿态有哪些?

第十章
格斗类运动

阅读提示：

格斗类项目有很多，如传统跆拳道、散打等。练习这些项目，可以提高学生身体速度、力量、灵敏性和协调性素质，培养吃苦耐劳的职业品质和高尚的职业道德，为未来职业综合素质的形成打下良好的基础。

第一节 散打运动

一、散打运动的锻炼价值

（一）散打对运动系统的影响

散打训练，可以让上肢、下肢都从不同角度得到锻炼，肌肉和关节能全面地得到锻炼。长期坚持散打练习，可以使骨骼变得更加粗壮和坚固，从而提高了骨骼的抗折、抗弯、抗压缩和抗扭转性能。在散打动作练习中既可增大关节的稳固性，又可提高关节的灵活性。同时还可以提高人体整体的柔韧性。在与对手对抗的过程中，可以加强肌肉的协调性，有助于较快地掌握各种技术的要领和迅速提高运动员的技术水平，同时减少伤害事故。

（二）散打对神经系统的影响

散打是在一定的场地中进行的斗智斗勇的对抗性项目。在实战或模拟训练中，散打能主动调节神经系统的兴奋性，能提高神经系统的灵敏性、应变性、协调性和平衡性。长时间进行散打训练的人，其身体的灵敏性、爆发力和柔韧性指数，往往高于正常人。

（三）散打对情绪的影响

散打练习能为生活中产生的消极情绪提供一个有效的发泄口，调节人的一些不健康情绪和心理，可以通过打靶和沙袋发泄一下情绪，尤其遭受挫折后产生的冲动能被转移，而且还能避免造成因为愤怒和冲动的情绪而引起的过激行为和有可能造成的严重后果。

（四）散打对精神意志的影响

通过长期的散打训练，可以培养练习者勇敢、顽强、坚毅，不怕苦、不怕累，敢于拼搏的精神，而且可以使人形成坚持不懈的作风，机智灵活、沉着果断的品质，还能使人保持积极向上的心态，养成礼让谦逊、宽厚待人的美德，造就热爱祖国、勇于献身的精神。

二、散打运动的起源与发展

散打，亦称散手，古称相搏、手搏、卞、牟、白打等。散打是以踢、打、摔为技术内容，以双方格斗为形式的对抗性体育项目，是武术徒手搏击的组成部分。中国散打自 1979 年 3 月被确定为试点项目，经过近十年的公开表演、竞赛，在不断总结经验的基础上，在 1989 年被国家体委列为全国正式竞赛项目。目前，武术散打已初步形成较为系统的组织程序和体系，并加快了走向世界的步伐。

三、散打核心技术

散打核心技术是指在实战中完成进攻与防守动作的方法，是竞技水平的重要体现。其主要内容有实战姿势、步法、拳法、腿法、摔法、实战对抗等。

（一）实战姿势

动作方法：两脚前后开立步站立（以左脚在前为例），两手握拳，左前右后，拳眼均朝上，左手臂弯曲，肘关节夹角为 90°~110°，左拳与鼻同高；右手臂弯曲，肘关节夹角小于 90°，大小臂紧贴右侧肋部，身体侧立，下颌微收，闭嘴合齿，面部和左肩、左拳正对对手，身体重心落在两腿之间（图 10-1-1）。

动作要点：实战姿势是实战时的预备姿势，要求进攻灵活，防守严密，移动方便。姿势不可太低，两手紧护躯体，尽量护好暴露部位。

（二）步法

1. 前进步

动作方法：后脚蹬地，前脚先向前进半步，后脚再跟进半步（图 10-1-2）。

动作要点：先蹬后进。

2. 后退步

动作方法：前脚蹬地，后脚先后退半步，前脚再退回半步（图 10-1-3）。

动作要点：先蹬后退。

图 10-1-1　实战姿势

图 10-1-2　前进步

图 10-1-3　后退步

专家提示

易犯错误及纠正

（1）易犯错误：前进和后退容易出现脚步腾空。

（2）纠正方法：要贴地滑步。

练习方法

按照动作要领反复练习。

（三）拳法

1. 直拳

（1）左直拳

动作方法：由实战姿势开始，右脚蹬地，发力于腰，上体略右转；同时，左臂由屈到伸，顺肩伸肘，使拳面向前击打目标后收回原位（图 10-1-4①②）。

动作要点：右脚蹬地，发力于腰，顺肩伸肘。

（2）右直拳

动作方法：由实战姿势开始，右脚蹬地，发力于腰，上体左转；同时，右臂由屈到伸，拧腰转体顺肩直臂击打目标后收回原位（图 10-1-5①②）。

动作要点：右脚蹬地，发力于腰，顺肩伸肘。

①　　②

图 10-1-4　左直拳

①　　②

图 10-1-5　右直拳

2. 摆拳

（1）左摆拳

动作方法：从实战姿势开始，上体微向左转，左拳向外、向前、向内成平面半圆形横掼，臂微屈，拳心向下，力达拳面，击打目标后左拳收回原位（图 10-1-6①②）。

动作要点：上体微向左转，拳心向下，力达拳面。

（2）右摆拳

动作方法：从实战姿势开始，右拳向外、向前、向内成平面半圆形横掼；同时腰胯发力，力达拳面；击打目标后，右拳收回原位（图 10-1-7①②）。

动作要点：腰胯发力，力达拳面。

①　　②

图 10-1-6　左摆拳

①　　②

图 10-1-7　右摆拳

3. 勾拳

（1）左勾拳

动作方法：由实战姿势开始，上体微左转，左拳略向下，屈臂由下向上勾击，拳面朝上；同时腰向右转，发力于腰；击打目标后收回原位（图 10-1-8①②）。

动作要点：发力于腰，拳面朝上。

（2）右勾拳

动作方法：由实战姿势开始，右拳略向下，屈臂由下向上勾击；同时腰向左转，发力于腰，力达拳面，击打目标后收回原位（图 10-1-9①②）。

动作要点：发力于腰，拳面朝上。

图 10-1-8　左勾拳

图 10-1-9　右勾拳

专家提示

易犯错误及纠正

（1）易犯错误。只是手发力，不蹬地，不拧腰转体。

（2）纠正方法。腰要随动作转动，协同发力。

练 习 方 法

反复多次蹬地拧腰出拳。

（四）腿法

1. 左蹬腿

动作方法：由实战姿势开始，左腿屈膝抬起、勾脚；当膝稍高于髋时，以脚领先向前蹬出，力达脚跟。也可送髋，脚掌下压，力达脚掌（图 10-1-10①~③）。

动作要点：脚领先向前蹬出，力达脚跟。

图 10-1-10　左蹬腿

2. 右蹬腿

动作方法：由实战姿势开始，身体稍左转，左脚跟稍内扣，身体重心移到左腿；同时右腿屈膝前抬，勾脚，以脚领先向前蹬出，力达脚跟（图 10-1-11①~③）。

动作要点：脚领先向前蹬出，力达脚跟。

3. 左踹腿

动作方法：由实战姿势开始，身体重心移向右腿，右腿跟内扣；左腿屈膝抬起与髋同

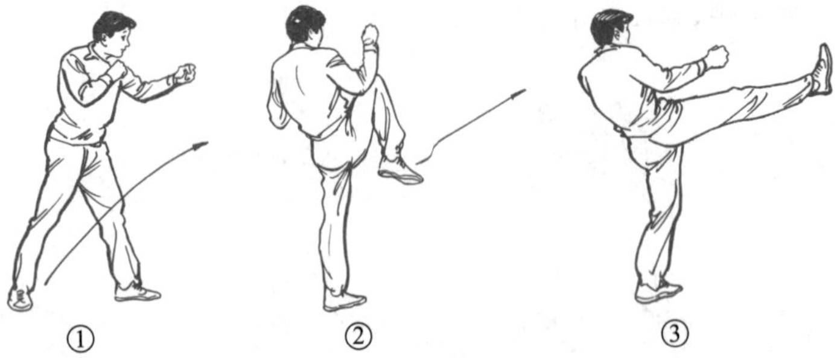

图 10-1-11　右蹬腿

高，脚尖勾起，由屈到伸向侧前踹出，同时展髋，力达脚底；击打目标后，左脚收回原位（图 10-1-12①~③）。

动作要点：展髋，力达脚底。

图 10-1-12　左踹腿

4. 右踹腿

动作方法：由实战姿势开始，身体左转，左脚跟内扣，重心移至左腿；右腿屈膝抬起与髋高，脚尖勾起，随后由屈到伸向前踹出，同时展髋，力达脚底；击打目标后，右脚收回原位（图 10-1-13①~③）。

动作要点：展髋，力达脚底。

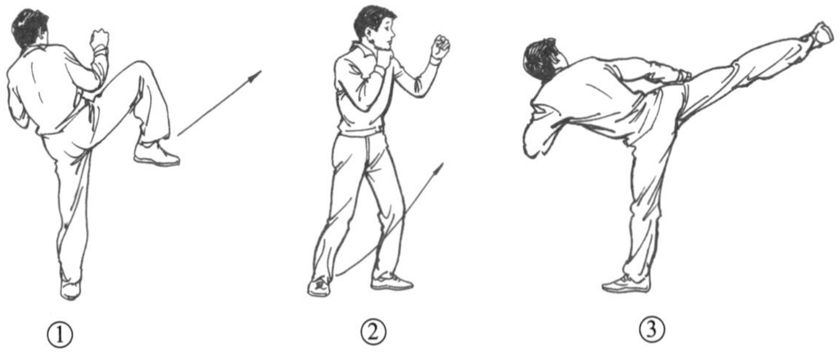

图 10-1-13　右踹腿

5. 左转身后摆腿

动作方法：由实战姿势开始，上右步，重心移至右腿；左脚离地，同时发力于腰。随即向左后转体 360°，随转体左腿经左后向前横扫，力达脚掌；击打目标后，左脚落回原位（图 10-1-14①~④）。

动作要点：发力于腰，左腿经左后向前横扫，力达脚掌。

图 10-1-14　左转身后摆腿

6. 右转身后摆腿

动作方法：由实战姿势开始，重心移至右腿，发力于腰。随即向右后转体 360°，随转体右腿直腿由后向前横扫，力达脚掌，目视右脚（图 10-1-15①~③）。

动作要点：发力于腰，右腿直腿由后向前横扫，力达脚掌。

图 10-1-15　右转身后摆腿

专家提示

易犯错误及纠正

（1）易犯错误。不拧腰，不展髋，直接出腿。

（2）纠正方法。出腿同时腰部转动，协同发力。

练 习 方 法

反复拧腰，展髋蹬腿。

（五）摔法

1. 抱双腿前顶摔

动作方法：由实战姿势开始，双方对峙，当对方以拳击我方头部时，我方迅速上步，下潜躲闪，两手抱住对方的双腿膝窝处，然后屈肘，两手用力回拉，同时用肩部顶住对方的髋关节或腹部，将对方摔倒。

动作要点：下潜快，抱腿紧，两臂回拉，肩顶有力。

2. 抱单腿别腿摔

动作方法：由实战姿势开始，双方对峙，当对方用鞭腿进攻时，我方外抄抱住，并向对方的支撑腿后插步，上体转动，用自己的腿别对方腿，同时用肘下压对方被抱住的腿，将对方摔倒。

动作要点：抱腿准，有力，转身压腿协调。

3. 抱单腿侧摔

动作方法：由实战姿势开始，双方对峙，当对方以蹬腿蹬我方腹部时，我方立即用两手抓握对方的脚踝处，两腿屈膝，两手向后、向下、向上弧形摆荡提起，将对方摔倒。

动作要点：抓握要准确，拉摆要连贯有力。

> **专家提示**
>
> **易犯错误及纠正**
>
> （1）易犯错误。上体不下潜，抱腿不准，上步不快。
>
> （2）纠正方法。上步要果断，消除畏惧心理。
>
> **练 习 方 法**
>
> 多做下蹬练习，多做快速上步练习。

（六）实战对抗

1. 格挡摆拳反击

动作方法：由实战姿势开始，当对方使用后踹腿进攻时，我方以左格挡防守，随后以右摆拳反击对方面部。对方若以前腿进攻，则以右手防守，左手反击（图 10-1-16①~③）。

动作要点：左格挡防守，右摆拳反击。

图 10-1-16　格挡摆拳反击

2. 挂挡直拳反击

动作方法：由实战姿势开始，当对方使用后摆拳进攻时，我方以左挂挡防守，随后以右直拳反击对方面部。对方如以前摆拳进攻，则以右手防守，左手进攻（图 10-1-17①~③）。

动作要点：左挂挡防守，右直拳反击。

①　②　③

图 10-1-17　挂挡直拳反击

3. 掩肘鞭腿反击

动作方法：由实战姿势开始，当对方使用鞭腿进攻时，我方以左肘防守，随后，以后腿反击对方肋部。对方如以前腿进攻时，则以右肘防守，前腿反击（图 10-1-18①②）。

动作要点：左肘防守，后腿反击。

①　②

图 10-1-18　掩肘鞭腿反击

四、散打运动常用战术

散打战术是运动员运用攻守原则和方法的总称。战术的设计就是针对比赛双方的各种具体情况，确定运用技术的方法和形式，以便能充分发挥自己的特长，抑制对方技术水平的发挥，减少自身的消耗和无效行动。散打战术的作用在于把已经获得的技能、体能、智能等，在比赛中最优化地运用，取得“制人而不制于人”的效果，形成对自己有利的局势，掌握比赛的主动权。

武术散打的战术形式包括直攻战术、强攻战术、制长战术、佯攻战术、多点战术、反击战术、突袭战术、下台战术、体力战术、心理战术等。

五、散打比赛规则

（一）散打比赛基本规则

1. 比赛中运动员应遵守礼节

介绍运动员时，运动员向观众行抱拳礼；每场比赛开始前，运动员相互行拳礼；宣布结果后，运动员先相互行抱拳礼，再向裁判员、对方教练员行抱拳礼。

2. 禁打部位与得分部位

禁打部位：后脑、颈部、裆部。

得分部位：头部、躯干、大腿和小腿。

3. 禁用方法和可用方法

禁用方法：用头、肘、膝和反关节的动作进攻对方；用转身后摆腿进攻对方头部；用迫使对方头部先着地的摔法或有意砸压对方；一方倒地，另一方用脚进攻对方头部。

可用方法：除禁用方法的各种武术流派的招法。

（二）裁判与场地

1. 裁判方法的运用

主裁判：处理“2 秒”有两种情况，互打 2 秒或抱缠 2 秒。处理“3 秒”：一方使用主动倒地动作时，超过 3 秒不进攻，对方得 1 分。处理“8 秒”：比赛中双方对峙均不主动进攻达 8 秒，指定消极一方进攻，如 8 秒内不进攻，则对手得 1 分。

边裁判：处理好双方同时或依次连续击中有效部位，处理好明显击中和击中不明显判定；处理好对踢腿动作防守的评分；处理好双方互相抱缠乱打乱踢的评分。

2. 散打竞赛场地

场地为长 800 厘米，宽 800 厘米，高 60 厘米的木质结构台，台面上铺有软垫，软垫上有帆布盖单，台中心画有直径 100 厘米的阴阳鱼图。台面边缘有 5 厘米宽的红色边线，台面四边向内 90 厘米处画有 10 厘米宽的黄色警戒线。

台下四周铺有高 20~40 厘米，宽 200 厘米的保护垫。

六、散打运动练习方法

（一）打沙袋

动作方法：直拳打沙袋，摆拳打沙袋，勾拳打沙袋，蹬踢沙袋，踹腿打沙袋，转身后摆腿打沙袋。

（二）打木桩

动作方法：勾踢木桩，侧踢木桩（用脚弓内侧），臂靠木桩，肩、髋靠木桩。

（三）打墙靶练习

动作方法：将一块垫子固定在墙上或木板上，高度同本人身高。适用于多种散打技术的练习，尤以直线性击打效果最佳。

（四）拍打练习

动作方法：自我拍打，拍击自己的胸、腹、肋等部位。两人相互打胸、腹、肋部位。两人相互踢打胸、腹、肋、大腿等部位。

（五）靠背练习

动作方法：两人以背相对，约半步距离，开步站立，两臂屈抱于胸前，用背部相互撞击。

（六）靠臂练习

动作方法：双方同时屈臂外旋，自下而上，两臂相撞击于胸前。双方同时伸臂内旋，自上而下两臂相撞击于腹前。

相关链接

体弱者防身须知

弱与强是相对的，正义者首先在精神上应当是强者。如果因身体弱而遭到欺凌时，要避实击虚，尽可能不与对方直接接触，不能硬打；不让对手抓住，也不要抓住对手；要积蓄力量积极防守，趁机突然发动还击；空则打，打完就走，避开对方打击的范围，以弱对强是不得已而为之，多用智，以闪躲还击为主，扬长避短，乘势借力（对方），攻击其短。

第二节　跆拳道运动

一、跆拳道运动的锻炼价值

（一）健身防卫

跆拳道是十分激烈的有氧运动，能塑造良好的身体形态。练习课通常由 20 分钟的热身和柔韧练习、40~60 分钟的腿法（拳法）练习、20 分钟的素质练习组成。每小时的跆拳道训练大概要消耗 500~800 千卡（2 092~3 347 千焦）的热量。跆拳道基本技术动作、套路动作中的各种踢腿、手臂的上格、下截、拉伸等动作，可使练习者的肌肉和力量得到增强，肌腱、韧带、肌肉的弹性得以提高。同时，学会移动身体的方法和技术，能增强保护意识，掌握防身技能，达到健身防卫的目的。

（二）娱乐观赏

跆拳道技术具有较强的艺术性。双方斗智斗勇，不同的身体姿势和不同的演练节奏，形成惊险的实战竞技美。刚劲有力的动作结合吐气发声，表现出跆拳道技法惊人的杀伤力，给人以威武的阳刚之美，体现出人体的无穷潜力和技击的运动美。

（三）陶冶性情

礼始礼终，内外兼修。在任何场合下，跆拳道练习者互相间始终以礼相待。跆拳道精神包括——礼义、廉耻、忍耐、克己、百折不挠。练习活动都要以礼开始，以礼结束，以养成谦虚、友好、谦让的作风。

二、跆拳道运动的起源与发展

“跆拳道”一词，是 1955 年由朝鲜族人崔泓熙提出。其中“跆”指踢击（脚法），“拳”指拳击，“道”指练习的方法，也代表道行，即自己对礼仪的修炼。

跆拳道古称跆跟、花郎道，是起源于古代朝鲜半岛的民间武艺，早期是民间普遍流行的一项技击术。随着社会的发展，不断变化的生活环境和不同种族之间的斗争，要求人们要有强健的体魄并掌握一定的搏斗技能，这样才能保障生活的安定，这就促成了跆拳道雏形的形成。经过漫长的岁月，人们本能地为强健体魄和自卫而产生的搏击逐渐演化为有意识的技击活动，从而产生了朝鲜民族特有的运动形式——跆拳道。跆拳道吸收了许多国家的武术精华，如中国的武术、日本的空手道等，这也进一步丰富和发展了跆拳道。

三、跆拳道运动核心动作

（一）基本步型（图 10-2-1）

图 10-2-1　基本步型

并立步

开立步

马步

弓步

三七步

交叉步

1. 并立步

体直立，脚并拢，手握拳（或自然伸直）置于身体两侧。

2. 开立步

体直立，脚分开，外展 22°左右，与肩同宽。臂下垂，手握拳置于体前。

3. 马步

脚平行分开，略大于肩，挺胸收臀，膝微屈，身体重心落在两腿中央。

4. 弓步

脚前后开立，前后大于两个肩的距离，左右有一拳到两拳的距离，前脚与身体正对前方。前腿弓，膝关节投影不过踝关节，后腿站直，外展 45°，前后脚不能在同一条线上。挺胸抬头，重心在两腿之间。

5. 三七步

在马步站立方法的基础上，身体向外侧旋转 45°，前脚正对前方，后脚和前脚垂直，大部分身体重心落在后脚，挺胸抬头。

6. 屈立步

身体正对前方，两脚以约半个肩的距离前后站立，前脚正对前方，后脚外展 45°，大部分身体重心落在后脚。

7. 交叉步

两腿稍微弯曲交叉站立，后脚脚跟提起。

（二）基本动作

1. 前踢（图 10-2-2）

前踢

以实战的基本姿势开始，右脚蹬地，髋关节向左旋转，双手握拳置于体侧；同时，右腿以髋关节为轴屈膝上提。当大腿抬至水平或稍高时，关节向前送，向前顶，小腿以膝关节为轴快速向前上方踢出，力达腿尖，整条腿蹦直。踢击后迅速放松，右腿沿原路线弹回，将右脚放置在左脚前面，仍成实战姿势。

图 10-2-2　前踢

2. 侧踢（图 10-2-3）

侧踢

以实战的基本姿势开始，右脚蹬地，右腿以髋关节为轴屈膝抬起，两手握拳置于体侧；随即左脚以前脚掌为轴外旋 180°，髋关节向左旋转，右腿以膝关节为轴向前蹬伸，右脚快速向右前上方直线踢出，力点在脚跟。发力后沿起腿路线收腿，放松，重心落下（原处或向前均可），再次回到实战姿势。

3. 后踢（图 10-2-4）

后踢

以实战姿势开始，转身，后撤背对对方。重心后移至左脚，右脚蹬地后屈膝抬起，右脚贴近左大腿，两手握拳置于胸前；随即左脚蹬地伸直，右脚自左大腿内侧向后方直线踢出，力达脚跟。踢击后右脚沿原路线快速收回，成实战姿势。

4. 下劈（图 10-2-5）

下劈

以实战姿势开始，右脚蹬地，重心前移至左脚；同时，右腿以髋关节为轴屈膝上提，两手握拳置于胸前；随即充分送髋，上提膝关节至胸部，右小腿以膝关节为轴向上伸直，将右腿伸直举于体前，右脚抬过头；然后放松，向下以右脚后跟（或脚掌）为力点劈击，直到落地，成实战姿势。

图 10-2-3　侧踢

图 10-2-4　后踢

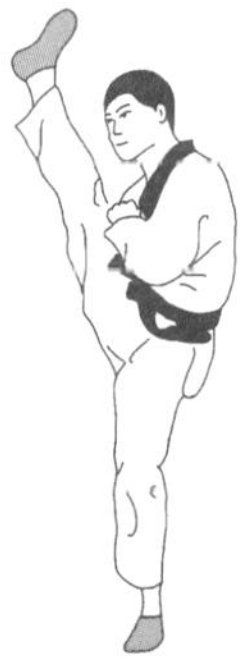

图 10-2-5　下劈

5. 勾踢（图 10-2-6）

勾踢

以实战姿势开始，右脚蹬地，重心前移，右腿以髋关节为轴屈膝上抬，两手握拳置于体侧；左脚以前脚掌为轴外旋 180°；右腿以膝关节为轴继续向前上方伸成直线，右脚的脚掌顺势用力向右侧屈膝鞭打，顺鞭打之势上体右转，右腿屈膝回收；右脚落回原处，成实战姿势。

动作要领：抬膝，右侧屈膝鞭打动作要连贯快速，没有停顿；击打点在体前偏右侧，以

图 10-2-6　勾踢

脚掌为击打点；左脚旋转支撑以保持平衡，踢击后迅速将腿收回。摆踢攻击的主要部位是头面部和腹胸部。

后旋踢

6. 后旋踢（图 10-2-7）

以实战姿势开始，两脚以脚掌为轴均内旋约 180°，身体随之右转约 90°，两拳置于胸前；上体右转，与双腿转成一定角度；右脚蹬地，将蹬地的力量与上体旋转的力量合在一起，右腿继续向右后旋摆鞭打，同时上体向右转，带动右腿弧形摆至身体右侧，右腿屈膝回收；右脚落到右后方成实战姿势。

图 10-2-7　后旋踢

横踢

7. 横踢（图 10-2-8）

实战姿势开始，右脚蹬地，重心前移至左脚，右脚屈膝上提，两拳置于胸前；左脚前脚掌碾地内旋，髋关节左转，左膝内扣；随即左脚掌继续内旋 180°，右腿膝关节向前抬至水平

图 10-2-8　横踢

状态，小腿快速向左前横向踢出；击打目标后迅速放松收回小腿；右腿落回原地成实战姿势。

8. 跳踢

跳踢指先跳起使身体腾空，然后在空中完成各种踢法的攻击技术。跳踢包括旋风踢、双飞踢、腾空后踢、腾空劈腿、腾空后旋踢、跳步横踢等多种方法，是跆拳道的高难度技术动作。

（三）跆拳道基本防御手型（图 10-2-9）

图 10-2-9　跆拳道基本防御手型

1. 上段（上格挡）

上段防御的方法，大多数以一手握拳自腰间旋转举向额部前方，使拳背向自己脸部，置于额部中央前方，手腕距额部约一拳距离，肘关节约成 100°角，用手腕外侧防守自上而下的攻击。

上格挡

2. 中段（中格挡）

手臂（或手腕）防：一手握拳从外侧向内侧或从内侧向外侧格挡至胸前，肘关节约成 90°角，拳心正对自己或背向自己，用手腕和前臂的内侧或外侧防守对中段部位的攻击。

手刀防：手成手刀，于胸前自内侧向外侧截击来自对方的进攻。

中格挡

3. 防下段（下格挡）

手臂（或手腕）防：一手握拳，自腰间先举至对侧肩部，然后下挡至腹部前方或侧方，拳心向内，手腕正对腹部中央或腹部侧方，用手腕外侧防守对下段的攻击。

十字防：两手握拳，自腰间十字交叉，截击至自己的腹部下方，防守对下段的攻击。

下格挡

4. 练习要诀

跆拳道以腿为主，以手为辅，主要在于腿法的运用。跆拳道技术方法中起主导作用的是腿法，腿法技术在整体运用中约占 3/4，因为腿的长度和力量是人体最长最大的，其次才是手。腿的技法有很多种形式，可高可低、可近可远、可左可右、可直可屈、可转可旋，威胁力极大，是实用制敌的有效方法。而拳法的招式，一般偏重防守和格挡。

动作追求速度、力量和效果，以击破为测试功力的手段。跆拳道不讲究花架子，所有动作都以技击格斗为核心，要求速度快，力量大，击打效果好。在功力的检测方面，则以击破力为测试的手段，就是分别以拳脚击碎木板等，以被击碎物体的厚度来判定功力。

强调呼吸，发声扬威。在跆拳道的练习当中，要求在气势上给人以威严的感觉，练习者常以洪亮并带有威慑力的声音来显示自己的威力。据日本有关研究资料证明，人在无负荷工作时，10%的肌肉会由于发声使他们的收缩速度提高 9%，在有负荷工作时更是可以提高 14%。这就是为什么在比赛当中运动员会发出响亮喊叫声的原因。在发声的同时停止呼吸，可以使人体内部的阻力减小，提高动作速度，集中精力，使动作发挥出更大的威力。

以刚制刚，方法简练。受跆拳道精神影响，运动员在比赛当中多是直击直打、接触防守，躲闪技术运用得比较少。进攻多采用直线连续进攻，以连贯快速的脚法组合击打对手。防守多采用格挡技术，或采取以攻对攻、以攻代防的技术。

四、比赛欣赏

（一）跆拳道比赛场地（图 10-2-10）

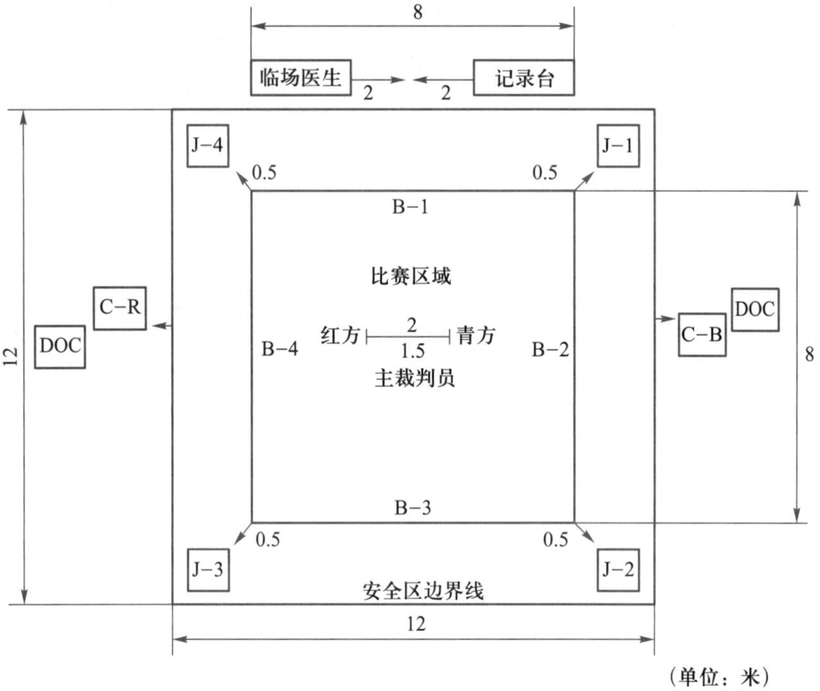

图 10-2-10　比赛场地

跆拳道比赛场地为 12 米×12 米水平、无障碍物、正方形的场地，其中 8 米×8 米见方的区域称为比赛区域。比赛场地应铺设有弹性的、平整的经中国跆协监制或指定的专用软垫。

（二）跆拳道比赛规则

1. 比赛服装

运动员比赛时须佩戴护具，包括护胸、头盔、护裆、护臂、护腿、护齿、手套等。其中护裆、护臂、护腿应戴在道服内。

2. 比赛时间

每场比赛为 3 局，每局比赛 2 分钟，局间休息 1 分钟；青少年比赛时间可根据情况适

当调整。

3. 比赛开始前及结束后的程序

每场比赛开始前，主裁判员给出“青”“红”的口令，示意双方运动员左臂紧夹头盔进入比赛区。

双方运动员相向站立，听到主裁判员发出“立正”和“敬礼”的口令时互相敬礼，敬礼时自然站立，腰部前屈不小于 30°，头部前屈不小于 45°，鞠躬完毕后，运动员戴上头盔。

主裁判员发出“准备”和“开始”口令，开始比赛。

每局比赛由主裁判员发出“开始”口令即开始，主裁判员发出“停”口令即结束，即使主裁判员没有发出“停”的口令，比赛仍将按照规定的时间结束。

最后 1 局比赛结束后，运动员相向站在各自指定位置脱下头盔并用左臂夹紧，主裁判员发出“立正”“敬礼”口令时相互敬礼，在主裁判员宣判比赛结果后退场。

4. 允许的攻击部位

躯干：允许使用拳和脚的技术攻击躯干被护具包裹的部分，但禁止攻击后背脊柱。

头部：从两耳向前的头颈的前部，只允许使用脚的技术攻击。

5. 有效得分部位

躯干：允许使用拳和脚的技术攻击躯干部位被护胸包裹的部分，但禁止攻击后背脊柱。

头部：对于锁骨以上的部位，只允许使用脚的技术攻击。

6. 犯规行为

以下行为将被判罚“警告”：双脚越出边界线；转身背向对方运动员逃避进攻；倒地；故意回避比赛，或处于消极比赛状态；抓、搂抱或推对方运动员；攻击对方运动员腰以下部位；伪装受伤；用膝部顶撞或攻击对方运动员；提膝阻碍或逃避对方运动员的攻击；用拳攻击对方运动员头部；教练员或运动员有任何不良言行。

以下行为将被判罚“扣分”：主裁判员发出“分开”口令后攻击对方运动员；攻击已倒地的对方运动员；抓住对方运动员进攻的脚将其摔倒，或用手推倒对方运动员；故意用拳攻击对方运动员头部；教练员或运动员打断比赛进程；教练员或运动员使用过激言语、出现严重违反体育道德的行为。

7. 获胜方式

(1) 击倒胜（KO 胜）。

(2) 主裁判员终止比赛胜（RSC 胜）。

(3) 比分或优势胜。

(4) 弃权胜。

(5) 失去资格胜。

(6) 判罚犯规胜。

复习与思考

1. 散打运动有哪些腿法？

2. 跆拳道比赛中有哪些禁止攻击的部位？

第十一章 健体类运动

阅读提示：

本章内容目的是使学生了解健美运动、瑜伽、普拉提的发展、现状及基础理论知识，掌握其健身健美的方式和方法。通过学习本章内容，可以达到增强学生身体免疫能力，减缓肌肉与附着组织的退化与衰老进程，使学生动作更灵活、身形更匀称，阳光富有朝气。

第一节　健美运动

一、健美运动的健身价值

（一）健美运动对心血管的作用

经常参加健美运动能使心肌中的毛细血管大量新生、增加心肌肌红蛋白含量，供血量、心脏的大小和重量也有所增加，使组织代谢加强、心肌纤维变粗。同时促进血液总量和质量提高，促进血管结构和机能良性变化。

（二）健美运动对运动系统的作用

科学地进行健美运动，可使肌纤维增粗，使肌肉中的毛细血管网增多，从而使肌肉的生理横断面增大，使肌肉变得丰满而发达。同时，中枢神经系统调节机能的增强，也可使肌力也明显增强。健美运动能促进骨骼新陈代谢，预防各种骨组织中的疾病，提高骨骼抗拉、抗压和抗扭力等性能。

（三）健美运动对呼吸系统的作用

经常进行健美运动，使呼吸肌收缩更加有力，使更多的肺泡张开，进而扩大与血液的接触面，吸进更多的新鲜氧气，呼出更多的二氧化碳。这种呼吸深度的提高，使得每次呼吸的气体交换量有所增加，从而提高呼吸系统的功能储备，保证在激烈运动时满足气体交换的需要，提高人体的机能水平。

（四）健美运动对体形体态和矫正畸形的作用

健美运动的各种训练动作，都能给予身体某些相应部位的生长、发育及发展以巨大的影响，因而科学地、系统地锻炼十分重要。正常的人经过健美锻炼，体型可以发展得更完善与健美。而体型、体态已经出现某些缺陷的人，则可以选择适当的动作来进行锻炼，以达到纠正畸形的目的。

二、健美运动的起源与发展

健美运动起源于欧洲，后来在欧美国家盛行，至今有一百多年的发展历史。“竞技健美”通常称为健美运动，最初从举重运动中划分出来，发展成为一个独立的运动项目，现已成立国际健美联合会。我国于 1985 年 11 月正式加入国际健美联合会，成为第 128 个会员国，并于 1986 年 11 月 27 日正式成立中国举重协会健美运动委员会。

三、发展人体主要肌肉群的练习

（一）发展胸部肌肉

1. 斜板坐哑铃“飞鸟”（图 11-1-1①）

背靠斜板凳坐（倾斜度 30°～40°），两手握哑铃，手心向上。两臂经体侧向上斜举，成

"飞鸟"状,该练习主要是发展胸大外上侧肌肉。

2. 杠铃卧推(图 11-1-1②)

仰卧在斜推架或长凳上,两手宽握杠铃,两肘外展与身体成 90°角,反复上下匀速推举。该动作主要发展胸大肌处侧肌肉,杠铃斜上推发展胸上侧肌,杠铃下推发展胸下侧肌。

3. 双杠臂屈伸(图 11-1-1③)

两臂伸直,两手支撑在双杠上,上体尽力保持正直,成屈撑,推起。该动作主要发展胸大肌下沿肌肉。

4. 仰卧飞鸟(图 11-1-1④)

仰卧在长凳上,两手握哑铃(掌心相对),两臂向上伸直与地面垂直,两膝自然分开,脚踏地面。然后两臂向两侧分开,肘弯曲到最低点,接着胸大肌用力收缩,将两臂由下向上内收至胸前伸直。

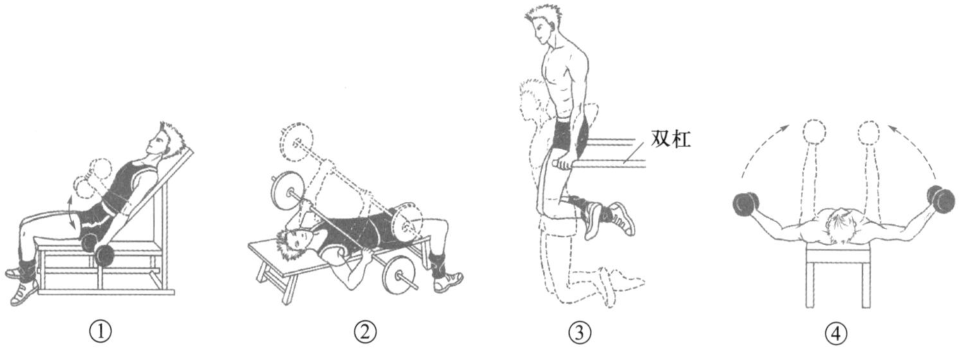

图 11-1-1　发展胸部肌肉

相关链接

运动负荷和基本要求

每次训练可选择 2~3 个动作,每个动作可做 3~5 组,以每组能做 8 次的负荷为开始,该负荷单组动作可以超过 12 次时,再增加负荷。

(二) 发展背部肌肉

1. 壶铃前上摆(图 11-1-2①)

两脚开立,体前屈,两手持铃前上摆。这个动作主要针对发展背阔肌和背长肌而设计。

2. 俯身挺身起(图 11-1-2②)

俯卧,两大腿撑在凳上,两脚固定在肋木上,挺身起。该动作主要发展背长肌。

3. 杠铃负重肩绕环(图 11-1-2③)

两脚开立,与肩同宽,两手正握杠铃,握距稍宽于肩,两臂伸直不动,做肩绕环。该动作主要发展斜方肌和提肩胛肌。

4. 躬身杠铃单臂提拉(图 11-1-2④)

两脚开立,上体前倾,持铃臂体侧下垂,手握杠铃一端(也可用壶铃或哑铃),另一臂伸直支撑在方凳上。单臂提拉,肘关节尽力上提,上臂贴近体侧。该动作主要发展背阔肌。

5. 俯立提铃(图 11-1-2⑤)

两脚开立与肩同宽,膝关节稍屈,上体前倾与地面平行,两手直臂正握杠,两臂用力,两肘内夹,将杠铃提拉至胸腹部,稍停后缓慢放下,两臂伸直。该动作主要发展背阔肌。

6. 负重体前屈(图 11-1-2⑥)

将杠铃横置于肩上,两脚开立,膝关节稍屈,两手握杠,抬头、挺胸、塌腰,上半身缓慢下降至与地面平行,然后保持身体姿势,上体抬起成直立,腰背肌始终要收紧。该动作主要发展背长肌和背短肌。

图 11-1-2 发展背部肌肉

相关链接

运动负荷和基本要求

开始时可做 2~4 个动作,每个动作可做 3~4 组,每组 8~12 次的负荷,属于不太容易增加重量的动作,如拉橡筋条等,重复 12~15 次。

(三) 发展上肢肩带肌肉

1. 宽握推举杠铃(图 11-1-3①)

提铃至胸,两脚开立与肩同宽,抬头挺胸,两臂用力向上推举杠铃至两臂伸直,稍停后将杠铃放回胸部,同时稍屈膝缓冲。该动作主要发展三角肌前束和中束。

2. 杠铃胸前弯举(图 11-1-3②)

两脚自然开立,两手反握杠铃直臂下垂,然后屈臂将杠铃弯举至胸前,缓慢放下,上体不要前后摆动。该动作主要发展肱二头肌和肱肌。

3. 坐式哑体侧推举(图 11-1-3-③)

坐在方凳上,两臂肩上屈,两手握哑铃,手心向前做哑铃推举,推举时要尽力挺胸塌腰。该练习主要发展三角肌中束。

4. 直臂侧平举并上举(图 11-1-3④)

直立,两臂下垂持铃,然后直臂侧平举,稍停,再上举成直臂,在头上成支撑。该动作主要发展三角肌中束。

5. 躬身哑铃"飞鸟"(图 11-1-3⑤)

开立,上体前屈,背与地面平行,两臂下垂,两手持哑铃,掌心相对,两臂侧平举,即为"飞鸟"。俯卧在斜板上也可以做哑铃飞鸟动作。该动作主要发展三角肌后束。

6. 杠铃体后提拉(图 11-1-3⑥)

开立,两脚同肩宽,两臂体后伸直,两手正握杠铃,握距比肩窄,做杠铃体后提拉动作。提拉时杠铃要沿着身体尽力上提。该动作主要发展三角肌后束。

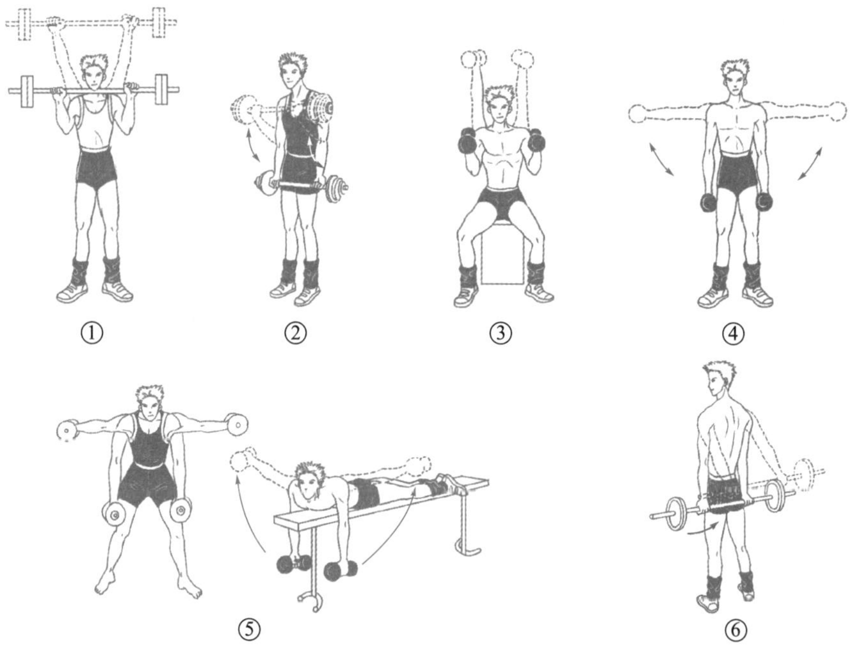

图 11-1-3　发展上肢肩带肌肉

相关链接

运动负荷和基本要求

做动作时,要注意掌握好动作的节奏和正确的技术。训练时所选择的每个动作可做 3~5 组,每组做 12~15 次。

(四) 发展下肢肌肉

1. 深蹲(图 11-1-4①)

将杠铃置于肩上,两脚开立与肩同宽,挺胸收腹紧腰,身体立直。屈膝缓慢下蹲,至大小腿夹角小于90°后，稍停，再用力伸腿站立。

2. 杠铃骑跨蹲起（图11-1-4②）

两腿分开骑跨在杠铃的横杆上，屈膝下蹲，两臂在体前、后伸直，两手提铃，手心相对，上下蹲起。

3. 仰卧杠铃举腿（图11-1-4③）

仰卧在专门的杠铃托下，两腿弯曲，两脚蹬在杠铃的横杆下，蹬起杠铃，两臂在体侧支撑地面维持平衡。

4. 坐式负重腿屈伸（图11-1-4④）

坐在长凳的一端，两臂体侧伸直，两手抓住长凳边缘，两腿弯曲并拢，脚部负重，两小腿同时或交替屈伸，伸直时保持几秒钟。

5. 俯卧直腿负重弯举（图11-1-4⑤）

俯卧在长凳上，两脚负重，两腿做弯举动作，下放时腿不要完全伸直，以较慢的速度来完成动作，始终保持肌肉的张力。

6. 站立负重提踵（图11-1-4⑥）

将杠铃置于肩上，两脚自然分开，身体直立，前脚掌下可垫木板或铃片。然后用力直膝提踵，稍停后缓慢放下，提立时稍快，落下稍慢。

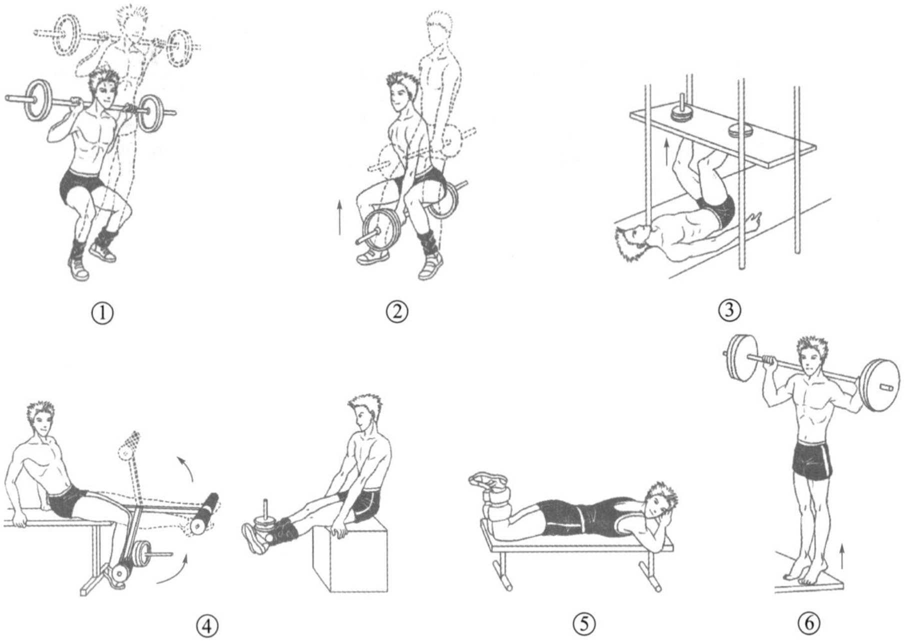

图11-1-4　发展下肢肌肉

相关链接

运动负荷和基本要求

每个动作一般可做3~5组，每组做8~12次。下蹲时的负荷量可以大些，但要注意安全，挺胸塌腰，身体不要前探。

四、健美运动的锻炼方法

因组数、强度、动作组合形式和练习程度不同，健美的锻炼方法也较多，现介绍几种常用的训练方法。

（一）定量间歇法

在一次锻炼中用的重量、组数、每组次数等都是固定的，组间的间歇时间为 1～2 分钟。

（二）先衰竭法

要想锻炼某一位置的肌肉，先选择只锻炼这一位置肌肉的局部肌肉，做 6～10 次直到疲劳，使其衰竭，然后在 3～5 秒之内跑向另一器械，做一个以发展这块肌肉为主的综合肌肉群练习，用 70%的重量做到极限，这样交替训练 4 组左右，能有效地增大肌肉围径，适合有一定基础者采用。

（三）塔式法

负荷重量由轻逐渐加重，再由重逐渐减轻进行练习，动作组数较多，适宜有一定基础者采用。

（四）组合法

由两个或两个以上动作合成一组进行练习。组合的方法有两种，一是相对部位动作组合，二是相同部位动作组合，一组的两个动作练习交叉进行，此方法密度较大，可使被练部位达到比较大的生理负荷，适合有基础者采用。

（五）循环法

把同类的或不同类的动作编排在一大组，分设 4～8 个站，然后按序依次循环练习，此法动作量大，能全面锻炼身体，适合减肥、健身为主的初学者采用。

（六）超量负荷法

要使肌肉的体积和力量不断增大，机体功能逐步提高，就必须有超量的工作和超量负荷锻炼，只有不断进行科学的超量工作和超量负荷锻炼，才能使肌体不断适应和接受新的运动量和负荷，即通过超量和超负荷刺激，达到使机体获得超量恢复的目的，也是锻炼健美体格的一个根本规则。

第二节　瑜伽

一、瑜伽的健身价值

现代瑜伽有着独特的塑身理论，讲究自然、平衡与协调，是一种安全、有效的塑身练习。它的神奇之处是赋予机体细胞年轻的状态，使之保持充沛和旺盛的精力。瑜伽练习能够帮助人保持一个健康的神经系统，使不够正常的神经系统恢复正常；促使内分泌系统产生有利的影响，保持身体健康；各种瑜伽姿势帮助人们伸展肌肉、灵活关节，使身体得到按摩和伸展。科学研究表明，瑜伽是很好的抗压运动，有权威机构经全面统计之后，罗列了十项练习瑜伽的功效：保持和促进系统发挥正常的功能；加强内分泌系统的功能；按摩和强化人体各部分器官，使其机能平衡；促进血液循环、新陈代谢；改善心灵机能，延长生命力；调整脊椎，增强柔韧性；减肥和保养皮肤；提升心理、精神能量，使情绪平和；排除体内毒素；减缓和消除各种慢性疾病。

二、瑜伽的起源与发展

瑜伽起源于印度。瑜伽是梵语词，意思是自我和原始动因的结合或一致，它凝聚了数千年前印度河流域的古印度文明的智慧哲学精髓。

三、瑜伽练习法

（一）瑜伽调息功法

1. 腹式呼吸

仰卧，手轻轻放在肚脐上；吸气时，把空气直吸向腹部；吸气正确，手随腹部抬起；吸气越深，腹部升起越高，随着腹部扩张，横膈膜就向下降。接着呼气，腹部向内朝脊柱方向收；凭着尽量收缩腹部的动作，把所有废气从肺部全部呼出来，这样做时，横膈膜就自然而然地升起。

2. 胸式呼吸

仰卧或伸直背坐着，深深吸气，但不要让腹部扩张；代替腹部扩张的是把空气直接吸入胸部区域。在胸式呼吸中，胸部区域扩张，腹部应保持平坦。然后，当吸气越深时，腹部向内朝脊柱方向收缩；吸气时，肋骨是向外和向上扩张的，接着呼气，肋骨向下并向内收。

3. 完全呼吸

完全呼吸即把以上两种呼吸结合起来完成，这是一种自然的呼吸方式，稍加练习后，这种呼吸方法就会在全部日常的练习和生活中自动地进行，并习以为常。瑜伽的这种完全呼吸有许多益处：由于增加氧气供应，血液得到了净化；肺部组织健壮，增强了抗病能力；胸腹活力和耐力均有增强，心灵也变得更清澈。

（二）瑜伽体位法

第一式：站立深呼吸（图 11-2-1）

动作要点：保持站立姿势，双腿伸直，脊柱挺直，脚后跟及大脚趾并拢，十指交叉放在下颌上，吸气的时候采用喉部呼吸，肘部尽量打开，手背刚好触到脸颊的两侧，以最大限度吸气，然后头向后仰，手肘并拢，以最大限度呼气。

作用：扩大肺活量，增强循环，为下面的练习做准备。

第二式：风吹树式（图 11-2-2）

动作要点：双脚并拢，双臂向上伸直，五指交叉，挺直脊柱，抬起脚跟，吸气。呼气时，身体向左侧弯曲到最大限度，脚跟不落。保持数秒。吸气，呼气，再弯向右侧。

作用:消除腰、腹多余赘肉。经常向两侧弯曲脊椎,也能增强脊椎的弹性。

图 11-2-1　站立深呼吸

图 11-2-2　风吹树式

第三式:笨拙式(图 11-2-3)

动作要点:站立,双脚打开与肩同宽,吸气向前提起手臂与地面平行,掌心向下,呼气,身体慢慢向下坐,直到大腿与地面平行,上半身尽量保持平直,保持均匀呼吸。

作用:强壮腿部、臀部肌肉,伸展髋关节,锻炼发展上臂,促进膝、踝关节血液循环,还可以祛除下肢风湿病、关节炎、痛风等症,帮助治疗下腰痛及腰椎间盘突出。

第四式:树式(图 11-2-4)

动作要点:站立,双脚合拢,屈右膝,右脚的足弓抵住左大腿根内侧,让左脚完全受力均匀,左脚的内侧用力下踩,脚趾放松不要抓地,随吸气双手从体侧向上合掌,手臂带动大臂随身体继续向上伸展,将右膝向右侧打开,左脚用力下踩,双手用力向上伸展,保持均匀的呼吸,反方向练习。

作用:加强腿部、背部、胸部肌肉力量。提高平衡感和专注能力,纠正不良体态,预防疝气。

图 11-2-3　笨拙式

图 11-2-4　树式

第五式:战士第三式(图 11-2-5)

动作要点:按基本二角式站立,先做战上第一式,慢慢将重心移至右脚,将举起的双臂缓缓前移。慢慢将左腿抬起。伸直右膝,保持左腿、上身躯干、头、手臂在同一直线上,保持 10 秒。吸气,屈右膝,左脚尖回落到地面。换左侧做同样练习。

作用:提高身体的平衡能力。

第六式:站立分腿伸展式(图 11-2-6)

动作要点:双腿分开大约肩宽的两倍,手臂向身体两侧水平打开,向下俯身,双手分别握住两侧的脚后跟,头向下,以额头触地,双腿保持伸展,保持 10 秒。

作用:伸展大腿后侧肌肉和跟腱的韧带。改善腹部脏器腺体的功能,以及便秘、坐骨神经痛,使脊柱更灵活。

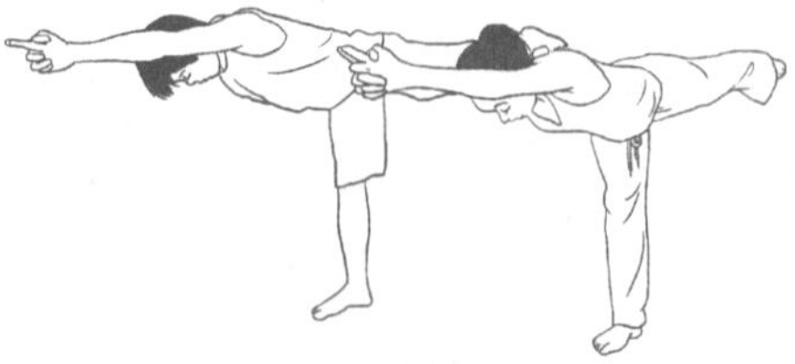

图 11-2-5　战士第三式

图 11-2-6　站立分腿伸展式

第七式:三角式(图 11-2-7)

动作要点:双腿分开大约为肩宽的两倍,左侧膝盖弯曲使得大腿与地面平行,同时上体向左侧弯曲,手指尖触大脚趾,掌心翻转向前。注意右腿伸直,右侧手臂向上,保持其与地面垂直,均匀呼吸,保持 10 秒。反方向再做 1 遍。

作用:有益于身体每块肌肉、关节、腺体、内脏的健康。这是一个加强髋关节和侧腰部伸展和力量的最重要的姿势。可缩减腰围,强壮三头肌、斜方肌、胸大肌。

第八式:眼镜蛇式(图 11-2-8)

动作要点:选择俯卧的姿势,下颌点地,双臂自然放于体侧,屈手肘,双手掌心向下,放于胸的两侧。吸气,慢慢抬高上体,尽量将上体与地面保持垂直,伸直双臂,视线看向上方,尽量抬高下颌。呼气,屈手肘,上体慢慢地还原初始姿势。

作用:使脊柱保持富有弹性的健康状态,改善各种背痛和比较轻微的脊柱损伤。该式对生殖器官也有好处,可调整月经失调及各种女性机能失调。强壮三角肌、斜方肌、肱二头肌。

图 11-2-7　三角式

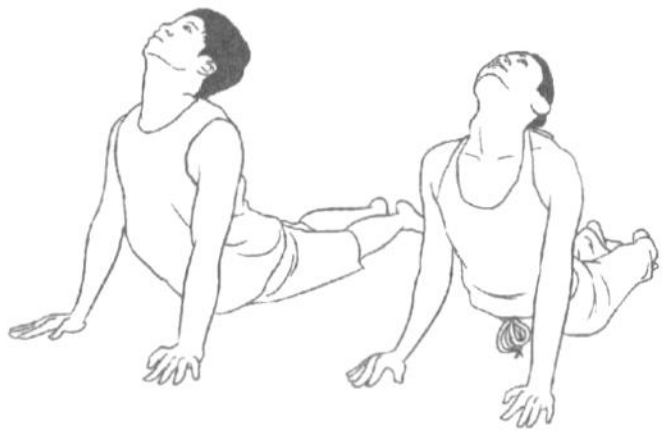

图 11-2-8　眼镜蛇式

第九式:仰卧起坐动态伸背式(图 11-2-9)

动作要点:双腿并拢向前伸展,双手放在身体两侧,掌心向下,吸气,慢慢向上伸展双臂,然后向下弯曲上体,用双手抓住大脚趾,使两腿保持伸直,膝盖下压,用双臂向脚部的方向牵拉身体,身体往前移动,移到不能移的位置,再稍稍放低身体,尝试用额头及胸部接触大腿。

作用:收紧腹部,拉伸腿部韧带和脊柱。

第十式:仰卧式(图 11-2-10)

动作要点:身体平躺地面,全身笔直放松。两臂自然下垂,手掌自然放松。正常呼吸,双目闭合,整个身体无拘无束。

作用:使血液循环恢复正常,身体完全放松。接下来每个动作之后都要做这个姿势。

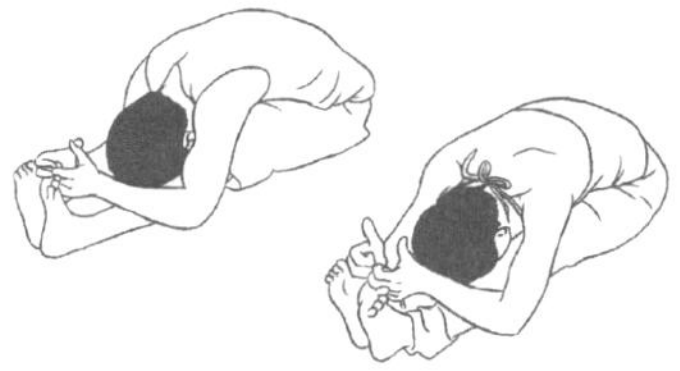

图 11-2-9 仰卧起坐动态伸背式

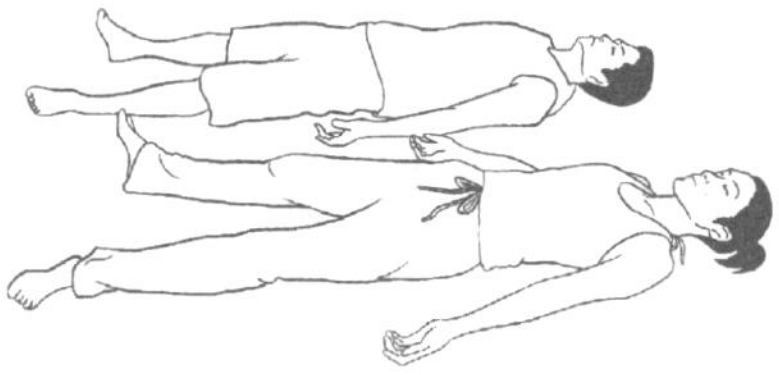

图 11-2-10 仰卧式

(三)练习要点

1. 时间

(1)可以在进餐以外的所有时间进行瑜伽练习,最好在饭后的 3~4 小时为宜。

(2)清晨或者傍晚是不错的选择。

(3)傍晚时身体一般比早晨时灵活,瑜伽姿势会做得比较到位。

(4)傍晚时练习有助于消除一天的疲劳,恢复精力。

2. 地点

练习地点对于瑜伽格外重要。在都市里,应尽可能选择一个安静、干净、舒适和通风的房间来练习。

3. 铺地的垫子

应选择一张由天然材料做成的、薄厚合适的垫子,太软或太硬都不好,垫子一定要支撑好自己的脊柱。

4. 着装

由于瑜伽有大量扭曲和伸展躯干、四肢的动作,因此最好穿着宽松、赤足,并且在开始练习前,除去手表、腰带和其他装饰物。

5. 饮食

练习瑜伽应空腹,并尽量在饭后 3~4 小时之后做练习。尽量避免进食一些过于油腻、辛辣和容易导致胃酸过多的食物;练习结束 30~40 分钟后方可进食。

第三节 普拉提

一、普拉提的健身价值

(一)塑造健康柔软的背

普拉提可以给练习者的脊椎更多的支撑,给脊椎骨之间创造出更多的空间,不仅会让练习者看起来更加修长,还可以让关节有更多的灵活性。柔软的脊椎可以避免由退化引起的脊椎问题,可以帮助练习者在活动时做动作更加优雅和容易。

(二) 塑造体形

普拉提不会给练习者的关节带来任何的压力,不会给关节周围的软骨和韧带带来任何的损伤,尤其是膝关节和肩关节。经常练习普拉提,会让肌肉更加协调,使练习者注意力拉回到对于自身内在的关注上来。

(三) 物理治疗

针对人体某些功能障碍或病变,每周三次普拉提练习可以起到治疗效果。但是,必须持之以恒,这是关键所在。

(四) 提高精神和活力

普拉提可以促进情感健康。平缓的、稳定的动作可以让心灵平静,缓解精神紧张。在拉长肌肉的同时,可以促进循环系统的运转,消除紧张情绪。每一个动作都会感到平静、协调和有活力。

(五) 提高平衡和协调性

随着年龄的增长,肌肉和神经感受器的灵敏性变差,普拉提通过稳定核心而扭转这种老化的过程,有助于保持身体稳定性,同时使脊椎更加柔软和强壮。

(六) 减少疼痛和僵硬

如果因为骨关节炎的疼痛而感到苦恼,可以通过以普拉提来拉长身体从而减少痛苦,恰当的普拉提运动对于治疗关节炎至关重要,因为通过拉伸运动可以增加身体柔韧性,减少疼痛和疲劳。拉伸会让营养物质流向肌肉和肌腱,可以让肌肉健康,将受伤的可能性降到最低。普拉提还可以刺激关节润滑剂的产生,可以让腿、背、颈和肩膀的肌肉放松,缓解疼痛感和紧绷感。

二、普拉提的起源与发展

普拉提是由德国的约瑟夫·休伯特斯·普拉提于 1926 年创立并推广的一种静力性运动健身体系。普拉提的训练方式遵循运用自身体重,多次数、小重量以及冥想的运动原则,训练时的呼吸方式为鼻吸口呼,是针对肌肉形态、关节等的一种训练,它的训练目的是通过改变人体肌肉功能从而改善人体脊柱腰椎等部位功能。

三、普拉提的核心技术

(一) 普拉提站姿及呼吸法

1. 普拉提站姿

脚踝相接,形成一个"V"字。普拉提站姿起始于盆部,收紧臀部,把大腿后侧互相贴紧,大腿骨从盆腔处向外转,双脚打开成"V"字。臀部和大腿收紧,小腿和双脚保持放松延伸。

2. 普拉提呼吸法

做普拉提运用横向呼吸法,能促成正确的动作模式,同时使肺部吸纳最大量的氧气。

吸气时，胸腔骨的下部横向扩张，呼气时则下陷，这样呼吸，能协助运动的同时保持腹部一直收缩内卷。

呼吸时要注意：

（1）用鼻子吸气，用嘴呼气，讲究呼气的深度，尽可能地运用侧胸式的方法（吸气腹部收紧，肋骨向外扩张，呼气肋骨内收）。

（2）呼吸的速度不宜太快，与动作的速度基本一致，不要憋气进行训练。

（3）运动时注意呼气，静止时注意吸气。这样可以缓解因肌肉用力，而给身体内部带来的压力。

（4）通过控制呼吸，把注意力集中在呼吸上，减少人对肌肉酸痛的敏感度。

（二）常见动作

1. 腿部环绕

身体平躺在垫子上，双臂放于体侧。先把一条腿向上举起，另一条腿伸直或者弯曲放在地上，腹部收紧，腰部贴紧地面。吸气的时候用向上举起的腿画圈，方向顺逆均可，呼气时则回到起点，并停止动作。这样一个方向做 4~6 次，然后换方向再做 4~6 次。

提示：过程中腿部环绕的幅度不要太大，并保持臀部、髋关节不动。

作用：这组动作锻炼了腿部肌肉，能让腿部保持优美的曲线，同时配合呼吸能合理调节内脏功能，让动作更灵活和协调。

2. 单腿动作

上体抬起，肩膀离地，左腿伸直，右腿弯曲。右腿外侧手抱住脚踝，内侧手抱膝，呼吸 1 次。换腿，重复动作。如此左右两侧各交换做 8~10 次。

提示：整个过程中上体不要放松，上背部要离地。

作用：这组动作让身体更具有协调性，同时锻炼了身体上部的韧性和腹部肌肉、脊椎和骨骼的灵活度。

3. 双腿动作

上体抬起，双膝收到胸前，把身体团紧。然后双手抱膝，吸气，并伸展开身体。呼吸的同时把身体收回到团紧状态。重复 6~10 次。

提示：动作中上体保持不变，肩膀要离开地面，打开身体的时候双臂从前到上，收回时是从旁边收回，抱膝。

作用：这是一组伸张动作，类似游泳的动作，可以让身体和身体关节伸展开来，得到完全的放松。

4. 侧面动作

侧卧，让头、肩、髋在一条直线上。双腿稍向前收，左腿脚尖蹬地，脚后跟抬起，右腿抬起与髋同高，吸气右腿后展，夹臀，呼气时向前踢 2 次。换腿，重复。两侧各做 6~8 次。

提示：动作中肩膀要放松，上体不能松懈。

作用：可以强化上肢肌肉，包括胸肌、上背部肌肉及腹横肌，同时提高肌肉的柔韧性。

5. 全身动作

手和脚的位置固定不动，双腿弯曲，左腿在前，右腿在后。吸气时单臂支撑身体起来，这时，全身挺直成一条线，呼气时缓缓落下。换腿练习。各做 4~5 次。

提示：动作缓慢，控制有力。在完成时若有困难，可用肘关节支撑于地上。

作用：这是关于身体平衡性的锻炼，能让身体更硬朗。同时锻炼双腿各关节的灵活度。

（三）重点练习

1. 坐姿转体

（1）双腿屈膝并拢，双臂平行地面，静止吸气。

（2）吸气时收缩腹肌并将躯干转向一侧，加强侧腰及肋间肌的力量。

动作提示：尽量加大躯干后倾及扭转的幅度。

2. 单侧跪撑平衡练习

（1）左腿跪撑，右脚尖后侧点地，左臂平行地面打开，收紧腰腹背部肌肉，并保证体重均匀分布在左膝及右手掌上，静止吸气。

（2）呼气时右脚尖离地，至右腿于平行地面的位置停住。

动作提示：保持动作时自然呼吸。充分调动全身肌肉群，以保持平衡状态，尤其是腰、腹、背、臀的肌肉。此动作加强核心部位的稳固性及身体平衡性。

3. 臀腿收紧摆动

（1）左腿屈膝侧坐于垫上，右腿屈膝并收紧臀腿肌肉，使右腿内侧平行地面（膝盖勿面向地面），双臂稍宽于肩膀，手掌撑地。

（2）右腿保持平行动作的前提下双臂打开，躯干向上立起，侧腰及臀、腿的紧张感加强。

（3）伸直右膝，右腿平行地面向前摆动。

（4）双腿直膝并拢，手掌体后撑地，交换动作方向。

动作提示：注意力集中于侧腰、臀上缘及大腿肌肉的紧张上，动作匀速，勿借助惯性。

4. 屈臂俯撑

双屈臂俯身撑地，收缩腰腹肌，将上半身撑离地面，双脚脚趾抓紧地面，大腿及臀部肌肉向中间夹紧，使身体成“一”字，并尽量保持躯干稳定。

动作提示：肩胛骨内收，收紧背、腰、臀、腹肌肉，勿塌腰。

5. 身体侧撑

（1）左臂屈肘，双脚并拢或一前一后，收缩腰、腹肌将身体撑起，右臂向上伸缩同时扩展胸腔及髋关节，保持身体侧面垂直地面。

（2）抬起右腿，使身体成“大”字，收紧核心部位。

动作提示：身体呈“大字”时，骨盆勿下塌。

6. 腰背肌强化训练

俯卧，双臂置于头两侧，两腿自然分开，静止吸气，呼气时在收缩背、腰、臀、腿的肌肉，伸直（肘、膝）关节的前提下四肢向上抬起，并保持片刻，做自然呼吸。

（四）普拉提的其他形式

1. 直立普拉提

这种锻炼改变了传统的垫上运动，整个运动过程是保持直立的姿势进行的。

两脚分开，与胯同宽，手臂伸直上举，手掌相对。右脚伸直，右腿上抬，与左脚成 45°

角。右脚沿顺时针方向画3个圆圈，这个过程胯部是平衡的，然后反向。完成后，右脚收回地面，并将右脚向右侧抬起，脚背弯曲，并沿顺逆两个方向画圆圈。左脚重复右脚动作。

作用：这种锻炼是健美腿部和臀部的好方法。同时直立进行动作能提高身体的平衡性和敏捷性。

2. 健身球普拉提

这种锻炼始终都是在健身球上进行的。

跪在地板上，身体右侧靠在一个大健身球上。伸出左脚支撑身体，右腿仍跪在原地。右手搭在球上，左臂弯曲，左肘放于脑后，扶住颈部。侧弯腰，努力用左肘去触左胯，当无法再接近时返回，共做8~12次。然后换另一侧做。

作用：有益于塑造腹部、髋部、臀部及下腰部的肌肉，同时还可以建立良好的平衡性和协调性。

3. 弹力绳普拉提

这组动作的过程中需要一个弹力绳。

仰卧在地板上，双腿绷直，脚背弯曲。把弹力绳绕在脚上，双手抓住弹力绳的两端。深吸气，努力将肚脐贴向脊柱。深呼气，肱二头肌收缩，双手向胸部抬起，同时将脊背一点一点卷起。深吸气，在慢慢躺回地板的同时深呼气。深吸气，并将双手放下。以上动作重复做5~10次。

作用：可以锻炼胸部、背部和手臂的肌肉柔韧性。

4. 小球普拉提

先准备一个直径为20~30厘米的软皮球。

仰卧在地板上，用两脚的踝部夹住球。双腿抬起，直至与地面垂直。双腿慢慢旋转，在空中画盘子大小的圆圈，顺时针和逆时针方向各转10次，手心向下，放于身体两侧。在转腿时保持背部的平直。

作用：对于塑造臀部、髋部和大腿外侧的曲线有一定作用。

（五）注意事项

做普拉提的动作一定要准确，所以要特别注意以下两个方面。

1. 正确的姿势

正确的姿势是为了使腹部和背部集中适当的力量，让肌肉能够支持脊柱。

2. 良好的呼吸

良好的呼吸方式应该是以头脑、身体、精神来共同进行的，这样可以使练习者的肉体和心灵压力一扫而空。呼吸的时机必须正确，与通常的呼吸不同，普拉提运动在呼吸时要求在用力动作时吸气（这时腹部处于伸展状态），而在收紧腹部时呼气。

复习与思考

1. 胸大肌的训练有哪些方式？
2. 普拉提和瑜伽的呼吸有什么区别？

第十二章
武术与民间传统体育

阅读提示：

我国自古以来就是一个多民族国家，由五千年灿烂文化衍生出的民间传统体育源远流长，其中尤以武术技击、养生保健闻名。由于这些体育活动直接源于生活，因此深深植根广大民众心中，了解武术、弘扬武术成了人们对于中华优秀传统文化广泛认同的重要表现形式。党的二十大报告指出，中华优秀传统文化源远流长、博大精深，是中华文明的智慧结晶。在学习武术的过程中，不仅要学习武术运动的基本技术，更要继承武术运动所蕴含的爱国如家、自强不息、贵和尚中等宝贵的精神财富。

第一节　武术的基础知识

武术是以技击为主要内容，以套路和格斗为运动形式，注重内外兼修的中华传统体育项目。它有着悠久的历史和广泛的群众基础，是中华民族在长期生活与斗争实践中逐步积累和发展起来的一项宝贵文化遗产。

一、武术运动的锻炼价值

（一）壮内强外增进健康

武术注重内外兼修，对身体有着多方面的良好影响，经常练习能收到壮内强外的健身效果。例如，长拳类套路中的屈伸、回环、跳跃、平衡、翻腾、跌扑等动作，通过内在神情的贯注和呼吸的配合以及人体各个器官的积极参与，能加强人体肌肉力量，提高肌肉、韧带的延展性，加大关节运动的幅度，有效地发展肢体柔韧性。而散打对抗中的判断、起动、躲闪、格挡或快速还击等，对人体的反应速度、力量、灵巧、耐力都有良好的促进作用。太极拳注重调息运气和意念活动，长期练习能够增强人体的免疫力，对治疗多种慢性疾病和调节人体内环境平衡均有良好的医疗保健作用。

（二）提高防身自卫能力

“防身自卫”在武术产生之初就是其最根本的目的。套路运动的技术方法虽然不适用于格斗，但其以技击动作为主要内容，通过练习，既可以增强体质，也可以掌握攻防格斗的技能。如果在练习套路运动的基础上，再增强攻防格斗的能力，会很快掌握格斗运动的技法和规律，从而具备防身自卫的能力。

（三）培养道德情操

武术继承和发扬了中华民族重礼仪、讲道德的优秀传统。“习武以德为先”，武术练习历来十分重视武德教育。尚武与崇德是武术修炼过程中的两个重要方面，通过技术的学习可以培养习武者尊师重道、讲礼守信、宽以待人、严于律己等良好的心理素质和高尚的道德情操。在习武的过程中，需要吃苦耐劳、坚持不懈的精神，这不仅能培养习武者坚忍不拔、自强不息的意志品质，还是一种修身养性的重要手段，有益于人的全面发展。

（四）丰富文化生活

武术套路运动的节奏美，踢、打、摔、拿、跌巧妙结合的方法美，内外合一、形神兼备的和谐美引人入胜。格斗对抗中双方激烈的争夺，精湛的攻防技巧，敢打敢拼的斗志，都可以给人一种美的享受和精神上的激励。将武术运动的技术动作和惩恶扬善的侠义精神紧密结合的武侠文化，更是给人们带来了强烈的视觉震撼和精神冲击，极大地丰富了人们的文化生活。

二、武术运动的起源与发展

武术来源于人们的生产实践、军事战争和社会活动，它的起源可以追溯到原始社会。那时，人类为了生存已开始用石器、棍棒等简单的工具从事采集、打猎和捕鱼，逐渐获得了使用石制或木制等武器进行格斗的技能。随着战争的出现和加剧，逐步形成了一些简单的攻防方法和训练手段，武术开始向多样化方向发展，军事武术与民间武术并行不悖的格局逐步形成。到了两晋南北朝时期，武术中的养生理论和练养功法有了很大发展。隋唐五代时期，推行的“武举制”客观上促进了民间和官方的武术习练。宋代以后，民间自发形成的武术组织蓬勃兴起，拳械技艺进一步丰富，武术形式出现了更加多样化的特点。明清时期，诸多风格不同的武术流派有了具体的名称和内容，太极拳、形意拳、八卦掌因其鲜明的特点而形成几大派系。中华人民共和国成立以后，武术被作为优秀民族遗产加以继承、整理和创新，我国设立了专门机构负责武术运动的组织和管理，将武术列为正式比赛项目，组织创编了比赛规定套路，编制了适合群众武术活动开展的初级套路和简化太极拳等，进一步推动了武术的普及。同时，为了促进武术的传承与发展，中国武术协会推行了武术段位制，建立了规范的全民武术体系，实施一种全面评价习武者武术水平等级的制度。

三、武术运动的内容与分类

武术运动是把踢、打、摔、拿、跌、击、劈、刺等动作按照一定规律组成徒手和器械的各种攻防格斗功夫、套路和单势练习。武术的内容丰富多彩，按其运动形式可分为两大类：套路运动和格斗运动。

（一）套路运动

套路运动是武术动作以攻守进退、动静疾徐、刚柔虚实等矛盾的运动变化规律编成的整套练习形式。主要内容包括拳术、器械、对练、集体表演等。

（1）拳术。徒手练习的套路运动。拳术包括长拳、太极拳、南拳、形意拳、八卦掌、通臂拳、象形拳等。

（2）器械。器械的种类很多，分为长器械、短器械、双器械，软器械。刀、枪、剑，棍是长短器械的代表。目前在武术竞赛中，刀、枪、剑、棍也是重点竞赛项目。

（3）对练。对练是两人或两人以上，按照预定的动作程序进行的攻防格斗套路。其中包括徒手对练、器械对练、徒手与器械的对练等。

（4）集体表演。指6人以上的徒手或器械集体演练，可变换队形，采用音乐伴奏，要求队形整齐，动作协调一致。

（二）格斗运动

格斗运动是两人在一定条件下按照一定的规则进行斗智较力的对抗形式。

四、武术运动的特点

（一）动作具有攻防技击含义

动作具有攻防技击性是武术的本质特性。例如，推手、短兵等格斗运动的技术与实用技击术基本是一致的，集中体现了武术攻防格斗的特点，只是从体育的观念出发，受到竞赛规则的制约，严格规定了禁击部位和保护器具，比赛中以不伤害对方为原则。作为中国武术特有表现形式的套路运动，虽然拳种不同，风格各异，但都是以踢、打、摔、拿、击、刺、劈等攻防动作构成套路的主要内容。虽然套路中不少动作的技术规范与技击原型不同，或因表演及演练技巧的需要，穿插了一些不具备攻防意义的动作，但通过一招一式，表现攻与防的内在含义与精神，仍然是套路技术的核心。

（二）内外合一、形神兼备

既讲究动作的形体规范，又要求精气神传意、内外合一的整体运动观，是中国武术的一大特点。所谓“内”，指人的精神、意识和气息的运行；所谓“外”，指人体手眼身步的形体活动。“内练精气神，外练筋骨皮”是众多拳种的练功准则，如形意拳讲究“内三合，外三合”；太极拳要求“以意识引导动作”等。套路演练在技术上特别要求把内在的精气神与外部的形体动作紧密结合，做到手到眼到，形断意连，使意识、呼吸、动作协调一致。这一特点充分体现了武术作为一种文化形式在长期的历史演变中备受中国古代哲学、医学、美学等方面的渗透和影响，形成独具民族风格的运动形式和练功方法。

（三）内容丰富具有广泛的适应性

武术的内容和练习形式丰富多样，不同类别的武术项目的练功方法、动作结构、技术要求、运动风格和运动负荷不尽相同，分别适应不同年龄、性格、职业、体质的需要，人们可以根据自己的条件和兴趣爱好加以选择。同时，武术运动较少受时间、季节的限制，场地器材也可以因陋就简，为开展群众性体育活动创造有利条件。

第二节 武术基本功与练习方法

经常进行武术基本功的练习，可以增强各关节、韧带的灵活性和柔韧性，并提高肌肉的弹性和力量。本节介绍一些武术基本功及其练习方法。

一、手形、手法

（一）手形

1. 拳

四指并拢握紧，拇指扣在食指和中指的第二指关节上（图 12-2-1）。

动作要点：拳要握紧，拳面要平。

2. 掌

四指并拢伸直，拇指弯曲扣于虎口处（图 12-2-2）。

动作要点：掌心要外撑。

3. 勾

五指第一指关节撮拢，屈腕（图 12-2-3）。

动作要点：五指撮紧，尽量勾腕。

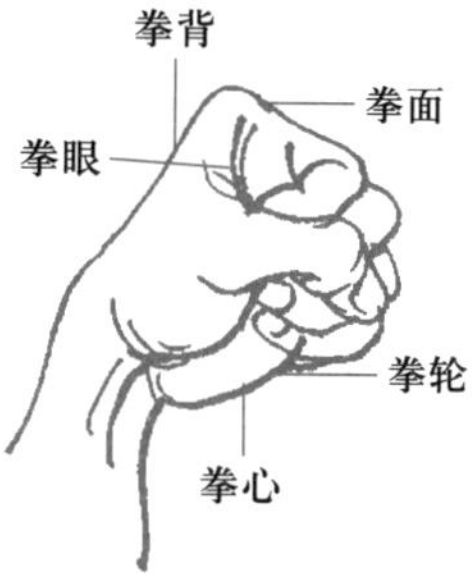

图 12-2-1　拳

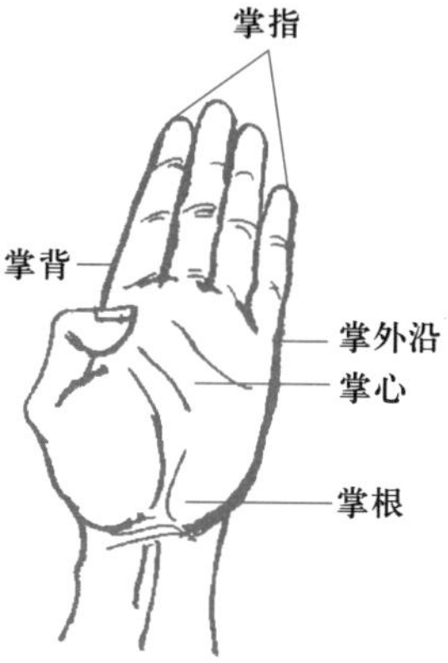

图 12-2-2　掌

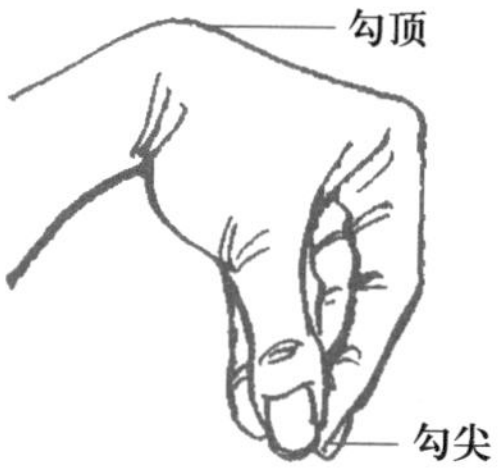

图 12-2-3　勾

（二）手法

1. 冲拳

动作方法：两拳收抱于腰间，右（左）拳由屈到伸，迅速向前冲出，高与肩平，拳眼朝上为立拳，拳背朝上为俯拳。

动作要点：冲拳一瞬间要拧腰、送肩、急旋臂。两臂一冲一拉形成合力。

2. 架拳

动作方法：右拳向左经体前向头上方架起，拳轮朝上，臂成弧形。

动作要点：松肩、屈肘、旋臂，力达前臂外侧。

3. 劈拳

动作方法：右拳向左、向上经头前向右下快速劈击，臂伸直与肩同高。

动作要点：肩要松，拳要握紧，力达拳轮。

4. 推掌

动作方法：右拳变掌，向前猛力推击，高与肩平，成侧立掌，同时左肘向后拉紧。

动作要点：要拧腰，送肩，沉腕，侧立掌，快速有力，力达掌外沿。

二、步型、腿法

（一）步型

1. 弓步

动作方法：前脚微内扣，全脚着地，屈膝使大腿接近水平；后腿挺膝伸直，脚跟后蹬，脚尖内扣，挺胸立腰。

动作要点：前腿弓平，后腿蹬直。

2. 马步

动作方法：两脚左右开立为脚长的 3～3.5 倍，脚尖正对前方，屈膝使大腿接近水平。

动作要点：顶平、肩平、腿平；挺腰、立腰、裹膝、扣足。

3. 仆步

动作方法：一腿全蹲，全脚着地，膝和脚尖向外展；另一腿伸直，全脚着地，脚尖内扣。

动作要点：挺胸、立腰、开髋、全蹲。

4. 虚步

动作方法：后腿屈膝半蹲，大腿接近水平，脚尖外展；前腿微屈，脚面绷直，以脚尖虚点地面。

动作要点：挺胸、立腰。两脚虚实分明。

5. 歇步

动作方法：两腿交叉屈膝全蹲，前脚全脚着地，脚尖外展；后脚跟离地，臀部坐于小腿上。

动作要点：两腿交叉叠紧，挺胸立腰。

（二）腿法

1. 正踢腿

动作方法：并步站立，两臂侧平举，左腿支撑，右腿挺膝勾脚尖向前额快速踢起。

动作要点：腿上抬过腰后加速用力，收髋，上体正直。

2. 单拍脚

动作方法：两脚前后站立，右手握拳于腰间，左手成掌置于前上方，左脚支撑，右脚绷脚尖，挺膝向前上方快速摆起，当脚摆至面前时，左手迎击脚面。

动作要点：击拍脚要脆、快、响。

3. 弹腿

动作方法：左脚支撑，右脚绷脚尖，屈膝，小腿猛向前甩摆，挺膝，力达脚面。

动作要点：收髋，弹腿有寸劲。

4. 侧踹腿

动作方法：右脚支撑，左脚支撑提起，脚内扣，以脚跟为力点，向左上方横脚踢出，上体右倾。

动作要点：展髋，踹脚要脆、快、有力。

第三节　初级长拳第三路

初级长拳第三路是当今武术普及套路之一，是根据人们锻炼身体和基础教学需要而组编的一路简短易学的长拳套路。全套动作攻防意识突出，共分四段，每段八个动作，包括拳、掌、勾等手型和弓、马、仆、虚、歇、叉等步型，冲、推、劈、挑、架、格、亮、盘等手法和弹、

踢、踹、上步、退步等腿法和步法以及平衡和跳跃等动作。

一、长拳的锻炼价值

套路演练讲究形神合一，内外兼修，不仅强调动作外在的形，更加注重内在的调息。武术谚语中有“内练一口气，外练筋骨皮”之说，即内养性情，固气壮胆；外练筋骨，手足矫健。长拳运动历来以“长”与“健”并重，对外能有利关节、筋骨、体魄，对内能理脏腑、通经脉、调精神，使身心得到全面的锻炼。攻防的技击性是长拳运动的特点，现代套路运动的表现形式仍以体现攻防实战的动作为基本内容。通过长拳练习，不仅能强壮身心，还能锻炼防身自卫的能力。长拳不仅有健身和技击价值，而且富于浓郁的艺术色彩，其表现在运动中攻与防、虚与实、刚与柔、开与合、快与慢、动与静、起与伏等交替变化形成的强烈的动感、均衡的势态、恰当的节奏、和谐的韵律，使人百看不厌。例如，“大跃步前穿”，忽地凌跃而起，忽地又伏身而下，似长风出谷，若燕子抄水，妙不可言。其套路运动变化，讲究动如涛、静如岳、起如猿、轻如叶、重如铁、缓如鹰、快如风、落如鹊、立如鸡、站如松、转如轮，折如弓等充满着矫健、敏捷、洒脱、舒展而遒劲的美感，使人的情感在演练中受到陶冶，提高自身的修养和审美能力。总之，通过手、眼、身、法、步、精、气、力、功的练习达到“练气化神”的养生健身目的。

二、初级长拳第三路技术动作

（一）动作名称

预备势：虚步亮掌、并步对掌。

第一段：弓步冲拳、弹腿冲拳、马步冲拳、弹腿冲拳、大跃步前穿、弓步击掌、马步架掌。

第二段：虚步栽拳、提膝穿掌、仆步穿掌、虚步挑掌、马步击掌、叉步双摆掌、弓步击掌、转身踢腿马步盘肘。

第三段：歇步抡砸拳、仆步亮掌、弓步劈拳、换跳步弓步冲拳、弓步下冲拳、叉步亮掌侧踹腿、虚步挑拳。

第四段：弓步顶肘、转身左拍脚、右拍脚、腾空飞脚、歇步下冲拳、仆步抡劈拳、提膝挑掌、提膝劈掌弓步冲拳。

结束动作：虚步亮掌、并步对拳。

相关链接

长拳的四击、八法、十二形

四击：踢、打、摔、拿4大技术。

八法：手、眼、身法、步；精神、气、力、功。

十二形：动如涛、静如岳、起如猿、落如鹊、立如鸡、站如松、转如轮、折如弓、轻如叶、重如铁、缓如鹰、快如风。

（二）动作图解

1. 预备势

动作要点：头要端正、下颌微收、挺胸、塌腰、收腹（图 12-3-1）。

（1）虚步亮掌（图 12-3-2①～②）

动作要点：动作必须连贯。成虚步时，重心落于右腿上，右大腿与地面平行。左腿微屈，脚尖点地。

虚步亮掌

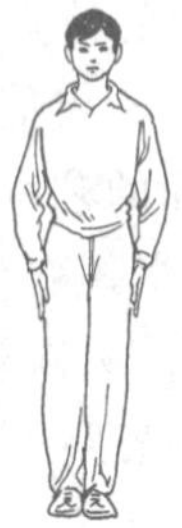

图 12-3-1 预备势

① ②

图 12-3-2 虚步亮掌

（2）并步对掌（图 12-3-3①～④）

动作要点：并步后挺胸、塌腰。对拳、并步、转头要同时完成。

并步对拳
（预备动作）

① ② ③ ④

图 12-3-3 并步对掌

2. 第一段

（1）弓步冲拳（图 12-3-4①～②）

动作要点：成弓步时，右腿充分蹬直，脚跟不要离地，冲拳时，尽量转腰顺直。

（2）弹腿冲拳（图 12-3-5）

动作要点：支撑腿可微屈，弹出的腿要有爆发力，力点达于脚尖。

①　　②

图 12-3-4　弓步冲拳

图 12-3-5　弹腿冲拳

(3) 马步冲拳(图 12-3-6)

动作要点:成马步时,大腿要平,两脚平行,脚跟外蹬,挺胸、塌腰。

(4) 弹腿冲拳(图 12-3-7)

动作要点:支撑腿可微屈,弹出的腿要有爆发力,力点达于脚尖。

第一段
完整动作

图 12-3-6　马步冲拳

图 12-3-7　弹腿冲拳

(5) 大跃步前穿(图 12-3-8①~④)

动作要点:跃步要远,落地要轻,落地后立即接做下一个动作。

①　　②　　③　　④

图 12-3-8　大跃步前穿

(6) 弓步击掌(图 12-3-9)

动作要点:上体挺直,后腿绷直,前腿弯曲角度大于 90°。

(7) 马步架掌(图 12-3-10①~②)

动作要点:成马步时,大腿要平,两脚平行,脚跟外蹬,挺胸、塌腰。

图 12-3-9　弓步击掌

①　②

图 12-3-10　马步架掌

3. 第二段

(1) 虚步栽拳(图 12-3-11①~②)

动作要点:动作②重心移至右腿,下蹲成左虚步。

(2) 提膝穿掌(图 12-3-12①~②)

动作要点:支撑腿与右臂充分伸直。

第二段
完整动作

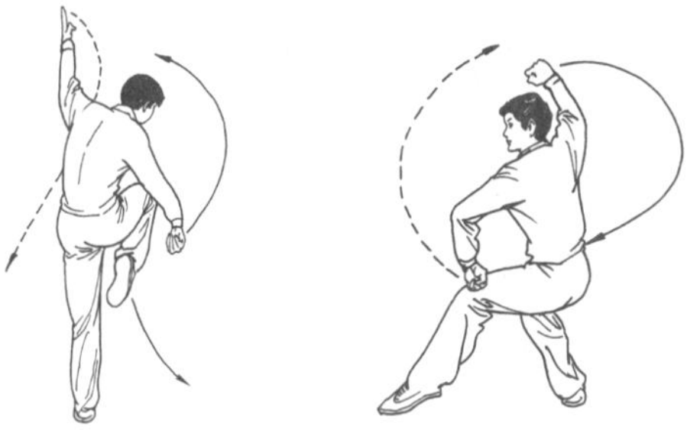

①　②

图 12-3-11　虚步栽拳

①　②

图 12-3-12　提膝穿掌

(3) 仆步穿掌(图 12-3-13)

动作要点:右腿全蹲,左腿向左后方铲出左仆步。

(4) 虚步挑掌(图 12-3-14①~②)

动作要点:上步要快,虚步要稳。

图 12-3-13　仆步穿掌

①　②

图 12-3-14　虚步挑掌

(5) 马步击掌(图 12-3-15①~②)

动作要点:右手做掳手时,先使臂稍内旋、腕伸直,手掌向下向外转,接着臂外旋,掌心经下向上翻转,同时抓握成拳。收拳和击拳动作要同时进行。

(6) 叉步双百拳(图 12-3-16①~②)

动作要点:两臂画立圆,幅度要大,摆掌与后插步配合一致。

①　②

图 12-3-15　马步击掌

①　②

图 12-3-16　叉步双百拳

(7) 弓步击掌(图 12-3-17①②)

动作要点:动作②右掌向下、向后伸直摆动,成勾手,勾尖向上。

①　②

图 12-3-17　弓步击掌

(8) 转身踢腿马步盘肘(图 12-3-18①~⑤)

动作要点:两臂抡动时要画立圆,动作连贯。盘肘时要快速有力,右肩前顺。

①　②　③　④　⑤

图 12-3-18　转身踢腿马步盘肘

4. 第三段

(1) 歇步抡砸拳(图 12-3-19①~③)

动作要点:抡臂动作要连贯完成,画成立圆。歇步要两腿交叉全蹲,左腿大、小腿靠紧,臀部贴于左小腿外侧,膝关节在右小腿外侧,脚跟提起;右脚尖外撇,全脚掌着地。

第三段
完整动作

① ② ③

图 12-3-19 歇步抡砸拳

(2) 仆步亮掌(图 12-3-20①~③)

动作要点:仆步时,左脚充分伸直,脚尖里扣,右腿全蹲,两脚脚掌全部着地。上体挺胸塌腰,稍左转。

① ② ③

图 12-3-20 仆步亮掌

(3) 弓步劈拳(图 12-3-21①~③)

动作要点:左脚上步稍带弧形。

① ② ③

图 12-3-21 弓步劈拳

（4）换跳步弓步冲拳（图 12-3-22①～④）

动作要点：换跳步动作要连贯、协调。震脚时腿要弯曲，全脚掌着地，左脚离地不要高。

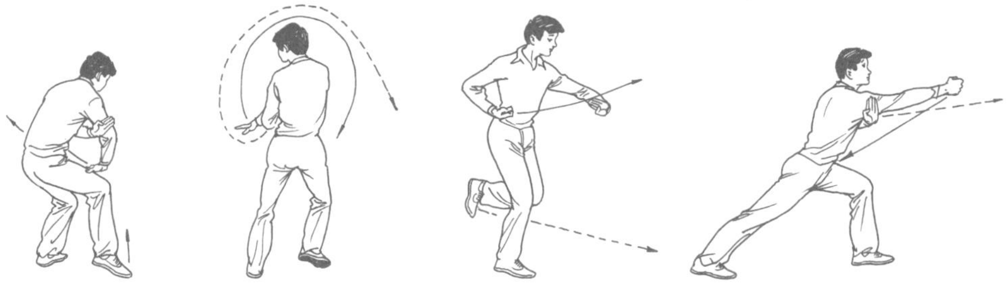

① ② ③ ④

图 12-3-22　换跳步弓步冲拳

（5）弓步下冲拳（图 12-3-23）

动作要点：右拳自腰侧向左前斜下方冲出，目视右拳。

（6）叉步亮掌侧踹腿（图 12-3-24①～③）

动作要点：插步时上体稍向右倾斜，腿、臂动作要一致。侧踹高度不能低于腰，大腿内旋，着力点在脚跟。

图 12-3-23　弓步下冲拳

① ② ③

图 12-3-24　叉步亮掌侧踹腿

（7）虚步挑拳（图 12-3-25①～③）

动作要点：动作③右拳拳眼向上，拳与肩同高，目视右拳。

① ② ③

图 12-3-25　虚步挑拳

5. 第四段

（1）弓步顶肘（图 12-3-26①～⑤）

动作要点：交换步时不要过高，但要快。两臂抡摆时要成圆弧。

①　②　③　④　⑤

图 12-3-26　弓步顶肘

（2）转身左拍脚（图 12-3-27①～②）

动作要点：右掌拍脚时手掌稍横过来，拍脚要准而响亮。

（3）右拍脚（图 12-3-28①～②）

动作要点：与本节的转身左拍脚相同。

第四段
完整动作

①　②

图 12-3-27　转身左拍脚

①　②

图 12-3-28　右拍脚

（4）腾空飞脚（图 12-3-29①～③）

动作要点：蹬地要向上，不要太向前冲，左膝尽量上提。击响要在空中完成，右臂伸直成水平。

①　②　③

图 12-3-29　腾空飞脚

(5) 歇步下冲拳(图 12-3-30①~②)

动作要点:下蹲成右歇步,右掌变拳收回腰间,左拳平拳击出,目视前方。

①　②

图 12-3-30　歇步下冲拳

(6) 仆步抡劈拳(图 12-3-31①~③)

动作要点:抡臂一定要画立圆。

①　②　③

图 12-3-31　仆步抡劈拳

(7) 提膝挑掌(图 12-3-32①~②)

动作要点:抡臂时要画立圆。

①　②

图 12-3-32　提膝挑掌

(8) 提膝劈掌弓步冲拳(图 12-3-33①~③)

动作要点:动作由①至②时,身体右转 90°。

①　　②　　③

图 12-3-33　提膝劈掌弓步冲拳

6. 结束动作

(1) 虚步亮掌(图 12-3-34①~③)

动作要点:动作③左脚尖稍向右移,右腿下蹲成左虚步。

①　　②　　③

图 12-3-34　虚步亮掌

(2) 并步对拳(图 12-3-35①~②)

动作要点:动作变化时,亮掌变拳,拳心向下。

7. 还原(图 12-3-36)

并步对拳
(结束动作)

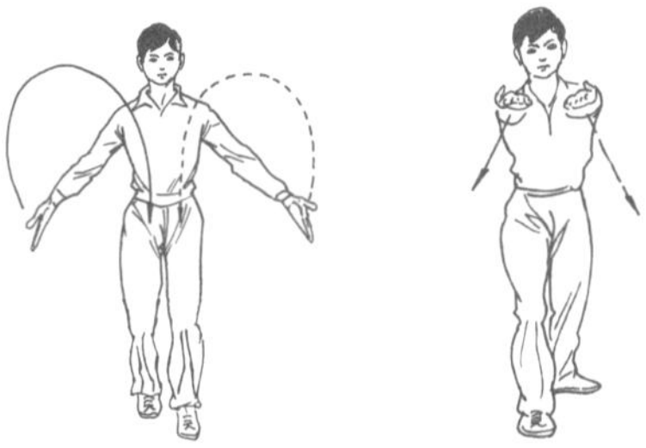

①　　②

图 12-3-35　并步对拳

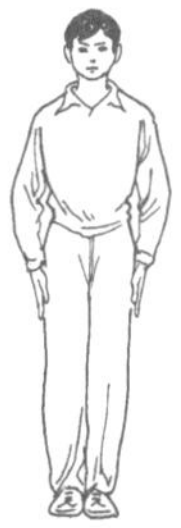

图 12-3-36　还原

第四节　24式太极拳

太极拳是中华民族辩证的哲学思想与武术、艺术、气功、导引术等的完美结合，是高层次的人体文化。其拳理来源于《易经》《黄帝内经》《纪效新书》等中国传统哲学、医术、武术的经典著作，并在其长期的发展过程中吸收了道、儒、释等文化的合理内容，是当之无愧、名副其实的中国“国粹”。

一、太极拳的锻炼价值

太极拳的健身功用是古来有之。早在二百多年前，太极拳家在《十三势行功歌》中就有“详推用意终何在？益寿延年不老春”的提法。如今，太极拳之所以能在国内外得到广泛推崇，正是因为它具有防病治病的功用，对神经衰弱、心脏病、高血压、肺结核、气管炎、溃疡病等多种慢性病都有明显的预防和治疗作用。打太极拳要求松静自然，这使大脑皮质一部分进入保护性抑制状态而得到休息。同时，打拳可以活跃情绪，对大脑起调节作用，而且打得越是熟练，越要“先在心，后在身”，专心于引导动作。这样长期坚持，会使大脑功能得到恢复和改善，消除由神经系统紊乱引起的各种慢性病。太极拳要求“气沉丹田”，有意地运用腹式呼吸，加大呼吸深度，因而有利于改善呼吸技能和血液循环。通过轻松柔和的动作，尤其能使年老体弱的人经络舒畅，新陈代谢旺盛，体质、技能得到增强。

二、24式太极拳核心技术

（一）练好太极拳的总体要求

（1）安静自然。心静体松，且架势平稳、动作舒展不僵不拘。

（2）连贯圆活。动作速度均匀，前后贯串，转接和顺，如同行云流水，连绵不断。

（3）协调完整。上下相随，以腰为轴，由躯干带动四肢，使身体躯干、四肢各部分之间密切配合。

相关链接

太极拳种及特点

陈式：其主要特点是显刚隐柔，快慢相间，呼吸讲究“丹田内转”。

杨式：其特点是舒展简洁，动作和顺，速度均匀，绵绵不断。

吴式：其特点是以柔化刚，拳式小巧灵活。

武式：其特点是姿势紧凑，出手不过足尖，左右手各管半边身体。

孙式：其特点是进退相随，转变方向时多以开合相接，故又称“开合活步太极拳”。

（二）24式太极拳技术动作

预备势　身体自然直立，两脚完全并拢，头颈正直，下颌微微内收，胸腹放松，两手自然下垂贴于大腿两侧，精神集中，眼睛平视前方，呼吸保持自然（图 12-4-1）。

1. 起势（图 12-4-2①~③）

（1）左脚由脚跟提至脚尖向左横开半步，再由脚尖下落至脚跟，脚尖向前，重心移至两腿之间。

（2）两手外翻向前平举，与肩同高，手心向下。

（3）两腿微屈半蹲，同时两掌轻轻下按至腹前，掌膝相对。

动作要点：两肩下沉，两肘松垂，手指自然微屈。屈膝松腰，身体重心落于两腿中间。两臂下落和身体下蹲的动作要协调一致。

起势

图 12-4-1　预备势

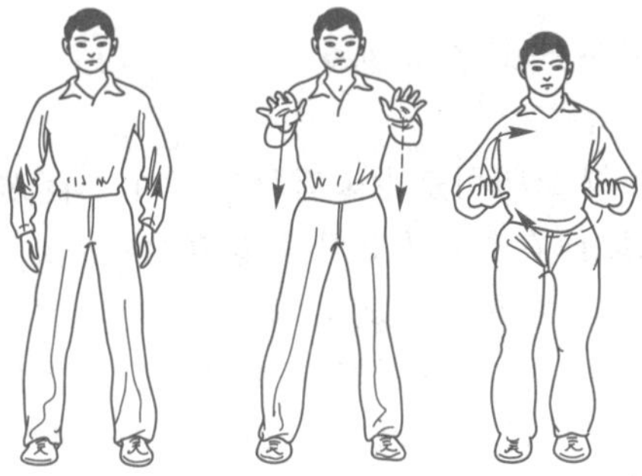

图 12-4-2　起势

2. 左右野马分鬃（图 12-4-3①~⑪）

（1）重心移至右腿，左脚收至右脚旁点地，同时两臂右上左下画弧成抱球状在胸前，上手在胸，下手在腹，掌心相对。

（2）向左前方转腰迈步脚跟着地，重心继续停留在右腿，两手抱球状不变。

（3）重心前移成左弓步，同时继续向左转腰并左手上挑高与眼平，手心斜向上，肘微屈，右手下按至胯旁，手心向下，指尖向前，目视左手。

左右野马分鬃

（4）重心回坐，左脚尖翘起并向外摆约45°，左脚掌落实。重心前移向左转腰，同时左手掌心微向下翻，右手微向前抻。

（5）右脚收至左脚旁点地，同时两手左上右下画弧成抱球状在胸前，上手在胸，下手在腹，掌心相对。

（6）向右前方转腰迈步，脚跟着地，重心继续停留在右腿，两手抱球状不变。

（7）重心前移成右弓步，同时继续向右转腰并右手上挑高与眼平，手心斜向上，肘微屈，左手下按至胯旁，手心向下，指尖向前，目视右手。

（8）与（4）动作相同方向相反。

（9）与（5）动作相同方向相反。

（10）与（6）动作相同方向相反。

（11）与（7）动作相同方向相反。

动作要点：重心移动时保持身体平稳，不可前俯后仰；身体转动以腰为轴，动作保持弧形，脚与手移动速度均匀。

图 12-4-3　左右野马分鬃

3. 白鹤亮翅(图 12-4-4①~③)

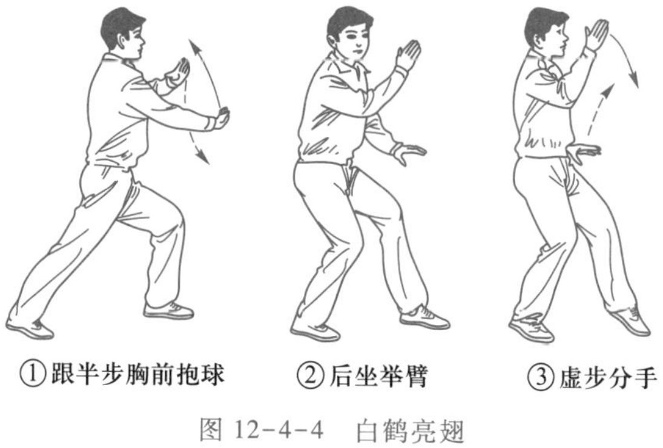

图 12-4-4　白鹤亮翅

白鹤亮翅

(1) 重心继续前移,右脚跟进半步,两手左上右下画弧成抱球状在胸前,掌心相对,目视两掌。

（2）重心回坐微向右转腰，左腿轻提；同时右手上提停于右额前，手心向左后方，左手随之搭在右腕上。

（3）左脚稍向前落脚尖点地成左虚步，再微向左转腰；同时左手下落并搂至左胯旁，手心向下，指尖向前，目视前方。

动作要点：手脚动作协调一致，完成姿势要收腹敛臀，臀部与脚跟在一条直线上。

4. 左右搂膝拗步（图 12-4-5①～⑫）

图 12-4-5　左右搂膝拗步

左右搂膝拗步

（1）右手向前向下压掌，手背向下，左手由右向前拦掌；同时微向右转腰。

（2）右手由下向后上方画弧抬掌，肘微屈，手与肩平，手心向上，左手向右上方画弧至右肩内侧按掌，手心向下；同时向右继续转腰，左脚收至右脚内侧脚尖点地，目视右手。

（3）微向左转腰，左脚向左前方迈步，脚跟着地；同时右手小臂弯曲指尖对耳尖，左手微下沉至右腹前。

（4）重心前移成左弓步并继续向左转腰；同时右手由耳侧向前立掌推出与鼻同高，左手由右向左搂膝至左胯旁，指尖向前掌心向下目视右手。

（5）重心回坐，左脚尖翘起并外摆约 45°，左脚掌落实，重心前移向左转腰；同时左手翻转掌心向上，右手向左拦掌。

（6）左手由下向后上方画弧抬掌，肘微屈手与肩平，手心向上，右手向左下方画弧至左肩内侧按掌；同时向左继续转腰，右脚收至左脚内侧脚尖点地，目视左手。

（7）向右转腰，右脚向右前方迈步，脚跟着地；同时左手小臂弯曲指尖对耳尖，右手微下沉至腹前。

（8）重心前移成右弓步并继续向右转腰；同时左手由耳侧向前立掌推出与臂同高，右手由左向右搂膝至右胯旁，指尖向前掌心向下，目视左手。

（9）与（5）动作相同方向相反。

（10）与（6）动作相同方向相反。

（11）与（7）动作相同方向相反。

（12）与（8）动作相同方向相反。

5. 手挥琵琶（图 12-4-6①～③）

（1）重心继续前移，右脚跟进半步，微向左转腰；同时右手翻转掌心向右，指尖向前，左手翻转掌心向左。

（2）重心回坐，向右微转腰，左脚轻提离地面；同时右手回收到腰侧，右手由左向前画弧挑掌，高与鼻尖平，掌心向右。

（3）左脚跟着地，微向左转腰，两手合掌，左前右后，右手放在左肘里侧，掌心斜相对，目视右手。

动作要点：上下协调一致，左手沿弧线进行，身体姿势平稳自然。

①跟步展手　　②后坐挑掌　　③虚步合臂

图 12-4-6　手挥琵琶

手挥琵琶

6. 左右倒卷肱（图 12-4-7①～⑦）

左右倒卷肱

（1）向右转腰，右手翻转，掌心向上，经腹前向后上方画弧平举，臂微屈，左手随之翻掌向上，视线先随右手再转向左手。

（2）右手小臂弯曲，指尖对耳尖；同时右腿向后退步，脚掌着地，重心留在右腿。

（3）重心后坐到左腿成左虚步，右脚跟抬起以脚掌为轴扭正；同时右手由耳侧向前立掌推出，左手屈肘由右手下方回收至腹前，掌心向上，目视右手。

（4）向左转腰，左手翻转，掌心向上，向后上方画弧平举，右手随之翻转，掌心向上，视线先随左手，再转向右手。

图 12-4-7　左右倒卷肱

(5) 左手小臂弯曲，指尖对耳尖；同时左腿向后退步，脚掌着地，重心留在左腿。

(6) 重心后坐到右腿成右虚步，左脚跟抬起以脚掌为轴扭正；同时左手由耳侧向前立掌推出，右手屈肘由左手下方回收至腹前，掌心向上，目视左手。

(7) 与(1) 动作相同方向相反。

(8) 与(2) 动作相同方向相反。

(9) 与(3) 动作相同方向相反。

（10）与（4）动作相同方向相反。

（11）与（5）动作相同方向相反。

（12）与（6）动作相同方向相反。

动作要点：退步时两脚之间横向约 1 拳宽的距离，两手推收掌时速度要一致；转腰时前脚以脚掌为轴扭正。

7. 左揽雀尾（图 12-4-8①～⑧）

图 12-4-8　左揽雀尾

左揽雀尾

（1）向右微转腰，左脚收到右脚旁点地；同时两手右上左下画弧至成抱球状在胸前，掌心相对。

（2）向左前方转腰迈步，脚跟着地，重心继续停留在右腿，两手抱球不变。

（3）重心前移至左腿，继续向左转腰，同时左手向左前方捧出，小臂横在胸前约与大臂成 90°角，手心向胸口，左手下按至左胯旁，手心向下，指尖向前，目视左手。

（4）微向左转腰，左手向左斜前方伸出掌心向下，右手随之经腹前向左手方向伸出，翻掌向上，重心回坐，前脚不动向右转腰，两手随之向下向后斜向 45°捋出，目视右手。

（5）微向左转腰，右手小臂弯曲搭在左手腕内侧；重心向前移成弓步，双手向前挤出并保持半圆形。

（6）右手经左手腕上方向前伸出并两手分开与肩同宽，且与肩平；重心回坐，脚尖翘起，两手屈肘时收至腹前，手心向下，目视前方；重心向前移成弓步；两手向前向上按出，掌心向前。

动作要点：手上动作须保持弧形路线，脚下须保持横向距离，动作须协调一致。

8. 右揽雀尾（图 12-4-9①～⑩）

重心回坐，向右转身并内扣右脚尖，同时右手向右下画弧，左手向右横摆，右脚回到左脚旁点地，同时两手左上右下成抱球状在胸前，掌心相对。

动作要点：同左揽雀尾相同。

右揽雀尾

图 12-4-9　右揽雀尾

9. 单鞭（图 12-4-10①～④）

（1）重心回坐，脚尖翘起，两手左上右下分掌，左手在面前，右手在腹前。

（2）向左转腰扣脚，左手随之向左横摆，手心向左，右手掌心向下。

（3）继续向左转腰，左手继续右摆，右手经腹前运至左肋前，掌心翻转向上。

（4）向右转腰，重心向右移；同时左手下按右手上挑，两手随转腰一起上下向右画弧运行，左手向内，右手向上。

（5）右手翻转向下勾手，左手上托于右手腕下；同时左脚收到右脚旁点地。

（6）微向左转腰，左脚向左前方迈步，脚跟着地；同时右手微向右拉开。

（7）重心前移，左掌随转腰慢慢翻转向前推出，手心向前，手指与眼齐平，臂微屈，目视左手。

动作要点：左手随转腰翻掌；定势动作左肘与左膝上下相对。

①左脚扣脚　②右转收脚展臂　③出步勾手

④弓步推举

图 12-4-10　单鞭

单鞭

10. 云手（图 12-4-11①~⑨）

（1）重心回坐，向左转身扣脚；同时左手下沉至腹前向右上画弧，手心向内，右勾手变掌，掌心向下，目视左手。

（2）右掌下按至腰侧，左手上挑至面前；同时重心左移，向左微转腰。

（3）继续向左转腰，右脚随之收到左脚旁踩落，两脚之间约 1 拳宽；同时两手左上右下向左画弧云手，两手掌心向内。

（4）左手翻转下按，右手上挑；同时微向右转腰，并左脚踮起，脚掌着地。

（5）两手右上左下向右画弧云手；同时左脚向左横侧一步，脚尖着地后落实。

动作要点：身体转动以腰为轴，动作平稳不可起伏，两臂保持圆活。

云手

图 12-4-11　云手

11. 单鞭(图 12-4-12①~③)

(1) 向右转腰并右手翻转向下勾手,左手上托于右手腕下;同时左脚收到右脚旁点地。

(2) 微向左转腰,左脚向左前方迈步,脚跟着地;同时右手微向右拉开。

(3) 重心前移,左掌随转腰慢慢翻转向前推出,手心向前,手指与眼齐平,臂微屈,目视左手。

动作要点:左手随转腰翻掌;定势动作左肘与左膝上下相对。

单鞭

图 12-4-12　单鞭

12. 高探马(图 12-4-13①~②)

(1) 右脚跟进半步,左手翻转掌心向上,右勾手变掌翻转,掌心向上。

(2) 重心回坐成右虚步并微向右转腰;右手小臂弯曲,指尖对耳尖;同时左脚轻提离地面。

(3) 右手由耳侧向前立掌推出,手心斜向前;同时左脚尖向前点地并微向左转腰。

动作要点:转腰与推手掌协调一致。

①后坐展手　②虚手推掌

图 12-4-13　高探马

高探马

13. 右蹬腿(图 12-4-14①~⑤)

(1) 左脚回收提离地面并向左斜前方迈步,脚跟着地,同时左手前伸至右腕背面,两手背互相交叉;目视右斜前方。

(2) 重心继续前移成左弓步,两手向外向下分掌。

(3) 两手由下向上捧抱交叉于胸前,掌心向内,右手外,左手内;同时右脚提膝,脚尖向下,目视右前方。

(4) 右腿向右斜 30°,慢慢蹬出;同时两手右前左后约成 180°画弧分开平举,手心向外;右手与右脚上下垂直。

动作要点:分掌时腕与肩平齐;蹬脚时力达脚跟。

①提脚收手　②左转出步　③弓步画弧

④合抱提膝　⑤分手蹬脚

图 12-4-14　右蹬腿

右蹬脚

14. 双峰贯耳(图 12-4-15①~③)

(1) 右腿屈膝回收;同时左手向右手靠拢,两掌与肩同宽,指尖向前,目视前方。

(2) 两手翻转,掌心向上,并握拳下沉回收至腰侧,同时左腿弯曲,右腿向右斜前下落迈步,脚跟着地。

(3) 重心前移成右弓步,两拳由腰侧慢慢向外、向前、向上翻转贯出至面前,两拳相对,拳眼斜向下,拳距 10~20 厘米,高与眼平。

动作要点:身体自然正直,松腰松胯,两拳松握,弓步时两脚之间 1 拳宽。

双峰贯耳

①收脚落手　②出步收手　③弓步贯拳

图 12-4-15　双峰贯耳

15. 转身左蹬脚(图 12-4-16①~④)

(1) 重心回坐并向左扣脚转腰;同时两拳微向外分。

(2) 重心回坐到右腿,继续向右转腰;同时两拳变掌向外分掌,目视左手。

(3) 两掌由下向上捧掌合抱于胸前,左手外右手内,掌心向内;同时左脚提膝,目视左前方。

(4) 左腿向左慢慢蹬出;脚掌向前,同时两手左前右后约成 180°画弧分开平举,手心向外,右手与右脚上下垂直。

动作要点:与右蹬腿相同,只是左右方向相反。

①后坐扣脚　②左转展手　③合抱提膝

④分手蹬脚

转身左蹬脚

图 12-4-16　转身左蹬脚

16. 左下势独立(图 12-4-17①~⑤)

(1) 左腿屈膝回收,微向右转腰;同时右手变勾手,左掌向左画弧回收立于右肩内侧,掌心向右。

(2) 右腿屈膝下蹲,左腿下落向左侧伸出成右仆步;同时左手下落向左下顺左腿内侧向前穿出,目视左手。

(3) 重心前移,左腿前弓,左脚跟为轴,脚尖外撇,右脚后蹬,脚尖里扣,微向左转腰并向前起身;同时左手背向前立掌伸出,掌心向右,右勾手下落并翻转,勾尖向上,目视左手。

(4) 右腿向前提膝成独立势;同时右手变掌由后顺右腿外侧向前向上挑起,高于眼平,肘膝相对,手心向左,左手下按于左胯旁,手心向下,指尖向前,目视右手。

动作要点:收手、收脚协调一致,下势起立时身体立直,不可弯腰驼背。

左下势独立

图 12-4-17　左下势独立

17. 右下势独立(图 12-4-18①~⑤)

(1) 右腿下落于左脚旁点地,然后左脚掌为轴,脚跟内转,随之向右转腰;同时左手向左斜上方平举勾手,右掌随转腰向左画弧并回收立掌左肩内侧,目视左手。

(2) 同左下势独立(2) 动作相同方向相反。

(3) 同左下势独立(3) 动作相同方向相反。

(4) 同左下势独立(4) 动作相同方向相反。

动作要点:右脚点地后再做仆步,其他均与左下势独立相同。

18. 左右穿梭(图 12-4-19①~⑦)

(1) 右腿屈膝,左脚向左斜前落地,脚跟着地;同时左手微向下按,右手微向前画弧。

(2) 重心前移,右手向前画弧,右脚收到左脚旁点地;同时两手左上右下成抱球状在胸前,目视左手。

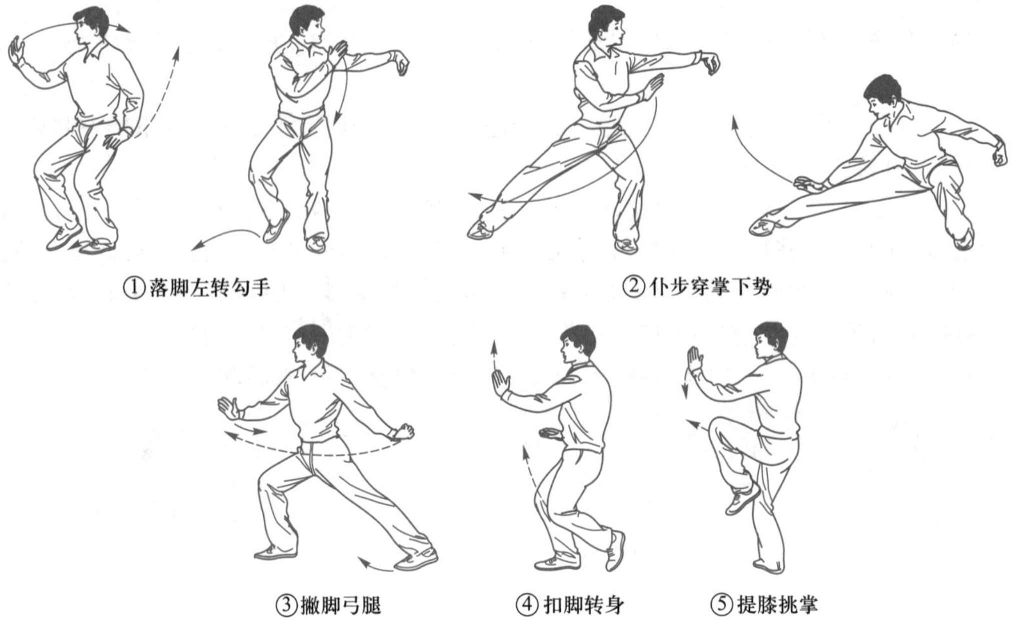

右下势独立

图 12-4-18　右下势独立

左右穿梭

图 12-4-19　左右穿梭

（3）微向右转腰，右脚向右斜前迈步，脚跟着地，重心落在右腿；同时右手翻转掌心向上举架到头顶，左手下按回收至腰侧，掌心向下，指尖向前，目视左手。

（4）重心前移成右弓步；同时右手翻转掌心向上，左手由腰侧向前立掌推出，高于鼻

尖平视。

（5）重心微向后移，右脚尖稍向外撇向右转腰，同时右手微向下按，左手微向前画弧。

（6）同（2）动作相同方向相反。

（7）同（3）动作相同方向相反。

（8）同（4）动作相同方向相反。

动作要点：左右穿梭分别左右倾斜 30°，手与脚动作协调一致。

海底针

19. 海底针（图 12-4-20①～②）

（1）重心继续前移，右脚跟进半步；同时右手翻转掌心向左，指尖向前。

（2）重心回坐成右虚步，左腿轻提离地面，微向右转，同时右手下落经体前向后，向上提至右耳旁，掌心向左，左手向前、向下画弧落于右腿前，掌心向下，指尖向右。

（3）右手由耳旁斜向前下方插出，左手由右向左画弧搂膝，身体微向前倾；同时左脚尖向前点地。

动作要点：注意方向的转换，定势动作时身体微向下倾斜。

图 12-4-20　海底针

20. 闪通臂（图 12-4-21①～③）

图 12-4-21　闪通臂

闪通臂

（1）左脚回收到右脚旁点地，微向右转腰；同时右手由体前屈臂上提举至头顶，左手上举搭于右手腕上。

（2）左脚向左前方迈步，脚跟着地；同时左手微下落于面前，掌心向前。

（3）重心前移成左弓步继续向右转腰；同时右手翻转掌心向上架于头顶，左手立掌推出，高于鼻尖，目视左手。

动作要点：推掌、架掌与弓腿动作协调一致，两脚间距约一拳宽。

21. 转身搬拦捶（图 12-4-22①～④）

（1）重心回坐，向右转腰并左脚内扣；同时右手向右前下落与鼻尖同高，手心向外，左手上举至头顶，手心向上。

（2）重心左移，右手握拳下落于腹前，拳心向内，左手微下落。

（3）右脚回收到左脚旁；同时右拳上提到胸前，左手下按至腹前。

（4）右脚前迈脚跟着地；同时右拳向前搬打；左掌按至胯旁。

（5）向右转腰，右脚尖外撇；同时右拳翻转，拳心向下。

（6）重心前移，右拳向右向外画弧翻转收到腰侧，左手由左向外、向前画弧拦掌。

（7）左脚回收后向前迈步，脚跟着地；重心前移成左弓步；同时右拳由腰侧旋转出拳，拳眼向上，高与肩平，左掌回收至右小臂内侧；重心前移成右弓步；同时两掌向前向上立掌推出。

动作要点：动作注意两手沿弧线路线前进。

转身搬拦捶

图 12-4-22　转身搬拦捶

22. 如封似闭（图 12-4-23①~④）

左掌从右腕下向前穿出，右拳变掌并两手翻转，掌心向上分于肩宽；重心回坐，左脚尖翘起，两手翻转回收至腰侧；重心前移成右弓步，同时两掌向前、向上立掌推出。

动作要点：收掌时注意两拳沿弧线运行。

23. 十字手（图 12-4-24①~③）

（1）重心回坐，向右转腰并左脚内扣；同时右手向右平摆分掌。

（2）继续向右转腰并外摆右脚，同时右手继续向右平摆分掌。

（3）重心回坐并右脚内扣；同时两掌下沉至腹前，掌心向下。

（4）右脚回收至与肩同宽，重心移至两腿之间；同时两掌经腹前向上交叠捧掌，左手上右手下。

动作要点：捧掌时不可弯腰；收脚时注意两脚间距不可过小。

24. 收势（图 12-4-25①~②）

（1）两掌向外平翻，手心向下并分开与肩同宽。

（2）两掌慢慢下按收于大腿两侧，目视前方。

图 12-4-23　如封似闭

如封似闭

图 12-4-24　十字手

十字手

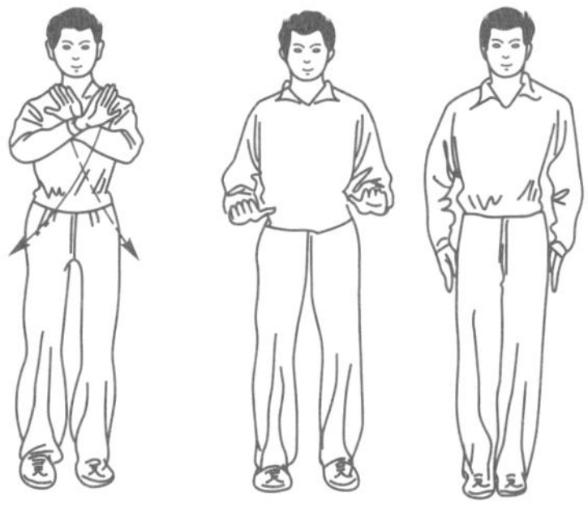

图 12-4-25　收势

收势

(3) 重心右移,收左腿并步。

动作要点:全身放松,气息下沉。

专家提示

易犯错误

身体僵硬,动作不连贯,身体不协调,转换时身体不平衡。

练习方法

1. 站桩练习

(1) 抱球桩。两脚平行分开,两手微屈抱于胸前,指尖相对,掌心向内。

(2) 开合桩。在抱球桩基础上伸开两臂并吸气(小腹鼓起),收合两臂并呼气(小腹内收)。

(3) 起落桩。两脚平行分开,两手向前抬于肩平,掌心向下,稍停,两腿屈膝下蹲,两手随之向下轻按至腹前。

2. 基本动作练习

(1) 上步。一腿屈蹲,另一脚提起前迈,脚跟着地,然后重心前移成弓步(两脚换做)。

(2) 退步。一腿屈蹲,另一脚提起后撤,脚掌着地,然后重心后坐成虚步(两脚换做)。

(3) 侧行步。两腿屈蹲,一脚提起向一侧迈步,脚掌着地,然后重心横移,另一脚收回与之平行向前,两脚间距约 20 厘米(左右换做)。

(4) 左右分掌(原地野马分鬃)。

(5) 左右搂手推掌(原地搂膝拗步)。

(6) 左右架推掌(原地玉女穿梭)。

(7) 左右蹬腿(原地左右蹬腿)。

3. 套路练习

8 式太极拳、16 式太极拳、24 式太极拳。

复习与思考

1. 武术的手形有哪些?
2. 长拳的四击、八法、十二形分别指什么?
3. 太极拳有哪些主要流派?

第十三章
游泳运动

阅读提示：

游泳不仅是一项竞技体育项目，也是学生喜爱的运动项目之一。游泳能有效促进人体心肺功能的提高，促进人体各肌群均衡发展，同时游泳还是一项生存技能。本章重点介绍蛙泳、爬泳、仰泳的相关技术及练习方法。通过本章的学习，学生可以达到锻炼身体，掌握游泳技能，了解相关安全常识的目的。

第一节　游泳运动简介及基础练习

一、游泳运动的健身价值

经常进行游泳锻炼，可增大呼吸肌力量，扩大胸部活动的幅度，增大肺的容量，提高呼吸系统的机能。在人体健美方面，游泳项目的作用是独特的，通过水的按摩，可以使人体的肌肤光滑明亮，富有弹性。

游泳时人体处于平卧姿势，在水的压力下，肢体的血液很容易回流心脏，还能刺激血液中运输氧气的血红蛋白量的增加，从而提高人体摄氧能力。坚持游泳锻炼，在塑造优美体形的同时，还能增强肌肉力量，提高速度、耐力和关节的灵活性，使身体各部分功能得到协调发展。

二、游泳运动的起源与发展

生活在江河湖海的古代人为了生存，经常到水中捕捉水鸟和鱼类作为食物，通过观察和模仿，逐步学会了青蛙和鱼类的水中动作，因而学会了游泳。现代游泳运动起源于英国，1837 年，在英国的伦敦成立了第一个游泳组织，同时举办了最早的游泳比赛。1896 年，第 1 届雅典奥运会把游泳列为比赛项目。1908 年，在伦敦举办的第 4 届奥运会上成立了国际业余游泳联合会，并制定了游泳规则。1912 年，在第 5 届奥运会上设立了女子游泳项目。当今欧美体育强国的游泳运动仍处于领先水平。我国女子运动员从 1992 年巴塞罗那奥运会开始多次获得奥运会的金牌。2020 年东京奥运会上，中国游泳队获得 3 枚金牌、2 枚金牌、1 枚铜牌，打破女子 4×100 米自由泳亚洲纪录，打破女子 400 米自由泳亚洲纪录，打破女子 200 米蝶泳奥运会赛会纪录。

三、游泳基础练习

（一）水中行走

熟悉水性是游泳教学中的第一课，它是学习各种游泳姿势前一个重要的过渡性练习。这个练习是游泳教学中一个重要的环节和组成部分，也是初学者入门必经的阶段。熟悉水性的目的主要是让初学者初步体会和了解水的特征，逐步适应水的环境，消除怕水心理，掌握游泳中一些最基本的动作，如呼吸、浮体、滑行、踩水和站立等，为以后学习和掌握各种游泳技术打下基础。

在熟悉水性的教学中，重点应抓好呼吸和滑行这两个动作，练习时应尽可能选择在齐腰深的水中进行。在进行浮体教学的同时，应把浮体与站立的方法一起介绍，以防止初学者因站立时失去平衡而呛水。

这样做的目的是体会水的阻力，消除怕水心理，学会在水中行走时如何控制身体的平衡。学习时要求在齐腰深的水里，做各种方向的行走或跑的练习，可用两手拨水维持平衡或加快走、跑、跳、转身、跃起、下沉等动作的速度。

可采用以下练习方法。

第一，在水中手（单手或双手）扶池边向前、向后、向两侧行走。

第二，用两手保持平衡，向前、向后、向两侧行走。

第三，集体手拉手向前、向后、向两侧行走。

第四，各种方向的走、跑、跳、转身、跃起和下沉等。

第五，向上、向前、向后和向两侧的跳跃。

此外，在水中做队形（图案）变化、接力、游戏等，有利于提高练习者兴趣，消除怕水心理。

（二）呼吸练习

呼吸练习的目的是初步掌握游泳的呼吸方法、呼吸过程、呼吸节奏，适应头浸入水中时的刺激感，消除怕水心理。

学会用口吸气的动作。人们习惯用鼻子吸气，要改变这一习惯是很不容易的，学习时一定要重视呼吸动作的练习。要求吸气一定要用口；呼气一定要在水中，学习用鼻或口鼻一同呼。吸—闭—呼要有节奏，连续做 30 次左右。

可采用以下练习方法。

（1）双手扶住水槽或在同伴帮助下，用口吸气后闭气，然后慢慢下蹲把头全部浸入水中停留片刻后起立，在水面换气（图 13-1-1）。

（2）同上练习。要求把头浸入水中停留片刻后，在水中用鼻慢慢地呼气，一直呼到快完（但不能把气呼尽），然后起立在水面上用口吸气（吸气之前把最后一点气呼尽）（图 13-1-2）。

（3）同上练习。要求吸气后把头浸入水中，稍闭气后立即用口鼻同时呼气，在口接近水面时用力把气吐完并立即用口在水面上吸气，吸气结束后立即把头再次浸入水中，连续做有节奏的吸、闭、呼动作。

（4）两脚原地开立，按以上练习，要求独立完成连续吸、闭、呼的动作 30 次左右（图 13-1-3）。稍休息后，重复此练习，但不同的是头每次逐渐向前向上抬（或向侧转）时开始加大呼气量。

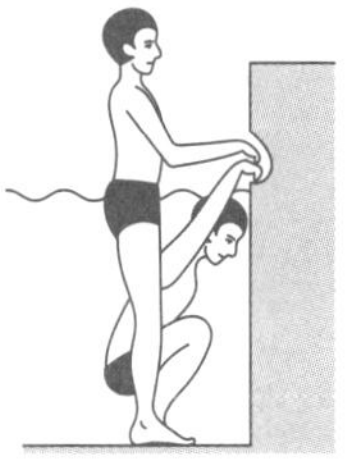

图 13-1-1　呼吸练习 1

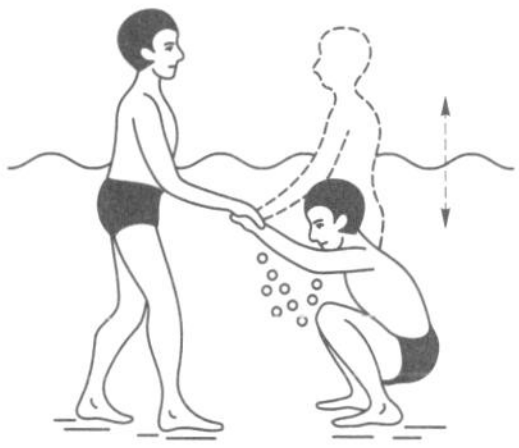

图 13-1-2　呼吸练习 2

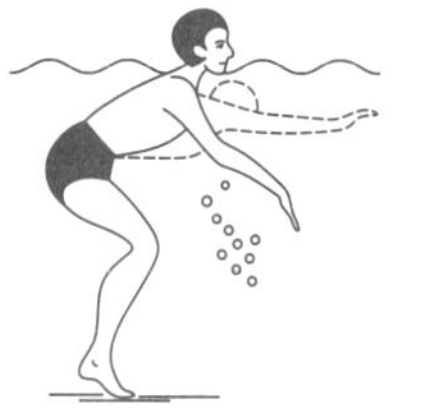

图 13-1-3　呼吸练习 3

呼吸是游泳练习的难点，呼吸练习应贯穿于教学的始终。头浸入水和闭气是浮体练习和滑行练习的基础。要善于诱导初学者将头浸入水中。如果池水清亮，可用水中看物、寻物和两人用手指对数等游戏的方法加以诱导。要求初学者头出水时不抹脸，头出水应从容不迫，鼓励初学者适当延长闭气的时间。初学者不习惯用口吸气，可通过捏鼻或带鼻夹强制其用口吸气，要强调初学者掌握呼气方法，呼尽才能吸足。在呼与吸之间要强调紧密衔接，不可停顿，否则吸不进气。可站立深吸气后闭气片刻，微张口让胸放松自然排气，并顺势加速呼气，当尚有一点余气时，即快而深地用口吸气。

（三）浮体与站立练习

浮体与站立练习的目的是消除学生怕水心理，体会水的浮力，了解人在水中是可以漂浮起来的，学会浮体后站立的本领，掌握水中闭气技术。要求练习时尽量深吸气，在水中闭气的时间应尽可能长。站立时，两臂前伸向下按压水并以脚触池底站立。可采用以下练习方法。

1. 抱膝浮体练习

原地站立，深吸气后，下蹲低头抱膝。双膝尽量靠近胸部，前脚掌蹬离池底，成低头抱膝团身姿势，自然漂浮于水中。站立时，两臂前伸，向下按压水，同时两腿伸直，以脚触池底站立，两臂自然垂于体侧（图 13-1-4）。

图 13-1-4　抱膝浮体练习

2. 展体浮体练习

两脚开立，两臂放松向前伸出，深吸气后身体前倒并低头，两脚轻轻蹬离池底，成俯卧姿势漂浮于水中，两臂两腿自然伸直（图 13-1-5）。站立时，收腹、收腿、两臂向下按压水并抬头，两腿伸直，脚触池底站立。

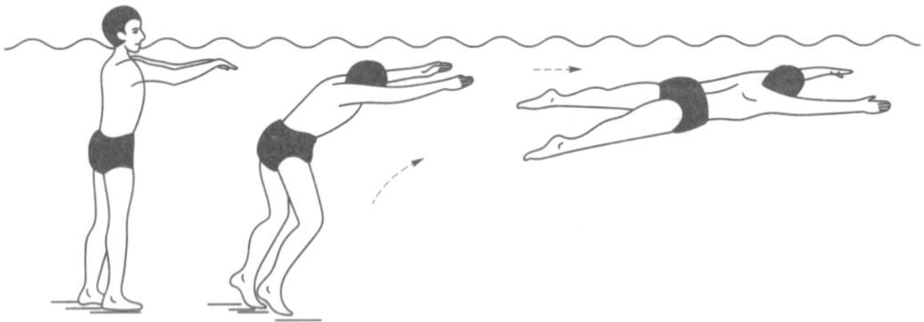

图 13-1-5　展体浮体练习

（四）滑行练习

滑行练习的目的是体会水中的平衡和身体的滑行姿势。学会蹬池壁或蹬池底的动作，保持身体平衡。要求滑行时臂和腿并拢伸直，头夹于两臂之间，身体成流线型。注意要有向前滑行的动力才能滑行得好，所以必须学会蹬壁或蹬池底的动作。可采用以下练习方法。

1. 蹬池底滑行练习

两脚前后开立，两臂前上举。深吸气后上体前倒并屈膝，当头、肩浸入水中时前脚掌用力蹬池底，随后两脚并拢，使身体呈流线型向前滑行（图 13-1-6）。

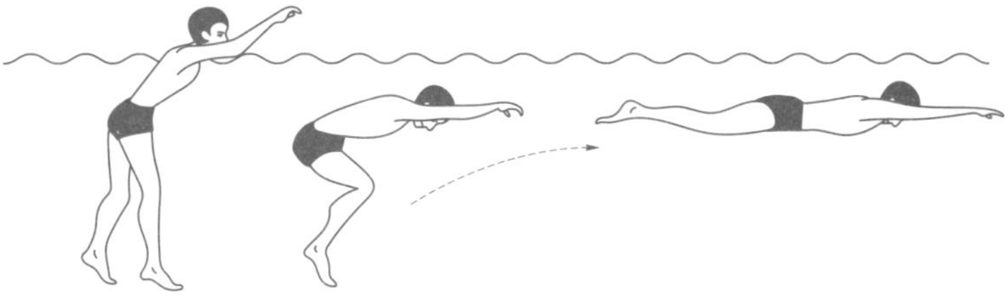

图 13-1-6 蹬池底滑行练习

2. 蹬壁滑行练习

背向池壁，一手拉水槽，一手前伸，同时一脚站立，一脚贴池壁。深吸气后低头，上体在水中前倾成俯卧姿势，大小腿肌肉尽量收紧，臀部靠近池壁，两脚掌贴住池壁。与此同时，拉水槽的一臂向前伸出与前伸臂并拢，头夹于两臂之间，这时两脚用力蹬离池壁，成流线型向前滑行（图 13-1-7）。

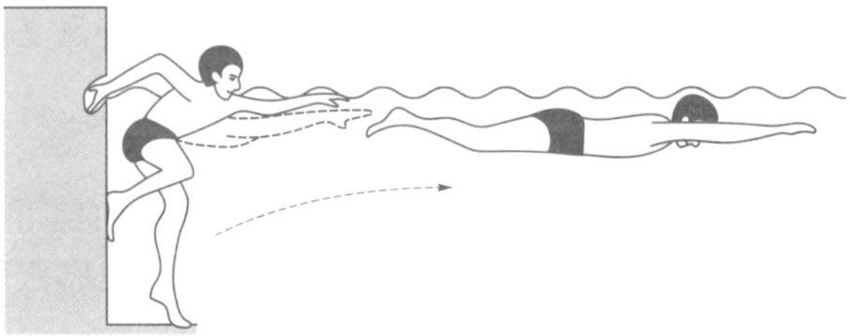

图 13-1-7 蹬壁滑行练习

滑行练习是熟悉水性的重要练习，可以广泛采用推拉滑行练习，延长滑行距离。做滑行练习时，不能低头，蹬壁时不能上“窜”，以免失去平衡。滑行时身体保持适度紧张，适当延长闭气时间。练习中注意纠正错误动作。

（五）踩水练习

踩水练习目的是使初学者掌握手、脚的水面动作，学会踩水，彻底消除怕水心理，增强安全感。练习中要求身体前倾，肌肉放松，手臂、腿脚动作要协调而有节奏。可采用以下练习方法。

（1）手扶池槽踩水练习。初学者单手或双手扶池槽，身体直立稍前倾，双腿弯曲，两脚底朝向外侧下方蹬夹水，当腿蹬直后收腿再向下蹬夹水，连续做蹬夹、收屈、蹬夹动作。

（2）身系浮带踩水练习。初学者身上系好浮带，双臂在胸前划水以维持身体平衡，两腿做踩水动作，此时注意呼吸要有节奏地进行。

（3）踩水练习。在以上辅助踩水练习的基础上，可在池边或有人保护的情况下，做踩水练习。进一步体会手和脚的水感、动作节奏等完整踩水配合的动作(图 13-1-8)。

练习踩水先在浅池中(水过胸而不过肩为好)进行。如在深水池进行教学,必须要系上浮带或周围有人保护以确保安全。练习踩水时,手和脚要对着水,肌肉自然放松。手、腿、呼吸动作协调连贯,尤其呼吸要有节奏地进行。

图 13-1-8　踩水练习

第二节　蛙泳

一、蛙泳的动作要领

游蛙泳时,身体成水平俯卧于水中,两臂向前伸直并拢,两腿自然向后伸直并拢,上体稍挺起,头略抬,使身体和前进方向成 5°~10°角(图 13-2-1)。这种流线型的姿势,既能减少前进的阻力,又可以充分发挥手、臂、腿的作用,提升游速。

1. 腿部动作

腿部蹬水动作是蛙泳推动身体前进和加快游速的主要动力来源。腿部技术有宽蹬和窄蹬两种,近年来大多数专业运动员都采用窄收窄蹬的技术,特点是窄蹬两腿距离窄,大腿收得少,收腿路线短,迎面阻力小,动作简单易学。

腿部动作可分为滑行、收腿、翻脚和蹬水四个动作阶段。

(1) 滑行。滑行是蛙泳的开始姿势,当身体借助惯性高速向前滑行时,两腿并拢向后伸直,身体成水平姿势,下肢放松,只靠腿部肌肉的适当收缩,把脚跟稍稍提向水面,为收腿做好准备(图 13-2-2)。

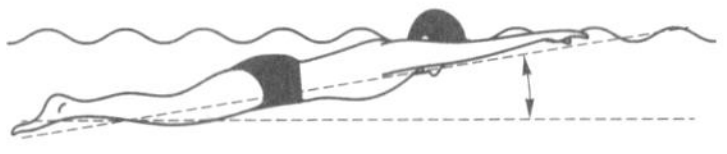
图 13-2-1　蛙泳动作身体姿势

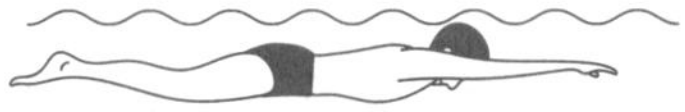
图 13-2-2　蛙泳动作滑行

(2) 收腿。收腿是蹬腿的准备动作,路线要短,阻力要小,要为蹬腿创造有利条件。收腿时两腿稍微内旋,使脚跟分开,膝关节随腿的下沉向前边收边分。收腿结束时,大腿和躯干之间角度为 130°~140°,小腿尽量靠近臀部(图 13-2-3),并藏于大腿的投影之中,两膝的距离约与肩同宽,两脚掌几乎是平行向前收,靠腿的内旋使脚跟分开与臀部同宽(图 13-2-4)。

蛙泳技术

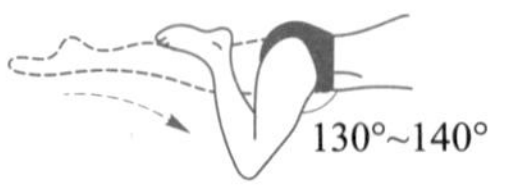

图 13-2-3　蛙泳动作收腿(1)

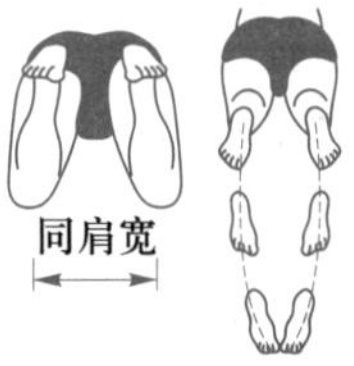

图 13-2-4　蛙泳动作收腿(2)

（3）翻脚。翻脚实际上是从收腿到蹬水的一个过程，是收腿的继续、蹬水的开始。蹬水效果的好坏，一般取决于翻脚技术是否正确。

为了增长蹬水的路线，随着收腿的结束，两脚应继续向臀部靠紧，大腿内旋使两膝内压的同时小腿向外翻，接着脚尖也向两侧外翻，使脚掌内侧正对蹬水方向。整个翻脚的动作由内收腿、压膝、翻脚三个连贯动作组成（图 13-2-5）。应当强调压膝是指大腿内旋带动小腿外翻的过程。

（4）蹬水。蛙泳蹬水就像蹬池壁一样，蹬水方向向后，由髋部发力，带动膝关节和踝关节，然后相继伸直。如用窄蹬动作，利用小腿内侧和脚掌内侧的合力，对水造成向前的推进作用力。另外，蹬水翻脚时大腿内旋造成膝内压，能带动小腿和脚向后蹬水，使蹬水形成一个有力的鞭打水的动作（图 13-2-6）。为了延长有效的蹬水动作路线，踝关节的伸直要在两腿蹬直之后进行，而不要过早地伸直，否则会缩短蹬水的有效距离。因此，踝关节的灵活性对提高蹬水效果特别重要。

图 13-2-5　蛙泳动作翻脚

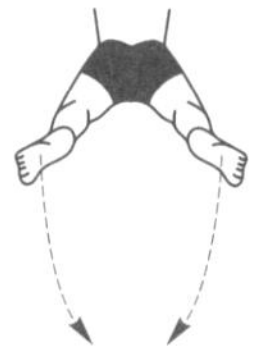

图 13-2-6　蛙泳动作蹬水

2. 臂部动作

蛙泳的臂部动作可分为滑行、抓水、划水、收手、伸臂等五个连续的动作。

（1）滑行。伸臂结束后，身体向前滑行，这时两臂向前伸直，手指并拢，掌心向下，两手尽量接近水面，使身体在较高的位置保持稳定，整个身体成流线型。

（2）抓水。抓水是滑行后进入划水前的动作，如果立即进入划水动作，其动作方向会向外下方，不仅不利于推进身体，还会造成身体过分起伏，所以从滑行到划水之间要有一个准备划水的抓水动作。抓水时，肩保持前伸，两臂内旋，使两臂和掌心转向斜外下方，屈手腕成 150°~160°角。结束抓水时，两臂和水平面及前进方向夹角应为 15°~20°，肘关节伸直（图 13-2-7）。

图 13-2-7　抓水动作

（3）划水。抓水后紧接着划水。划水路线是向后偏外下方，划至与前进方向约成 80°角。划水时，肩部向前伸展，保持高抬肘的姿势。整个动作过程是肘高于手并在肩前，手带动前臂和上臂向后划水的过程中，肘关节的角度为 120°~130°（图 13-2-8）。

划水是用手掌加速内拨的动作，这个动作带动前臂收至超过垂直位置并开始降肘，掌心从外后转向内后急促拨水而结束划水，这也是蛙泳划水最有效的阶段。

图 13-2-8　划水动作

（4）收手。划水结束即开始收手。收手就是结束划水后，手掌在向内上移动的同时，上臂外旋，向前推肘的动作过程（图 13-2-9）。收手时，要尽量把两臂收在身体的投影之中，以利用划水造成的推进惯性作用，减少水对臂前移的阻力。

（5）伸臂。收手后继续推肘伸臂。推肘不是先伸肘关节，而是伸肩关节的同时伸肘关节。两手先向前上、再向前伸，两臂伸直后即恢复成滑行姿势（图 13-2-10）。伸臂时不能有停顿的动作。

图 13-2-9　收手动作

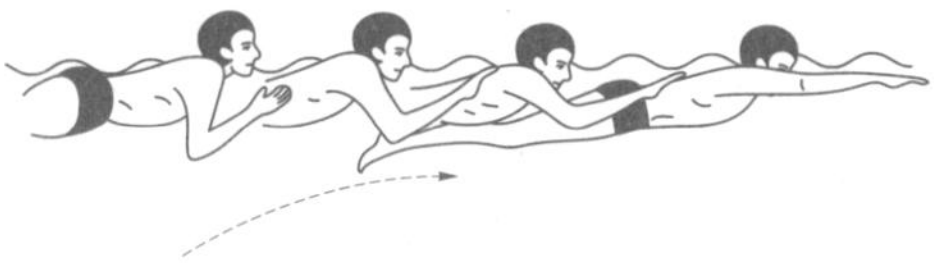

图 13-2-10　伸臂动作

3. 呼吸和完整动作的配合

蛙泳的呼吸方法有两种：一种是早吸气，另一种是晚吸气。早吸气是两臂抓水时抬头用力呼气，在划水过程中吸气，在收手过程中闭气低头，伸臂滑行时慢慢吐气。晚吸气是划水几乎结束时才开始抬头用力呼气，在两臂结束划水和收手过程中，身体达到最高点时吸气，结束收手时闭气低头，伸臂的后阶段直至划水过程中慢慢吐气（图 13-2-11、图 13-2-12）。

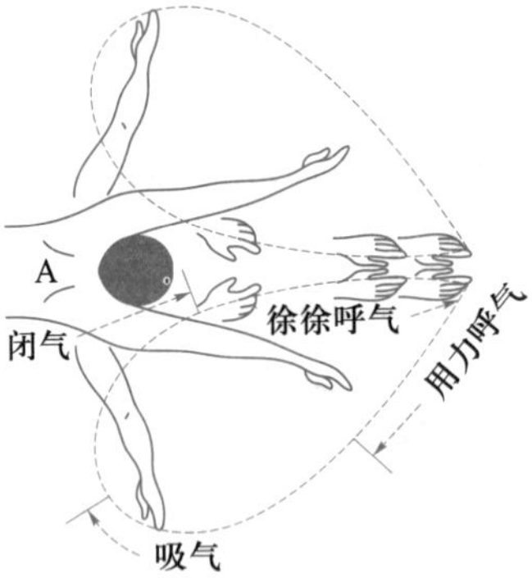

图 13-2-11　早吸气

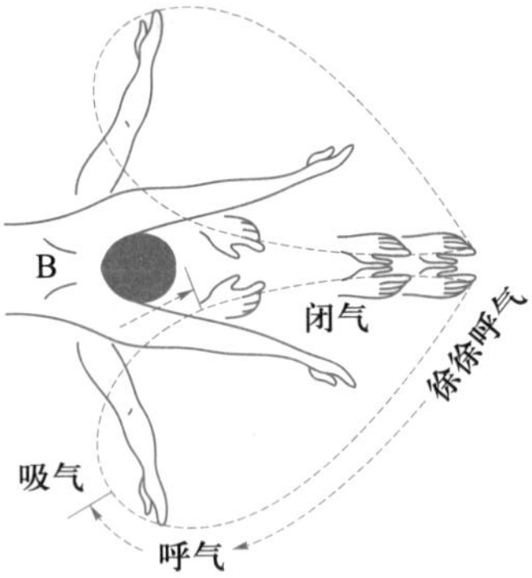

图 13-2-12　晚吸气

一般优秀运动员多采用晚吸气的方法，因为这种方法能保持身体平衡，动作连贯，前进速度均匀，对提高成绩很有帮助。但是晚吸气动作要求严格，吸气时间比较短。所以一般游泳爱好者和初学者，先从早吸气的方法开始学习为宜，它比较简单，易学。

二、蛙泳的练习方法

（一）腿部动作练习

1. 陆上练习方法

（1）模仿蛙泳腿部动作。坐在凳上或池边上，上体稍后仰，两手撑在体后，两腿伸直并拢，髋关节展开，做蛙泳腿的收腿翻脚、蹬夹水和停止动作。练习时，可先分解做，再连贯做（图 13-2-13）。

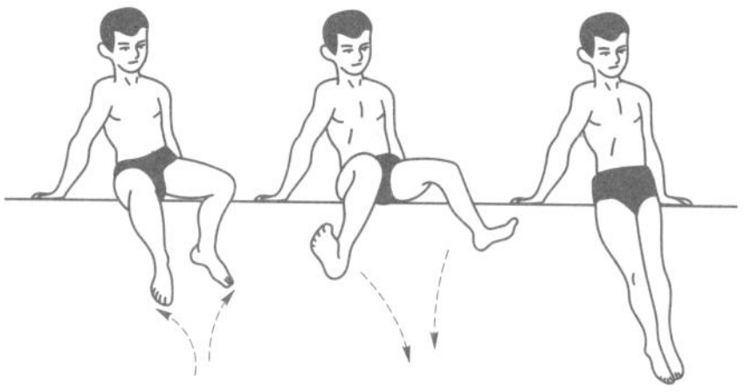

图 13-2-13　模仿蛙泳腿部动作

动作练习要求：收腿时大腿带动小腿，边收边分；翻脚时脚翻向蹬水方向，膝稍内压；蹬夹水时应向后沿弧形路线蹬夹；停止时两腿并拢伸直放松。

初学者练习时，可先目视自己腿部动作是否正确。特别对翻脚这一动作，开始可能不太习惯，要反复多做，这样才能熟练掌握，等自己认为动作基本正确后，闭上眼睛边想边做。

（2）俯卧在凳子上做收、翻、蹬夹、停的动作。先做分解动作，再做连贯的完整动作。要求边想边做，开始可以由同伴帮助体会和纠正动作。重点体会翻脚和蹬夹水的路线及动作的节奏（图 13-2-14）。

图 13-2-14　模仿做收、翻、蹬夹、停的动作

（3）单腿练习。一脚站立，一脚收腿，然后用手搬脚外翻，做蹬夹水练习（图 13-2-15）。

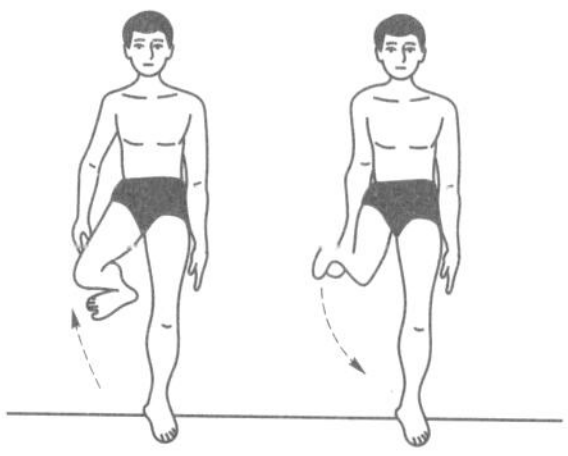

图 13-2-15　单腿练习

2. 水中练习方法

（1）支撑池壁做蛙泳腿练习（图 13-2-16）。一手抓住水槽，一手撑住池壁，使身体浮起平卧于水中，髋关节展开，两腿放松，后伸并拢，然后做收、翻、蹬夹和停的蛙泳腿动作。先分解做，然后连贯做，也可由同伴帮助做。

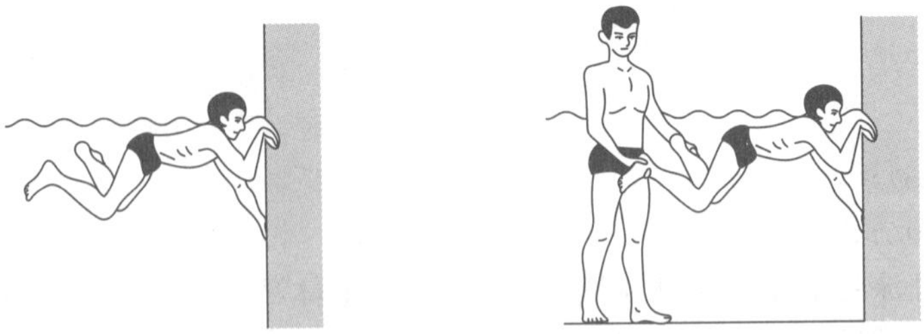

图 13-2-16　支撑池壁做蛙泳腿练习

水中练习时除注意陆上练习中有关要求外,还应做到肩沉入水中,腰腹部肌肉稍紧张,臀部靠近水面,防止塌腰、挺腹、臀下沉。收腿时要放松慢收,小腿和脚在大腿投影之内;向外翻脚要充分,脚和小腿内侧对准水,脚心朝上;向后做弧形蹬夹水动作要连贯,速度相对要快;停时要双腿并拢伸直漂一会儿,当两脚上浮后再做下一个收腿动作。

(2) 扶池槽仰卧做蹬夹水动作。

(3) 扶池槽仰卧或俯卧由同伴帮助做蹬夹水的动作。

(4) 在水中由同伴托住腰腹后,做蹬夹水动作。

(5) 借助救生圈或救生衣使身体浮起后,做蹬夹水动作。

(6) 双手扶木板或其他浮体的前端,练习收、翻、蹬夹和停的腿部动作。

(7) 由同伴拉着前伸的手,牵引着做腿部的完整练习。

(8) 自己蹬池壁滑行后,做蛙泳腿的练习。

(二) 臂部动作练习

1. 陆上练习方法

(1) 原地站立,做手臂的划、收、伸动作。两手上举后向下侧划,划至肩前停止,然后两臂向胸前回收,并经胸、面部前方上举还原(图 13-2-17)。

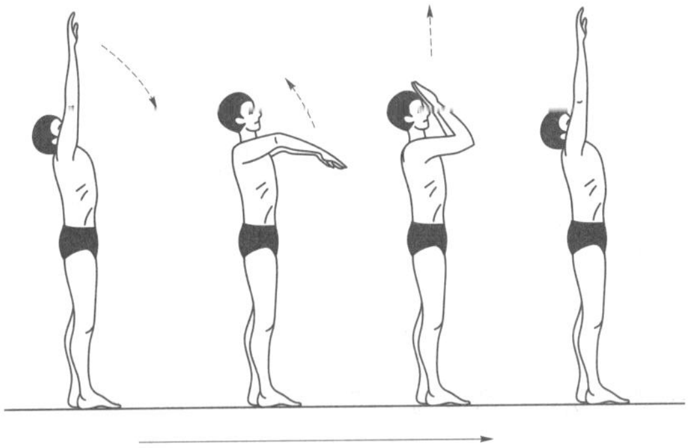

图 13-2-17　做手臂的划、收、伸动作

动作练习要求:划水时掌心向外侧下方,手内收时用力压抱水,动作完成后两臂向前伸直。

(2) 原地站立,上体前屈,两臂前伸,掌心向下,做蛙泳划水动作(图 13-2-18)。

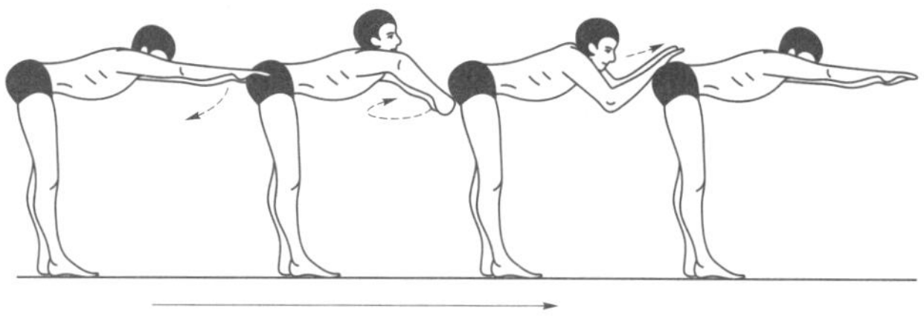

图 13-2-18　上体前屈，两臂前伸，掌心向下，做蛙泳划水动作

2. 水中练习方法

（1）在水中原地站立，上体前屈成水平姿势。然后两掌心向下前伸于水中，做划水、收手、前伸的动作。可先分解做，然后再连贯做。

（2）在水中上体前倾，走动中做两臂划、收手和伸臂的连贯动作。

（3）由同伴托扶腰腹，使身体成水平姿势，在水中做手臂的划、收、伸动作。

（4）用救生衣或救生圈保护，在水中做划臂动作。

（5）自己蹬池壁，在滑行中做双臂的划水连贯动作。

（三）呼吸练习

1. 陆上练习方法

（1）原地站立，双臂上举，当双臂左右分开时低头，双手还原。

（2）原地站立，上体前屈成水平姿势，两臂前伸，掌心向下，当两臂向左右分开时，即抬头呼吸，随之划水时低头。

2. 水中练习方法

（1）在水中原地站立，上体前倾，头没入水中，两臂在水中伸直，当两臂向左右分开时，即抬头呼吸，随之划水低头（图 13-2-19）。

图 13-2-19　蛙泳呼吸水中练习方法

（2）在水中练习走动的呼吸动作。由保护人帮助夹抱着双腿，使身体俯卧于水面，然后听保护人的口令做吐气、吸气的呼吸练习。

（四）完整动作配合练习

1. 陆上练习方法

原地站立，双臂上举，开始划臂并呼吸，继而低头划水时单腿抬腿。臂伸直时，蹬夹腿。

2. 水中练习方法

（1）在同伴托扶下练习完整的配合技术，并可根据保护人的口令做划手、呼吸、低头划水、收手收腿、伸臂蹬夹的动作。

(2) 利用浮体物(如救生衣救生圈等)练习完整配合技术。练习时可以自己默念着“划手、吸气、收手、收腿、伸臂、蹬腿”来做动作。

(3) 漂浮或俯卧后做一次划臂、两次或三次蹬腿、一次呼吸的配合动作,保护人可在旁边指导。

(4) 做一次划水、一次呼吸、一次蹬腿的练习。动作要求慢而正确,不要太急,要放松,不要紧张,以防动作变形。

(5) 双人或多人的蛙泳练习。前面找一个游得较好的人带领游蛙泳,后面的人扶住前面人的腰部做蛙泳的蹬水和呼吸练习(图 13-2-20)。

图 13-2-20　双人或多人的蛙泳练习

三、蛙泳练习常见错误及纠正方法

(一) 腿部

1. 蹬腿时不翻脚

原因:动作概念不清,不会翻脚,蹬脚时绷脚尖。

纠正方法:明确概念及动作要领;陆上反复做翻脚练习,注意翻脚时的肌肉感觉;勾脚蹬水或由同伴帮助,体验正确蹬水动作。

2. 不收腿,蹬得过宽,蹬、夹脱节或只蹬不夹

原因:动作概念不清,收腿时两膝向外张,旧的动作定型影响。

纠正方法:明确概念,陆上多做模仿练习;用矫枉过正法,要求收腿时两膝有意内扣,或同伴用两手限制其外张。

3. 收、蹬腿时脚的部位太低

原因:头和上体抬得过高,收腿时两大腿收得过多,小腿未和水面垂直,腰部肌肉过于放松。

纠正方法:低头、提臀,腰腹肌肉适当紧张,使身体平浮于水面;大腿向里稍收,与躯干之间的角度应大于 90°,积极收小腿,脚有意识地向臀部移。腰、腹肌肉适当紧张,蹬时先伸髋。

4. 收、蹬时臀部上下起伏

原因:收腿时头肩过低,收腹提臀;蹬腿时挺腹部。

纠正方法:头、肩稍抬起,腰腹肌适当紧张,使身体展平,收腿时大腿带小腿慢收;蹬腿时躯干不动,用大腿推动小腿向后运动。

5. 收腿过快

原因:收腿时头肩过低,收腹提臀;收腿时过分用力而且过快;动作节奏未掌握好。

纠正方法:明确概念和动作要领,多做陆上或水中模仿练习;强调慢收腿,肌肉放松;强调慢些收腿,蹬时适当快些。

（二）臂部

1. 划水时手掌平抹,划不到水

原因:动作概念和要领不清;划水时沉肘,前臂与水平面平行;手臂力量差,划水无力。

纠正方法:明确动作概念和要领;划水时掌心向外侧,高肘屈臂小幅度划水,加强手臂力量的练习。

2. 划水路线太靠后,超过肩的延长线

原因:动作概念和要领不清;急于通过划水推动身体前进,收手太慢。

纠正方法:明确动作概念和要领,采用小划臂或在腋下放一限制杆的办法练习。

（三）完整配合

1. 划臂的同时蹬腿

原因:动作概念和要领不清,配合节奏紊乱,急于划臂。

纠正方法:明确动作概念和要领;多做模仿练习。先划臂后蹬腿,一次一次地做,不要急于求成;划手时腿伸直,蹬腿时手臂伸直,逐渐过渡到正确配合。一次一次按伸—蹬—漂的节奏去练习。

2. 伸臂、蹬腿同时

原因:动作概念和要领不清;收腿太早、太急。

纠正方法:心中默念先伸臂后蹬腿;心中默念“先伸臂、再蹬夹腿、水中漂一会”;小划臂,伸臂后停一会儿。

3. 吸不到气

原因:吸气前未吐气;抬头太早,吸气时间短。

纠正方法:必须在水中吐出气,在盛水的脸盆或水中原地做水中吐气、抬头吸气练习,先抬头再划臂或划臂的同时抬头深吸气。

四、蛙泳的注意事项

（1）收腿时肌肉放松,速度不宜太快。

（2）收腿时脚尖要绷直,小腿跟在大腿投影后面以减少收腿阻力。翻脚时要充分,要勾脚并使小腿和脚的内侧尽量对准后蹬方向。

（3）蹬腿时大腿内收肌要用力,边蹬边夹。切忌只蹬不夹。

（4）划水时两臂不宜划得太宽,要求屈臂小划。划水路线不宜太长,两肘不要超过肩的延长线。

（5）配合节奏要明显,不能蹬腿同时划臂,要先划臂后蹬腿。蹬腿结束后,要强调经过短暂的滑行再做下一次划臂动作。

第三节　爬泳

在自由泳比赛中，规则规定可以用任何一种姿势，因为爬泳的速度最快，所以在自由泳比赛中，一般都采用爬泳这种姿势。

一、爬泳的动作要领

1. 身体姿势

游爬泳时，身体平直地俯卧在水中，身体的纵轴与水平面保持 3°～5°夹角，微微抬起，这种平直的姿势能缩小前进时的截面，有助于减少阻力，颈部自然后屈与水平面成 20°～30°角，两眼注视前下方（图 13-3-1）。两臂轮换前伸向后划水，两腿上下交替打水。身体保持平直，既不要收腹提臀，也不要挺胸塌腰，但在游进中身体可以绕身体纵轴有节奏地转动，这种转动的角度一般在 35°～45°（图 13-3-2）。

爬泳技术

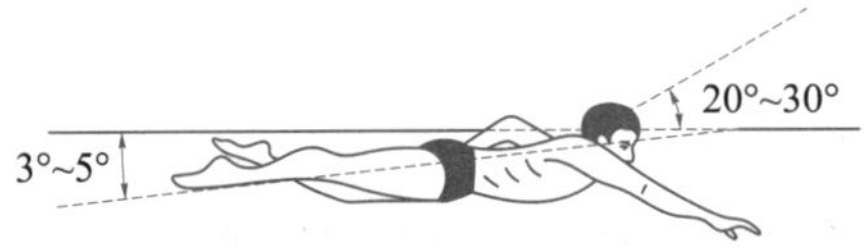

图 13-3-1　爬泳身体姿势(1)

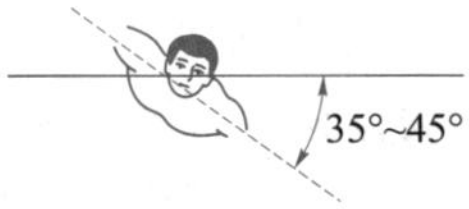

图 13-3-2　爬泳身体姿势(2)

2. 腿部动作

爬泳的打腿，主要是使身体保持平衡，有利于划水，在整个爬泳的配合技术中起着重要的作用。

爬泳的打腿是两腿不停地上下交替摆动。向下时，腿自然伸直，用髋关节发力，大腿带动小腿，打水的幅度，一般两腿间差距 30～45 厘米。向下打水时，动作要快而有力，向上提腿时应放松一些。在向下打水时，由于惯性作用，此时小腿和大腿仍继续向上移动，而使膝关节有些弯曲，弯曲程度一般在 140°～160°（图 13-3-3）。在打水时，脚尖自然伸直，在向下打水时，两脚应自然向里转一些（图 13-3-4）。

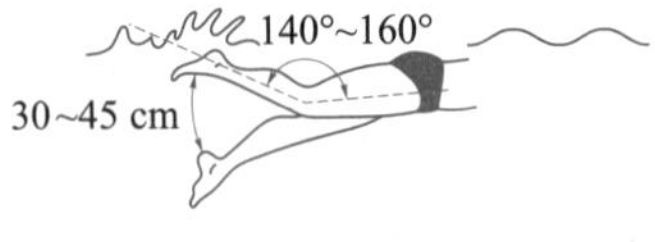

图 13-3-3　爬泳腿部动作(1)

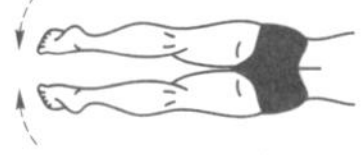
图 13-3-4　爬泳腿部动作(2)

打水的次数，一般是一个完整的划臂动作配合 6 次打水，但也有人采用 4 次打水和 2 次打水，这要根据个人的特点而定。

3. 臂部动作

爬泳的手臂动作是产生推进力的主要动力。整个手臂动作可分为入水、抱水、划水、出水和空中移臂五个不可分割的部分。但是它们之间并没有明显的界限，而是一个完整

的动作。

(1) 入水。在完成空中移臂后，手应向前，自然放松地入水，入水点一般在身体纵轴和肩关节的前方延长线之间。入水时手指自然伸直并拢，通过手臂内旋使肘关节抬高，弯成 130°～150°，使肘关节处于最高点，掌心斜向外下方。这种姿势阻力较小(图 13-3-5)。

(2) 抱水。手臂入水后，手掌从斜外下方转向斜内后方，并开始屈腕、屈肘，保持高抬肘姿势。抱水时，上臂和水平面夹角约为 30°，前臂与水平面夹角约为 60°，手掌接近垂直对水，肘关节屈成 150°角，整个手臂像抱个圆球(图 13-3-6)。

(3) 划水。划水是整个臂部动作产生推进力的主要环节。在抱水的基础上，划水时臂与水面成 35°～45°角(图 13-3-7)。

划水时应采用屈臂划水，屈臂的程度可根据自己的身体条件而定。臂长、臂力弱的屈臂程度可以大些，反之则屈臂程度可以小些。

图 13-3-5　入水

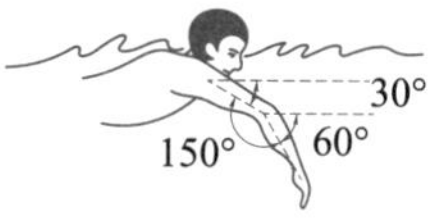

图 13-3-6　抱水

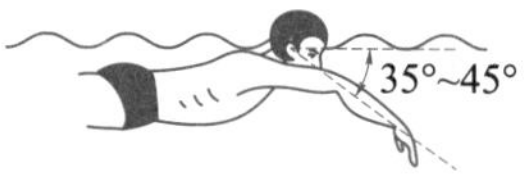

图 13-3-7　划水

开始划水时，屈肘 100°～120°(图 13-3-8)。此时前臂移动快于上臂，当划至肩下垂直面时，屈肘 90°～120°(图 13-3-9)。前臂迅速向后推水至侧腿旁，结束划水。在划水过程中，手掌微凹。

(4) 出水。划水结束后，臂借助推水后的速度惯性，利用肩三角肌、肩带肌的收缩及身体沿纵轴的转动，将肘部向上方提起，并迅速将臂部提出水面，这时背部和手腕应柔和放松。

(5) 空中移臂。空中移臂是臂部在一个划水周期中的休息放松阶段。移臂时，肘稍屈，保持比肩和手部都要高的位置(图 13-3-10)，不要直臂侧向挥摆，也不要以手来带动臂成屈肘移臂，这样动作紧张，而且也不正确，还达不到放松的目的。

图 13-3-8　划水屈肘 100°～120°

图 13-3-9　划水屈肘 90°～120°

图 13-3-10　空中移臂

(6) 两臂配合。爬泳两臂是否协调配合，是前进速度均匀性的重要条件。两臂配合，通常有三种方法。

前交叉：指一臂入水时另一臂处在下滑阶段，这是一种带滑行阶段的技术(图 13-3-11 之 A)。

中交叉：指一臂入水时，另一臂已经进入划水阶段的中间部分(图 13-3-11 之 B)。

后交叉：指一臂入水时，另一臂已经进入划水阶段的后半部分(图 13-3-11 之 C)。

对一般游泳爱好者来说，以学习前交叉为宜，因为前交叉能更好地保持身体平衡，掌握呼吸技术较容易，也可以节省体力，减少疲劳。

4. 呼吸与臂部动作的配合

爬泳的呼吸是利用头向左侧或右侧的转动，用嘴进行呼吸的。以向右呼吸为例：右手入水以后，嘴和鼻开始慢慢地呼气，划臂划至肩下向右侧转头，呼气量开始增加，当右臂推水即将结束，呼气量进一步加大。右臂出水时，马上张嘴吸气。移臂到一半时，吸气就结束，并开始转头复原。此时，又闭气，继续转头和移臂，脸朝向前下方。头部姿势稳定时，右臂又入水开始下一次呼吸。如此反复循环进行呼吸。

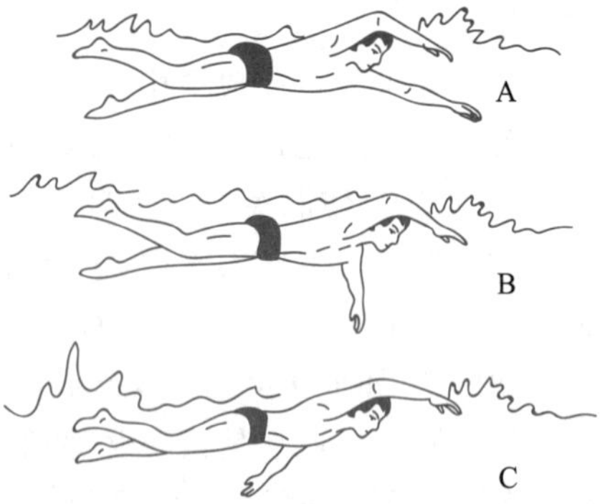

图 13-3-11　(A.B.C)两臂配合

5. 呼吸和完整动作的配合

爬泳腿、臂、呼吸的配合动作，一般采用两手各划水一次，呼吸一次和两腿打水六次的配合方法。为了充分发挥手臂作用，提高游进速度，也有采用两臂各划水一次，呼吸一次，和两腿打水四次的配合方法(图 13-3-12)。

图 13-3-12　呼吸和完整动作的配合

二、爬泳的练习方法

（一）腿部动作练习

1. 陆上练习方法

（1）坐姿打水。坐在岸边或桌椅边上，两手合撑，两腿伸直，脚尖相对，脚跟分开成“八”字形。以髋关节为轴，大腿带动小腿，做上下交替打水动作。可以先做慢打水，然后再做快打水的练习（图 13-3-13）。

（2）坐在池边，两脚放入水中打水，要求同上（图 13-3-14）。

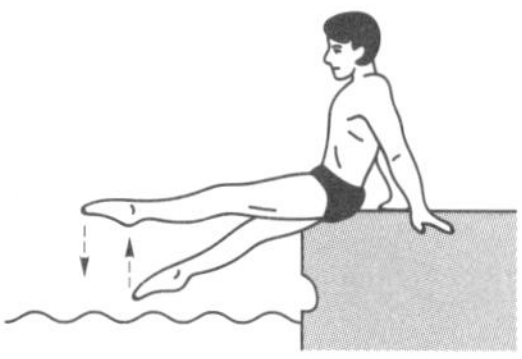

图 13-3-13 坐姿打水

图 13-3-14 两脚放入水中打水

（3）俯卧在池边或长凳上，两臂前伸或弯曲抱住物体固定，两腿自然并拢伸直，做上下打水动作。

2. 水中练习方法

（1）扶池槽打水。抓住水槽，可采用快速打水或慢速打水的方法。要求打水时脚不出水面（图 13-3-15）。

另外，也可用仰卧的方法，两手抓住水槽，身体仰卧水面，用仰泳腿部动作的练习，体会爬泳打水的方法，但必须注意膝盖不能露出水面（图 13-3-16）。

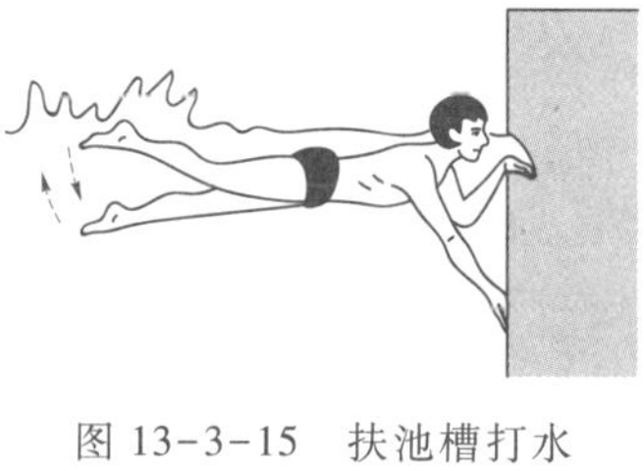

图 13-3-15 扶池槽打水

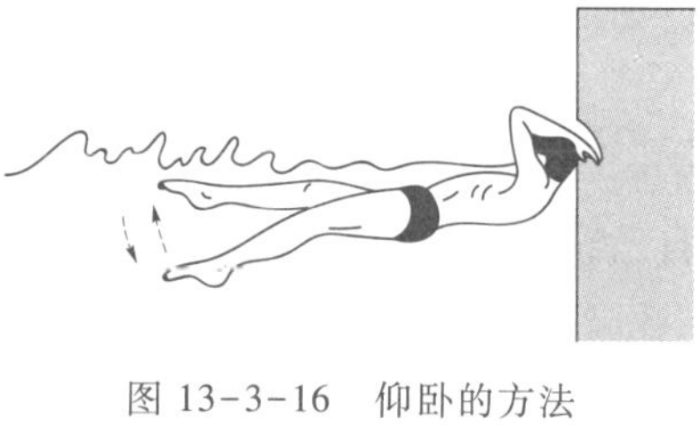

图 13-3-16 仰卧的方法

（2）手扶浮板或救生圈打水，方法要领同前（图 13-3-17）。

（3）脚蹬池壁滑行打水。打水方法按腿部动作要领做（图 13-3-18）。

图 13-3-17 手扶浮板或救生圈打水

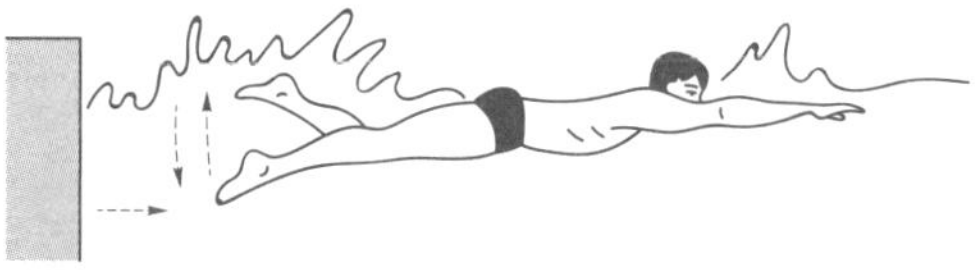

图 13-3-18 脚蹬池壁滑行打水

(4) 练习者由同伴拉着，做原位或后退行走的打水练习。

(二) 臂部动作练习

1. 陆上练习方法

(1) 身体站立，上体前屈两臂伸直前平举，做单臂的抱水、划水、出水、空中移臂、入水的模仿动作。

(2) 双臂配合练习。原地站立，上体前屈。两臂伸直前平举，做左(右)臂抱水、划水；左(右)臂出水、空中移臂、入水(图 13-3-19)。

2. 水上练习方法

(1) 站立水中，上体前倾，做手臂的划水练习，动作按臂部动作要领做(图 13-3-20)。

(2) 上体前倾入水做水中走动的划水练习(图 13-3-21)。

图 13-3-19　双臂的配合

图 13-3-20　手臂的划水练习

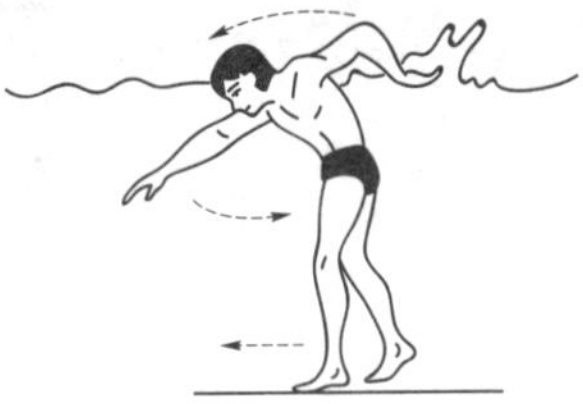

图 13-3-21　水中走动的划水练习

(3) 两腿夹板做臂的划水练习(图 13-3-22)。

(4) 由同伴扶住双脚，身体俯卧于水中，练习手臂划水动作(图 13-3-23)。

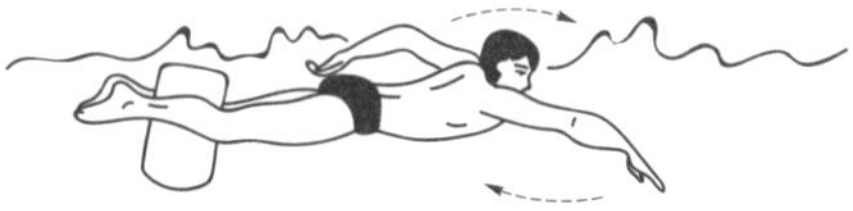

图 13-3-22　两腿夹板做臂的划水练习

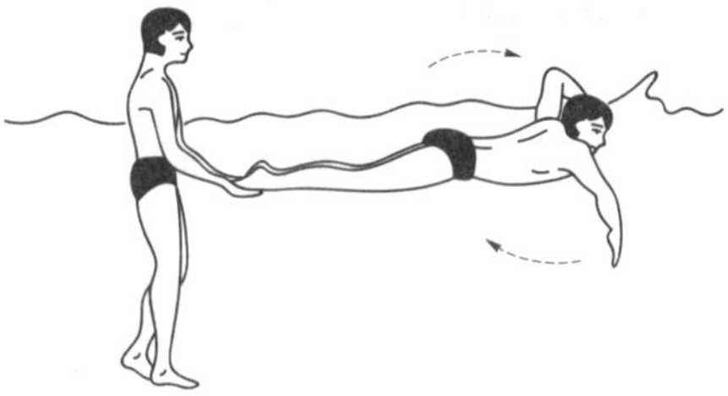

图 13-3-23　练习手臂划水动作

(5) 自己蹬池壁滑行后，做手臂划水的练习。

(三) 呼吸练习

1. 陆上练习方法

(1) 臂腿配合。体前屈站立，两臂前伸，做脚尖不离地，两膝轮流前屈的踏步，并与手臂二次划水配合。口令配合：1~3 踏步，同时左臂划水一次；4~6 踏步，同时右臂划水一次(图 13-3-24)。

(2) 单臂与呼吸配合。体前屈站立，做抱水动作，同时慢慢呼气，并向后划水、转头、用力呼气和吸气，然后做出水、入水动作。头转正时闭气(图 13-3-25)。

(3) 双臂和呼吸配合。体前屈站立，口令配合：1~3 踏步，右臂划水一次，并配合吸气、闭气、吐气、还原。4~6 踏步，左臂划水一次，同时吸气、闭气、吐气、还原。

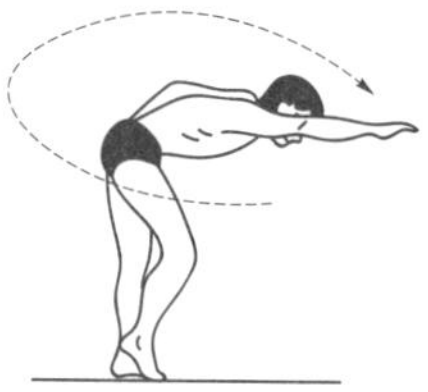

图 13-3-24 臂腿配合

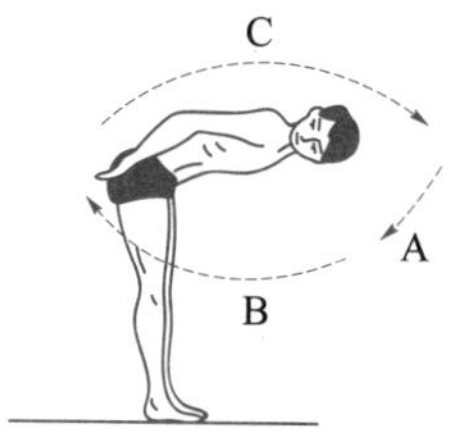

图 13-3-25 单臂与呼吸配合
（A—呼气，B—吸气，C—闭气）

2. 水中练习方法

（1）体前屈，脸部入水，在水中做呼气动作；转头时，用力吐气；吸气时，下颌靠近肩部；闭气还原（图 13-3-26）。

（2）站立水中，上体前屈成水平姿势，头部放在水里。开始时，可以练习一臂划水与呼吸的配合；再练习两臂同时划水与呼吸的配合；也可以模仿向前游泳的姿势，两脚向前走动进行练习（图 13-3-27）。

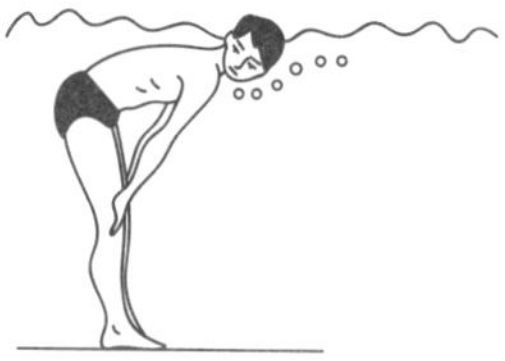

图 13-3-26 水中做呼气动作

图 13-3-27 两臂同时划水与呼吸的配合

（3）练习者双脚由同伴扶住，身体俯卧在水中，做呼吸与两臂配合的动作（图 13-3-28）。

图 13-3-28 呼吸与两臂配合的动作

（四）完整动作配合练习

（1）滑行打腿，一臂前伸，一臂划水。划时不要太快，但划水路线要长，以推水为主。

（2）滑行打腿，两臂分解配合。

（3）滑行打腿，两臂轮流划水，做前交叉配合。

（4）臂与呼吸配合，滑行打腿，单臂划水，向同侧转头呼吸。掌握后再做两侧呼吸。

（5）完整配合游。距离可以逐渐加长，在长距离游泳中提高技术水平。

三、爬泳练习常见错误及纠正方法

（一）腿部

1. 小腿打水

原因：动作要领不清，屈膝太大。

纠正方法：明确动作要领，用直腿打水来体会大腿带动小腿打水。

2. 屈髋打水

原因:躯干没充分展开或收腹。

纠正方法:多做陆上模仿练习,注意大腿上抬或用直腿打水;水中练习要展髋,打腿时大腿上摆。

3. 勾脚打水

原因:踝关节灵活性差。

纠正方法:要求绷直脚尖打水,多做踝关节灵活性练习。

(二) 臂部

1. 臂入水后向下压水

原因:直臂入水,过早用力划水。

纠正方法:入水时手指先入水,此时肘高于手;入水后臂向前下方伸,抓到水后再划水。

2. 手在肩外侧划水和划水路线短

原因:手入水点偏外侧,并向外侧划水;没有推水动作。

纠正方法:强调屈臂,手沿身体中线做"S"形划水或要求在肩前入水,划水时向腹下抱,向同侧大腿处推水;可用矫枉过正法,要求在身体中线处入水,超过中线向后划水,划水结束时手触同侧大腿。

3. 划水结束时,身体下沉和手出水困难

原因:划水结束时,掌心向下,没有向后推水。

纠正方法:要求划水的后程阶段以掌心向后推水,利用惯性提肘带动臂出水前移。

(三) 完整配合

1. 配合不协调

原因:动作过分紧张,下肢僵硬或呼吸无节奏

纠正方法:放松慢游,逐渐增加游程;多次打水和呼吸。

2. 抬头吸气

原因:动作概念不清;怕呛水,不敢转头。

纠正方法:明确转头吸气;吸气时,头可绕纵轴转动,转头时作"咬肩"动作。

3. 吸不进气

原因:不会呼吸或不会在水中吐气。

纠正方法:在水中做呼吸的基本动作;强调水中吐气;掌握转头吸气的时机,快要出水时猛吐气、转头时深吸气。

四、爬泳的注意事项

(1) 为了避免出现屈膝过大或不会以大腿带动小腿打水,初学者可先学习直腿打水再过渡到屈腿打水。

(2) 在基本掌握直臂划水动作要领后,要及时转入学习屈臂划水技术。划水时注意屈臂高肘,掌心向后划水;划水结束时,可用手触及大腿后提肘出水的练习来纠正出水过

早、划水路线过短的错误动作。

(3) 安排练习时，不一定要上一个练习完全掌握后再进行下一个练习，有的练习可以穿插进行，或将臂、腿、呼吸的练习配套，组成一套循环练习，通过反复练习来提高动作质量。

第四节　仰泳

仰泳是仰卧在水面的一种游泳姿势。仰泳时依靠两臂交替向后划水，两腿交替上下(向后)打水游进。它和爬泳的动作相似，只是身体仰卧，是中老年人和游泳爱好者喜欢的一种游泳姿势。

一、仰泳的动作要领

1. 身体姿势

仰泳时，身体要自然伸展、仰卧在水中形成较好的流线型，头和肩稍高，腰腹和腿部保持水平，身体纵轴与水平面上形成一个 4°～6°的角，腹部和两腿均在水面下 10～15 厘米(图 13-4-1)。

仰泳的头部姿势很重要，仰泳时头应保持相对稳定；不要左右晃动，颈部肌肉要自然放松，从整个身体姿势看上去，好像平躺在床上一样。

2. 腿部动作

仰泳的腿部动作与爬泳相似，主要是保持身体平衡。仰泳腿部动作以髋关节为轴，以大腿带动小腿、小腿带动脚的“鞭打”形式来完成。它与爬泳不同的是，身体在水中的位置比爬泳低，腿的打水推动作用比爬泳要大。仰泳打水时大腿动作幅度比爬泳小，但小腿的弯曲角度和打水幅度都要比爬泳大(图 13-4-2)。

仰泳腿部动作可分为下压和上踢两个部分。前进时主要靠向上踢水的动作，所以踢水时，脚背稍向内旋，并向后上方踢来加大踢水面积。不要向两侧踢水，也不要使膝和脚踢出水面。下压动作有一定的推进作用，但主要是为上踢动作做准备，起着使身体上升和保持平衡的作用。

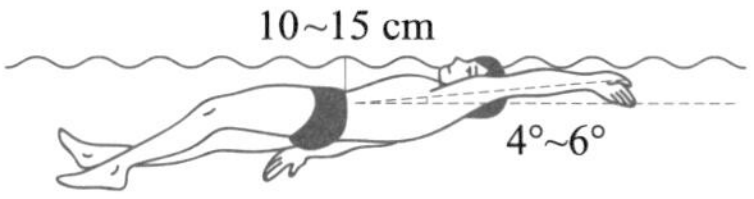

图 13-4-1　仰泳身体姿势

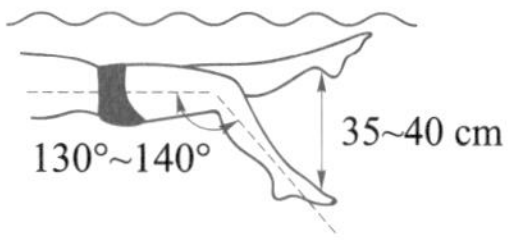

图 13-4-2　仰泳腿部动作

仰泳技术

3. 臂部动作

仰泳的臂部动作产生前进的主要动力，臂部动作分为入水抱水、划水、出水和空中移臂五个阶段。

(1) 入水。入水时臂自然伸直，掌心朝外下方，小指首先入水，手稍内收，与小臂成

150°~160°角(图 13-4-3)。入水点在肩的前方延长线上。臂的入水动作要求轻松、自然,不应击水。其顺序是大臂先入水、小臂和手接着入水。

(2) 抱水。手臂入水以后,躯干上部稍向入水臂一侧转动,直臂向前下方伸,同时转手腕对准水,成屈臂抱水姿势。这时大臂与前进方向成 40°角,手掌离水约为 30 厘米(图 13-4-4)。

(3) 划水。仰泳的划水动作是推进身体前进的主要动力。整个动作从屈臂抱水开始,向后划水到大腿侧下方为止。划水动作由拉水和推水两个部分组成。

第一,拉水。拉水时,肘关节应屈成 150°角(使手掌和小臂都达到对准水的姿势)。随着划水力量的加大,屈肘角度也应逐渐变小。当划至肩部垂直平面时,手掌离水面 15 厘米左右,小臂和大臂形成 90°~110°角(图 13-4-5)。

图 13-4-3　入水手掌动作

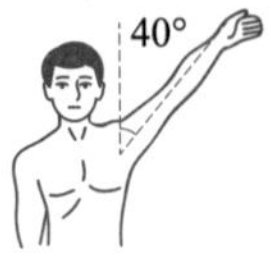

图 13-4-4　抱水动作

图 13-4-5　拉水动作

第二,推水。推水时,应充分利用拉水的速度和划水面,使整个手臂同时用力向下方做推压的动作,并利用推水的惯性,使大臂带动小臂和手加速内旋推水,以手的下压结束推水动作,这时手掌在大腿侧下方,离水面 45~50 厘米(图 13-4-6)。

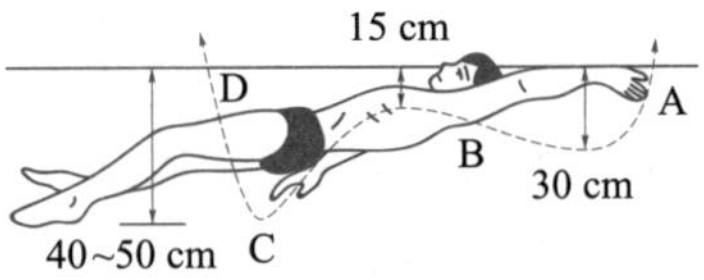

图 13-4-6　推水动作

(A—抓水,B—拉水,C—推水,D—出水)

从仰泳的整个臂部动作可以看出,手掌因在不同部位时所处的深度不同,所以在整个划水动作中形成一个"S"形运动路线(图 13-4-7)。

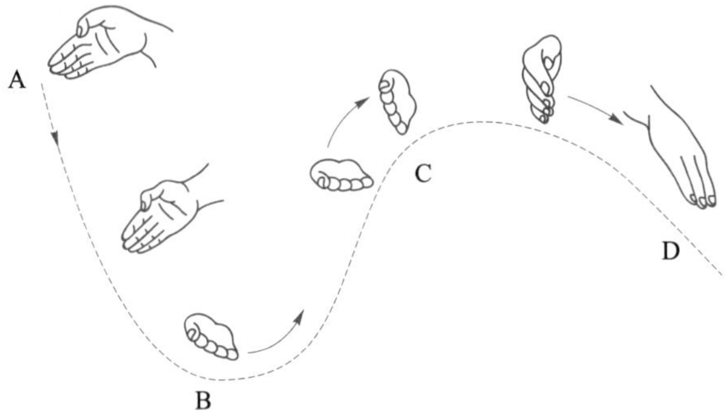

图 13-4-7　划水动作中的"S"形路线

(4) 出水。正确的出水动作是先压水后提肩,使肩露出水面后,由肩带动大臂、小臂和手依次出水。为了减少水的阻力,手出水时,手掌心应向内,大拇指向上。

(5) 空中移臂。当臂提出水面后,应迅速沿着肩的垂直面向肩前移动。移臂时不要偏离,否则身体会左右摇摆,增加前进的阻力。当手臂移过垂直于水平面的位置后,手掌即开始内旋，使掌心向外翻转，接入水动作。

移臂时，臂要放松，移臂的后阶段，要注意肩关节充分伸展。

仰泳时，两臂的动作始终是对角交替的。当一臂完成出水时，另一臂抱水；当一臂空中移臂时，另一臂则划水（图 13-4-8）。

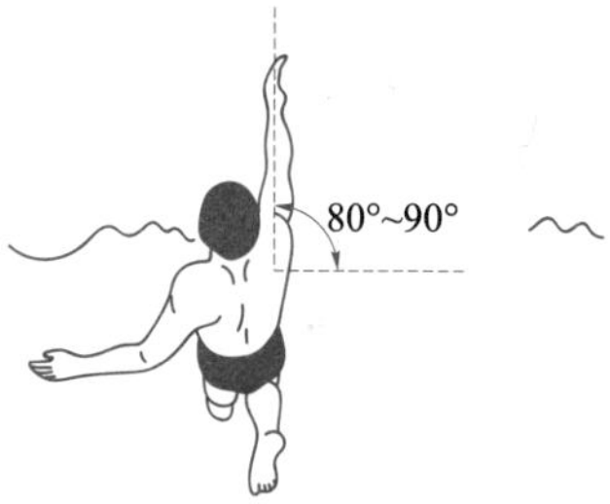

图 13-4-8　两臂动作始终对角交替

4. 仰泳的呼吸和完整的技术配合

仰泳的呼吸一般两臂各划一次，呼吸一次，不要过于频繁地呼吸，不然会引起动作紊乱。一般一臂移臂时开始吸气，然后做短暂的闭气，另一臂再移臂时进行吐气，按此循环进行。仰泳腿、臂、呼吸的完整配合，一般采用双腿打水六次，臂划水两次，呼吸一次的配合方法（图 13-4-9）。

图 13-4-9　仰泳的呼吸和完整的技术配合

二、仰泳的练习方法

（一）腿部动作练习

1. 陆上练习方法

坐姿打水。坐在池边，两手后撑，两腿伸直放松，做腿部上下交替打水练习（图 13-4-10）。

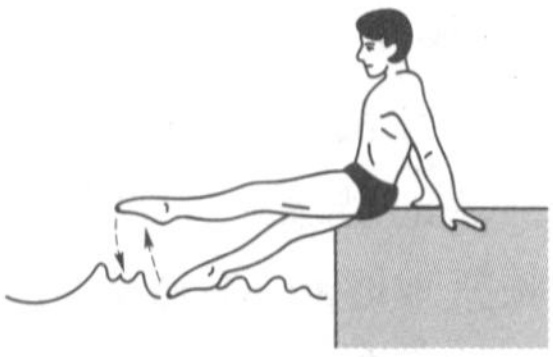

图 13-4-10　腿部上下交替打水练习

2. 水中练习方法

（1）在浅水处，如浅池、浅河等水中，两手后撑成仰卧姿势，进行仰泳腿部打水动作练习（图 13-4-11）。或在游泳池，两手反握池槽，仰卧水中做腿部上下交替打水练习（图 13-4-12）。

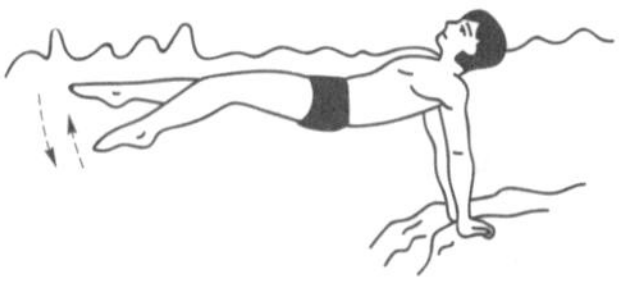

图 13-4-11　仰泳腿部打水动作练习

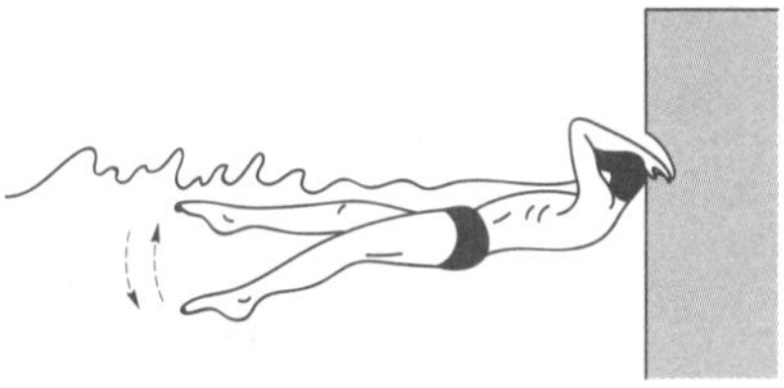

图 13-4-12　两手反握池槽做腿部上下交替打水练习

（2）练习者由同伴扶着背部，头部仰卧，两臂放在体侧，做打水练习（图 13-4-13）。

（3）自己蹬池壁或池底，做仰泳腿的打水练习。练习时，两臂可以在体侧做拨压水动作，以增加浮力（图 13-4-14）。

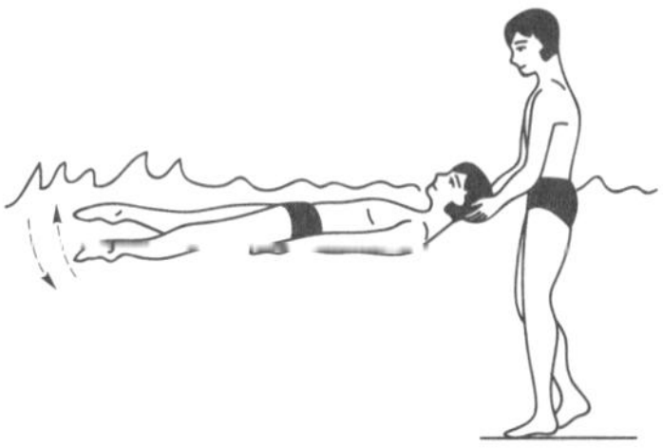

图 13-4-13　同伴扶着背部或头部仰卧做打水练习

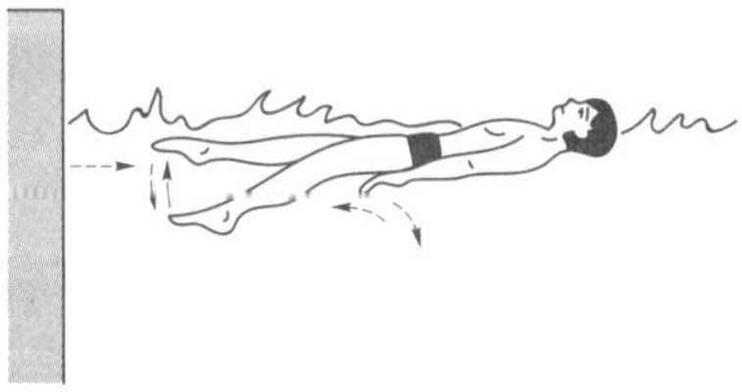

图 13-4-14　自己蹬池壁或池底，做仰泳腿的打水练习

（4）上面几个动作熟练后，可做单臂或双臂前伸的仰卧滑行打水练习（图 13-4-15）。开始可以由同伴协助，慢慢地自己独立做。

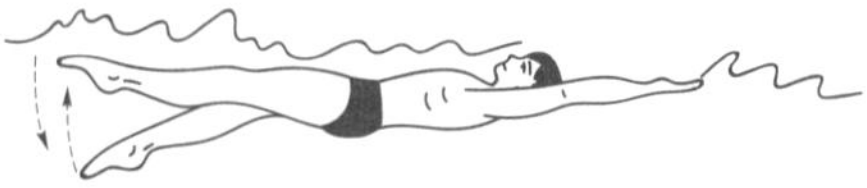

图 13-4-15　单臂或双臂伸的仰卧滑行打水练习

（二）臂部动作练习

1. 陆上练习方法

（1）单臂练习。站立、单臂上举，做抱水、拉水、推水、出水、空中移臂、入水的动作（图 13-4-16）。

（2）双臂练习。站立，一臂上举，另一臂在大腿旁。连续做左臂划水右臂前移、右臂划水左臂前移的动作（图 13-4-17）。

（3）在平地上后退走，边走边做两臂交替的划水动作。

（4）在凳上仰卧，先做单臂划水动作，然后做双臂交替的划水动作（图 13-4-18）。

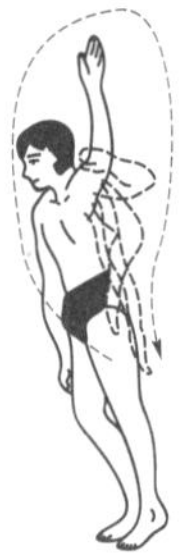

图 13-4-16 单臂练习

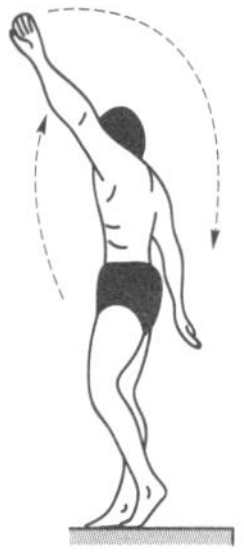

图 13-4-17 双臂练习

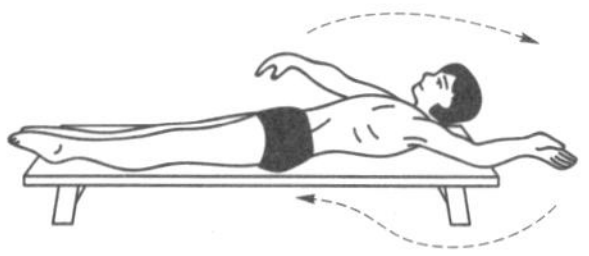

图 13-4-18 凳上仰卧做单双臂交替划水动作

2. 水中练习方法

（1）在水中模仿陆上的几种练习。

（2）练习者的两腿由同伴扶着，做两臂交替的划水动作（图 13-4-19）。

（3）用救生衣或救生圈，使身体漂浮后，做两臂交替的划水动作。

（4）自己蹬池壁漂浮滑行后，做两臂交替的划水动作。

（5）仰卧水面，两腿不停地上下打水，做两臂交替划水动作。

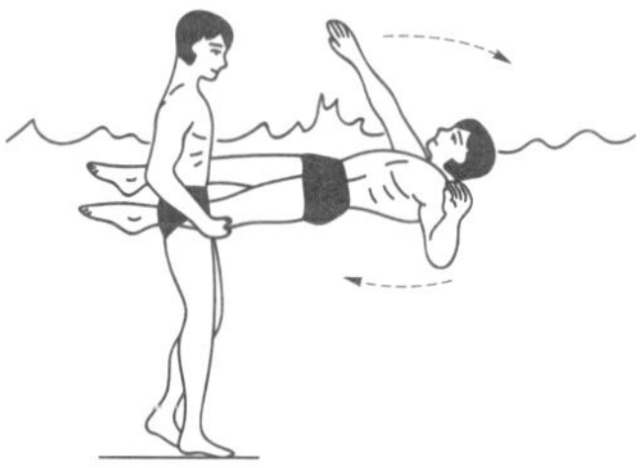

图 13-4-19 两腿由同伴扶着做两臂的划水动作

（三）呼吸与完整动作的配合练习

在陆上和水中做臂部划水的动作时，加上呼吸。在臂出水后和移臂时，张嘴吸气；在臂入水和抱水结束时，做短暂的闭气；划水时用嘴和鼻逐渐吐气，划水结束时迅速完成呼气动作。按此循环进行。腿、臂、呼吸的完整配合，一般采用打腿 6 次、划臂 2 次、呼吸 1 次的配合方法。

三、仰泳练习常见错误及纠正方法

（一）腿部

1. 小腿向后下方踢水

原因：动作要领不清，小腿屈膝打水。

纠正方法:明确动作要领及踢水方向;强调膝关节伸直,大腿带小腿,屈腿小踢,直腿下压,或用直腿打水来纠正。

2. 踢水时膝部露出水面

原因:屈髋打水,大腿下压不够。

纠正方法:要求髋关节充分展开,大腿和膝积极下压,用脚面向后上方踢水。

（二）臂部

1. 臂划水用力过早

原因:动作要领不清,急于划水使身体前进。

纠正方法:明确划水要领;强调臂入水后先做拉水动作,而后再用力向后加速划水。

2. 手入水点太宽

原因:动作要领不清,肩关节灵活性太差。

纠正方法:明确入水点的位置;加强肩关节灵活性练习;采用矫枉过正法,在头前方入水。

3. 两臂配合动作分解,不连贯

原因:动作要领不清;划水结束时,臂在体侧有停顿。

纠正方法:明确动作要求,强调划水结束时立即提臂出水。

4. “坐”着游

原因:收腹,屈髋;怕呛水,头伸出水面。

纠正方法:要求稍仰头,微挺胸,提肋,髋关节展平;头的后部浸入水中,要求呼吸与臂配合。

（三）完整配合

腿踢不出水来,下肢下沉。

原因:腿部动作紧张;头及上体高,脚的位置太低。

纠正方法:脚部动作幅度要小,脚接近水面踢水;要求上踢时踢出水花,直腿下压时要放松。

四、仰泳的注意事项

（1）游仰泳时,应注意稍挺腹,躯干要展开。

（2）仰泳的打腿一定要用大腿带小腿做上踢下压的动作,否则会出现只有小腿踢水或踢水时膝关节抬出水面的错误动作,从而影响打水效果。

（3）两臂划水动作要连贯,每个划水动作结束时,臂不要在体侧停留。

（4）空中移臂结束后,要求双手在肩的后方入水时距离不要过窄或过宽。

第五节　水上救生常识

本节将介绍游泳安全卫生常识和水上救生常识,包括游泳场地的选择、游泳前的准备、实用游泳技术、间接赴救、直接赴救、自我救护等方面的常识。

一、游泳安全卫生常识

（一）选择安全卫生的游泳场地

大学生学习游泳应选择人工游泳场馆，不要到自然水域游泳。人工游泳场馆的管理比较规范，池水经常消毒、排污和过滤，清晰度较高，深水和浅水有明显标志，安全性和卫生情况都较好。

（二）游泳前的准备

游泳前应进行身体检查，患有心脏病、高血压、癫痫、肺结核、传染性肝炎、皮肤病、红眼病、精神病、中耳炎的人，处于发烧状态的人，以及开放性创伤者，都不宜游泳。游泳前还应进行适当的热身，以提高神经系统的兴奋性，增强心血管系统和呼吸系统的功能，增加肌肉的力量和弹性，加快血液循环和新陈代谢，提高身体各关节的灵活性。热身活动对防止抽筋、拉伤也有积极的作用。

二、水上救生常识

（一）实用游泳技术

实用游泳是游泳运动的一种，主要指为了生产和生活需要而进行的游泳活动。通常意义上讲的实用游泳技术指踩水、侧泳、反蛙泳、潜泳、抬头自由泳和武装泅渡等。下面介绍人们在日常生活生产中经常用到的踩水、侧泳、反蛙泳、潜泳和抬头自由泳技术。

（1）踩水。踩水是一项实用价值较大的游泳技术，其在日常生活上应用较多，如持物过河、通过逆流、营救溺水者等。

踩水的基本动作与蛙泳类似，但踩水时身体在水中基本接近于直立，头部始终在水面上方。踩水时，身体直立水中稍前倾，头露出水面，稍收髋，两腿微屈勾脚，两臂胸前平屈，掌心向下，两手划水路线成“八”字形。腿和臂的动作配合要连贯，腿与手臂的动作次数比例为 1∶1，即一般是两腿各蹬夹一次水，或是两腿同时蹬夹一次水，两手做一次划水动作。

踩水时，呼吸要自然，随腿、臂动作的节奏自然地呼吸。用踩水技术游进时，身体要略前倾，腿稍向侧后蹬水，两臂向后拨水。也可以采用侧身向前的技术，这时后腿应较为用力。

（2）侧泳。侧泳的技术动作自如省力，实用价值很大，水中搬运物品、拖带溺水者等多用侧泳。侧泳时身体侧卧水中，稍向胸侧倾斜与水平面成 10°～15°角，头的下半部浸入水中，下面的手臂前伸，上面的手臂置于体侧，两腿并拢伸直、摆动打腿。两臂交替划水（或同时划水），两腿蹬剪水，呼吸时头稍向侧转动。侧泳两腿蹬剪水一次，两臂各划水一次，呼吸一次。两腿蹬剪水后，在上面的臂划水结束与下面的臂前伸时，应有短暂的滑行动作。

（3）反蛙泳。反蛙泳的动作比较简单，易操作，游进时由于比较省力故能持久使用。在水中救助溺水者时，可用托枕、双手托颌和托双腋等多种方法用反蛙泳进行拖带运送，因此，该技术在游泳救生工作中起着重要作用。

反蛙泳的完整配合技术有两种：一种是移臂与收腿同时进行；另一种是手划水和腿蹬夹水交替进行，但腿、臂各做一次动作之后身体自然滑行。两臂前移的同时，两腿慢慢收回，边收边分开，两臂将入水时，两腿同时做蹬夹水；然后两臂自然并拢前伸，开始做臂划水动作。划水结束，身体自然伸直滑行。呼吸与臂、腿配合，在两臂入水后稍闭气，两臂划水时用口鼻均匀地呼气，在移臂时用力吸气。

（4）潜泳。潜泳是在水下游进的一种游泳技术，它的实用价值也很大，如水下搜寻、打捞溺水者及水中沉物等，都要采用潜泳。潜泳技术可分为潜深和潜远两种技术。

潜深时头朝下，提臀举腿，两臂做蛙泳伸臂动作，向下伸直，利用两腿的重力作用，使身体潜入水中。入水后，两腿向上做蛙泳腿的蹬水动作，以增加身体下沉速度。在身体达到需要的深度后，通过两臂、头部后仰以及胸部和腰部后屈的动作，使身体由垂直姿势转为水平姿势。

潜远时多在水下用蛙泳游进。在游进中为了避免身体上浮，头的位置应稍低于蛙泳头部的位置，头与躯干成一直线。臂划水的幅度要比蛙泳臂划水的幅度小，收腿时屈髋幅度较小。配合动作与蛙泳相同，但是滑行时间稍加延长。

（5）抬头自由泳。抬头自由泳是在自由泳游进过程中保持头部始终露在水面上。抬头自由泳有助于救生员在接近溺水者时准确捕捉目标，主要用于接近目标时的观察。抬头自由泳的完整配合采用 6∶2∶1 的比例，即 6 次打腿配合 2 次划水和 1 次呼吸，这种配合能保持腿、臂协调，保持身体位置较高，以保证整个配合动作的稳定性。

（二）间接赴救

间接赴救指救生员在岸上发现并经过准确判断，对发生溺水事故正在呼救挣扎的溺水者，利用现场救生器材，如救生圈、救生浮漂、救生杆和其他可用器材，在保证自身安全的前提下，对溺水者进行救助。

（三）直接赴救

直接赴救指救生员对距离游泳池边较远处发生溺水事故的溺水者，在不能采用救生器材的情况下，直接入水与溺水者接触进行救助。直接赴救是由观察、入水、接近、解脱、拖带（徒手和器材）、上岸（徒手和器材）等技术环节组成的。直接赴救是与溺水者直接接触，因此带有一定的危险性，在使用直接赴救技术时，应以保证自己的安全为前提，未经过专业救生技术培训的人，不建议其对溺水者进行直接赴救。

（四）自我救护

（1）抽筋。游泳时可能出现手指抽筋、小腿与脚趾抽筋、大腿抽筋等情况。发生抽筋时，首先要保持镇静，大声呼救；其次，在水中保持静立姿势，进行自救，主要方法是先反向牵拉抽筋的肌肉，然后进行按摩，抽筋缓解后迅速上岸休息。

（2）呛水。预防呛水较好的方法是多练习呼吸技术，在未完全掌握的时候不去深水区游泳，并且游泳的时候注意力要集中，避免过度紧张。发生呛水时，要保持冷静，采用踩水技术使身体保持平衡，缓解后上岸休息。

复习与思考

1. 竞技游泳的基本技术有哪些？蛙泳、爬泳技术的动作要点是什么？
2. 游泳前应做哪些准备工作？
3. 实用游泳技术有哪些？

第十四章
时尚户外运动

阅读提示：

时尚户外运动包含众多趣味性强、富于挑战的运动项目，近年来在我国发展迅速，深受青年学生的喜爱。

通过户外运动课程的学习可以培养大学生克服困难、坚忍不拔的意志品质，锻炼学生的体力、脑力，对提高学生的独立思考能力与团队合作能力、形成终身体育观念具有重要意义。

第一节　定向运动

一、定向运动的健身价值

定向运动是通过寻找标记点的方式，分散运动者的神经疲劳，在愉快的心情中达到锻炼目的，同时培养运动者的独立判断能力。定向运动还是非常特别的科技体育项目，融合测绘、地图学、地理学、野外生存等知识于一身。定向运动是智力与体力并重的运动，它不仅能强健体魄，而且还能培养人独立思考，独立解决所遇到困难的能力及在体力和智力受到压力下迅速反应、果断决定的能力；培养学生独立分析解决问题的能力和良好的逻辑思维能力。定向运动是一项带有社交性质的体育项目，在这里，不论男女老少，种族背景，文化阶层，社会地位，都可以相互交流，共享人生。

二、定向运动的起源和发展

定向运动起源于瑞典，距今已有百年历史最初只是一项军事体育活动。“定向”最初指在地图和指北针的帮助下，越过不被人所知的地带。真正的定向运动比赛于 1895 年在瑞典首都斯德哥尔摩的军营区、挪威首都奥斯陆的军营区举行，它标志着定向运动作为一种体育比赛项目而诞生。

19 世纪末、20 世纪初，欧洲北部斯堪的纳维亚半岛广阔而崎岖不平的土地上覆盖着一望无际的森林，散布着无数的湖泊。当地城镇、村庄稀疏散落，人们的交通主要是依靠那些隐现在林中湖畔的弯弯曲曲的小路。在这样的地理环境中生活，理所当然地要比别的地方更需要地图、指北针和一定的野外生存技能，否则，要想穿越茫茫林海是十分困难的。正因为如此，那些最经常地在斯堪的纳维亚半岛山林中行动的人们便成了开展定向运动的先驱。他们深知，如果不具备在山林地辨别方向、选择道路和越野行进的能力，就可能面临生命危险。

瑞典一位名叫吉兰特的童子军领导者组织了一次叫作“寻宝游戏”的活动，引起参加者的极大兴趣，这便是定向运动的雏形。由于这个活动的组织方法简便，不仅对提高野外判定方向的能力及学习使用地图有好处，还能够培养和锻炼人的勇敢顽强精神，提高人的智力、体力水平。开展定向运动不需要像其他体育项目那样在场地与器材上支付大量经费，且娱乐性与实用性兼备，因此日益受到人们的喜爱并且很快地在民间流传开来。

国内知名定向赛事有中国定向公开赛、全国旅游城市定向系列赛、南粤古驿道等；国际顶尖赛事有世界定向越野锦标赛等。随着越来越多的带有娱乐性质和普及性质的定向运动的出现，更多人开始接触并喜欢上这项运动，运动与生俱来就是与越野相存的，虽然近年来发展出很多城市定向、校园定向、百米定向等形式。但定向运动依旧不能离开越野，也只有在野外才能发挥出这项运动的魅力。

三、定向运动核心技术

（一）定向越野图的意义

定向越野图在定向越野中具有特殊的重要意义。认识定向越野图是为了正确地使用定向越野图，因此，在学习定向越野技能的阶段，必须选择最合适的场地、用较多的时间去进行使用越野图与指北针的训练。

（二）识图技能训练

地图是地球表面从空中鸟瞰的简缩景，是说明地球表面的事物和现象分布状况的平面图形。定向运动竞赛地图一般由地图比例尺、地貌符号、地物符号、磁北方向线、地图颜色、地图图例注记 6 大要素组成。尽管任意一张地图都可以用来进行定向越野，但根据定向运动的特点，专门制作的定向图更加准确详细，更易比较地图上的符号标记与实际地形中的实物。

1. 地图上的比例尺

地图上所标明的比例尺说明地图被缩小了多少倍。比例尺 1∶1 000 说明地图上的 1 厘米等于实际地形上的 1 000 厘米（10 米）。例如：1∶3 000 厘米（30 米）。当今，大多数森林定向图比例尺为 1∶10 000；大多数公园定向图为 1∶5 000/4 000。

2. 地图上的颜色

在日常生活中我们看到过各种各样的地图，它们不仅颜色、符号各不一样，而且质量也不同，有些简单粗略，有些精确详细。

（1）黑色。人造景观（建筑物，道路，小径）和岩石（大石头，悬崖峭壁）。

（2）棕色。高线和符号（山丘和小坑），沥青-砾石路面，包括高速公路、主干道、宽行人道及篮球场等。

（3）蓝色。任何有水的地方（湖泊、溪流、泥沼）。

（4）绿色。浓密而难通过的地区（绿色越深，越难通过）。

（5）白色。普通的林区，易通过。

（6）黄色。空旷地，易奔跑。

（7）黄绿色。禁入私人区（果园，花坛）。

（8）紫色。路线。

3. 地图上的等高线和等高距

等高线是指地形高度的起伏，其表示哪里有山、哪里有坑谷以及地形的陡缓。在很多公园图中，等高线较少；但也有一些公园和森林图中等高线较多，且高度各异。因此，读懂等高线很重要，因为它在很大程度上影响你的路线选择。相邻两条等高线之间的海拔差在地图上用等高距表示，通常为 2~5 米。同一幅图上只采用同一等高距。等高线显示地貌的特点：一是在同一条等高线上的各高度相等并各自闭合；二是在同一幅图上，等高线多山就高，等高线少山就低，等高线间隔大的坡度缓，间隔小的坡度大；三是图上等高线的弯曲形状和相应实地地貌的形状相似。

等高线按其作用不同分为 4 种：首曲线是用以显示地貌的基本形态；间曲线是用以显

示首曲线所不能显示的局部地貌；助曲线是用以显示间曲线还不能显示的局部地貌；计曲线是便于在图上计算高程。从高程面算起，每逢等高距五倍处的首曲线描绘成粗实线。

4. 利用指北针确定行进方向的技能

指北针是定向运动中最重要的设备之一，其中红色的指针永远指北。它是辨别方向的最有效且操作简单的工具，也是定向运动中可使用的合法工具。

（1）如何使用指北针给地图定向。在定向运动过程中，地图必须被定向。但当没有大而明显特征的地物做标志时，就需借助指北针的帮助给地图定向。

将地图与指北针放置为水平状态，转动地图直到地图上的指北针与指北针红色指针平行，地图即被定向。

（2）如何确定行进的方向。这里我们主要介绍一种实用、简单、易学、质量高的定向指北针，即 PWT8M 拇指指北针。

PWT8M 拇指指北针使用说明：把指北针套在左手大拇指，水平放在地图上，将指北针上右侧的蓝色箭头从你所在的位置指向你要进行的位置；然后水平转动指北针与地图（你的身体也随之转动），直至指北针上红色的指针与地图上表示南北方向的红线的北平行；这时，指北针上蓝色箭头所指的方向就是你要进行的正确方向（图 14-1-1）。

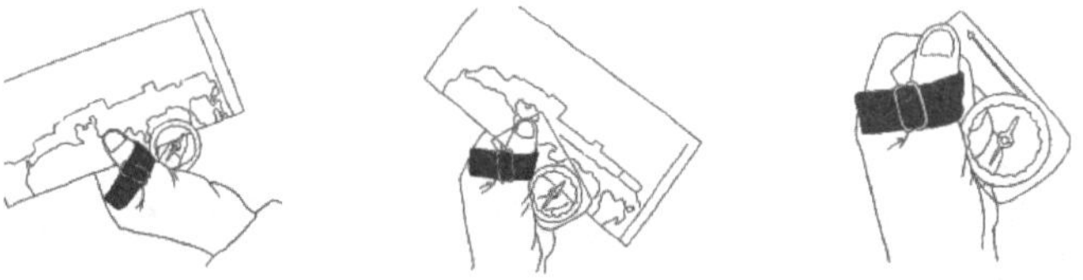

图 14-1-1　指北针的使用方法

（三）体能练习

定向运动需要参与者具备较为全面的身体素质，因此，在参与该项目之前，提高各个器官和系统的机能水平，是十分必要的。

1. 力量素质训练

力量素质是指人体某部分肌肉在工作时克服阻力的能力，其具体训练方法包括在力量练习器上做各种发展力量的练习、负轻重量的反复跑等。

2. 速度素质训练

定向运动的速度素质是指越野跑的速度素质，就是快速移动的能力，是人体在单位时间内位移的距离。训练的方法：上坡跑，短距离的加速跑。此外还可进行间歇跑、接力跑、借外力跑、速度游戏跑；还可以在软地上跑（沙滩、耕地、雪地），作为增强腿部速度素质的手段。

3. 耐力素质训练

耐力是长时间坚持运动的能力。训练的方法：长时间强度较小的持续慢跑或较大强度的间歇跑。这一时期的训练以提高练习者心肺系统的机能以及练习者跑的持久性和速度为目标，使练习者以较快的速度奔跑而不影响判断能力，达到以较短时间完成训练任务的目的。

四、定向越野比赛规则

定向越野是定向运动的主要比赛项目之一。参赛者要依靠标有若干检查点和方向线的地图并借助指北针,自己选择行进路线,依次寻找各个检查点,用最短时间完成比赛者为优胜。

1. 犯规

有下列行为之一者即为犯规,应取消比赛资格。

(1) 有意妨碍他人比赛(包括犯有同一性质的其他任何不良言行)者。

(2) 蓄意损坏点标、点签和其他比赛设施者。

(3) 比赛中搭乘交通工具行进者。

(4) 未通过全部检查点,而又伪造点签图案者。

2. 违例

有下列行为之一者被视为违例,应给予警告。裁判人员将根据违例的性质和程度,采取从降低成绩直至取消比赛资格的处罚。

(1) 在出发区越位(提前)取图和抢先出发者。

(2) 接受别人的帮助,如指路、寻找点标、非法使用点签者。

(3) 为别人提供帮助,如指路、寻找点标、非法使用点签者。

(4) 为从对手的技术中获利,故意在比赛中与对手同路或跟进者。

(5) 故意不按比赛规定顺序行进者。

(6) 不按规定位置佩戴号码布者。

(7) 有其他违反比赛规则行为者。

3. 成绩无效

有下述情况之一者,比赛成绩将被判为无效。

(1) 有证据表明在比赛前勘察过路线者。

(2) 未通过全部检查点,即检查卡片上点签图案不全者。

(3) 点签图案模糊不清,确实无法辨认者。

(4) 不按规定位置使用点签者。

(5) 在比赛结束(指终点关闭)前不交回检查卡片者。

(6) 超过比赛规定的终点关闭时间(检查点一般也在同一时间撤收)而尚未返回会场者。如确系迷失方向,应向附近任意一条大路或原检查点位置靠拢,等候工作人员的处置。

(7) 有意或无意地造成国家或他人的重大经济损失和破坏自然风景者。由此带来的一切后果,责任由肇事人承担。

4. 特殊情况

在定向越野比赛中,某些特殊的情况是可能出现的。

(1) 检查点被无关人员拿走或遭自然破坏。

(2) 检查点的位置与图上的位置不符。

（3）比赛中出现个人或团体的成绩完全相等。

对于这类问题，通常应在比赛前的准备阶段由筹备组长领导各委员仔细地研究、确定处置办法，形成文字，由技术委员在制定《比赛规程》时列入。如果这些问题是出现在比赛的过程中，则应由裁判长决定处置方法（参见裁判长职责）。

第二节 攀岩运动

一、攀岩运动的健身价值

攀岩运动对于身体的体能有着较高的要求，在攀爬的过程中，需要全身的肌肉协调用力来对抗重力。长期从事攀岩运动，可以增强上肢和下肢肌肉的力量，增强身体各肌群协调用力的能力。

在攀岩的过程中，越接近目标，疲劳感越强，此时需要强大的耐力和意志力作为精神上的支撑，可以培养参与者坚忍不拔的信念和决心。

除此之外，攀岩通常没有固定的路线，需要参与者在攀登的过程中根据实际情况和自身能力不断调整攀爬的策略和路线，可以提高参与者的随机应变能力和观察能力。

二、攀岩运动的起源和发展

攀岩运动源于 19 世纪末期欧洲阿尔卑斯山登山运动。20 世纪 80 年代初，攀岩运动进入我国，开始时主要是作为中国登山协会的训练内容，以后渐渐在民间流行起来。1987 年，中国登山协会主办了第一届全国攀岩比赛。1993 年 12 月，在我国长春举行了第一届全国攀岩锦标赛。每年一届的全国攀岩锦标赛成了攀岩爱好者交流技术的盛会。

三、攀岩的分类

（一）按地点分类

1. 自然岩壁攀登

在野外攀爬天然生成的岩壁；一般是开发和清理过的抱石路线。

2. 人工岩壁攀登

在人工制造的攀岩墙上攀登，包括室内岩馆和室外人工岩壁。

（二）按攀登形式分类

（1）自由攀登是指不借助保护器械（主绳、快挂、铁锁等）的力量，只靠自身力量攀爬。

（2）器械攀登是指借助器械的辅助攀登。

（3）顶绳攀登是在岩壁上端预先设置好保护点，主绳通过保护点进行保护，登者在攀登过程中不需进行器械操作。

（4）先锋攀登是在攀登路线上预先打上数个膨胀钉和挂片；在攀登过程中，将挂扣扣进挂片成为保护点并扣入主绳保护自己，攀登者需要边攀登边操作。

（三）按比赛形式分类

在国际攀岩界，由国际运动攀岩总会负责推广运动攀登及组织国际比赛。按比赛形式又可分为：世界杯赛和世界锦标赛、20 岁以上的成年赛和 19 岁以下的青少年赛、男子组赛和女子组赛、国际赛、洲际赛及国家级比赛。世界级比赛主要有难度赛、速度赛和抱石赛等比赛形式。难度赛是指各赛员在同一难度的人工墙或路线上比赛，攀越得高或远便是胜利者。速度赛顾名思义是以速度决定胜负，在最短时间内完成路线，便得以晋级，直至产生冠军。抱石赛是选手在指定时间内，不限次数去尝试完成多条路线。尝试次数最少而又能完成路线者为冠军。

（四）按照比赛性质分（竞技攀岩）

按照比赛性质可分为完攀、看攀、红点攀登、速度攀岩及大圆石攀岩等。

四、攀岩的基本方法——三点固定法

（一）身体姿势

攀登岩石峭壁时身体要自然放松，以 3 个支点稳定身体重心，而重心要随攀登动作的转换移动，这是攀岩能否稳定、平衡、省力的关键。要想身体放松就要根据岩壁陡缓程度，使身体和岩壁保持一定距离，靠得太近，会影响观察攀岩路线和选择支点。但在攀登人工岩壁时要贴得很近。在自然岩壁攀登时，上、下要协调舒展，盘眼要有节奏，上拉、下登要同时用力，身体重心一定要落在脚上，保持面向岩壁、三点固定支撑、直立于岩壁上的攀登姿势。

（二）手臂的动作

手在攀登中是抓住支点、维持身体平衡的关键，手臂力量的大小直接影响攀登的质量和效果。因此，一个优秀的攀岩运动员必须有足够的指力、腕力和臂力。对初学者来说，在不善于充分利用下肢力量的情况下，手臂的动作就显得更为重要。手臂如何用力，在人工岩壁攀登和自然岩壁攀登时情况不同，前者要求在第一指节用力抠紧支点的同时，手腕要紧张，手掌要贴在岩壁上，小臂也要随手掌紧贴岩壁而下垂；在引体时，手指（握点）有下压抬臂动作，其动作规律是，重心活动轨迹变化不大，节奏更为明显。但攀登自然岩壁时其动作变化很大，要根据支点不同采用各种用力方法，如抓、握、挂、抠、扒、捏、拉、推、压、撑等。

（三）脚的动作

一个优秀攀岩运动员的攀登技术发挥得好坏，关键是两腿的力量是否能得到充分利用，只靠手臂力量攀登不可能持久。脚的动作要领是，两腿外旋，大脚趾内侧贴近岩面，两腿微屈，以脚踩支点维持身体重心，在自然岩壁支点大小不一和方向不同的情况下，要灵活运用技术。但要切记；膝部不要接触岩石面，否则会影响脚的支撑和身体平衡，甚至会造成滑脱而使膝部受伤。另外，在用脚支点时，切忌用力过猛，要掌握用力的方向。

（四）手脚配合

优秀的攀岩运动员，上、下肢力量是协调运用的。对初学者或技术还不熟练的运动员来说，上肢力量显得更为重要，因为攀登时往往是上肢引体，下肢蹬、压、抬腿而移动身体。如果上肢力量差，攀登时就容易疲劳，表现为手臂无力，酸疼麻木，逐渐失去抓握能力。失去抓握能力后，即使有好的下肢力量，也难以继续维持身体平衡。所以学习攀岩，首先要练好上肢力量。上肢又要以手指和手腕、手臂力量为主，再配合以脚腕、脚趾以及腿部的力量，使身体重心随着用力方向的不同而协调地移动，手脚动作的配合也就自如了。

五、野外攀岩与室内攀岩简介

（一）野外攀岩

野外攀岩的基本装备：安全带、主锁、下降器（或 ATC）、绳套、头盔、攀岩鞋、镁粉袋等。攀岩装备主要有两种主要用途，一种是用来保证运动员的安全，另一种则是为了让攀登者的表现更为出色。

（二）室内攀岩

室内攀岩，是通过攀登人工设计高度、难度不等的壁（通常 6~8 米高）来完成攀岩的体验。室内岩壁上布满可以随意改变位置的岩点。这些人工岩点形态和大小不等，初练者可以选择大一些的岩点，而掌握了一定的技巧后，就可以选择那些小岩点以增加难度，锻炼臂力。活动的岩点还可以改变攀登的路线，当然无论是选择岩壁、岩点还是路线，“循序渐进”都不失为一种聪明的决策。

1. 室内攀岩的优势

室内攀岩最大的优势是“危险可预见性”。攀岩者的路线、难易指数，完全可以由改变岩点的位置来进行人为的掌控。在室内攀岩，不必担心自己的技术程度太低无法尝试攀爬。对初学者，不妨让攀岩馆的定线员帮你多安放几个岩点，或者将岩点安放在适合你身体特点的地方，这样的攀爬会更加轻松。

2. 室内攀岩的注意事项

（1）安全措施检查。室内攀岩虽然相对安全，但攀岩馆的安全措施仍然需要仔细检查，攀岩馆的绳索和护具一定要符合国际认证的标准，如果出现扭曲、断裂的现象，千万不能再使用。

（2）准备活动。室内攀岩在保护员一对一的帮助下，安全是有保障的，但是不做好准备活动，在攀爬过程中，还是很容易受伤的。比如说大幅度的跨越，如果攀爬之前热身运动不够，肌肉和韧带非常容易拉伤。

（3）攀岩穿着。身着宽松的衣裤，不妨碍攀爬即可。但是，鞋子在攀爬时，扮演着重要角色。因为在攀爬过程中，脚的落点很重要，如果鞋子太厚太硬，一些细小的岩点可能感觉不到。所以也有一些专业的攀岩运动员喜欢光脚攀爬，以便更好地感觉岩壁和岩点。

（4）正确穿戴护具。护具的穿戴也颇有讲究。绑得不能太紧也不能太松，与腿间宽度保持一个食指的距离是最好的。绑得太紧，会影响到攀爬的姿势，而太松则容易脱落。

（5）速降时面朝岩壁用脚蹬。下岩俗称速降，虽然有保护员在下面帮助调节绳索，但如果不留心，还是有可能发生危险，特别是当绳索同岩壁间的距离太靠近时，一定要面朝岩壁、身体微向后倾斜地向下降落。同时，也可以用脚蹬岩壁的方式掌握下降的方向和速度。

（6）其他注意事项。爬之前，首要是先观察面前的岩壁，设计好攀爬路线。攀爬过程中最好不要向下看，易产生恐惧感，在消耗体能的同时，也很容易让人失去继续向上攀爬的勇气。在爬的同时也要注意跟保护人员沟通。虽然专业的保护员会依靠他们的专业知识和经验帮助调节绳索，但良好的沟通，会让攀爬产生意想不到的效果。

第三节　轮滑

一、轮滑的起源和发展

轮滑作为一项运动，它的历史可以追溯到 1743 年，当时是一项小众运动。英国艺术家卡罗尔·吉布森发明了一种使用木质轮子的轮滑鞋，这种鞋子可以使轮滑者在木制地板上滑行，这是轮滑运动的起源。

到了 20 世纪 70 年代，轮滑这一运动正式成为竞技体育项目。

1924 年 4 月 21 日，德国、法国、英国和瑞士 4 国的 11 名代表相约在瑞士的蒙特勒市，成立了世界上最早的国际滚轮溜冰联合会。随着这项运动的发展，1940 年 4 月 28 日，在罗马举行的第 43 届国际奥林匹克委员会会议上，正式承认了轮滑运动项目的国际联合会，从此轮滑运动在世界各国得到了广泛的开展。自 1936 年首次在瑞士举行世界轮滑锦标赛后，国际滚轮溜冰联合会决定，每年举行一次世界速度轮滑锦标赛（包括场地赛和公路赛）、一次世界花样轮滑锦标赛、一次世界轮滑球锦标赛。1952 年，国际滚轮溜冰联合会正式更名为“国际轮滑联合会”。1980 年 9 月，国际轮滑联合会第 36 次例会通过决议，正式接纳中华人民共和国轮滑协会为该联合会的正式会员。

二、轮滑的注意事项

轮滑运动虽然具有很强的观赏性和趣味性，但同时也存在一定的运动风险，因此应严格遵守有关的注意事项。

（1）练习轮滑前，应先做好准备活动，尤其是手腕和下肢各关节及韧带，要充分活动开。

（2）护具要带齐全，每次在上轮滑课或参与户外轮滑运动前，要检查轮滑的轴、螺丝有无松动，如松动了要拧紧。如有可能，应戴一些防护用具，如轮滑专用的护腕、护肘、护膝及头盔等。

（3）活动场所要选择平滑的广场，避开水坑、砂子、沙砾、铁栅栏、尖锐物等；不可以在大马路上穿梭驰骋，以免造成无可弥补的伤害。

（4）禁止做有危险或妨碍他人的动作，特别是在人多的公共轮滑场内，不能几人拉手滑行、在速滑跑道上逆行或与大家滑行方向逆行，这都是既妨碍他人，又容易发生危险的事情。

（5）学习轮滑时摔跤是不可避免的，但要学会在摔跤时做好自我保护。当要向前或向侧摔倒时，要主动屈膝下蹲，用双手撑地缓冲，减小着地的力量；当要向后摔倒时，也要主动屈膝下蹲，降低重心，尽量让臀部先坐下，并注意保护尾骨处，同时低头团身，避免头部向后仰磕地。摔倒时应尽量避免直臂单手撑地，这样很容易损伤手腕。

（6）患有严重疾病的人（如有心脏病、高血压等）不宜参加激烈的轮滑活动，最多可以慢速滑锻炼一下。此外，饮酒后和过度疲劳的人也不宜参加轮滑活动。

三、轮滑的基本技巧

（一）预备练习

当头盔护具和轮滑鞋穿戴完毕后，坐在椅子上，两脚平行分开，相距 15～20 厘米，在原地做两脚交替前后推动或以两鞋轮子稍内侧着地，交替左右推动的动作，体会轮子在脚下滚动时的感觉和左右推动时的摩擦力较大甚至不能推移的感觉。

（二）站立

（1）"V"型站立：两脚尖外展 40°～50°成"V"型，脚跟紧靠，上体微前倾，重心落在两脚中间。

（2）"T"型站立：两脚成"T"型靠住站立。前脚跟靠住后脚弓，上体微前倾，重心略偏于后脚。

（3）平行站立：两脚平行分开稍窄于肩，脚尖稍内扣，膝部微屈，重心落在两脚中间。穿单排轮滑鞋做此练习，还要注意站立时两脚略向内倾，以利于保持稳定。

（三）非滑行技术练习

1. 初级预备姿势

练习目的：保持站立和练习动作的稳定和平衡。

要领：上体微前倾，两手放于胸腹的侧前部，膝关节弯曲，小腿微前倾，脚踝成 80°角。全身自然放松，两脚间距 20～25 厘米，身体重心落在两脚之间。

2. 站立前后推鞋

练习目的：控制重心，了解鞋和场地的性能。

要领：手扶栏杆或在教练的扶持和保护下，两脚相距 15～20 厘米平行开立，在原地做交替前后推动，体会 4 个轮子在脚下的位置和滚动时的感觉。

3. 站立左右推鞋

练习目的：控制重心，了解鞋和场地的性能。

要领：手扶栏杆或在教练的扶持下，两脚相距 15～20 厘米平行开立，以两鞋轮子的稍内侧着地，在原地做两脚交替左右推动，体会轮子左右推动时的摩擦力较大甚至不能推移的感觉。

4. 向前滑行的基本预备姿势

练习目的：为掌握向前滑行技术打下基础。

要领:上体微前倾,膝关节弯曲约成 140°角,小腿微前倾,脚踝约成 70°角。全身自然放松,两脚间距 20~25 厘米,身体重心落在两脚之间(稍靠前)。为了将身体重心向前移出身体之外,也可以将两臂前抬起,掌心朝前。

5. 向后滑行的基本预备姿势

练习目的:为掌握向后滑行技术打下基础。

要领:上体微向后仰,膝关节弯曲约成 150°角,全身自然放松,两脚间距 20~25 厘米,脚尖稍内扣,身体重心落在两脚之间(稍靠后)。

6. 原地蹲起

练习目的:控制重心,体会重心的上下移动。

要领:由基本预备姿势开始,两脚相距 5~10 厘米平行开立,上体前倾,腰背部放松,含胸收腹,两臂自然下垂或背于腰后,眼看前方 4~5 米处,重心落在两脚中间,逐渐弯曲膝关节。当膝关节弯曲至最低点后,保持 1~2 秒,然后两腿蹬伸起立,恢复基本预备姿势。

7. 原地左右移动重心

练习目的:控制重心,体会重心的左右移动。

要领:由基本预备姿势开始,两脚相距 5~10 厘米平行开立或成“V”型,两眼看前方 5 米处,上体微前倾,腰背部放松,含胸收腹,两臂自然下垂或背于腰后,重心落在两脚中间,然后逐渐将重心移至一脚,另一脚帮助维持平衡,保持 1~2 秒后恢复预备姿势。当离地脚放下时,要注意轮子同时着地.以同样的方法将重心移向另一侧并保持 1~2 秒后,再恢复至预备姿势。

8. 原地抬腿

练习目的:控制重心,体会单腿支撑。

要领:由基本预备姿势开始,两眼看前方 5 米处,逐渐将重心移至一脚,另一脚以膝关节上提,轮子同时离开地面的方式抬起,并保持鞋底始终与地面平行,1~2 秒后恢复预备姿势。当离地脚放下时,要注意轮子同时着地.然后再以同样的方式将重心移向另一侧,提膝抬起另一条腿,保持 1~2 秒后再恢复预备姿势。

四、轮滑的基本常识

(一) 极限滑轮的分类

1. 自由式

全称自由式轮滑,简称“FSK”,和平地花式动作不同,自由式并不拘泥于一个平整的场地。其主要灵感是来自速滑(speed)的速度与极限(aggressive)的技巧,并结合了速降(downhill)、刹停(slide)、花样(artistic)的技术,是一种全新的反映现代轮滑发展的玩法,目前在欧美已经成为一种都市轮滑精神的象征!

2. 场地极限轮滑

极限轮滑也叫作特技轮滑,包含各种滑台阶、滑钢管和空翻的动作。按场地可以细分为“STREET”(街区)和“RAMP”(U 型池、碗池),每个人通过各种技巧来演绎自己对“极限”的理解，并且不断地去突破自己生理心理的“极限”。

（二）轮滑鞋的分类

1. 单排极限轮滑鞋

上鞋厚实以保护脚部，固定踝骨，而刀架则是特殊尼龙，轮子分为两轮和四轮两种，四轮刀架为中间轮径小两边轮径大，刀架中间有带凹槽的滑块以供卡管，整体重心低，相当坚固。

2. 双排极限轮滑鞋

上鞋厚实为传统，由于双排轮滑特有的稳定性，所以一般为矮帮，轮架中间固定有滑块，以供卡管，架桥比较长，也供卡管使用。双排鞋轮子较小，重心比单排鞋高，因为稳定性和抓地力较强，所以中和了重心问题。

（三）护具

护具是最容易被忽视但又很重要的一项装备，包括头盔、护肘、护腕和护膝。很多人出于怕被认为娇气或者嫌麻烦的心理不愿佩戴护具，但几乎所有长期练习轮滑的人都认为，戴护具不仅能保护自己，还能保持良好的练习心态。

第四节　登山运动

登山是指在特定要求下，运动员徒手或使用专门装备，从低海拔地形向高海拔山峰进行攀登的一项体育活动。登山运动可分为登山探险（也称高山探险）、竞技攀登（包括攀岩、攀冰等）和健身性登山。登山设备要适应登山运动的环境条件，在设计、选材、用料、制作上要尽量使其轻便、坚固、高效，并能一物多用。

一、登山运动的健身价值

经常进行登山野营活动对人体有很大的好处，从医学角度来说，它对人的视力、心肺功能、四肢协调能力、体内多余脂肪的消耗、延缓人体衰老等五个方面有直接的益处。

（1）治疗近视有一个最简捷的办法，就是极力眺望远处，放松眼部肌肉。然而城市中由于工业污染及热岛效应等因素，空气中颗粒悬浮物较多，能见度较差。山野之中，尤其是在山巅之上，可以使目光放至无限远，解除眼部肌肉的疲劳。

（2）山中原始森林和草地的面积是远非城市中的绿地花草所能比拟的。因此在山间行走，对于改善肺通气量、增加肺活量、提高肺的功能很有益处，同时还能增强心脏的收缩能力。

（3）山间道路坎坷不平，穿行此间有益于改善人体的平衡功能，增强四肢的协调能力，尤其是行走在没有经过人为修饰的非台阶路段，可使人体肌纤维增粗、肌肉发达，增强肢体灵活度。

（4）人们体内的日常糖代谢属于有氧代谢，登山活动尤其是登高山，由于空气稀薄，人体内大部分转为无氧代谢，加之登山野营活动的运动量较大，山中野餐往往难以满足体内热量需求，因此，它能大量消耗人体内聚集的脂肪组织，尤其是腰腹部的脂肪组织。

（5）人体的正常代谢中会产生出一种叫自由基的有害物质，它能破坏人体细胞膜，溶解人体正常细胞，引起人体组织的衰老甚至变异。而氧气负离子可以有效结合自由基，使之排出体外。据有关数据表明，城市街道上氧气负离子的单位含量仅有 100~300，而山区森林中可达数万。因此，在大山中行走完全可以有效排出有害自由基，有益于延缓衰老。

（6）登山运动可以放松人的心理压力，调节人体紧张情绪，改善生理和心理状态，恢复体力和精力，使人精力充沛地投入学习和工作。登山运动可以陶冶情操，保持健康的心态，充分发挥个体的积极性、创造性和主动性，从而提高自信心和价值观，使个性在融洽的氛围中获得健康、和谐地发展，另外还可以培养人的团结、协作及集体主义精神。

二、登山运动的起源与发展

登山运动始于 18 世纪 80 年代，1786 年 8 月 8 日法国医生巴卡罗与石匠巴尔玛结伴第一次登上阿尔卑斯山的最高峰勃朗峰（海拔 4 807 米），次年，由青年科学家德 · 索修尔率领的 19 人登山队再度登上勃朗峰，世界登山运动从此诞生。因登山运动首先从阿尔卑斯山开始，故也称为“阿尔卑斯运动”。

中国的登山运动始于 20 世纪 50 年代。1955 年出现第一批登山运动员，1956 年建立第一支登山队。1960 年和 1975 年中国登山队员先后两次从东北山脊登上珠穆朗玛峰，并于 1975 年将一个特制金属测绘觇标竖立在珠峰顶上，准确测出该峰的高度为 8 848.13 米，是国际登山史上首次对世界最高峰高程的确切测量。1964 年中国登山队登上一座从未有过人迹的 8 000 米以上的希夏邦马峰。在多次登山活动中，登山运动员与科学工作者密切配合，进行了各种高山考察活动。

三、登山装备

登山设备要适应登山运动的环境条件，在设计、选材、用料、制作上要尽量使其轻便、坚固、高效，并能一物多用。运动员在高山上的活动，无论是技术的运用还是战术的实施，都是在特定的装备器材的辅助下进行的。高山装备大体分为御寒装备、露营装备、技术装备和保障装备。

（1）登山绳。主绳直径 9~11 毫米，长度在 45 米以上，常用长度为：45 米、50 米、60 米，承受力在 1 500 千克以上。辅助绳直径 6~8 毫米，承受力在 800 千克左右。登山绳一般为尼龙制，有一定的弹性。在攀岩中两端分别与保护者和攀岩者相连。攀冰、登雪山时最好使用不吸水的干绳。

（2）岩石锥。打入岩石缝中，用于悬挂绳索，起保护作用。

（3）岩石钉。先用手钻在岩石上打洞，再将岩石钉放入，拧紧，用于悬挂绳索，起保护作用。

（4）安全带。用于攀岩、下降、攀冰、登山、探洞（纵）、爬绳、过草绳桥，由尼龙材料制成，由双腿带和腰带组合而成。

(5) 上升器。陡峭地形上升或保护时和安全带、主绳配合使用。绳套、吊带常作为设保护点时使用。

(6) 铁锁(主锁)。现代登山用铁锁多为铝合金制成,承受冲击力在 2 000 千克以上。在攀岩、攀冰、登山及其他冒险中用途广泛。

(7) 冰镐。是登冰雪坡地的重要工具之一,也可用于自我保护。

(8) 冰锥。用于攀冰,在冰壁设置保护点用。

(9) 冰爪。通过坚硬冰雪地形,捆扎在高山靴上的防滑器械,底面和前面有突出的尖齿,可在冰面上扎牢,起到防滑和攀岩作用。

(10) 雪套。目的是防止风雪灌入高山靴内。

(11) 雪杖。在较缓的地形中代替长冰镐,并兼探裂缝之用。

(12) 头盔。防止雪块、冰块、石块等飞落而造成意外。

(13) 雪鞋。积雪特别厚时,具有防止深陷的作用。

四、登山小常识

(1) 凡攀登超过 1 000 米的山,即需周密的计划(包括路程、食宿、天气、脚力、所带装备、预计时间等,切记不可存有侥幸心理,否则极有可能被困在半山腰。要有至少两套计划,并考虑到不可抗拒因素,如暴雨、暴晒、大雪、动物等)。

(2) 登山需结伴而行,至少 3 人。

(3) 登山要赶早不赶晚,否则赶路到中午可能会遇到暴晒;而高山气候变化多端,容易在下午下雨。早上天气较为稳定,适宜登山。

(4) 在登山的前一天要休息好。

(5) 出发前不可进食过多,以防肠胃出状况。

(6) 出发前要订好酒店,以便住宿,使旅途更有目标性。

(7) 看天气预报。

(8) 有人可能会选择先坐车到山顶再走下来的方案,经验告诉我们"上山容易,下山难",下山时小腿肌肉和膝关节两侧承受的负荷是上山时的数倍,且远不如上山越走越凉快,越来越有成就感。

(9) 选择登山伴侣,不论男女,最好选择精壮、结实、独立且有一定团队意识的互相熟知的朋友(注:最好不要尝试全女性团队登山)。

五、登山安全规则

(1) 不要跟随没有责任感及缺乏经验的领队。

(2) 不要参加新手超过 1/3 的登山队伍去进行长距离或高难度的活动。

(3) 除非事先准备充分和经验丰富,否则登山队伍的成员不得少于 4 人。

(4) 行程、计划须缜密完整,并让每位队员及留守人员彻底了解。

(5) 登山时应有充足的饮水和食物及完整的装备,并有备份以应对意外情况。

（6）平时多训练体能及技能，定期健康检查。

（7）平时多阅读专业书籍、资料，随时吸收新知识。

（8）对于每一座山峰，都不可掉以轻心，不做能力不及或知识不及之事。

（9）注意保持通信工具畅通，随时向留守人员或家人报告行踪，储备应急电量直至活动结束。

（10）活动前和进入山区后，随时注意气象数据及变化。

（11）随身携带个人资料。

（12）登山队伍不可拉得太长，经常保持前后呼应，下撤时至少 2 人同行，避免单独行动。

（13）行进中应随时调整步伐及呼吸，不可忽快忽慢；喝水时不可狂饮，随时将水壶装满。

（14）登山时最好依循前人留下的路标辨别方向，或沿途标示记号；天黑后，切忌行走溪谷或陌生线路。

（15）迷路时应折回原路，或寻找避难处静待救援；除保持体力外，要及时安抚队员平稳情绪。

（16）登山期间，应重视身体的变化，适时休息；如不适或受伤，应及时告知同伴。

（17）登山应发扬团队精神，途中留意同伴情况，危险地段互相提醒或协助通过。

（18）了解登山中潜在的危险及应对措施，如有意外发生，应保持冷静，设法与警方或留守人员联系。

（19）小心用火，切勿乱丢烟蒂，避免引起山火。

（20）活动结束后进行总结。

六、登山技巧与注意事项

做好健身运动：如果攀登的山比较高或者平时较少参加登山运动，那么，在登山之前做一些热身运动是很有必要的。即利用 10～20 分钟做一些肌肉伸展运动，尽量放松全身肌肉，这样攀登时会觉得轻松许多。

（一）增加弹跳动作

向上攀登时，在每一步中都有意增添一些弹跳动作，不仅省力，还会使人显得精神，充满活力。

（二）别总往高处看

登山时不要总往高处看，尤其是登山之初，因为双腿还没有习惯攀登动作，往上看往往使人产生一种疲惫感。一般来说，向上攀登时，目光保留在自己前方 3～5 米处最好。如果山路比较陡峭，则可作“Z”字形攀登，这样比较省力。

（三）转移注意力

登山时千万不要总想着山有多高，爬上去还需多少时间之类的事情。不慌不忙，走走停停才能体会到爬山的乐趣，才不会错过美丽的风景。在疲惫时，可以多观赏一下周围的景色，也可唱唱歌，转移注意力，倦意会有所消减。

（四）下山要放松

下山一定要控制住自己的脚步，切不可冲得太快，这样很容易受伤。同时，注意放松膝关节部位的肌肉，绷得太紧会对腿部关节产生较大的压力，使肌肉疲劳。

复习与思考

1. 定向运动有哪些著名赛事？
2. 攀岩时应穿着什么服装？
3. 轮滑运动的单排鞋和双排鞋有什么区别？
4. 登山运动的健身价值有哪些？

参考文献

[1] 张选惠.民族传统体育概论[M].北京:人民体育出版社,2006.
[2] 郭七正.中国花毽[M].北京:中国社会出版社,2010.
[3] 马振洪,张云.篮球个人技术全图解[M].北京:北京体育大学出版社,2006.
[4] 秦丹妮.大学体育[M].北京:高等教育出版社,2013.
[5] 杨敏丽.羽毛球教学与训练[M].北京:北京体育大学出版社,2012.
[6] 李金芬,周红伟.拓展训练[M].北京:中国水利水电出版社,2010.
[7] 刘景刚.体育与健康(北方版)[M].北京:高等教育出版社,2021.
[8] 厉丽玉.户外运动与拓展训练[M].杭州:浙江大学出版社,2012.
[9] 于海涛,常会丽,赵广涛.学校体育拓展训练理论与实践[M].北京:人民体育出版社,2009.
[10] 洪浩,王凤仙,岳贤锋,姚丽华.体育与健康[M].北京:高等教育出版社,2022.
[11] 梁培根.高职体育[M].北京:高等教育出版社,2021.
[12] 许荣振.高职体育教育[M].杭州:浙江大学出版社,2019.
[13] 侯德红.大学体育与健康[M].北京:高等教育出版社,2018.
[14] 谢飞飞,夏春风,刘武军.大学体育与健康教育教程[M].上海:上海交通大学出版社,2019.
[15] 黎禾.大众气排球[M].北京:北京体育大学出版社,2016.
[16] 李莹.气排球[M].北京:中国人民大学出版社,2018.
[17] 丁英俊.大学生体育与健康[M].郑州:河南大学出版社,2022.
[18] 曲绵域.运动医学[M].长春:长春出版社,2000.
[19] 高顺生.现代大学生应用体育保健康复[M].北京:北京体育大学出版社,2002.
[20] 体育保健学编写组.体育保健学[M].北京:高等教育出版社,1997.
[21] 周蛟丽.50种有益健康的运动,[M].杭州:浙江科学技术出版社,2008.
[22] 贺东,航海体育与健康[M].北京:对外经济贸易大学出版社,2011.
[23] 蔡仲林,周之华,武术[M],3版.北京:高等教育出版社,2015.
[24] 武文强,尹军.高职体育与健康[M].北京:人民邮电出版社,2019.
[25] 杨桦.游泳运动教程[M].北京:北京体育大学出版社,2014.

读者意见反馈

为收集对教材的意见建议，进一步完善教材编写并做好服务工作，读者可将对本教材的意见建议通过如下渠道反馈至我社。

咨询电话　400-810-0598

反馈邮箱　gjdzfwb@pub.hep.cn

通信地址　北京市朝阳区惠新东街4号富盛大厦1座

高等教育出版社总编辑办公室

邮政编码　100029

资源服务提示

授课教师如需获得本书配套教学资源，请登录“高等教育出版社产品信息检索系统”（http://xuanshu.hep.com.cn/）搜索本书并下载资源，首次使用本系统的用户，请先注册并进行教师资格认证；也可发送电邮至资源服务支持邮箱：songchen@hep.com.cn，申请获得相关资源。

联系我们

本书编辑邮箱：liwn@hep.com.cn